ウォークス
歩くことの精神史

レベッカ・ソルニット

東辻賢治郎 訳

Wanderlust

A History of Walking by Rebecca Solnit

左右社

ウォークス　歩くことの精神史

ウォークス　歩くことの精神史｜目次

第3部

街角の人生

Lives of the Streets

第4部

道の果てる先に

Past the End of the Road

謝辞

歩くことについてもっとまとまったものを書くべきだ、そう勧めてくれた友人たちのおかげで本書は生まれた。ほかの仕事の傍ら歩くことについて少しずつ書いていたところ、ブルース・ファーガソンが一九九六年にデンマークのルイジアナ近代美術館での展覧会『歩き、考え、歩くこと』に際して、カタログに文章を寄せるよう依頼してくれたことが最初だった。編集者のウィリアム・マーフィーはそれを読んで、本にすることを提案してくれた。そしてルーシー・リパード。彼女の家の近くで一緒に散歩をしていたとき、「自分で書けたらと思うけど時間がない、だからあなたが書くべき」と強く言ってくれてわたしは決心できた（ルーシーが書くのとはまったく違う本になったとは思うけれど）。このテーマで書くことの大きな喜びのひとつは、歩くことが限られた専門家ではなく無数のアマチュアの領分であることだ。誰もが歩き、驚くほど多くの人が歩くとはなにか考えをめぐらせ、その歴史はあらゆる分野に広がっている。だから知り合いの誰もがエピソードや情報の源となり、探究の見通しを立てる助けとなってくれた。歩行の歴史はすべての人の歴史なのだ。とはいえ本書については以下の友人たちにとくに助けられている。心より謝意を表したい。マイク・デイヴィスとマイケル・スプリンカーが執筆の初期から与えてくれた冴えたアイデアと多大な励ましに。ずっと昔にわたしを街頭の行進に引き込み、ネバダ核実験場の抗議行進にも誘い出してくれた弟デヴィッドにも。そして自転車活動家《アクティビスト》の同志スティーヴン。ジョン・オトゥールとティム・オトゥール、マヤ・ガルス、リンダ・コナー、ジェーン・ハンデル、メリデル・ルベンスタイン、ジェリー・ウェスト、グレッグ・パウエル、マリン・ウィルソン=パウエル、デヴィッド・ヘイズ、ハーモニー・ハモンド、メイ・スティーヴンス、エディー・カッツ、トム・ジョイス、トマス・エヴァンズ。ダンケルド〔スコットランド〕のジェシカ、ガヴィン、デイジー。エディンバラのエック・フィンレイと、庭園〈リトル・スパルタ〉におられるその父君。カリフォルニア州ジューンレイクのヴェレリー・コーエンとマイケル・コーエン。ネバダ州リノのスコット・スロヴィッチ。ブリクストンの〈リクレイム・ザ・ストリーツ〉のキャロリン。イアン・ボール。わたしのエージェントであるボニー・ナデル。ヴァイキング・ペンギン社の担当編集者ポール・スロヴァクは、歩行の一般史というアイデアにすぐに反応し、企画を実現まで導いてくれた。そして最後にパット・デニスが完成までともに歩いてくれた。一章ごとにわたしのはなしに耳を傾け、登山の歴史やアジアの神秘主義について多くを教えてくれながら。

第1部 思索の足取り

The Pace of the Thoughts

第一章　岬をたどりながら

歩くこと。そのはじまりを思い描こう。筋肉に力が漲ってゆく。一本の脚は、柱になって体を大地と空の間に浮かべている。もう一本の脚が、振り子のように背後から振り出されてくる。踵が大地を摑む。全体重が転がるようにつま先へ繰り出されてゆく。親指が後ろへ蹴り上げると、あやういバランスを保ちながら重心が移動してゆく。そして脚は互いに役割を交代する。一歩にはじまり、さらに一歩、そしてさらに一歩と、打楽器を叩きはじめるように積み重なってゆく歩行のリズム。歩行はたやすくわたしたちを誘い出す。宗教、哲学、風景への眼差し、都市の政治、人体の解剖学、アレゴリー、そして癒やしがたく傷ついた心の奥へ。世のなかにこれほどありふれていて、これほど謎めいたものがあるだろうか。

歩行の歴史は書かれざる秘密の物語だ。書物に書き残された何げない断片の数々や、歌、街、そして誰もが胸に抱く冒険のうちにそれは潜んでいる。身体という点からみれば、歩行の歴史は二足歩行への進化と人体の解剖学の歴史だ。たいていの場合、歩行とは二つの地点を結ぶほとんど無意識的な移動手段でしかない。しかし思索や儀式や観想と重なることによって、歩くという行為には特殊な領域が形成されている。それは手紙を運ぶ郵便夫や列車に向かうオフィスワーカーの動作と生理学的には同じでも、哲学的には異なる。つまり、歩行という主題は、わたしたちがありふれた行為に賦与している特殊な意味を考えることともいえる。食事や呼吸がさまざまな意味を担っているように、歩行が担いうる文化的な意味には大きな幅がある。セックスから宗教、さらに革命から芸術まで。ゆえにその歴史は、想像力と文化の歴史の一隅を占める。さまざまな時代の多様な歩行者たちとその歩行は、いかなる歓びや自由や価値を追求するものだったのだろうか。

想像力は二本の脚が踏みしめてゆく空間を変容させると同時にそこから影響を受けてきた。歩行は小径を、道路を、交易の道をつくりだし、身の回りから大陸的なスケールにまでおよぶ土地勘を育み、都市や公園の姿を変えたのだ。地図や旅行案内や装備品を生みだし、そのはるか遠方には膨大な書物の山を築いた。そこには歩行の物語と詩と歌があり、巡礼、登山、彷徨の記録があり、夏の遠足の思い出がある。都市や田野の風景のなかに胚胎されたそうした物語によって、わたしたちは再びこの歴史のなかへと連れ戻される。

誰もが歩くことについてアマチュアである。だからここで語られる歩行の歴史はアマチュアによる歴史だ。そして歩行になぞらえていえば、それは長い経路をたどりながらさまざまなフィールドを横切ってゆくが、どこにも長逗留《ながとうりゅう》はしない。解剖学、人類学、建築、作庭、地理学、政治史、文化史、文学、セクシュアリティ、宗教学。専門家のフィールドは四角形に象られた、選ばれた作物のためにていねいに耕された土地のようなものだ。一方、歩くという主題は、現実の歩行に似て特定の範囲に局限されていない。もっとも、歩行の歴史はあらゆる分野やあらゆる者の経験に跨がる無限の拡がりをもつけれど、わたしがここに書こうとする歩行の歴史はそのほんの一部だ。ひとりの歩行者が右往左往したり、きょろきょろと辺りに目をやりながらさまざまなフィールドをたどったあとに遺った道筋にすぎない。

本書では、わたしの暮らすアメリカ合衆国の人びとが今日に至るまでにたどった道程を追うことにしよう。これは大部分ヨーロッパの源流から流れ出たものの、アメリカの異質な空間スケールによって折れ曲り、本道を逸れてゆく物語であり、何世紀にもわたる適応と変異の歴史だ。さらに、新たな別の伝統の交錯、とりわけアジアの伝統によってもこの物語は変化してゆく。歩行の歴史は全人類の歴史であって、活字にできるのはせいぜい、書き手のまわりにあるいくつかの踏み慣らされた道を指し示すことだ。つまり、わたしがこれからたどるさまざまな小径は、膨大な道のごく一部でしかない。

ある春の日、歩くことについて書こうとしていて、やはり机は大きなスケールの物事を考える場所ではないと思い直してわたしは立ち上がった。ゴールデンゲート橋の北側の、見棄てられた要塞が点々とみえる岬の方へ、谷を上り、尾根筋に沿って太平洋の岸辺まで下りていった。降水量が異常に多かった冬は過ぎ、春がきていた。連なる丘陵はにぎやかに繁茂する緑に覆われていて、そのことを毎年のように忘れては再発見させられる。新緑の間から冬を生き延びた草が顔を出し、陽光のような黄金色が雨に打たれて灰色を帯びている。残りの季節に添えられたかすかな彩だ。大陸の反対側をわたしよりも精力的に歩いた人、ヘンリー・デヴィッド・ソローは土地についてこう書いている。

まったく新しい眺望ほど大いなる幸福はない。わたしは毎日それを得ることができる。二、三時間も歩けば予想もしないような目新しい土地に身をおくことができるのだ。初めて見かける農家は、ときにはダホメ王国の王領に匹敵するほどいいものだ。半径一〇マイル、つまり午後の散歩で行ける範囲の風景がなしうることと、七十年間という人間の生の間にはある種の調和が隠れている。その新鮮な喜びには、いつまでも慣れてしまうということがない。

この六マイルほどになる小径と道路は、ある難題を抱えていた十年前に不安を忘れるためにたどりはじめた散歩道だった。仕事から離れ休息をとるため、そして再び仕事を進めるために、このルートにわたしは繰り返し戻ってきた。生産性指向の世のなかにあって、思考することはたいてい何もしないことと見なされているが、まったく何もしないのは案外難しい。人は何かをしている振りをすることがせいぜいで、何もしないことに最も近いのは歩くことだ。歩くことは意志のある行為でありながら、呼吸や心拍といった身体の不随意なリズムに極めて近い。作業と休息、存在と行為の繊細なバランスの上で思索と経験を生み、そのうちどこかへ到着する肉体的な労働である。何がしかの仕事を片付けるために歩きまわる、そんな年月を経たあとで、ソロー的な意味で家の近くに戻ってはたらくこと、そして歩くことについて考えるのも良いような気がしていた。

歩くことの理想とは、精神と肉体と世界が対話をはじめ、三者の奏でる音が思いがけない和音を響かせるような、そういった調和の状態だ。歩くことで、わたしたちは自分の身体や世界の内にありながらも、それらに煩わされることから解放される。自らの思惟に埋没し切ることなく考えることを許される。この辺りの岬を紫色に染めるルピナスの盛りには早すぎたか、あるいは遅すぎたようだったけれど、途中の道路の日陰にミルクメイド［アブラナ科の北米西海岸原産の多年草。サンフランシスコ・ベイエリアでは一年のうち最も早く花を咲かせる花のひとつ］が育っていて、子どものころ、この花が毎年まっさきに咲き誇って丘の斜面を白く輝かせていたことを思いださせた。黒い蝶がわたしのまわりを風のまま、翅をひらめかせて舞っていて、また別の時代を心によみがえらせる。二本の脚で移動していると、時間のなかさえ容易く移ろってゆけるように思える。考え事から追憶へ、そして観想へと心がさまよってゆく。

歩行のリズムは思考のリズムのようなものを産む。風景を通過するにつれ連なってゆく思惟の移ろいを歩行は反響させ、その移ろいを促してゆく。内面と外界の旅路の間にひとつの奇妙な共鳴が生まれる。そんなとき、精神もまた風景に似ているということ、歩くのはそれを渡ってゆく方途のひとつだということをわたしたちは知らされる。新しい考えもずっとそこにあった風景の一部で、考えることは何かをつくることではなく、むしろ空間を旅することなのだと。そう考えると、歩くことの歴史には、具現化された思考の歴史という側面があることがわかる。

心の軌跡をたどることはできないけれど、歩行の軌跡はたどることができる。歩くことはまた視覚的な活動とも考えられる。徒歩移動はいつでも、目を楽しませ、目に入るものについて考えることを楽しみながら、新奇なものを既知の世界へ回収してゆく活動だ。歩行が思想家たちに格別有用だった理由はここから生じているものかもしれない。旅の驚きや解放感やひらめきは、世界一周旅行でなくとも、街角の一回りから感じられることもある。そして、徒歩は遠近いずれの旅にもわたしたちを連れ出してくれる。もしかしたら、歩くことは旅ではなく動くことというべきかもしれない。人はその場をぐるぐると歩きまわることも、シートに身を沈めたまま世界を巡ることもできる。ただし車や船や飛行機によって移動するのではなく、それ自体が移ろってゆく身体の運動によってしかある種の放浪への憧れは慰めることができない。運動とともに、心になにかをひらめかせるように過ぎ去ってゆく光景。それが歩行に多義性と無限の豊かさを与える。そして手段且つ目的であるもの、旅と目的地の両方に歩くことをかえてゆく。

陸軍が築いた古い赤土の道は谷に沿って曲りくねり、上り坂に差しかかった。時折、歩く動作に意識は向かうが、ほとんどは無意識に、脚自身が身につけたバランスや、岩や溝の避け方、速度に従って進んでいて、わたしはただ気ままに遠方の丘陵の丸みや眼下に咲く花々を見るに任されている。ブローディア。ピンク色の紙のような名の知らぬ花。黄色の花をつけた、クローバーに似たカタバミの群生地。そして最後の曲がり道の半ばに咲く、紙のように白いスイセン。二十分ほどきつい坂を上った後、足を止めてその香りを吸い込んだ。かつてこの谷には酪農家の小屋があった。視界の下には、家屋の土台と数本の年老いた果樹が点々と残されている。谷の反対側は水気を帯びて柳が繁っている。こうして息抜きの眺めになるよりもはるかに長い時間、この風景のなかでは仕事が営まれていた。まずミウォク族が、次いで農家が入植したが、農家もまた軍事基地に土地を追われた。一九七〇年代になり、どこか抽象的な航空戦の時代になると海岸線の重要性は後退し、基地も閉鎖された。一九七〇年代以降、この地域は国立公園局の所有となり、わたしのような、楽しみのために風景のなかを歩くという伝統を継ぐ者に与えられることになった。重々しいコンクリートの銃座、バンカー、トンネルは農家のように消え去ることはない。しかし消え去った酪農家の家々も、野草の間から顔をのぞかせる園芸植物という生きた遺物を確かに残したのだ。

歩みはさまよう。カーブした赤土の道路に咲くスイセンの群落からわたしはさまよい出た。まずは考えることによって、そして次に歩みによって。かつての軍用道路は尾根に至り、丘の突端へ続く道を横切り、風に分け入るようにして下ってゆく。そして尾根の西側へ少しずつ上る。この小径の上、隣の谷間に面した尾根の頂には、八角形のフェンスに囲まれた古いレーダー基地があった。アスファルトの基礎に並ぶ奇妙な物体とセメント製の壕《ごう》はナイキ・ミサイルの誘導システムの一部だ。核ミサイルを谷の基地からどこか別の大陸まで導くものだったが、戦時にも、ここからはなにも発射されなかった。その廃墟は、いつまでもやってこない世界のおわりの置き土産物のようだ。

最初に歩くことの歴史へとわたしを導いたのは核兵器だった。思考や連想のたどる道筋はいつだって思いがけない出来事に満ちている。一九八〇年代、わたしは反核活動家としてネバダ核実験場に対する春のデモに参加していた。ネバダ州南部、米国エネルギー省が管理するロードアイランド州ほどの大きさのこの土地で、一九五一年以来、合衆国は今日までに千を越える核爆弾を炸裂させてきた。ときとして核兵器というものは、政治キャンペーンや出版物やロビー活動があげつらうような、まるでピンと来ない額の予算や、廃棄物処理の費用や被害想定額の数字でしかないように思えてしまう。軍拡競争も反対運動もどちらもお役所的で現実感がなく、現実の身体と現実の場所の破壊に関わるはずの本当の主題をわかりにくくさせていたのかもしれない。しかし、実験場ではそうではなかった。大量破壊兵器が炸裂していたのは、わたしたちがデモのたびに一、二週間のキャンプを張った地点から遠くない荒涼とした風景のなかだった（一九六三年以降は地下実験に移行したが、いずれにせよ放射線が大気中に漏洩することは多く、常に大地は揺るがされていた）。わたしたちがいたのは数字の戯れを突き抜けた場所だった。そこにはアメリカのみすぼらしいカウンター・カルチャーの落とし子だったわたしたちだけではなく、広島・長崎の生存者、仏教の僧侶とフランシスコ会の修道士・修道女、平和主義に転じた退役軍人、反骨の物理学者、核の影響下に生きるカザフスタン、ドイツ、そしてポリネシアの活動家、そしてその土地の主である西ショショニ族がいた。その向こうにあったのは場所、視界、行為、そして感情のリアリティ、あるいは手錠、イバラ、土埃、炎熱、渇き、被曝リスク、被爆者の証言のリアリティだった。砂漠の陽光の目映さ、オープンスペースの自由、そして何千もの人びとがつくりだす昂揚した光景がそこにはあった。核爆弾は世界史を描くに相応しい道具ではないという信念をわたしたちは共有し、荒々しくも美しい砂漠に向けて、そしてその近傍で着実に準備されてきた破滅に向けて、いわば自らの身体による信念の証立てをしていたのだ。歩くというかたちをとったわたしたちのデモは、フェンスの立入り自由な側では大人しい行進だが、立ち入り禁止区域の側では逮捕に直結する不法侵入とみなされる行為だった。ソローがはじめて表明した市民的不服従、もしくは市民的抵抗というアメリカの伝統的行為にわたしたちは空前の規模で参画していた。

ソローその人は自然を詠う詩人であると同時に社会批評家だった。その市民的不服従、戦争と奴隷制を賄う納税を拒否したことと、その帰結として獄に繋がれて夜を過したことは有名だが、それ自体は受動的で土地を歩き回って風景を読み解いてゆくことと直接重なるわけではない。しかし、ソローは釈放されたその日にベリー摘みの遠足の先頭に立った。核実験場では、キャンプ、行進そして不法侵入という一連のわたしたちの行為のなかに、大自然の詩学と社会批判が融合していて、ソローのベリー摘みの一行がいかに革命的な一団となりえたか、わたしたちには理解できたような気がした。砂漠を進み、家畜の逃亡防止用の溝を越え、立ち入り禁止区域に足を踏み入れる。ただ歩くというその行為が政治的言明に帰結する理路は、わたしに啓示をもたらした。抗議活動の舞台へ移動する道すがら、地元の海岸地域では見られない西部の風景をわたしは発見した。そしてその風景と、わたしをそこへ導いたさまざまな物語を渉猟するようになった。西部の開拓のみでなく、歩くことや風景へのロマンチックな嗜好、あるいは草の根の抵抗と変革の伝統、そしてさらに古い、霊的な到達点を目指す巡礼と歩行の歴史。実験場での経験に結びつく歴史のすべての重なりを描こうとするうちに、わたしは書き手としての自分の声を発見していった。さまざまな場所とその歴史を書くなかで、わたしは歩くことについて考え、書きはじめたのだった。

もちろん、『歩く』というソローの随想の読者ならば知っているように、歩くことはいつも別のテーマへわたしたちを誘う。歩行は常にさまよう主題だ。たとえば、ゴールデンゲートの岬の北で、ミサイル誘導施設の下に咲いているアメリカサクラソウへ。この花はわたしのお気にいりだ。先の黒く尖った深紅の小さな円錐形は、到来しない飛行の瞬間に備えるように流線型をしている。花には茎があって、茎には根があるという事実を忘れて進化を遂げてしまったかのように。小径の両脇の茂みは、乾期の間に海霧がもたらす水分と北向き斜面の陰のおかげで青々と繁っていた。頂上のミサイル施設はいつも砂漠と戦争を想起させたが、眼下に拡がるこうした光景が思い出させるのはイギリスの低い生垣だった。農地を区切る境界線となっているあの夥しい植物と鳥の棲み家。のどかなイギリス的田園風景。ここにはシダ類も、イチゴも、そしてコヨーテ・ブッシュ〔キク科の常緑低木〕に隠れて咲く一群の白アヤメもあった。

歩くことについて考えはじめたといっても、その他のことを頭から追い払えたわけではなかった。書くべきであった手紙、まだ耳に残っている会話。少くとも友人ソノとのある朝の電話へ考えが至ったときも、わたしはまだそれほど日常のあれこれを逸れてはいなかった。ソノのピックアップ・トラックがウェストオークランドのスタジオから盗まれたとき、みなは彼女の災難になぐさめの電話をよこしたけれど、本人はその損失を嘆くこともなく、替わりを見つけるのに焦っているわけでもなかった。嬉しかったのよ、と彼女はいった。自分の身体で自分を運べるということが。そして、近所や界隈の住人たちとそれまで以上に手応えのある関係を育めたのは天恵だった、と。徒歩や公共の交通機関を利用しているときの、しっかりと落ち着いた時間の感覚についてわたしたちは話しあった。ぎりぎりに駆け込めばいいのではなく、ものごとには前もって計画とスケジュールがなければならないだろう。あるいは、歩くことでしか得られない場所の感覚について。いま多くの人は、バラバラになった屋内空間、家、車、ジム、オフィス、店のなかで生きているけれど、徒歩ではすべてが連続的だ。歩く人は、内部空間に滞在するのと同じように空間の隙間にも滞在する。世界を隔絶して構築された空間の内部ではなく、世界の全体に生きているのだ。

　進んできた細い小径はおわりに近づき、上り坂はミサイル施設へと続く古びた灰色のアスファルト道路へと繋がっていた。歩道から道路へ踏み出すと、日本まで遮るものなく広がる太平洋の眺望に迎えられる。この境目を踏み越えてふたたび海を見出すとき、いつも変わらぬ歓喜が胸を打つ。海は快晴の日には銀箔のように輝き、曇天の日は緑色で、冬の大雨の後には河から沖合まで流れでた泥土のために茶色になる。雲を散らした日にはオパールのような青い斑模様になり、霧の日にはただ視界から消え、潮の香りがその存在を告げる。この日、海は一面むらのない青色に広がり、水平線の白い霞が雲のない空へ溶け合っていた。ここから、ルートは下りになる。わたしはソノに、数ヶ月前にロサンゼルス・タイムスで見かけて頭に引っ掛かっていた広告について話した。CD-ROM版の百科事典の全面広告だった。謳い文句は「雨の日にも図書館まで歩かなければアクセスできなかった百科事典。お子さまにはそんな苦労をさせたくない。クリック一つで知のすべてをお約束します」。でも本当に教育になっていたのは雨のなかを歩くことだったのではないだろうか――少なくとも、感覚や想像力を育むという意味では。CD-ROM百科事典を手にした子どももやるべき課題から脱線してゆくことはあるだろう。けれど、書物やコンピュータのなかでの放浪はどちらかといえば制限された、感性のせまい領域で生じるものだ。人生をかたちづくるのは、公式の出来事の隙間で起こる予期できない事件の数々だし、人生に価値を与えるのは計算を越えたものごとではないのか。田園、および都市の徒歩移動は二世紀間にわたって、予期できぬことや計算できぬものを探りあてる第一の方法であり続けた。それがいまや多方面からの攻撃に曝されている。

テクノロジーは効率性の名のもとに増殖し、生産に充てられる時間と場所を最大化し、その間隙の構造化されえぬ移動時間を最小化する。そうやって空き時間を根絶してゆく。多くの労働者にとって、新しい時間節約の技術は世界を加速させて生産性を向上させはしても、ゆとりを生み出すことはない。こうしたテクノロジーには効率性というレトリックが付きもので、そこでは数値化されないものは評価され得ない。つまり、たとえば放心する、雲を眺める、そぞろ歩く、ウィンドー・ショッピングをする、といった何もしないことにカテゴライズされる楽しみの多くは、もっと確かで生産的な、あるいはもっと性急なもので埋められるべき空隙に過ぎない。岬へと続くこの道には意味のある目的地はない。楽しみのために歩くことがそのたったひとつの意味なのに、効率性の追求がもう習い性になってしまったと言わんばかりに、蛇行する山道にはショートカットが拵えられている。いろいろな発見をもたらしてくれるぼんやりとしたそぞろ歩きが、能うる限りの速度で踏破すべき、確定された最短ルートにとって替わられてゆく。電子通信もまた、実世界の移動の必要性を減らしていく。テクノロジーが節約してくれた時間を夢想や散歩につぎ込むこともできるはずのフリーランスのひとりとして、わたしもこうした技術がそれなりに有用であることは認めるし、実際その恩恵を受けている。つまり自動車、コンピュータ、モデムといったものだ。ただ、それらの偽りの切迫感やスピードへの妄信、そして移動よりも到着することの方がよほど重要であるという主張は恐ろしいものだとも思う。わたしはその緩慢さのゆえに、歩くことが好きなのだ。そしてわたしたちの精神も肉体の足取りと同様、時速三マイルで動いているのではないかと思っている。もしそうならば、現代生活は思考のスピード、思慮のはたらきを越える速度で営まれていることになる。

歩くということは外部に、つまり公共の空間にいることだ。歴史ある都市ではこの公共空間にも放棄と侵食が及んでいる。外出を不要にするテクノロジーやサービスによって忘れられ、不安感によって敬遠されている場所は数多い（そして見知らぬ場所は慣れた場所よりも恐しい。出歩かないようになると、ますます街は不安に満ちたものになり、遊歩者が減れば減るほど、実際に寂しく危険な場所になってゆく）。他方、歴史の浅い場所では公共空間がそもそもデザインの対象となっていない場合も多い。かつて公共空間だったはずの場所は自動車という私空間を迎える場所となり、メインストリートはモールに替わられ、通りには歩道がなく、建物には車庫から直接入るようになり、市庁舎には広場がない。あらゆる場所に壁や柵やゲートが設置される。とりわけ南カリフォルニアの建築と都市のデザインは恐怖に支配されており、多くの土地やゲーテッド・コミュニティにおいて、歩行者には不審の眼差しが向けられる。その一方で、田舎や、かつて魅力的であった都市の郊外は自動車通勤者の私有地に飲み込まれるか、隔絶されてしまった。もはやパブリックな場に出てゆくということが不可能になった場所さえある。これは孤独な遊歩者の頭のなかの閃きと、公共空間が担うべきデモクラシーの諸機能のいずれにとっても危機的事態だ。かつて、束の間の広場のような公共性を帯びた砂漠の大空間でわたしたちが抵抗の声を上げたのは、実はこの個々の生と風景の断絶に対してだったのである。

　公共空間が失われると、わたしたちの身体――ソノの言い方を借りれば、自分で動き回ることのできる身体――も失われてゆく。ソノとわたしはおしゃべりをしているうちに、ベイエリアで最も危険とされる地域に含まれた自分たちの住む界隈が、それほど敵意に満ちたものではない（とはいえ身の安全を忘れて過ごせるほど治安がいいわけでもない）ことに気がついた。かなり昔、路上で恐喝や強盗に遭遇したことはある。けれども、それとは違う出会いの方が数え切れないほど多かった。友人とばったり会うことや、探していた本を本屋のウィンドウで見つけること。話好きの隣人に挨拶されること。あるいは、目をよろこばせる建築や、壁や電柱に貼られた音楽会のポスターや政治的な皮肉の効いた落書き、占い師、ビルの谷間から上ってくる月、見知らぬ人びとの生活と家々、鳥がにぎやかに騒ぐ街路樹といったもの。雑多で選別されていないものごとは、知らず知らずに探し求めていたことを見つけれてくれることもある。その土地に驚かされることがないうちは、まだまだ界隈をよく知っているとはいえない。歩くことは、こうした内面や身体性や風景や都市の豊かさが失われてゆくことに抵抗するための防波堤を維持するひとつの手段だ。歩行者は誰もが言葉に表現されないものに目を配る守衛なのだ。

浜へ続く道路を三分の一ほど進んだころ、オレンジ色のネットが張られているのが目に入った。テニスのネットのように見えていたものは、近づいてみると道路に新たに口を開けた大きな亀裂を囲むためのものだった。わたしが歩きはじめた十年前から、この道路はずっと崩壊し続けている。かつては海から尾根まで途切れずに続いていたが、一九八九年に海岸沿いのエリアで小さな侵食がはじまった。最初は避けて通ることができるくらいだったが、次第に亀裂が大きくなり、小さな回り道ができあがった。冬の雨のたびに赤土が崩れて路面は削られ、道が横切る急斜面の底には荒涼とした堆積物の山ができていった。道はどこまでも続くものだと思っている者にとって虚空に消えるこの道路は驚きの光景だった。侵食は毎年のように進んでいった。数え切れない回数このルートを歩いてきたわたしには、どの部分を見ても思い出すことがある。崩壊の過程のすべて、そしてこの道路ができた当時の自分がどれほどいまと違う人間だったか。三年近く前にはこの道をたどりながら、なぜ歩くことが好きなのか、何度も何度も友人に話していた。ヘラクレイトスが河について語った有名な言葉を不器用にまねして、人は二度同じ小径を歩むことはできないのだ、と冗談をいったそばから、急斜面を下る新しい階段に着いた。当分のあいだ侵食を受けないように、かなり内陸に設置されたはずのものだった。仮に歩くことの歴史が存在するならば、その歴史もまた、崩落する崖のような地点にたどり着いている。公共空間は失われ、風景のいたるところにアスファルトの舗装が目に入り、余暇はどんどん切り詰められるうえに、生産性のプレッシャーに人は押し潰されている、そういう場所だ。わたしたちの身体はこの世界ではなく車や建物の内部空間にのみ存在していて、速度という至上価値の前では時代おくれで弱々しいものに感じられる、そういう場所。しかしそんな場所でこそ、歩行はメインストリートから外れて、半ば打ち捨てられた思想や経験のつくり上げる風景を見渡すことのできる、眺めのよい迂回路となるのだ。

そこから削り落とされた新しい崩落をよけるためには、右の方へ新たに迂回しなければならなかった。風は上り坂と起伏に遮られているが、このルートには必ず、暑さを海風が吹き払う瞬間がある。今回、それは丘の上の蛇紋岩に掘り込まれた新しい切り通しの、ガレ場につくられた階段で訪れた。そこからは、続きの道路につながるジグザグの道まで遠くはない。道は海際の断崖まで少しずつ近づいてゆき、波が暗い岩の上で白い泡に砕ける音が聞こえてくる。ほどなくして、わたしは浜辺にいた。入江の北端ではアザラシのように滑らかな、黒いウェットスーツを着たサーファーが波のブレイクするポイントを目指していた。犬は棒切れを追いかけ、人びとは毛布に寝転がっている。波は砕けて浅瀬を駆け上がり、満潮線の堅い砂を歩く足元までひたひたと上ってきた。あとは、砂丘を上り、水鳥がひしめく潟《かた》に沿って進むだけだ。

どきりとさせられたのはヘビだった。暗色の体に黄色っぽいストライプが走る、その模様からガーターヘビと呼ばれるヘビ。艶かしい小さな体を漣のようにくねらせて小径を横切り、草叢に消えた。慌てるというよりはむしろはっとさせられて、わたしの意識は一挙に考えごとから抜け出し、再び身のまわりのものごとへ向けられた。柳の花穂《かすい》、寄せる波の音、小径を覆うふさふさとした植物の影。そして何マイルか歩いたあとにだけ到達できる、すっきりした気分。腕は脚と同期してゆるやかな対角線のリズムを刻み、すっきり伸びた身体はヘビに劣らずしなやかだ。いつものルートはもうすぐおわりだ。終着点に着くころには、自分の主題が何であったのか、どうとりくめばよいのか、わたしにはもうわかっていた。六マイル手前ではまだ何もわかっていなかったのに。突如として直観されたのではない。少しずつ確かな感触を帯びて、まるでどこかの場所を知ってゆくように意味を感じとっていったのだ。場所に身を投じたなら、場所はわたしたち自身を投げ返してくれる。場所を知ってゆくことは、記憶と連想の見えない種をそこに植えてゆくことだ。そこはあなたが戻ってくるのを待っている。そして新しい場所は新しいアイデアと新しい可能性を孕んでわたしたちを待っている。世界の探検は精神の探索の最良の手段のひとつであり、脚はその両方を踏破してゆく。

第二章　時速三マイルの精神

1　歩行者の建築

ジャン＝ジャック・ルソーは『告白』でこう書いている。「わたしが集中できるのは歩いているときだけだ。立ち止まると考えは止まる。わたしの精神は足をともなうときにだけ働くようだ」。歩くことの歴史は人類の歴史よりも古いが、単なる手段ではない意識的、文化的な行為としての歩行はヨーロッパでわずか数世紀の歴史を有するのみで、そのはじまりにはルソーがいる。始祖となるのは十八世紀に歩いたさまざまな人物だが、そのうち文芸に造詣のある者は歩くことをギリシアにまで遡らせて神聖化した。当時、ギリシア人の行いは手放しに賞賛されていたものの、正確に理解されていたとはいえない。イギリスの一風変わった革命思想家で文筆家であったジョン・セルウォルは、大部で難解な著作『逍遥学派』で、ルソー的なロマン主義と、この誤解された古代を結びつけている。「わたしがある面で古代の知者の素朴さに倣っている、ということは誇りとしてよいだろう。わたしは歩きながら考えているのだ」と彼は書いた。一七九三年にセルウォルの著作が出版されたあとではこうした認識はさらに広がり、古代人が歩きながら考えていた、ということはひとつの常識になる。乾燥した地中海地方の風景のなかを、簡素な布地をまとった男らが大理石の柱の間を行ったり来たりしながら何事かを厳粛に語る、というイメージは文化史の一ページに欠かせぬものになった。

こうした理解は建築と言葉の符合から生じている。アリストテレスがアテネに学派を起こした際、アテネは彼に一区画の土地を与えた。フェリックス・グレイエフはアリストテレス派の歴史について、以下のように書いている。

そこにはアポロと女神たちのための神殿が建ち、おそらくほかの小さな建物もあった。……屋根つきの柱廊がアポロ神殿に延び、女神たちの神殿にもつながっていた可能性がある(ただし、それが当時からのものなのかは不明である)。この一派の名称はこの柱廊もしくは歩道 peripatos に由来する。少なくとも当初学徒たちが集い、教師が講義したのはこの場所であったようだ。彼らがここを歩きまわっていたことから、後にアリストテレス自身も行ったり来たり歩きながら教説を垂れたといわれるようになった。

ここを出身とする哲学者は逍遥哲学者もしくは逍遥学派と呼ばれ、英語で peripatetic という語は「常によく歩きまわる者」を意味する。つまり、その呼び名は考えることと歩くことを結びつけている。このことには、アテネの哲学者が長い柱廊をもつアポロ神殿で学派を成した、というたまたまの一致よりも少し、もう少しだけ深い意味がある。

よく知られるようにソクラテス、プラトン、アリストテレス以前にアテネを牛耳っていたソフィストはさまよい人であり、彼らはアリストテレスの一派が居たとされる果樹園でしばしば教説を垂れていた。ソフィストに対するプラトンの糾弾は実に烈しく、本来、叡智に由来するソフィストという言葉は現代に至るまで欺瞞や狡猾さを意味することになったが、当時のソフィストは十九世紀のアメリカにおけるショートーカ〔十九世紀アメリカの、社会人向けに教育や娯楽を提供した施設。一八七四年にニューヨーク・ショートーカに開設されたものが発祥〕や市民講座のような存在であった。彼らは転々と移動しつつ、情報に飢えた聴衆に説教して回った。相手と議論し説得するという能力はギリシアの民主社会では重要であり、ソフィストはレトリックを政治の道具として教えていたが、彼らの教えはそれだけではなかった。プラトンはソクラテスを歴史上有数の狡智に長けた説得上手な人物として半ばフィクショナルに描き出す一方、ソフィストへの論難に関してはやや不誠実であった。

　ソフィストたちが道徳的に優れていたかはともかく、考えることに自らを捧げた者の多くがそうであるように、彼らはよく移動する人びとであった。考える者が人や場所への忠義に生きる人びとから別れていったのは、あるいは思惟という非物質的なものへの忠義のゆえだったのかもしれない。人びとがお互いや場所に強く結びつけば、それだけ考える者は場所から場所へ追いやられることになるだろう。愛着《アタッチメント》は、離脱《デタッチメント》を生む。それに、思想はトウモロコシのような農産物ほどの頼りがいはないので、思考を耕す者は、真実だけでなく支援をも求めて動いてゆく必要があったに違いない。多くの文化において、音楽家から医者までさまざまな専門職は流浪の民であった。彼らはある種の外交的な特権を有する存在であり、人びとと地域の結びつきを強めることになるコミュニティ同士の揉め事から免責されていた。医者は当時、癒しの神との結びつきを自負する秘密結社に属する旅の人であり、アリストテレス自身は当初、父に倣って医者を志した。最初の定住的な哲学者集団がその時代のアテネで生まれたことからすれば、ソフィストの世に哲学者となったアリストテレスはいずれにせよ移動することの多い人であったのではないだろうか。

いまとなってはアリストテレスや逍遥学派が歩き回りながら哲学を議論していたかどうか知る術はない。しかし考えることと歩くことが結びつくのは古代ギリシアで珍しくはなく、ギリシア建築の内では社交や会話の一環のように歩くことが実践されていた。逍遥学派 **Peripatics** の名は学院の小径 **peripatos** に由来していたが、ストア派 **Stoics** の呼び名はアテネの列柱の道 **stoa** から来ていて、彼らはいかにもストア派らしくない豪奢な装飾が施された道で語り歩いていた。時代とともに歩くことと哲学することの連想は広く受けいれられてゆき、ヨーロッパの真ん中の地名にもそれが現れるようになる。ヘーゲルが歩いたといわれるハイデルベルクの哲学の道、カントの散歩コースになっていたケーニヒスベルクの哲学の畦道（鉄道駅になっている）、キェルケゴールの著作に出てくるコペンハーゲンの哲学者の道という具合に。

そして、歩いた哲学者たちの数々——といっても、人は皆歩くのではあるけれど。ジェレミー・ベンサム、ジョン・スチュアート・ミルなど長い逍遥に出かけた者は多く、トマス・ホッブズに至っては道中に浮かんだアイデアを書き留めるためにインク壺付きの杖をもっていたほどだった。体の弱いカントは夕食後にケーニヒスベルクを周回することを日課にしていた。

ただ彼はストーブの前に座り込んで窓から教会の尖塔を睨みながら考えるのを常としていたので、散歩は純粋にエクササイズだったようだ。若きニーチェは「わたしの気晴らしは次の三つで、その恩恵は素晴らしい。すなわち我がショーペンハウアー、シューマンの音楽、そしてひとりで歩くこと」と、驚くほどに月並な意見を述べている。二十世紀ではバートランド・ラッセルがルートヴィヒ・ウィトゲンシュタインについてこう語っていた。

彼〔ウィトゲンシュタイン〕は真夜中にわたしの部屋を訪れては、動物園の虎のように何時間も行ったり来たりしていた。着くなり、部屋を出たら自殺すると宣言することもよくあったから、わたしは眠くなるどころではなくて彼を部屋に留めておこうと努めた。ある晩、一時間か二時間の沈黙のあとに「君が考えているのは論理についてなのか、それとも君の罪についてなのか」と尋ねると、彼は「どちらも」と応えて、また沈黙に帰っていったのだった。

哲学者たちはよく歩く。しかし、歩くことについて考えた哲学者は多くはない。

2　歩行、この神聖なるもの

歩く、ということを特別な存在に押し上げる理念的な枠組みの土台を据えたのはルソーだった。ただし、それはウィトゲンシュタインにラッセルの部屋を行ったり来たりさせる足取りではなく、ニーチェの場合のような戸外へ足を向けさせる歩行のことだ。一七四九年、百科全書派の著述家ドニ・ディドロは神の善性を問うたエッセイをものした廉で投獄された。親しい友であったルソーは、パリの自宅からシャトー・ド・ヴァンセンヌの牢獄まで、六マイルを歩いて囚人を訪ねるようになる。その夏はひどく暑かったけれど、ほかの移動手段を講ずるほど金銭的余裕がなかったのだ、とルソーはどこまでが真実か疑わしくもある『告白』(一七八一―八八年)に書いている。「歩調を緩めるために本を持って行こうと考えた。そしてある日『メルキュール・ド・フランス』誌を眺めながら歩いていたとき、このディジョン・アカデミーの翌年の懸賞論文募集記事を見つけた。曰く、科学と芸術の進歩は道徳にとってよい影響を与えたのか、悪い影響を与えたのか。これを読んだときわたしには別の世界が垣間見え、わたしは変わった」。そうして別世界に新生した彼は懸賞を勝ち取り、世に問われたエッセイは進歩への苛烈な糾弾によって話題をさらった。

ルソーは向こう見ずなほど独創的というべき思想家ではなかった。その大胆な言辞はすでに存在する緊張関係に与えられたもので、熱を帯びた賛辞はそこに当時生まれつつあった感性に向けられたものだ。神と絶対君主制と自然が調和のうちに歩む、という考え方はもはや限界を迎えつつあった。低層中産階級の不満と、王制とカトリシズムに対するスイスのカルヴァン主義的疑念、一石を投じたいという欲、そして揺らぐことのない自信を備えたルソーは、遠雷のように鳴っていた不協和音に焦点を与え、それを政治的なものへと変える人だった。『第一省察』で彼は学習、さらには印刷術は個人と社会を毀損し、その双方を弱体化させるものだと述べている。「いつの時代であっても、偉大なる知性が我々の場所と定めた幸福なる無知から身を起こそうとする尊大な試みに対し、贅沢と放縦と隷属という罰が与えられたさまをみるがよい」。彼は、芸術と学問が人間を導く先にあるのは幸福でも自己理解でもなく、混乱と堕落であると断じた。

自然と善と素朴さが手を結ぶ、という考えは現代では陳腐といわれるのが関の山だが、当時では危険なものだった。キリスト教神学においては、エデンの園以後、自然と人間はいずれも恩寵に見放された存在となった。それを救済したのがキリスト教文明であり、そのため自然であることよりは文化的であることこそが善なる状態なのだ。人間と自然は原初の状態の方がよい、というルソーの逆説は都市、貴族階級、技術、教養、そして時に神学への攻撃であり、それはいまなお持続している（ただし奇妙なことに、ルソーにとって第一の読者でありその革命にも寄与したフランスの人びとは、長期的にみるとイギリス人やドイツ人やアメリカ人ほどその理念に応えていない）。ルソーは『人間不平等起源論』（一七五四年）と小説『ジュリ　または新エロイーズ』（一七六一年）、『エミール』（一七六二年）でその思想をさらに展開した。これらの小説はいずれも、さまざまな切り口を通じて素朴で田園風の生活を描いたものだが、一方で田舎の多くの人びとが生業としていた過酷な肉体労働については触れていなかった。ルソーの架空の登場人物の生活は、著者が謳歌していた質素で安泰な生活と同じく、見えざる人びとが流す汗に支えられたものだった。しかしルソーの作品にみられるそうした瑕疵は大きな問題ではなく、ルソーが表現した新しい感受性と、そこにかけられた情熱に比べればそれほど説得力のある批判とはならない。際立って流麗なルソーの筆致によってこれほど広範な読者を獲得したことも、そうしたちぐはぐのひとつといえるかもしれない。

『人間不平等起源論』でルソーが描いた自然状態の人間——そうした状態が一体いかなるものなのか、ということは知り得ないとしつつも——は次のようなものだった。

> 森をさまよう彼には産業も、言葉も、家も、戦争も連帯もなく、仲間の必要もなく、同じく仲間を傷つけようとすることもない。

この論文はキリスト教的な人類の起源説を棄て、代わりに社会の進展について斬新な比較人類学的アプローチを試みている（たしかにキリスト教的な恩寵からの堕落という主題を繰り返し語るが、その方向は逆で、自然へではなく文化への堕落を語っている）。この思想において、歩くことは素朴な人間像の象徴であり、歩みが街を離れた孤独なものであるとき、それは社会を出て自然に入ってゆく手立てとなる。歩く者は旅人の孤独を帯びているが、その旅は虚飾のない、ただ自身の肉体のみに頼るものだ。馬や船や車といった、あつらえたり購入したりできる利便性には頼らない。歩くということは、つまるところ、人類の夜明けからほとんど進歩していない活動なのだ。

徒歩愛好家を自負するルソーは、自分もこの歴史以前の理想的な歩行者と類縁であるとたびたび述べている。そして実際に、生涯を通じて歩行する人間だった。ルソーの歩きさまよう人生がはじまったのは、田舎の散歩からジュネーヴに帰ってきたある日曜日のことだ。その帰りは遅い時間になり、市門はすでに閉ざされていた。十五歳のルソーはその刹那、徒弟修行を投げ出して生まれ故郷を離れ、最終的には信仰をも棄てる決心をする。市門に背を向けた彼はスイスから歩いて出ていった。イタリアとフランスでは、多くの仕事やパトロンや友人を見つけては離れるということを繰り返し、その漫然とした生活は、彼が『メルキュール・ド・フランス』誌に目をやり、そこに自らの使命を見出す日まで続いた。それ以来、ルソーは足の向くままに歩いた若い日々の彷徨を取り戻そうとしていたように思える。たとえば次のように書くこともあった。

人生において、あれほど気苦労や不安から無縁に過ごした時間は記憶にない。……思い出にまつわるあらゆる物事にも、消えることのない憧れが残る。とりわけ幾多の山、そして徒歩の旅。あのような旅をしたのは若い盛りの日々だけだった。それは変わることのないわたしの喜びだった。……パリで、わたしと趣味を同じくする男が誰かふたりほどいないものかと長い間探していた。互いに五十ルイを出しあって、徒歩でイタリアまで旅する時間を都合するのだ。背嚢を運ぶ人足のほかは同行者もなしに。

ルソーは、この初期の徒歩旅行構想には適当な候補者をみつけることができなかったようだ（そして出費を負担できる道連れが必要とはいうのだが、それ以外に道連れが必要な理由は語っていない)。しかし、彼はあらゆる機会を見つけて歩きつづけた。こう述べることもある。

これほどよく考えを巡らせて、はつらつとして、多くを経験し、自分自身であったこと——という表現を用いるならば——は、徒歩で一人旅をしている間だけのことだった。歩くことには思考を刺激し、活気づけるものがあるようだ。一所にとどまっているとほとんど考えることができない。精神を動き出させるには体も動かさねばならない。田舎の景色、次々に移りかわってゆく心地良い眺め、開けた空、健全な食欲、健康な身体。歩くことはそうしたものを与えてくれる。そして宿の気楽な雰囲気、あらゆる係累や、身の上を思い出させることが不在であること、そのすべてが我が精神を自由にして、大胆に考えるよう促すのだ。思考をつなげ、選び、恐れも束縛もなく、意のままに我が物とすること。

いうまでもなくここで語られているのは快適で安全な状況にある健康な人間が自由に行なうという、ルソーの理想とした歩みだ。この理想は、あとに続く者たちが人生における幸福、自然との調和、自由、徳の形として受け継いでゆくこととなる。

ルソーは歩くことを素朴に生きることの実践として、そして熟考する手段として捉えていた。『人間不平等起源論』の執筆中、ルソーは夕食後にブローニュの森をひとり散歩しながら「書き物について考えを巡らせ、夜半まで帰らなかった」。そう述べている『告白』は、ルソーの死後まで刊行されなかった(一七六二年にはパリとジュネーヴで著作が焼かれ、さまよえる亡命者としての生活がはじまっている)。しかし『告白』の刊行をまたずとも、読者にとってルソーは徒歩で遠出をすることと結びついた存在だった。ルソーを敬愛するジェイムズ・ボズウェルは、一七六四年にヌーシャテル近郊にルソーを訪ねた折のことをこう書いている。「この大いなる面会に備えるために、僕はひとりで散歩をした。険しい峡谷を流れるルズ川のほとりを、考えにふけりながら歩いた。周囲に聳える山々は、いかめしい岩肌をみせていたり、輝く雪をかぶっていたりする」。当時二十四歳のボズウェルはルソーに劣らず自意識に満ち、ルソー以上に気取り屋だった。彼は歩行と孤独と無垢の自然がルソー的なものであるとすでに理解しており、面会に際して身なりを整えるように、自らの精神の装いとしてそれらの恩恵を浴びようとしているのだ。

ルソーの著作において孤独という状態は両義的だ。『人間不平等起源論』には、人間の自然状態が快適な森林に孤立して棲む者として描かれている。その一方、より私的な文章では孤独は理想の状態ではなく、裏切られ、あるいは失意のうちにある者に慰めと庇護を与えるものとして描かれている。実際のところ、彼の書き物の多くは人が隣人と関わるべきなのかどうか、いかに関わるべきなのかという問いを巡るものといってよい。ルソーはほとんど偏執的といえるほどの感受性をもちながらも、不遇きわまる境遇にあって自分の正義を疑うことがない。それゆえ他人の評価に過剰反応しつつも、自らの非正統的でしばしば攻撃的な思想や行動を抑制することはできなかったし、そう試みることもなかった。いまでは、ルソーの文章は彼自身の経験を普遍化したものと考える向きは多い。恩寵と素朴さから堕落した存在という彼が描く人間像は、素朴で安全なスイスでの生活から落ち逃れた、あるいは、単に純朴な幼年期から貴族や知識人にもまれる不安定な外国生活へ転落したルソー自身の姿に過ぎないといわれる。それが妥当であるかは別として、ルソーという先例はきわめて大きな影響力を発揮し、現代でもその射程を完全に逃れうる者は少ないのだ。

生涯のおわりに書いた『孤独な散歩者の夢想』（一七八二年）は、歩くことについての文章とも、そうでないともいえる。ルソーは各章を「散歩」と呼び、「第二の散歩」に次のような前置きを記す。

そのようなわけで、ここにわたしが慣れ親しんでいる精神の状態について書こうと決めたのだ。あらゆる人間が知っているに違いない、このきわめて奇妙な状態について。わたしは自分の孤独な散歩と、それを満たす夢想を忠実に記録に留めること以上に、自分の考えを実践する単純な方法も確実な方法も思いつくことができない。

それぞれの随想は短く個人的なもので、いかにも歩きながら頭に去来するごとくに連なってゆくが、特定の散歩によって得られたものという確かな証拠はない。いくつかは文章について考えたことであり、なかには思い出や不満の開陳に過ぎないものもある。あわせて十の随想（第八と第九は草稿のままであり、第十は一七七八年に没した際に未完のまま残されていた）に描きだされているのは、散歩中の自らの思惟と植物探しに慰めを見出し、それを縁《よすが》に安息の地を探し求め、思い出そうとしているひとりの男の姿だ。

孤独な散歩者は世界のなかに存在しつつも、そこから離れている。そこにあるのは移動する者の孤立であり、労働者や居住者といった集団の一員が帯びる紐帯ではない。歩くことはルソーが選びとった存在の様式だったのだろう。歩行のなかでは思惟と夢想に生きることができ、自足することができ、それゆえ自らを裏切ったとルソーが感じていた世界を生き抜くことができるのだ。また、それは発話の足場ともなった。文章の形式としてみたとき、逸脱や連想を呼び込みやすい散歩の叙述という方法は、厳格な論文の形式や時間軸に沿った伝記や歴史叙述とは対照的だ。この一世紀半後、ジェイムズ・ジョイスとヴァージニア・ウルフは精神のはたらきを描こうとして意識の流れと呼ばれる文章表現を開拓する。『ユリシーズ』や『ダロウェイ夫人』といった小説では、登場人物のからまりあう思考や記憶は彼らが歩いているときにもっとも豊かに展開される。歩行が、構造がなく連想で展開されてゆくこの種の思考にきわめて結びつきやすいということ。これは歩行が分析的な行為ではなく、即興的な振舞いだということを示唆している。ルソーの『夢想』は、こうした思考と歩行の関係をはじめて鮮明に捉えたもののひとつだ。

ひとりで歩くルソーにとって、手を伸ばす植物や出会う人びとは、心を開いて愛情を示す数少ない対象だった。「第九の散歩」では、過去を見つめる望遠鏡の焦点を調節するように、以前の散歩の思い出を引きだしてゆく。二日前の士官学校への散歩からはじめて、二年前のパリ郊外の散歩へ、そして四年か五年前に妻と歩いた庭園の遠足へ、最後にこれらの記憶よりさらに何年も前のある出来事へ。そのときルソーは貧しい少女が売っていたリンゴをすべて買いとり、まわりにたむろしていた浮浪児に配ったのだった。すべての回想のきっかけは、親交のあった女性の訃報に記されていた、彼女の子どもたちへ寄せていた愛情について読み、自身が見捨てた子どもたちへの罪の意識を呼び起こされたことだった（最近の研究者はそもそもルソーに子どもがあったかどうか疑問視する向きもあるが、『告白』には内縁の妻テレーズとの間に五人の子があり、みな孤児院に託したと書いている）。何げない出会いの情景を通じて子どもたちへの慈しみを述べるこれらの追想は、ルソーが自分自身に突き付けた咎めに対する抗弁となる。この随想は想像上の法廷に響く黙然とした彼の弁明なのだ。結びで語られることは、有名であることがルソーにもたらす気苦労や、気づかれることなく人びとの間を歩くことができなくなったという話へ変わっている。つまり、そうしたもっとも気取りのない人びととの交わりさえ難しいのだから、自由にさまようことができるのは夢想の地表だけ、ということだ。『夢想』の大部分が書かれたのは、名声と自らの猜疑心によって孤立していたパリ滞在中だった。

哲学的な歩行の文学がルソーによってはじまるとすれば、その一因はルソーが自分が黙想している状況をつぶさに記録することに意味があると考えた最初期の人物だったことにある。彼が過激だったというのであれば、個人的で私的な物事を改めて評価したことにこそ、その過激さの極みがあったというべきだろう。そのための条件を整えるのが歩行と孤独と無垢の自然だった。彼がさまざまな革命に霊感を与えたというならば、その革命は政体のみならず想像力と文化をも対象としたものだったといわねばならない。ルソーにとって諸々の革命は、ただそうした経験の妨げとなるものを打倒するために必要だった。『孤独な散歩者の夢想』に綴られた内面と生の状態を回復し、二度と手放さないこと。ルソーのもてる知性と筆才のすべてはそのために動員されていた。

二つの「散歩」で回想するおだやかな田園風景の幕間の出来事は、ルソーにとってもっとも大切な記憶となっているものだった。有名な「第五の散歩」では、ビエンヌ湖のサン゠ピエール島で見出した幸福が語られる。ボズウェルも訪ねた滞在先のヌーシャテル近郊モチエで投石を受けるなどして住居を追われ、ルソーはこの半島へ逃れた。「この幸福はどこに隠れていたのだろう」と問いながら、ほとんど何も持たず、植物研究とボート遊びは以外にはほとんど何もしないその生活について彼は述べてゆく。それは肉体労働の必要がない程度には恵まれていながらも、貴族の隠棲というには洗練と社交を欠く、平和の支配するルソー的な王国だった。「第十の散歩」に綴られるのは、パトロンにして愛人だったルイーズ・ド・ヴァランスと十代のころに過ごした、同じような田舎の幸福な日々への賛歌だ。それが書かれたのは、ようやくサン゠ピエール島に代わる安住の地となるエルムノンヴィルの地所を手に入れたころだった。齢七十五にしてルソーは斃れ、第十の散歩は未完におわる。亡骸はエルムノンヴィルの所有者ジラルダン侯爵の手によって当地のポプラの生える島に葬られ、以来、人びとが追慕の念とともに訪れる巡礼の地となった。そこにはルソーの墓所まで訪問者を導きつつ、庭園の歩き方を示し、感性の働かせ方を教える参道が設けられた。ルソーのひそやかな叛逆はやがて大衆の文化となっていった。

3 歩き、考え、歩くこと

歩行と思考に深く関わるいまひとりの哲学者が、セーレン・キェルケゴールだ。キェルケゴールは街を――あるいはコペンハーゲンというひとつの特定の街を――歩きながら人間について思索した。街歩きを野山で行なう植物研究になぞらえ、人間をその研究対象としたのだ。キェルケゴールはルソーから百年後にやはり別のプロテスタントの街に生を受けたが、その人生にはルソーと対照的なところがある。放縦なルソーとは比べものにならない禁欲の生活を自らに課したキェルケゴールは、生涯を通じて自らの生地と家族と宗教から離れようとしなかった一方で、そのすべてとうまくゆかなかった。他方、社会的な孤立、文芸と哲学にまたがる多産な筆力、自意識との葛藤といった点はよく似通っている。裕福で、厳格といってもよいほど敬虔な商人の息子だったキェルケゴールは一家の財産に頼る生活をおくり、人生の大部分を父の強い影響下で過ごした。仮名を借りつつもおそらく彼自身の記憶を述べていると思われる文章に、父親がキェルケゴールを家から出そうとせずに、息子とともに部屋のなかを行ったり来たり歩いていたと書いている。そうしながら父は世のなかについて雄弁に語り、少年はすべてを目にしたかのように、心中でさまざまの情景を描いた。成長すると、父親は彼に加わるよう命じた。

彼らは順に語り、叙事詩であったものは劇のようになった。その道行きが慣れ親しんだものであれば、彼らは互いに注意して見落すものがないようにした。ヨハネスの知らない道にさしかかると、ヨハネスは何か新しいものを考え、父親はその途方もない想像力によって、子どもらしい思いつきを筋書きの材料に、あらゆる物事にはっきりとした輪郭を与えていった。ヨハネスには、あたかも会話のなかから世界が立ち現れてくるように思えた。まるで父親が主たる神であり、彼はその寵愛を一身に浴びているようだった。

キェルケゴール、その父、そして神。キェルケゴールの生涯はこの三角形の下に費された。彼にとっての神は父親のイメージで造形されていると思われる節があり、父は部屋のなかを歩きながら、意識的にキェルケゴールの風変わりともいえる性格を導いていったようにも思われる。彼は子どものころからすでに老人として、あるいは幽霊やさまよえる者として自己を捉えていた。その行きつ戻りつする歩みは、想像力という、肉体と現実世界を離脱した圏域に生きる手ほどきだったようにも思われる。そこはキェルケゴールただひとりが存在している場所だった。よく知られた著作にも用いられた無数の筆名は、自分自身を証しながら同時にその姿を消し去り、孤独のなかから群集をつくりだす装置だったのではないか。成人後の生活でキェルケゴールが客を招くことはほとんどなく、実に生涯を通じて友人といえる者はほぼ存在しなかった。しかし知人は多い。姪のひとりによれば、コペンハーゲンの街は彼の「応接間」であり、そこを歩き回ることはキェルケゴールの日々の大きな楽しみだったという。それは人と暮らすことのできない男が人びとに交わる術であり、束の間の出会いや、知人と交わす挨拶や、漏れ聞こえる会話から幽かに伝わる人の温もりを浴びる術だった。ひとり歩く者は、居ながらにしてとりまく世界から切り離されている。観衆以上の存在でありながら参加者には満たない。歩行はその疎外を和らげ、ときに正当化する。そのおだやかな懸隔は歩いているからこそであり、関係を結ぶことができないためではない、と。ルソーと同じように、歩行はキェルケゴールにとって思惟への沈潜を助けつつ、日常に隣人との交歓の機会をつくりだすものだった。

ちょうど文筆活動をはじめたころの一八三七年に、次のように記している。

実に奇妙なことに、わたしの想像力は大勢の人びとのなかで、ひとり座っているときにもっともよく働くのである。騒音や人びとの声のせいで、想像力の集中を持続させようとするならば根こそぎの意志の力が必要となるような場面だ。この環境なしには無限に湧いてくる思念を受け止めることができず、想像力は血を流して死んでしまうだろう。

彼は、この同じ喧騒を街路に見出した。それから十年以上を経たのちの日記にはこう述べられている。

わたしのような精神の緊張に堪えるためには気晴らしが必要となる。通りや裏道での偶然の出会いによって気を逸らすのである。なぜなら、数名の限られた人物との交流ではまったく気晴らしにならないから。

キェルケゴールはこの日記やそのほかの文章で、精神がもっともよくはたらくのは周囲に気を散らすものがあるときだという考えを記している。周囲の喧騒から隔たってゆく過程ではなく、自らのうちに退いてゆく過程において集中力が発揮されるのだ、と。「まさにいま、通りではオルガン弾きが演奏しながら歌っている。素敵だ、これこそが人生という重要事における無意味な随伴物なのだ」。都会生活の騒乱に身を浸しながらそう書くこともあった。

日記のなかでは、すべての著作を歩きながら書いたということを強調している。ある箇所には「『あれか、これか』の大半は一度の改稿で仕上げた（無論いつものとおり、それに加えて歩きながら考えたもの）。このごろは、二回は稿を改めたいと思う」と書いている。同じように、自分がよく歩いているのは無為の証だと受け取られることが多いが実際には多作の礎になっているのだ、という主張も繰り返している。他人についての覚書には、歩きながら人と出会うキェルケゴールの様子が伺われる。しかしその間にはキェルケゴールが考えを組み立て、その日書くべきことを反芻するひとりだけの長い時間があったに違いない。あるいは街歩きで気を散らすことによって彼は自分自身を忘れることができ、それゆえ生産的な思考に没頭することができたのかもしれない。というのは、キェルケゴールの私的な考えごとはからまりあった自意識と絶望に陥ってしまうことが少なくないからだ。一八四八年の日記の一節には、自宅への帰途に「書くべき構想に圧倒されつつも、それがある意味ではあまりに弱々しいので、ほとんど歩くこともままならなかった」と吐露している。しばしば遭遇する貧者に対して言葉をかけられなかったときには、着想は霧散してしまい、「わたしがあの男にした仕打ちを神は自分に下すことだろう、というひどい懊悩に沈んだ。しかしあの貧者とひととき言葉を交わしていたならば、決してそんなことにはならなかっただろう」。

巷間へ姿を現すことはキェルケゴールが社会で果たすほとんど唯一といってよい役回りとなった。彼の悩みの種は、コペンハーゲンという舞台でそれがどう受け止められているか、ということだった。キェルケゴールが街頭へ出ることは、ある意味では印刷された文字として姿を現すこととよく似ていた。つまり触れ合うことを求めつつも距離を保ち、自ら条件を設ける。ルソーに似て、彼が人びとと取り結ぶ関係には厳しい条件が設けられていた。彼は多くの著作を筆名で発表したうえで、自分が散歩のあとで執筆に専念しているということを誰も知らない、だから自分は怠惰な人間だと思われていると嘆く。人生の全体に関わるともされる何らかの重大な理由によってレギーネ・オルセンとの婚約を破棄したあと、キェルケゴールはその後も街角で彼女に顔を見せるが、それ以外の場所で会うことはなかった。幾年かのち、ふたりが港の通りを同じ時間に通るようになると、その繰り返される邂逅がいかなる意味をもっているのか彼は思い悩んだ。私生活を謳歌する人びとにとって街でもっとも気楽な界隈であったその場所も、彼にはきわめて個人的な空間だった。

これといって大きな出来事のないキェルケゴールの人生に起こったもう一つの危機は、デンマークの低俗な風刺新聞『コルサール』に小さな批判記事を寄せたときに生じた。記事は編集長には称賛されたものの同紙はキェルケゴールを揶揄する挿絵や文章を掲載するようになり、コペンハーゲン市民はそれをお笑い種として受け容れた。丈の長さがちぐはぐなズボンを履いたキェルケゴールを描いてみたり、多数の筆名や文体をからかったり、フロックコート姿で細い脚をした元気あふれる人物として描いた肖像を配ってみたりと、大部分はそれほど酷い冗談というわけでもなかった。しかしこの戯れはキェルケゴールが望んでいた以上に彼を有名人にし、彼は嘲笑されること、そうした嘲りを目にすることへの不安に苛まれるようになる。キェルケゴールは『コルサール』の嫌味を必要以上に深刻に受け止め、過酷な心痛を覚えていたようだ。なにより、街歩きからかつての気安さが失われてしまったのだ。

わたしをとりまく環境は、汚れたものになってしまった。憂鬱と夥しい仕事ゆえ、気を安めるために群集のなかで孤独でいることが必要だった。しかし絶望だ。それがもうどこにも見つからない。どこへいっても、わたしは好奇心に囲まれてしまう。

ある評伝は、父親と婚約者に続き、これがキェルケゴールの人生における最後の危機だったとしている。哲学や美学ではなく神学の論者として最晩年を過ごさせたのはこの出来事のゆえだった。その一方でコペンハーゲンの街を歩くことはやめなかった。倒れて病院へ担ぎ込まれたのはそうした歩みの半ばのことで、歿したのはその数週間後だった。

ルソーに似てキェルケゴールは雑種的であり、真正の哲学者というよりは哲学的文筆家だった。ふたりの著述はしばしば描写的、扇情的、あるいは個人的で、詩的な多義性を含み、伝統的に西洋哲学の主流となってきた緻密で明晰な議論とは鋭い対照をなしている。喜びの感情や個々の人格を反映する余地があり、街角でオルガン弾きが奏でる音楽や小島に暮らすウサギといった、独特の具体性が入り込む隙間がある。小説、自伝、夢想と手を広げたのがルソーであれば、短めの論文に長大な跋文を付したり、文章で入れ子の箱をつくるように何重もの筆名を繰り出したりと、形式を操作の対象としたのがキェルケゴールだった。文章家としてみれば、彼の後継者にはイタロ・カルヴィーノやホルヘ・ルイス・ボルヘスといった文学の実験者たちが相応しい。表現の形式や文体、参照関係といった意味の造形道具と戯れた者たち。

ルソーとキェルケゴールは非人称的で普遍的な高純度の哲学にとどまることなく、より個人的、描写的で具体的な文章を書き、そのなかで歩行について書いた。まさにそれゆえ、わたしたちは彼らの歩行について知ることができる。あるいは歩くことそれ自体が、個々の思考を世界についての個人的で生きた経験に根付かせる方法なのかもしれない。そうした経験にはこの種の書き物が向いている。歩行の意味がいちばんよく語られるのが哲学ではなく詩や小説、日記、紀行、一人称のエッセイであるのはそのためだ。また、このふたりの奇人は自分たちの疎外を調整する手段として歩行に関心を抱いていた。この種の疎外は知性の歴史において新しい現象であり、彼らは周囲の社会に埋没することもなければ、隠棲する宗教家の伝統に倣って身を退くこともなかった(『コルサール』事件後の、晩年のキェルケゴールはそうではなかったが)。彼らは世界に存在していたが、その一部ではなかった。たとえ道のりが短くとも、ひとり孤独に歩く者は場所と場所の隙間に揺れ、欲望と欠乏に背を押されるように身を動かす。そこにともなっているのは労働者や居住者、すなわち集団の一員として感じることのできる紐帯ではなく、移動する者の孤立だ。

4　失われた主題

二十世紀初頭に、知的な活動の中心として正面から現実の歩行に取り組んだ哲学者がいた。それ以前から歩行自体が例示の役割を果たしていたことはいうまでもない。キェルケゴールは好んでディオゲネスを引用している。

誰もが知るように、エレア派が運動を否定したとき、それに対峙したのがディオゲネスだった。彼は文字通り立ち向かった。というのは、彼は一言も発することなく、ただ何度かその場を行ったり来たり歩いてみせたのだ。論駁にはそれで十分であろう、と。

その哲学者、現象学者エドモンド・フッサールは一九三一年の論文において、歩行とは自己の身体を世界との関係において理解する経験であり、「生き生きした現在と、有機体外部を取り囲む世界の構成からなる世界」であると述べている。身体とは常に現存するわたしたちの経験であり、運動する身体はそのすべての部位の一体性を連続的な〈此処〉として経験する、それが〈彼処〉へ向かい、あるいはさまざまな〈彼処〉を通過して動いてゆくのだ、とフッサールはいう。つまり、動くのは身体だが変わるのは世界であり、そのことが自他の区別をもたらすのだ、と。移動は流動する世界のなかで自己の連続性を経験する手段となることができ、それゆえ個々が自らを知り、互いとの関係を理解する端緒となる可能性を秘めているということだ。人間がいかに世界を経験するか、このことの考察の重点に感性や精神ではなく歩行という行為をおく点で、フッサールの企図は新しかった。

その収穫はいまだに乏しい。移動性（モビリティ）と身体性を大きなテーマとしてきたポストモダンの理論は、歩行についても多くを語っているだろうと思うのはもっともな期待だ——歩くとは、身体が移動性を獲得することにほかならないのだから。現代の理論の多くは、男性、場合によってはさらに特権的な、白人であるという特殊な経験を普遍化してきた従来の理論への、フェミニズム的な異議申し立てから生まれたものだ。フェミニズムとポストモダニズムはいずれも、個々人の知性の枠組みはそれぞれの身体経験とおかれた場所の特殊性によってかたちづくられると強調する。どこでもない場所で語る、すなわち発話しながら、その特定の身体と場所を越え出てゆくという旧来の客観性の理念は葬り去られた。あらゆる物事は何らかの状況に由来し、あらゆる状況は政治的なものだ（はるか以前にジョージ・オーウェルが喝破した如く、「芸術が政治的であってはならない、という意見はそれ自体が政治的意見である」）。思想家たちは、民族やジェンダーに規定された身体が意識に果たす役割を強調することで、偽りの普遍性の解体を試みた。しかしながら、身体が環境からの隔離の度を強め、大幅に受動的な存在となりつつあるなか、どうやら彼らは自分たちの特殊な経験——あるいは経験のなさ——

を拠り所にして、身体性や人間性の意味を一般化していたようなのだ。

ポストモダンの理論は繰り返し身体について語るけれど、その身体は悪天候に苦しめられることもなければ、異種の生物に遭遇することもなく、原初的な恐怖に駆られることも、大して興奮することもなければ、筋肉を限界まで酷使することもない。要するに、肉体的な企てや戸外での活動に関わることがない。ポストモダニストが頻用する〈身体〉という語彙自体も受動的なオブジェを指しているきらいがあり、たいてい検査台か寝台に横たえられて登場する。そうした身体は医学と性の事象であり、感覚と生化学作用と欲望の在処であって、行為と生産の源ではない。肉体労働から解放され感覚遮断タンクのような集合住宅とオフィスビルに収容されたこの身体には、肉体性の残滓のようなエロティックさだけが残されている。あえてこう述べるのも、魅惑的で奥深い（そしてあとでみるように、歩行の歴史に関わりのある）性やエロティシズムを軽んじるためではない。単に、そのような身体があまりに強調されているのは、多くの人にとって、身体に備わる生きることがもっているはずのほかの側面が萎縮してしまったからではないか、と考えるがゆえだ。数え切れないほどの論文がこぞって扱うそうした身体にとって、セクシュアリティや生物機能は単に生命の徴候とされるに過ぎない。そして種を明かせば、その受動的な身体は普遍的な人間のものではなく、都会に生きるホワイトカラーの身体なのだ。あるいは、わずかな肉体の行使さえ描かれないことからすれば、むしろ彼らのものでさえない架空の身体なのだろう。理論上の身体であれば、キェルケゴール全集を担いで大学を一周歩いても何の痛みも感じることはないのだから。「仮に身体が空間と時間のうちに存在していることのメタファーであり、それゆえ人間の知覚と知恵の限界のメタファーであるとすれば、ポストモダンの身体はまったく身体といえるものではない」。その種の身体性について異議を唱えるフェミニズム理論家のひとりスーザン・ボルドはそう指摘する。

近年のポストモダン理論のいまひとつの大きな主題は移動だが、その関心の対象は完全な流動性の獲得にある。さきほどの身体性はこちらにも失敗しているとみえ、巷の読み物には飛行機やら猛進する自動車やらに振り回されるポストモダン的身体があふれている。あるいは移動の手段が見えてこない場合さえある。筋肉でも機械でも経済でもエコロジーでもない。身体は輸送される小包に過ぎず、別の升目に移されるチェスの駒でしかない。動くのではなく動かされるのだ。ある意味では、問題が生じているのは現代の理論における過度の抽象化ということもできる。場所やモビリティに関連する語彙、たとえばノマド、脱中心化、疎外（マージナライズ）、脱領土化、境界、移民、亡命のほとんどは特定の場所や人から離れて、根をもたないことや流動性といった理念を表現するが、その考えられている主題と同じくらいに、理論的基盤の不確かさの表明のように思える。手に触れられる身体と運動の世界と折り合いをつけようとするこうした努力においてさえ、それらが脱物質化してしまうほどの抽象化が行なわれてしまう。言葉自体は、記述の具体性という責務から解放されて、実に自由に創造的に動きまわっているようだが。

唯一、身体が活きているのは異端者の書くものだ。エレイン・スカリーの堂々たる『痛む身体――世界の解体と創造』は、まず拷問がいかにして対象者の意識世界を破壊するかを考察し、創造的な営み、すなわち物語や物体の創作がいかにしてその同じ世界を構築するのか論究する。スカリーは道具や製品を世界に差し込まれた身体の拡張とみなし、それゆえこうしたものは世界を知る手立てなのだという。彼女は道具が次第に身体から隔てられてゆくさまを追う。地面を掘るための腕の延長だった棒切れは、身体の代わりをつとめるショベルカーに変わってゆく。歩くことを直接に論じることはないが、この著作にはこの主題に向きあうための哲学的なアプローチが示唆されている。歩行は、身体を本来の限界へふたたび還元する。しなやかで、敏感で、脆弱なものへ。一方で、道具が身体を拡張するように歩行は世界へ延びてゆく。歩行の拡張が道をつくる。歩くために確保された場所はその追求のモニュメントであり、歩くことは世界のなかに居るだけでなく、世界をつくりだすひとつの方法なのだ。ゆえに歩く身体はそれがつくりだした場所に追うことができる。小道や公園や歩道は、行為にあらわれた想像力と欲望の軌跡であり、その欲望はさらに杖、靴、地図、水筒、背嚢といった物質的帰結をつくりだす。歩くことが事物の制作や労働と同じように備えている決定的な重要性とは、身体と精神によって世界へ参画することであり、身体を通じて世界を知り、世界を通じて身体を知ることなのだ。

第三章　楽園を歩き出て——二足歩行の論者たち

紙のように真っ白な場所。そんな場所をわたしは探し求めていた。電車や車の窓の向こうや空想のなかに心さまよわせ、入り組んだ大地の起伏を歩く日々であっても、茫漠とひろがる平原が心を去ることはなかった。思いのままに歩く、ということを約束してくれる場所。たどりついたのは、干上がった湖の真っ平らな湖底だった。何者にも邪魔されることのない、完全に自由な歩行が許された場所。砂漠にはこうしたプラヤと呼ばれる水を失った湖底が数多くあり、太古の昔の、あるいは毎年の水の侵食によって、ひとたび乾くとまるでダンスフロアのように磨かれた平原となり、人びとを惹きつける。砂漠はここで、もっとも砂漠らしい相貌をみせる。荒涼として、遮るものひとつない。彷徨への誘い。スケールと光線と知覚が織り成す実験の場。そして寂寥が、ブルースの歌詞そのままに心地よさを意味する場所。ジョシュアツリー国立公園の近郊、カリフォルニア州南東のモハーヴェ砂漠に位置するこの場所には、かつての湖底がそこかしこにみられることを除くと、ただひたすら不毛のひびわれた平原がひろがっている。

わたしにとって、こうした広大な空間は自由を示すものだ。意識下の身体の運動と、意識上の精神活動にとっての自由。そこでは歩行は時間そのものの拍動の如く一定のビートを刻む。

湖底をゆくこの旅の同伴者パットは、ロッククライミング愛好家だ。ロッククライミングにおける動作はすべてが分節されていて、それぞれに全集中力が注ぎ込まれる。そこからリズムが立ち上がってくることはめったにない。このスタイルの違いは、わたしたちの生き方にも深く切り込んでいる。仏教に傾倒するパットは、精神というものを、ある瞬間を意識的に生きることと認めている。一方で象徴の体系、解釈、歴史、西洋的精神性といったものを養分として生きているわたしにとって、精神とはこちらではなくそちらの側に属しているものだ。ただしふたりとも、戸外の大地に出向くことが存在の理想的なあり方だと信じている点で、わたしたちは同じだった。

　歩くことは身体を大地に照らしあわせ測ってゆく流儀なのだ。それをわたしはずっと以前、別の砂漠で悟った。湖底で歩むわたしたちは一歩一歩、ほんの僅かずつ、午後の陽光に青く染まった山並みへと近づいていった。地平線に連なる山がスタジアムの観覧席のようにぐるりと囲んでいる。この湖底の純然たる幾何学的平面を、コンパスの脚のように尺を取りながら進むわたしたち。その測定値が示す大地の壮大さ。それがいかにわたしたちと無縁であるかということ。砂漠の歩みが常に教えてくれるのは、悦ばしくもあり恐ろしくもある、その教えだ。午後になると地面のひびわれさえもが長く鋭い影を落とし、パットのバンはまるで高層ビルのように影を伸ばす。わたしたちの右側に、影はさらに長く、見たことのない長大さで伸びてゆく。どのくらいの長さがあるのかしら、というと、彼はわたしを立ち止まらせ、歩幅で測ってみるといって自分の影と同じ東に向いた。すべての影が、いちばん近くに見えている山並みの方へと伸びている。彼は測りはじめる。

わたしはひとり、立ち止まっている。その影を道にしてパットは進んでゆく。澄み切った大気のなかを、遠ざかるというよりもただただ小さくなってゆく。彼が親指と人差し指でつまめるくらい小さくなり、その影がほとんど山まで届いたと思われたとき、ようやく彼はわたしの頭の部分にたどりついた。

ちょうどそのとき、太陽は不意に地平線の下へ沈んでしまった。世界は一変する。平原のきらめきは消え、山並みの青さが深みを増す。くっきりとしていた影はどんどん曖昧になってゆく。早くもぼんやりとしてきたわたしの頭の影で止まっているようにパットに呼びかけて、今度はわたしがそこまで歩いてゆく。百歩、二五〇から三〇〇ヤードだったよ、進むうちに頭の影を見定めることがどんどん難しくなったんだ、と彼はいった。夕闇の迫るなかバンまで戻る。実験は終了だ。ところで、そのはじまりはどこだったのだろう?

ルソーは、起源の探究によって人類の本性を見出すことができると考えた。起源を知ることはわたしたちがどうあったのか、どうあるべきなのかを理解することである、と。人類の起源というテーマはそれ自体、彼が非ヨーロッパ的な習俗を寄せ集めて「高貴な野蛮人」なる空想を唱えて以来、大いに変転してきた。けれども、わたしたちの元々の姿――「元々」が一九四〇年だろうと三百万年前だろうと――がわたしたちの現在や将来の姿なのだという主張は、時とともに強まる一方だ。一般書も学術論文も、人類が生物種として残虐で暴力的なのか、あるいは共同体主義的なのかという議論を飽きることなく繰り返している。性差がどのように遺伝子に刻み込まれているか、という議論も同様だ。いずれも、そこではわたしたちが何者であるのか、どうなることができるのか、どうなるべきなのか、といったことに関するとてもよくできたお話を、伝統を主張する保守主義者から、果ては最近見つかったばかりの原始的な食材こそ身体によいのだと説く健康論者までもが語っている。それゆえに、わたしたちが何者であるのか、というテーマはきわめて政治的なものになる。人類の起源を研究する科学者たちは、こうした人間の本性の問題について活発に議論を行なってきた。そして近年、その議論の中心を占めるようになったのが歩行だ。

哲学者は歩くことの意味についてほとんど述べようとしなかったが、科学者からは、とりわけ最近、多くが語られるようになった。古生物学者、人類学者、解剖学者らは、類人猿の祖先がいつ、どんな理由から後肢で立ち上がり、連続した直立二足歩行をするようになったのか、熱を帯びた、しばしば党派的な主張を行なってきた。身体の各部位の形状について考察しながら、そのはたらきや、いかにしてその形態と機能がわたしたち人類の構成要素になったのか――何が人間を構成しているのか、というのもまた議論が尽きないテーマだが――遠大な推論を行なう彼らは、まさにわたしが探し求める歩行の哲学者だ。

議論の前提はただひとつ、直立歩行が人類誕生の最初の徴であるということだ。原因が何であるにせよ、直立歩行の帰結は単純ではなかった。直立歩行がもたらした広大な新世界と可能性のひとつが、直立した体から役割を失ってぶら下がるほっそりとした一対の肢だった。摑む、作る、壊すといった可能性を秘めたこの「腕」は、やがて未曾有の複雑さでこの物質世界を操ってゆくようになる。研究者によっては、二足歩行は脳の拡大をもたらしたメカニズムだといい、わたしたちのセクシュアリティを規定した構造だともいう。二足歩行の起源をめぐる議論には、股関節や足の骨格や、地質学的年代測定についての仔細な言説が満ちているが、つまるところは性と、大地と、思考について考察しているのだ。

人類の特異性は意識の存在によって表現されるのがふつうだが、身体もまた地上のいかなるものとも異なっているうえに、ある意味でその意識の有り様を規定している。塔のように堂々として、常に転倒の危険をはらんだ柱のような肉体。これは動物界では異例の存在だ。これ以外に真正の二足歩行と認められるいくつかの種、たとえば鳥やカンガルーはバランスをとる尾などの機構を備え、ほとんどは歩くのではなく跳ねて進む。わたしたちの歩行のような交互の長いストライドは、その不安定さのゆえか、ほかには見られない。四足動物はすべての足を地面につけるとテーブルのように安定する。しかし二脚の人間は移動をはじめる前からすでに不安定な状態にある。注意深い観察者や酔っ払いならば知っているように、ただじっと立つ、ということがすでにバランスの妙技なのだ。

人間の歩行を扱う学説を読んでいると、エデンの園からの追放という人間の堕落は転倒、つまり数え切れないほど転ぶことのように思われてくる。これは、ふらふらとよろめく体重を脚一本で支えながら移動することを余儀なくされた、立ち上がってしまった生物の宿命だ。ジョン・ナピエは太古の歩行の起源についてこう書いている。「一歩進むごとに全身を破局の瀬戸際に追いやる人間の歩行というものは、ユニークな運動である。……二足というヒトの歩行手段は、それ自体潜在的な災厄ともいえよう。顔面からばったりと転倒することは、脚がリズムよく交互に振り出されることによってのみ回避されているのだ」。小さな子どもをみていると、このことはよくわかる。なめらかな歩行にまとまるべきものが、まだバラバラでぎこちない。そして歩くことを転びながら学ぶ。体を前に傾けていき、脚が体においていかれないようにバタバタと突進する。そのぷくぷくしたがに股の脚は、いつも取り残され、胴体に追いつこうとしているようにみえる。歩くという技を会得できないうちは、もどかしさから機嫌を損ねてしまうことも多い。ほかの誰も充たすことのできない欲望に駆られて、子どもたちは歩きはじめようとする。それは手の届かぬもの、自由、そして母性の楽園という安全圏からの独立への渇望だ。そうして、まだ転んでいないこととして歩くことがはじまり、やがて転倒が、すなわちエデンからの転落が訪れる。

　こんな話は科学の議論にはそぐわないと思われるかもしれないが、しばしば——意識的か否かは別として——創世記の話を議論に持ち込んでしまうのは科学者たち自身だ。あらゆる創造神話と同じく、科学もまた「わたしたちは何者なのか」という問いに応えようとしている。なかには、西洋文化における創造神話の中心である、楽園におけるアダムとイヴの一件への先祖返りと思えるものもある。仮説の多くは野心的な推論を含み、一見するとエビデンスにもとづくというより、現代的な願望や一昔前のモラルに導かれているように思える。わけても、男女の性の役割に関わるものが目につく。一九六〇年代には、「狩人としての男性」という通説がまかり通っていた。これを広めたのはたとえば「ヒトが誕生したのは無垢からでもなければ、アジアからでもない」という有名な一文ではじまるロバート・アードレイの『アフリカ創世記』といった本だった。いわんとすることは、暴力と攻撃性は人類の根深い本性なのだが、それらが人間の進化を後押しした側面もある、ということだ（あるいは、男性の進化。主流の学説の多くは、女性は進化する男性の遺伝子に追随したのみとみなしている節がある）。フェミニスト人類学者のアドリエンヌ・ツィルマンによれば、「〈狩る者としての男性〉という筋書にはじめ反対した者は、ヒトの人間性の原動力が狩猟だったという解釈と、イヴが知恵の実を食べた後の楽園追放という聖書の物語の類似性を指摘していた」。彼らによれば、狩猟と楽園追放という避け難い出来事はいずれも、食べるという行為——一方は肉、他方は禁断の果実——が招いたもので、狩猟する男性と採集する女性という労働の分担は、創世記のアダムとイヴに与えられた役割からヒントを得ている。同じように、六〇年代から七〇年代にかけて、人類の歩行の進化は気候が大きく変動した時期に起こったといわれたが、これもまた樹上性で森林地帯に暮していたヒトの祖先がサヴァンナの動物へと変化するという、いまひとつのエデンからの追放だ。今日では、狩猟が決定的だったという説も、サヴァンナへの進出というストーリーも、進化論的な解説としてはいずれも重みを失っている。しかし言葉には残り、化石ではなく遺伝子によって人類の起源を追求している科学者は、わたしたちの共通の祖先として想定される存在を「アフリカのイヴ」「ミトコンドリア・イヴ」と称している。

こうした科学者のなかには、見つけたいと願うものを追い求めるあまり、求めていたものを見出してしまう者がいる。ピルトダウン人という虚構が一九〇八年から一九五〇年に否定されるまで信じられていたのは、イギリスの研究者たちが哺乳類の顎と大きな脳を兼ね備えた生物の存在を望んでいたからだった。その骨格は人類の知性が太古に遡ることを示しており、イギリスで発見されるのは喜ばしいことだったのだ。「イギリス人」としての知恵あるピルトダウン人は大いにもてはやされたが、やがてテクノロジーの進歩によってそれが現生の類人猿と人間の頭骨の組み合わせだと見抜かれてしまった。レイモンド・ダートが一九二四年に南アフリカで発見した子どもの頭骨はピルトダウン人と違い真正のものだったが、当時ピルトダウン人に入れ込んでいたイギリスの権威ある学者たちはそれを人類の祖先として認めようとしなかった。当時の研究者は、人類がアフリカ起源であることを嫌い、また、そのタウング・チャイルドと呼ばれた骨格が小さな頭蓋をもちながらも直立歩行をしていて、わたしたちの知性が進化初期ではなくかなり後に出現したというその含意をよく思わなかった。頭蓋骨の基部には脳と脊髄をつなげる大後頭孔と呼ばれる開口がある。タウング・チャイルドの大後頭孔はわたしたちと同様に頭蓋骨の中心に位置し、後部に位置する類人猿とは異なっていた。頭部は背骨にぶら下がるのではなくその真上に支えられていたのであり、この生物が直立歩行をしていたことは疑いない。それはヒトの祖先であるアウストラロピテクスの頭蓋骨に似ていて、現代人の目にはバランスの悪い住宅建築のように見える。玄関ポーチのような額と突き出た顎は巨大なのだが、現代人の脳の故郷となるはずの屋根裏がない。初期の進化論者は、歩く・考える・作るといった人間の特質は一挙に現れたものだと考えていた。人間の性状を分有する生物というものは、彼らの想像を越えていたか受け入れ難いものだったのだろう。ピルトダウン人に異議を唱えたダートの仮説は、五〇年代から七〇年代のルイスとメアリーのリーキー夫妻によるケニヤでの大発見によって進展し、ドナルド・ジョハンソンが七〇年代に名高い「ルーシー」の骨格と関連の化石をエチオピアで発見したことによって確定的なものとなった。それが示すのは、最初に歩行ありき、ということだった。

歩行は、生物が進化の過程で超えた、ヒトとそれ以前、ヒトとそれ以外の霊長類を隔てるルビコン河であったといわれる。二足歩行は時とともに身体部位を長く引き伸してゆき、ゴシック建築のような数多くの美しいアーチをつくりだした。まず、一列になった爪先と、高い足裏のアーチ。そして歩く者だけがもつ、まっすぐな脚は臀部まですらりと伸び上がってゆく。その尻には歩行者独特の、力強く発達した大臀筋が丸く突き出ている。類人猿では目立たないが、ヒトの体では最大の筋肉だ。さらに平たい腹部、しなやかな腰、まっすぐに立つ背骨、低い肩へと続き、長い首の上には正面を向いた頭部が据えられている。四足動物では、背骨の両端にちょうど橋脚のように二本ずつの脚があり、頭部や胴の重みを吊り橋のように支えている。一方、直立した身体では、さまざまな部位が柱を構成する石材のようにそれぞれ互いの上でバランスをとっている。大型類人猿は拳《こぶし》で上体を支えて歩く。熱帯の森林での生活に適応した彼らが地面を移動するのはほとんどの場合、樹々のあいだのごく短い距離で、その際には長い前肢を使い、やや斜めの態勢になる。人間と比較してみると、類人猿の背中は湾曲し、腰にはくびれがなく、首は短く、胸は逆にした漏斗のようで、腹は突き出し、尻から下半身は痩せている。がに股で、足はものを摑むことのできる爪先をそなえ、扁平だ。

　歩行の進化史について思いを巡らすとき、わたしの脳裏には小さな人影のイメージが浮かぶ。湖底でのパットのような人影が、夜明け、こちらに近づいてくる。遠くではぼんやりとした点のようだったものが、だんだん直立した人の姿に見えてくると、どこか見慣れない気がしてくる。そばまで来ると、何の変哲もない、ただの歩く人だ。ここまでの道のりの半ばで長い影を投げかけていたのは一体なにものなのだろう。ルーシー――一九七四年にエチオピアで発見された小柄なアウストラロピテクス・アファレンシス〔アファール猿人〕の骨格は、細部の特徴から女性と推測され、そう名付けられた――は腰や首、短い脚、長い腕、漏斗状の胸郭の特徴が示すように、多くの点で類人猿に近い。一方で彼女は幅広で浅い骨盤をもち、股関節は左右に大きく分かれ、接近した両膝にむけて先細りの形状をしている。これはチンパンジーよりも人間と似かよっていて、彼女がしっかりと安定した足取りで歩いていたことを推測させる（チンパンジーの臀部は小さく、両膝は互いに離れており、直立歩行の際には体が左右に揺れる）。走りぶりは酷いもので、ほとんど歩くこともなかっただろうという者もある。しかしルーシーが歩いていたことは確かで、それが議論の出発点だ。

　何十人もの研究者がルーシーの骨格を読み解き、体つきや歩き方や性生活を推論して歩行の巧拙を議論した。発見のたびに解釈が進んだ。クリーヴランド博物館で働いていたジョハンソンが、エチオピアのハダルで発見した骨を友人のオーウェン・ラヴジョイのもとへ持っていった際も同様だった。クリーヴランド州立大学の解剖学者で、人間の移動様式の専門家であるラヴジョイの見解はオーソドックスなものだった。ジョハンソンは著書『ルーシー』のなかで、その前年にアウストラロピテクス・アファレンシスの膝関節をラヴジョイに見せたときのことをこう書いている。

「これは現代人の膝関節に近い。このおチビさんは完全に二足歩行だな」

「立って歩くことができた？」わたしは食い下がった。

「その通り、直立して歩いたはずだよ。こいつにハンバーガーの何たるかを教えれば、マクドナルドまで競争してもまず勝てないだろうな」

ラヴジョイは、二足歩行は通説よりもきわめて早い時代から徐々に完成されていったという独自の説を唱えていたが、その最初の物証となったのがジョハンソンが持ってきた膝関節だった。明くる年には、ルーシーの骨格（そのうち発見されていた四〇パーセント）が、人類の歩行が通説より古いという彼の仮説にさらなる説得力を与えた。一九七七年にメアリー・リーキーのチームがタンザニアのレトリで発見した、三百七十万年前のふたりの歩行者の足跡も同様だった。だが、彼らはなにゆえに二足歩行をはじめたのだろうか。

一九八一年には、ラヴジョイはわたしたちの直立と歩行がなぜもたらされたのか複雑な理論をつくりあげている。一九八一年の『サイエンス』誌に発表した論文「人類の起源」は、歩行が四百万年前もしくはそれ以前に出現した理由をめぐる議論の焦点となった。ラヴジョイは、出生の間隔が短くなると種の生存率が高まるというやや込み入った理論を展開している。「霊長類のほとんどの種では、オスの適応性は配偶の成功によって定まる部分が大きい」。すなわち、自身の遺伝子を伝えるために配偶者を得る能力もしくは機会をもっているかどうか。彼は、人類の祖先がその――というか、彼らの――習性を変えたのは中新世、つまり五百万年前より以前であると考えた。それによると、男性たちは女性のために食料を持ち帰るようになり、食べ物の提供をうけるようになった女性たちは自分や子どもが飢える心配が減ったため、子どもをよりたくさん産むようになった。こうして男性を家長とする核家族が生まれた。換言すれば、遺伝子を残す頻度や確実性に結びつく要素として、食料供給の能力が男性の適応条件に加わったということだ。一九八八年に書かれたサマリーにおいて、ラヴジョイは以下のように述べている。「二足歩行はこの新しい繁殖様式において形成された。なぜなら、両手の解放によって、男性は獲得した食料を遠方まで配偶者に運ぶことができるようになったからである」。ただし、このように日常的に男女が互いから離れている生活が男性に遺伝的メリットを与えるのは、男性が家に戻って自身の遺伝子を伝えることができる場合のみである、とラヴジョイはつけ加えている。つまり、この行動様式によってひとりの夫に忠実である女性と、責任ある男性というあり方が選択されたに違いない、と。「そこで、男性のきわめて特異な性行動が注目に値する。人類の女性はいつも性的に受容する側にいて、……男性側のアプローチも同様に定常的なものだったと考えられるだろう」。ほかの動物のように妊娠可能時期のサインを出さなくなった人類の女性は、繁殖とともに、絆を深めるためにも頻繁な性交を行なうようになった。こういった、一組の男女からなる家族形式が人類よりも遥かに古くから存在し、人類の男性は根無し草でありながらもパートナーかつ親としての責任を果たし、一方の女性は依存的かつ忠実な出不精の連れ合いであって、二足歩行への進化には貢献しなかった……、というあたりは創造論的な神話とみなされても仕方がないだろう。

一九七〇年代には、六〇年代の「狩人としての男性」という仮説から二つの理論が派生する。ひとつは「採集者としての女性」であり、これは原始人類の食性はほぼ植物性で、今日における狩猟採集民と同様に女性による採集に依存していたとする説。もうひとつは生き抜く手段として食料を分配するという行為を重視し、その結果、食料を運び入れシェアする基地である家庭が形成されていったと考えるもの。食料分配は、さらに複雑化する社会意識の源流とも考えられた。この理論では、ヒトを人間的な存在へと推し進めた原動力としてロバート・アードレイが狩猟に託した役割は、共同体的な〈最初の晩餐〉に取って代わられている。ラヴジョイはこの二つの考え方を折衷して「採集者としての男」という理論を提唱した。すなわち、男性は食料を家庭に持ち帰ってシェアするけれど、その対象は配偶者と子孫に限られるというものだ。ラヴジョイ説は、男性が歩行の主役であるうえに家庭的な美徳にあふれていたと考えるのみならず、その美徳こそが人類に歩行をもたらしたとみなしている。実際ラヴジョイは、ルーシーとその仲間たちはわたしたちよりも巧みな歩行者であり、彼らは木に登る能力を失っていたのだ、とまで述べている。

ジョシュアツリー国立公園のすぐそばにあるパットの小屋に滞在しているときに、わたしはこの章を書いていた。膨大な資料の海になんとか道筋を付けようと試みつつ、人類の二足歩行の起源の諸説や、解剖学や社会的役割のディテールについてパットによく話をした。突飛な説を聞くと、パットは信じられないといった様子で「そんなことで研究費やテニュア〔終身在職権〕が手に入るんだな」と笑っていた。とくに笑われてしまったのはR・D・ガスリーが一九七四年に提唱した説。直立するようになった人類の男性は、あらわになった男性器を相手を脅す「威嚇のための臓器」として使いはじめた、というものだ。ふたりして、人類の笑いの起源についてしばし考えてしまった。その翌日、丸一日岩登りのガイドを務めたあとで飲み物を手に寛いでいるパットに、人類学者ディーン・フォークによるラヴジョイへの反論を読んで聞かせてみた。彼はラヴジョイのいう「結合時警戒」というタームに反応して、わたしがかかずらっている事柄の珍妙さをまた笑った。別段、彼の世界がなんでも四角四面にできているわけではない。前日にパットが遊びでクライミングに行ってしまったとき、日陰に寝転んで彼のガイドブックを眺めてみると、公園に点在する岩壁のルートに付けられた名前はこんな調子だった。「長老派のデンタルフロス」の隣には「聖公会のつまようじ」があって、「風景のなかの人物」というルートの上品さを「ランプシェードの上の鼻くそ」が台無しにしている。ほかにもさまざまな岩の登攀路が、気取ったものごとや政治や人体にまつわるジョークで呼ばれていた。裏庭ではウズラがひょこひょこ歩き回り、谷間は夕陽を受けた山並みの影がどこまでも伸びていった、その夕方のこと。わたしが聞かせた二足歩行の議論から、パットはクライミングの友人たちに、次のルートには「結合時警戒」という名前を付けさせることに決めてしまった。わたしたちの登攀能力の喪失を解き明かす理論のひそかなモニュメントとして。そして、人類の起源という遠大な話題についてパットが抱いた印象の刻印として。ラヴジョイの説は有名になった——少なくとも、耳にすれば誰もが反論せずにはいられなかったのだ。

比較的早くから反論を唱えていたのはニューヨーク州立大学ストーニーブルック校の解剖学者ジャック・スターンとランドール・サスマンだ。わたしはふたりを訪ねた。運動好きとは思えぬ体軀のふたりはきれいに整えた口髭をしていて、ルイス・キャロルの「セイウチと大工」を思い出させる。スターンは短軀の大工、サスマンが大きなセイウチ。骨と書籍に溢れた研究室で、チンパンジーの骨盤やら大腿骨の化石の石膏模型やらを次々と手にとりながら、ふたりは何時間も話をしてくれた。自分の研究に相当の情熱を捧げているとみえて、彼らはしばしばわたしを置いてきぼりにして議論に熱中し、この論争の多いフィールドで活動している仲間をこきおろして溜飲を下げた。彼らによれば、ジョハンソンがとりあげたルーシーと同時代のアウストラロピテクス・アファレンシスの化石は、歩行する動物としてはまだ未熟な段階だという。大柄な腕と小さな脚、曲った状態の指と爪先といった特徴は、彼らがいまだに頻繁に樹に登る生活をしていたことを示しているからだ。さらに彼らが指摘するのはアファレンシスの化石が示す、性差による体格の違いだ。ジョハンソンの一行がエチオピアで発見したサイズの異なる骨格が同じ種に属するものである場合（これにはリチャード・リーキーらが異論を唱えている）、体格の違いは女性の小柄さと男性の大柄さを反映したものとされるが、そうするとラヴジョイが提唱するような一夫一婦制を実践していたとは考えにくい。男性が女性に比して大柄な体軀をもつ現生の霊長類――ヒヒやゴリラ――は一夫多妻がふつうで、一夫一婦がみられるのはテナガザルのような体格差がない種に限られるのだ。彼らの想定にもとづくと、大きく貧弱な脚をもつルーシーは歩くことにかけてはぎこちないけれども、長くたくましい腕のおかげで木登りに長けていたはずで、おそらくは一夫多妻の集団で生活していたということになる。大柄な男性に比較して、小柄な女性の方が樹上で過ごす時間が長かっただろう。

サスマンはいう。「研究をはじめたころは、控え目にいってもほとんどすべての研究者が人類は南アフリカの草原地帯や東アフリカのサヴァンナの開けたエリアで進化したと言ってたんだけど、僕はナンセンスだと思ったね。アファレンシスが暮らしていたのは森と草原がモザイクみたいに混ざったところに違いない。いまのコンゴや河沿いの林みたいなね。よちよちの二足歩行ができる木登り上手な動物とくれば、そういう生活が百万年続いたとしても不思議じゃない」。つけ加えていうには、昔の進化史のイラストは草原を歩く姿でこの時期の人類を描いていたけれど、最近になるとバラエティのある環境に配置するようになっているようだ。『ナショナル・ジオグラフィック』の最新号には森で暮らす情景のイラストが掲載され、樹上生活の様子もある。彼らが木登り上手の森林生活者であったということは広く認められて、スターンとサスマンを提唱者としてわざわざ取り沙汰する者もいなくなったとのことだ。

ヒトはサバンナに出てゆくためには歩く術を身に付けねばならない。サバンナで生き抜くことができたならば、彼らは巧みな歩行者であったはず。これまでの議論はぐるぐると同じところを巡っていた。イメージされたサバンナはどこまでもひろがる無限の可能性を秘めた場所で、太古の森よりも高級なところ。一方の森はルソー流の孤独な散歩者がさまよう明るい樹間の風景ではなく、ジェーン・グドールやダイアン・フォッシーが霊長類を研究した密林のイメージ。

スターンはしばらくあとでこう打ち明けた。

「いちばん悩ましいのはその二足歩行がどうだったか、ということなんだ。速さや効率の点でわれわれのようには歩けなかった、という論文は書いたのだけど……どうかな？　彼らが本当はすごく上手に歩いてたとしたら？」

「あるいは、上手な木登りと下手くそな歩きを両方やっていて、そのバランスがだんだん変わっていくとか……」と横からサスマン。スターンが続ける。

「ちょっと心強いのは、四つ足動物としてみるとチンパンジーの四足歩行が酷く不器用だという話だね。やつらが七百万年もの間下手くそな四足歩行をやっているなら、われわれが二、三百万年くらい下手くそな二足歩行をやっていた、というのはありうることだ」

一九九一年にパリで開催された二足歩行の起源に関するカンファレンスで、三人の人類学者によって、その当時唱えられていた歩行に関する理論のすべてを視野に入れたレビュー——アカデミック版トークショーにおける定番の出し物——が行なわれた。まず紹介されたのは「よっこらしょ仮説」。これは、食料や子供などのモノを運ぶことの延長として歩行を捉えるもの。次に「いないいないばあ仮説」、これはサバンナの草の上に顔を出すために立ち上がるというもの。さらに「トレンチコート仮説」は、パットを笑わせたガスリー説と同じく、二足歩行を男性器の誇示に結びつけるもの。ただし、こちらは同性への威嚇ではなくて女性へのアピールを目的とする。「ずぶぬれ仮説」は進化史上に想定される水辺生活での水中歩行や泳ぎを考慮に入れたもの。「つきまとい仮説」は（変わらぬ人気の）サバンナにおいて、移動性動物の群れについてゆくという話。「アッさにたまらず仮説」はかなり慎重に検証された説で、二足歩行は熱帯地方において真昼の日射への暴露を軽減し、高温で開けた環境への進出を可能にしたとする。最後は「二本足の方が四本よりよかった仮説」で、これは、少なくとも人類の祖先にとって、二足歩行は四足よりもエネルギー効率がよかったという説。

仮説もここまで揃うと壮観だが、スターンとサスマンと話して以来、素人がそれだけ聞けば確定した事実と思ってしまうような事柄でも大きな解釈の幅があるということに驚かなくなっていた。アフリカで掘り出される骨はかつてない量に達しているが、やはり決定的な謎のうちにある。解釈作業は動物のはらわたから未来を占った古代ギリシア人を思わせる。あるいは、易経の算木を投げて世界を見通そうとする中国人かもしれない。新しい進化の系統樹や測定法ができるたび、骨は対応するよう配置しなおされる。たとえば、先ごろチューリヒのふたりの人類学者があのルーシーの骨格が実は男性であるという説を唱えたかと思えば、ディーン・フォークは彼女が人類の祖先ではないとまでいっている。ときに、古生物学は弁護士で満室になった法廷を思わせる。みな自説に都合のわるい証拠は無視して、都合のいい証拠を振りかざしているのだ（スターンとサスマンは例外的にイデオロギーではなくてエビデンスに真剣にむきあっているという印象をうけた）。化石を巡って互いに対立するこれらの仮説群において唯一共通と思われること、それはメアリー・リーキーが、レトリで発見した足跡について書いている言葉のとおりだ。「ヒトの発展において、二足歩行が果たした役割はいくら強調しても足りない。おそらくは、これこそが人類の祖先をほかの霊長類から隔てた分水嶺なのだ。この比類ない能力が、運搬や、道具の制作、精緻な作業といった限りない可能性へ二本の手を解放した。実に、あらゆる現代のテクノロジーがこのひとつの展開の産物である。やや単純化しすぎているかもしれないが、新たに獲得されたこの前腕の自由こそが進化へ向かうことを可能にしたということ。脳はそれに見合うように発達した。そして人間が誕生する」。

ラヴジョイ説へのもっとも破壊力のある応答となったのは、フォークが一九九七年に書いたエッセイ「人間の女性における脳進化——ラヴジョイ氏への応答」だった。彼女が明瞭に指摘するのは、「氏の見方によれば、初期のヒトの女性は四足歩行のまま、子を宿して空腹で、大脳中核への過度の刺激に怯えているばかりか、〈男性を待つ〉状態に留めおかれている」という点だ。さらに体格差による一夫一婦制の非現実性などのさまざまなディテールを検証したのち、フォークは「ラヴジョイ仮説はまったく異なる水準からも検証できるかもしれない。すなわち、男性における性の問題や不安の反映としてである。この仮説はもっとも根底的なレベルにおいて、男性が性交をなした／なすに至る経緯の進化を主題としているのだ」と喝破した。地上性の霊長類の雌の行動は、ヒトの祖先の女性は繁殖およびレクリエーションのために性交相手を複数選んでいたことを示唆しているが、「世の多くの人は、いまもそれが変わっていないのではないかと恐れているようだ。ラヴジョイ仮説が抱える男性の不安をもちだすまでもなく、それは人間社会の性行動一般の観察と統制が示唆することであるのに」。

一夫一婦制に支配された動かざる配偶者に骨付き肉を持って帰る「養い手」としての男性、という見方を否定するフォークが支持するのはもっと単純な説で、黎明期のヒトが木陰から出てくる際、直立歩行は直射日光を受ける量を最小化でき、そうやって森から離れてゆく自由を得たというものだ。フォークによれば、この説の提唱者ピーター・ウィーラーは、「この体勢は〈全身冷却〉を可能にした」と唱えている。このことは「大脳をはじめとする各部位に送られる血液の温度を安定させ、熱射病を防ぐとともに、生理的条件による大脳サイズの制約からホモ・サピエンスを解放した」。これらの変革は脳のさらなる大型化をもたらし、より遠距離の遠征を可能にしてゆく。フォークは彼女自身が脳の進化と構造の研究から得た知見からウィーラーの理論を補強し、直立歩行者への変化は知性を産んだわけではないが、その発生を可能にしたという結論を述べている。リーキーと同様の結論だが、異なる理路によるものだ。

知性は脳に存するとはいえ、人体のほかの部分ともつながっている。たとえば骨盤は思考と歩行が出会う秘められた舞台であるだろう。解剖学者のなかにはそれらがせめぎあう場所だという者もいる。全身の骨のうちでもとりわけエレガントで複雑な骨盤を感覚のうえで意識することはとても難しい。幾重もの肉と、肉体の孔と、心の重みの下に隠されたもの。人間を除くすべての霊長類の骨盤は胸郭近くまで伸びた長い構造をしていて、のっぺりと起伏が少ない。小さくまとまった股関節、背面に向く産道、そして多くの四足動物の骨盤と同じく、類人猿の通常の姿勢では下を向く板状の骨からなる骨盤。人間のそれは内臓を受け止めて上体の重みを支えるために上を向き、腰の軸を抱える浅い壺のようになった。股関節は左右にひろがり、比較的短く幅広の形状だ。この横幅と、腸骨（左右一対で、へその下まで体の前部にひろがる骨）の頂部に伸びる外転筋が歩行時に体を安定させる。産道は下を向いていて、産科的な観点からみると赤ん坊が落ち込む漏斗のようになる。この落下は人間が経験する転落のうちでとりわけ困難なもののひとつだ。仮に進化史の解剖学的な挿話に創世記を連想する部分があるとすれば、それはこの骨盤と、「あなたは苦しみのうちに子を産む」という呪いだろう。

類人猿にとって、出産はほかの大方の哺乳類と同様に比較的単純なプロセスだが、人間にとってはときに母子の命に関わる難事だ。ヒトの産道は進化とともに小さくなったが、脳は進化とともに大きくなる一方だった。誕生時の新生児の頭は、すでに大人のチンパンジーほどの大きさの脳を宿しており、骨盤という舞台はサイズ的な負荷となる。胎児は出てゆくためにぐるりと螺旋を描きながら産道を降りてゆかねばならない。妊婦の体のなかでは、ホルモンの作用によって骨盤の靭帯がやわらかくゆるめられており、妊娠末期では恥骨の軟骨が分離する。こうした変化のせいで産後には歩くことが難しくなることすら多い。しばしば、わたしたちの知性の限界を定めるのは新生児の頭を受け容れる骨盤のキャパシティであるとか、逆に骨盤が出産を担っていることが移動性の足枷になっているといわれてきた。女性の骨盤が頭の大きな新生児に対応しているために、歩くことにかけて女性が男性より劣っているとか、男女問わず頭がまだ小さかった祖先よりも下手な歩行者になったという者もいる。人類進化史の文献では女性の方が歩行が苦手だとひろく信じられてきた。女が種にとって致命的な呪いを帯びている、女は進化の道程の随伴者に過ぎない、仮に歩くことが思考と自由に関わるものであるならば、女はそのどちらも満足に享受していない、そんなことがいわれてきた。こうした物言いもまた、創世記の置き土産なのだろう。歩行の習得は種族に自由——新天地への移動、新しい作業の発明、そして考えること——をもたらしたとされるけれど、女性の自由はしばしばセクシュアリティに結びつけられる。すなわち制御され、抑制されるべきものとして。それは道徳ではあっても生理学の話ではない。

ジョシュアツリーでのあるよく晴れた日の早朝、ジェンダーと歩行を巡る曖昧模糊とした議論にしびれを切らして、オーウェン・ラヴジョイに電話をかけてみた。裏庭では、野ウサギの綿毛のような尻尾が跳ねまわっている。彼は男女の解剖学的な差異をいくつか指摘し、それらは、女性の骨盤にとって、歩行への適応度合いを低めているはずだという。「メカニカルな観点からいえば」、彼は続ける、「女性は恵まれているとはいえない」。でも、とわたしは食い下がった。その違いは現実的な差を生んでいるのかしら？　ノー。「歩く能力にはまったく影響しない」。わたしは日の注ぐ戸外に出て、巨大なリクガメがとげだらけの果実をむしゃむしゃと食べるのにしばらく見惚れていた。女は本当に歩くことでは劣っているのでしょうかと聞くと、スターンとサスマンは笑って、知る限りそれを支持する科学的な実証研究はない、といった。優れたランナーは特定の体型に収束してゆく傾向がある、性別にかかわらず。そういってから、ふたりはしばし黙考した。だけど、歩くのは走るのとは違うし、何が優れた歩行者にするかという問題はもっと曖昧だろうな。より優れた、というのはどういう意味で考えればいいんだろう。速いということ？　あるいは効率？　人間はのろい動物だけど、距離に関しては優秀といっていい。何時間も、あるいは何日もペースをまもることもできる、とふたりは続けた。

わたしのような門外漢が歩行について考えようとするときに頭にあるのは、そこにどんな意味を託すことができるだろうか、ということだ。それがいかにして瞑想や祈りや、争いの手段になりうるのか。科学者らが積み重ねる論争は、彼らが歩行の本質的な意味を問おうとするがゆえに大きな意味がある。それをどうするのか、ではなく、それがどのようにわたしたちをつくり出したのか。歩行は人間の進化論を支える奇妙な柱だ。この肉体の変容はわたしたちを動物の世界から追い、やがて地球のすべての上に立つ孤絶した地位へ向かわせた原動力となった。いまや、それは夢あふれる未来への扉ではなく、ひとつの限界としてそこにある。十万年か百万年前、あるいはラヴジョイの説をとるなら三百万年前と同じ足取りによってわたしたちは太古へと結びつけられている。器用な手と意識の拡大をもたらしたかもしれないけれども、いまだに特別なパワフルさや速度とは無縁のままにある、かつて、わたしたちを動物の世界から別れさせた歩行。それはいまや、性や出産、呼吸や食べることのように人類の生物学的な限界となっている。

この国立公園を発つ前の朝、わたしは散歩に出かけた。パットが岩のぼりを教えていた岩塊を起点にして、あまり体温をあげないように、水分補給を意識しながらペースをつくってゆく。風景は、行くときと戻るときに決して同じように見えることはない。これはパットの父が彼に教え、パットがわたしに聞かせてくれたこと。だからときどきぐるりと回りを見て、帰り道に見ることになる景色を確認しておく。このまぎらわしい景色のなかではよいアドバイスだ。出発点は岩が大きくまとまって、大きなビルディングほどの岩々が群島か街区のように林立する場所だった。視界が遮られるので、砂漠でよくやるように遠くの目印に頼るのではなく、地勢や近い距離にある目標を確認しなければならない。朝日が左側から差し込んでいて、わたしは小径に沿って南へと向かう。ひとつ道路を横断すると、小径の真ん中には草が生え、だんだん見分けがつかなくなってきた。南西に向けてカーブを描くように進むと、道は交通量のある別の道路に突きあたって終わってしまった。わたしが近づくのをみて、小さなトカゲが茂みに走り込む。日陰には、二、三週前の豪雨をあびて二インチほどに高く伸びた新緑の草葉が淡く煌めいている。茫漠とした風景を移ろってゆく。風と足音のほかに聞こえるものはない。ようやくすっきりとした、悠揚とした心持ちになってきた。いつ以来のことだろう。砂漠の時間のなかにいる。道はやがて私有地との境界に行き当たった。わたしはぐるりと弧を描いて、岩場へは別の道から戻ろうと考えていた。迷うのもいい。平原を巡って岩場へと戻っていると、地平線には山並が見えかくれしていた。そうこうするうちに、廃道を横切った地点にたどりついた。通り過ぎた人びとが残したやわらかな足跡の上には、彼方へ続くわたしの足跡がくっきりと刻まれていた。一時間ほど前の自分の痕跡をたどり、出発点に帰りついた。

第四章　恩寵への上り坂――巡礼について

歩くことは、アフリカという故郷で、進化の過程で必要に求められて出現した。この足取りはたいてい、何かを探し求めて世界の隅々へとひろがっていった。歩くことのもっとも基本的な様式のひとつは巡礼だ。触れえぬ存在を求めて歩くこと。わたしたちの一行は、いままさに巡礼の途上にあった。赤土に育つピニョンマツとネズの足元には、石英の小石や、雲母の欠片、十七年間の地中生活を飽くことなく繰り返すセミたちの抜け殻がきらきらと輝いている。豪奢で同時に荒涼とした、こうした不思議な路面はニューメキシコにはありふれている。わたしたちがチマヨへ向けて歩いていたこの日は聖金曜日で、チマヨへの徒歩旅行に出発したのは六名、わたしが一番年少でただひとり遠方から参加していた。数日前に各々がグレッグに同行を願い出たことがきっかけで生まれたこのグループは、わたしとグレッグのほかに、グレッグが率いる癌生還者のグループに参加した測量士と看護師、そしてわたしの友人メリデルと、彼女が連れてきた近所の大工のデヴィッドといった面々だった。

自分たちなりに決めた道程を――ほとんどはグレッグが示すルート――をたどったあと、毎年恒例のサントワリオ・デ・チマヨ教会への大巡礼にわたしたちは合流した。巡礼は旅がとりうる構造の、もっとも基本的なもののひとつだ。自分の成長であれ何であれ、なにかを求める旅であり、終着地がある。巡礼者にとって歩くことは行《ぎょう》だ。世俗的な徒歩旅行は、たとえ競争や過酷なものであってもたいていは遊びの一種として捉えられることが多い。できるだけ身体を快適にして、効率よく動けるように道具や技術を利用する。一方、巡礼者はしばしば旅路の困難さを歓迎する。旅《トラベル》という言葉の起源には、務め《トラヴァーユ》が想起される。この言葉は労苦・困難・生みの苦しみを意味する。中世以来、巡礼者は裸足で歩いたり、靴のなかに小石を入れたり、あるいは食を断ち、特別な懺悔の装いを身につけて旅路に赴いた。クロー・パトリック山へ向かうアイルランドの巡礼者は、七月最後の日曜日に、岩だらけの山肌をいまなお裸足で登る。膝歩きで終着地を迎える巡礼の道も数多い。初期のエヴェレスト登山者が書き留めたチベットの巡礼の様子はさらに烈しい。「敬虔で純真なこうした人びとは、中国からモンゴルまで、ときに二〇〇〇マイルに及ぶ旅を行ない、全行程を自分の背丈の積み重ねで進んでゆく」とジョン・ノエル大尉は記している。「うつぶせに全身で倒れ込み、頭の少し先の地面に指でしるしをつけて起き上がる。そのしるしまで足を運ぶと、再び全身で地面に倒れ込み、両手を投げ出し、おそらくは何百万回と繰り返した祈りを口のなかで呟くのだ」。

チマヨには毎年、十字架を持参する巡礼者がいる。手で軽く運べるものから苦労して引き摺ってゆくような大きなものまでさまざまだ。終着地の礼拝堂には、祭壇の左手にそうした十字架のひとつが保存されている。運んだ者は小さな銘板も残している。「この十字架は、息子ロナルド・E・カブレラがベトナムの戦地から無事に帰還したことを神に感謝するしるしである。わたしラルフ・A・カブレラはニューメキシコ、グランツからチマヨまで一五〇マイルの徒歩による巡礼を約した。巡礼は一九八六年十一月二十八日に成し遂げられた」。カブレラの銘板とその民芸調のキリスト像を擁した六フィートほどの粗い木の十字架が端的に示すのは、巡礼が務めであり、さらにいえば、窮乏に堪えて努力することに報いがもたらされるという意味で、霊的なエコノミーにおける労働ともいえるということだ。労役の対価に相当する利益を受けとるという経済活動なのか、それとも、そうした利得を越えた価値が巡礼者にもたらされるのか。それをうまく説明した者はいないのは、その必要がないからだ。巡礼は文字通りに精神を旅へ誘う方法としてほとんどあらゆる人類の文化に根付いていて、苦行や肉体への負荷は霊的な成長の手段としてひろく認められている。

　スペイン北西部のサンチアゴ・デ・コンポステラを目指すものをはじめ、巡礼の全行程を徒歩で踏破するものがある。そうした巡礼では最初の一歩から旅路自体が重い意味をもつ。他方、現代のメッカを目指すイスラム教のハジや、さまざまな呼称で呼ばれるエルサレムへの旅では、まず飛行機に乗ることが出発点となり、徒歩の旅は飛行機の到着後にはじまるだろう（ただし、西アフリカのムスリムは、一生、あるいは世代を越えた時間をかけてゆっくりとサウジアラビアへ歩いてゆく。その結果、メッカを最終的な目的地とした一大遊牧文化が形成されている）。チマヨ巡礼は旧来どおり徒歩で行なわれる。ただし、ほとんどの参加者は出発地までの移動と終了後の迎えを自動車に頼る。サンタフェから北へ向かうハイウェイに沿って進み、さらに北東向きのチマヨへの道の路肩をゆくこの巡礼には自動車文化の強い影響が及んでいる。最後の数マイルの路上には家族や友人の道行きを見守る自動車があちこちに停められていて、町の空気は渋滞の一酸化炭素で汚れている。サンタフェ以降の路肩には「スピード落とせ」「巡礼者に注意」という標識が散見されるほどだ。

グレッグのルートはサンタフェの北約一二マイルからはじまり、のんびりとした田舎を横断したあと、チマヨから数マイルの地点で巡礼者の流れに合流するものだった。わたしたちは、グレッグ夫妻がずっと昔に購入した地所に朝八時に集合した。グレッグにすれば、こうした歩きの旅によって自分たちの土地とそこから一六マイルほど真北の聖地が結びつく。これはわたしたちにも通じる話だ。というのは、だれひとりカトリックの信者ではなくクリスチャンですらなかったわたしたちが、クロスカントリーの徒歩旅行によって縁なき者の楽園といえる自然へと連れ出され、その最後にもっとも伝統的で宗教的な土地にたどりつく、ということだから。これはハイキングじゃない。絶えず自分にそう言いきかせて、わたしはつい自分のペースで先を急ぎたくなる気持ちを抑え込んでいた。やがて、歩みの苦しさはこの遅さゆえなのだとわかってきた。

ニューメキシコ北部のご多分に漏れず、チマヨの町には昔をしのばせる雰囲気が溢れている。忘れ去ることが得意なアメリカでは特別なことだ。風景のなかに石造の建物や陶器片や石刻文様を刻みこんだのはこの地域のインディアンだった。いまでも、プエブロ、ナバホ、ホピの人びとが占める割合は一見してわかるほどに多く、古くからヒスパニックも多い。のちにアメリカ合衆国と呼ばれるこの土地でヨーロッパ人が初めて住む町としてサンタフェを築いたのは、彼らの祖先だった。この国のほかの場所とは違い、こうした人びとが忘れ去られること、あるいは消え去ることはなかった。ヤンキー到来以前のこの地の風景が人気のない荒野だったと思っている者はいない。新参のヤンキーたちには、実のところ大いに楽しみながらこの地の文化を取り入れてゆく者も多かった。彼らは日乾煉瓦《アドベ》造りの建物やインディアンの銀細工に精通し、プエブロの舞踊やヒスパニックの工芸品を鑑賞し、地域の慣習にも親しむようになった。そこには巡礼も含まれていた。

征服者がやって来る前、チマヨには現在のテワ・プエブロ族の祖先が住んでいた。彼らは高台にサントワリオ・チ・マヨ、すなわち「薄く割れる良質の石がとれる場所」という名を付けた。チマヨ谷へのスペイン人入植は一七一四年から記録が残る。細長い谷は水が潤沢で、農業に適していた。北端の広場の一画には、地域でもっとも質がよいといわれるコロニアル建築が残っている。ニューメキシコの通例として、町は島のように孤立していた。出身者のひとりドン・ウスナーによれば、彼の知る限り、住人は谷の南端の町ポトレロの住人とは婚姻関係を結ばなかった。植民地時代のスペイン人入植者は許可なしには自由な移動ができず、きわめて局地的な、土地に根を生やしたアイデンティティを育てることとなった。巡礼を行なう一年前にわたしが住んでいたニューメキシコ北部の別の町では、隣人を指して「あいつらはよそ者さ。俺たちはあいつらのひいじいさんがここへ越してきたことを忘れちゃいないんだ」という陰口も耳にした。この一帯で話されるスペイン語は古風で、文化的にも啓蒙時代以前のスペインに由来するものが多い。農業と地縁がもたらす堅い結束と伝統、蔓延する貧しさ、保守的な社会性、そして敬虔で魔術的なカトリシズム。この地の文化が中世世界の最後の砦のように思えることもしばしばだ。

サントワリオはチマヨの南の外れに位置する。土のままの小さな広場の周囲に、アドベ造りの古びた住宅や、トウガラシの房を吊るして手書きの看板を掲げた店が連なる。小振りな教会も頑丈なアドベ造りで、中庭には墓が並ぶ。内部に入ると、壁一面に聖人と緑の十字架にかけられたキリストの姿が描かれており、画風はビザンチンかペンシルベニア・ダッチ〔十七～十八世紀の、ドイツ語圏からのアメリカ移住者〕を思わせる。ただし、この教会が特別な理由は壁画ではなくその北側に並ぶ礼拝堂の存在だ。最初の礼拝堂は信者が運んできたイエスとマリアや聖人の図像に埋めつくされている。手描きのものから、立体の造形や切り貼りされたイコン、銀を散りばめたグアダルーペの聖母像〔十六世紀メキシコシティに出現したとされる聖母の像〕、そしてワニスのひび割れた最後の晩餐のプリントなどなど。礼拝堂の外壁には至るところに十字架がかけられ、手前には松葉杖がずらりと並べられている。銀色に光るアルミの杖が整然と並べられているさまは監獄の格子のようで、その向こうから大勢のキリストがこちらを見つめている。西に面した背の低い戸口の奥がこの教会のもっとも重要な小さな礼拝堂で、土間の床に巡礼者が持ち帰るための土を掬う穴が掘られている。この年には、粉洗剤のおまけの小さなプラスチック製スコップが添えられていた。掬ってみると、水分を含んだ砂っぽい土はぽろぽろと崩れる。

昔はこの土を水に溶いて飲んだといわれ、いまでも、病や怪我のある体の部位にあてるために土を集めるのだ。教会にはその奇跡の効能に対する返礼が送られてくる。ほかの多くの巡礼地でもそうだが、ここに集められた松葉杖は癒された足を証すものなのだ。

何年か前に最初に訪問したとき、水の湧く聖なる井戸の話はいろいろ聞いていたが、土が湧くというのは驚きだった。カトリック教会は一般に土を聖性の媒体とはみなさないが、チマヨの土の井戸は例外なのだ。文化人類学者のヴィクターとエディスのターナー夫妻は、カトリック教会がヨーロッパと南北アメリカにひろがりながら土地の習俗を吸収してゆくさまを、「慣習に洗礼を施す」と表現した。たとえば、アイルランドにおける聖泉の多くが、実はキリスト教以前から神聖視されていたものだったということはこうした経緯による。現在の解釈では、スペイン人が来る前からテワの人びとにとって土が神聖なものであったか、少なくとも治癒の効能が信じられていたと推察されている。一七八〇年代の天然痘の大流行の際に、スペイン人の女性たちがその教えを取り入れた。土を神聖視すること。それはもっとも低いところの、物質性そのものといってよい存在を至上の霊性に結びつけること、すなわち物質と精神の間隙を閉じることだ。そこには、世はすべて聖性へ転じる潜勢力を宿していて、聖なる存在は頭上ではなく足元にあるのかもしれないという、転倒した世界への暗示が潜んでいる。以前に訪れたときには、井戸は不思議な力によって自ずから満たされると聞かされた。ケルト文学に読める無尽蔵に酒の湧く角杯やイエスによるパンと魚の奇跡以来、無尽蔵であることは奇跡の本質的な属性なのだ。信者たちは確かに、礼拝堂の土間のバケツほどの穴から、二世紀にもわたって土を掬い持ち帰っていった。もっとも、その隣の部屋で買った書物には、聖職者がさまざまな聖別された土地から土を運び込んでいると明かされていた。復活祭前の聖金曜日には、運ばれた土を収めた大きな箱が祭壇に供えられるということだった。

由緒はこのように語られている。十九世紀の聖週間に、この地方の地主ドン・ベルナルド・アベイタは慣例通りに丘に登り、一派の信者に告解の秘跡を行なっていた。そのとき、彼は地面の穴が光を発していることに気がつき、そのなかから銀の十字架を見つけた。十字架は穴から持ち出されて他所の教会へ運ばれても、再びチマヨの穴から発見された。十字架がついに三度目に穴へと戻ったとき、ドン・ベルナルドはこの奇跡はこの場から切り離せないのだと悟り、そこへ一八一四年から一八一六年にかけて自ら礼拝堂を建てた。土に癒しの力があるということはすでに一八一三年の時点で知られていて、ひとつまみの土を火にくべると嵐が静まるのだといわれた。この奇跡の物語は多くの巡礼地のパターンを踏襲していて、とりわけ中世の「羊飼いの物語」にそのまま合致する。これは牛飼いや羊飼いや農民が尋常でない光や音楽に包まれるなか、あるいは畏怖する動物たちに囲まれながら、地面のなかなどありふれた場所に聖なる形象を発見するというものだ。奇跡はその場所と不可分で、見出された形象をそこから持ち去ることはできない。キリスト教の巡礼についてターナー夫妻はこう述べている。「あらゆる巡礼地には共通点がある。かつてそこで奇跡が起こり、いまなお起こっており、いつかまた起こる場所と信じられているということだ」。

巡礼の根底にあるのは、聖なるものはまったくの非物質的な存在ではなく、霊性には地理があるという考えだ。巡礼の足取りは、物語とその舞台に光をあて、精神と物質のきわどい分断線を進む。霊的なものを希求しながらも、その手がかりとなるのはきわめて物質的なディテールだ。仏陀が誕生した場所。キリストが死んだ場所。聖遺物の在処《ありか》。聖水の流れる場所。これは霊性と物質性をふたたび和解させること、といえるかもしれない。なぜならば巡礼へおもむくことは、魂の求めや信を身体とその運動によって表すことなのだから。巡礼は信ずることと動くこと、思惟と行為をむすびあわせる。聖なる存在が物質性と場所を備える、ということがこの調和の条件となるのはまことに理の通ったことだ。プロテスタントや、ときに仏教者やユダヤ教徒は巡礼を偶像崇拝として退けてきた。彼らは、霊的なものは完全に非物質的なものとして、外界ではなく内に求められねばならないと断じたのだ。

キリスト教の巡礼において、旅することと目的地へ到達することは互いに欠かせない関係にある。登山も似ているが、旅すれども到着しないのは、旅することなく到着してしまうのと同じくらいに不十分だ。労苦と旅のあいだに訪れる変化を通じてそのふたつの関係を充たしてゆくこと。それが目的地まで歩くことだ。巡礼は形のない精神的な目的地へ、肉体の労役によって一歩ずつ具体的に向かうことを可能にする。その目的地は、そうするよりほかにほとんど到達する術はない。人は赦しや癒やしや真実へ至ろうと迷いつづけることが運命づけられているのだが、わたしたちは、いかに険しい旅路であったとしても、「ここ」から「そこ」まで歩いてゆく方法は知っているのだ。また、わたしたちはよく人生を旅のように思い描く。本当の遠征へと踏みだすことはそのイメージを手の先にとらえ、実体を与えてゆくことでもある。肉体と想像力によって、霊化された地理世界のなかにその姿を描き出してゆくこと。遠方へ向かって重い歩みをすすめる人の姿は、人間の生を表現するもっとも普遍的で説得力あるイメージのひとつだろう。ひろい世界の只中で、己の心身のみを頼りにする小さく孤独な姿。具体的な目的地に到達すれば、そこには精神的な恩恵も待っているに違いない、という希望が巡礼の旅路を輝かせる。巡礼者はそれぞれの物語をなし遂げ、それが同時に、旅と変容の物語がつくりあげる宗教そのものへ織り込まれてゆく。

トルストイは『戦争と平和』で、通りすぎる無数の巡礼者をもてなすマリヤをおそう強い憧れの感情としてこのことを描いている。

巡礼者の話を聞くと、しばしば、彼女はその素朴な口振りを聞いて火のつくような熱情を覚えるのだった。彼らの自然な語り口に彼女は深い意味を聞きとるのだった。すべてを捨てて家から出てしまおう、と思いつめることも一度ならずだった。彼女は空想のなかで、襤褸《ぼろ》に身をつつみ、雑嚢をかかえ、埃の立つ道を歩いてゆく自分の姿を思うのだった。

彼女は自分のおだやかな隠遁生活が、身を捧げる目的のほかに余計なもののない、明瞭で烈しい生活へと変わることを夢みている。歩くことは、巡礼者の清貧と決意の表れだ。スペインのサンティアゴ・デ・コンポステラを目指す長距離の巡礼について、ナンシー・フレイは次のように書いている。

歩きはじめた巡礼者の知覚する世界にはいくつか変化の兆しが現れ、それは旅を通じて持続することが多い。時間感覚の変容。研ぎ澄まされる感性。そして身体と風景の再発見。……ある若いドイツ人はこう書いた。「歩く経験では一歩一歩が思惟なのだ。自分から逃がれることはできない」。

巡礼へとおもむくとき、人は世界との係累——家族、愛するもの、地位、あれこれの義務——を置き去りにし、歩く群れのひとりとなる。成就したことと捧げたものを除いては、巡礼者たちを隔てるものはない。ターナー夫妻は、巡礼をひとつの境界的な状態と論じている。自らのアイデンティティの過去と未来の間隙にあって、それゆえに既成の秩序から遊離し、可能性のうちに漂う状態。リミナリティ＝境界性はラテン語 *limin* すなわち「敷居」に由来する。その一線を、巡礼者は象徴的にも現実にも踏み越えてゆく。

境界状態にある者は、社会的身分や権威を剝奪され、権力と実力が監理する社会構造から遊離している。彼らは規律と試練を通じてある均質な社会的状態を形成する。その世俗的な無力さは、聖性に由来する力によって補われうる。弱者の力の源泉となるのは、ひとつは構造の有する力が退場するとともに復活する自然であり、いまひとつは血肉となった聖性の知である。そして同胞意識、宗教的共同性、コミュニタス〔祭礼などで日常的な秩序が解体・逆転した社会状態〕といった、社会構造の統制下にあった多くのものが息を吹き返すのだ。

わたしたちは足取り軽く歩きはじめ、川にかかる平坦な木橋を進んだ。水を湛えた川岸にはまばらに緑が育っている。ジグザグ型の樫並木に縁取られたグレッグとマリンのトウモロコシ畑を上り切ると、灌漑水路を越え、ナムベ居留地との境界になっているフェンスを横切った。このあと、わたしたちは同じような多くのフェンスをくぐったり乗り越えたり、ゲートの針金を解いたりして通過していった。ナムベ居留地ではナムベの滝から水の轟きが聞こえたが、はっきりと目にすることはできなかった。むしろ見えなかったことはよいことにも思えた。景色を楽しみに歩いているわけではないということを気づかせてくれるからだ。その手の、ヨーロッパで主流になったハイキングの伝統から程遠い場所にいるのだ、ということも。近寄ると水音が聞こえて、岬のように突き出た場所から首を伸ばすとわずかに目で見ることができた。はっきりと見えたのはちょうど水が崖から深みへと落ちてくるところだけで、泡立った水とその下の河床をちらりと確認して、わたしたちは歩きつづけた。行程の前半はお互いのペースにあわせて歩いていた。グレッグが見せてくれた地形図ではすっきりと見えていた道のりはとても予想に似つかぬ姿をして現れたけれども、彼は道や灌漑用水などの目印になるものを見て十分に状況を把握しているようだった。

もう道に迷ったわけじゃないですよね、と誰かが聞くたびに、彼は「何処へ行こうと汝は汝自身なり」と応じるばかりで、そんなやりとりで朝の時間は朗らかに過ぎていった。黙々と静かに歩くものだと思っていた、とスーが意外さを隠さなかったほどに、みなが自分の話をして、互いに意見を交わした。グレッグの地所に隣接するナムベ居留地のなかの、サンファン貯水池を過ぎたあたりのポプラ並木の下で最初の軽食をとった。そして、居留地の町はずれの、馬や果樹や発汗小屋《スエット・ロッジ》〔さまざまなインディアンの部族で使われている、薬草の香気を含んだ蒸気で身を浄めて汗をかく、浄化と治癒のための蒸し風呂小屋〕のあいだを通り抜け、バッファローの放牧地やまばらな家々を横目に進んだ。ナムベへの道中、メリデルはずっと彼女の最初のニューエイジ体験を語っていた。一九七〇年代のサンタフェでオーラのバランスをとった、というのを聞いて、その考え方についていろんなことを尋ね、軽口をたたいた。サンタフェに溢れかえるスピリチュアル系のあれこれや、ご都合主義の人びとは彼女にとって「成長の機会を与えてくれた（ヒドい）経験」になったとのことだ。一行のうち三人はクリスチャンとして育てられていた。わたしが巡礼に参加しているのはメリデルの五十歳の誕生日を祝福する意味もあって、翌日にはカジュアルに過ぎ越しを祝う食事を予定していた（メリデルは宗教心のないユダヤ人として育ち、わたしは信仰を失ったカトリックと礼拝しないユダヤ人のもとで、特定の宗教に関わりなく育った）。最後の晩餐はセデル（ユダヤ教の過ぎ越し祭の正餐）だし、聖金曜日と復活祭はエジプト脱出を記念するユダヤ教の祝日と重なっている。この巡礼の道行きは、幾重にも重なるこうした出会いや、苦しみ、移動、死の上に築かれていた。

ナムベ居留地の北の、砂岩がごろごろと地面を覆う荒地にさしかかったころ、お互いの距離がだんだんと離れていった。熱さに息のつまるような砂と礫《れき》と赤茶けた砂塵の世界がはるかな赤い崖まで続き、風が彫り残した赤い岩の柱が鋲のように点在している。女性ふたりがだんだんと遅れ、わたしがまだよく知らない男性陣が先行しはじめていた。地勢と進行方向が変化するあたりの風車小屋でわたしたちはまた合流し、枯れた水タンクの陰で一休みした。グレッグとスーはその後、みながまっすぐ横切るつもりだった丘を迂回することにした。スーが疲れ切ってしまったからだ。荒地は小さな丘陵が複雑に連なるようになり、道を見つけるのが難しくなった。そして、丘をひとつ越えるだけという予想と裏腹に、樹々がまばらに生えた赤土の起伏を数かぎりなくのぼり降りする羽目になってしまった。大声で呼んでみても、別れたふたりは見つからない。さらに男性がひとりかなり先行してしまい、もうひとりのペースもメリデルには追いつけなかった。彼女は運動が得意だったが、小柄なことに加えて膝を傷めたらしく、歩幅がだんだんと小さくなっていた。

　互いに離れてしまうと、わたしたちは気が沈んでしまった。仲よしの友人と新しい仲間でとりどりの旅路を進み、紺碧の空の下にドラマチックな目的地が待っている――いま思うと、もう楽園に到着しているかのような体験を期待していたのだと思う。けれども、残念ながらわたしたちの体つきも違えば物事のスタイルもさまざまだった。最後の数時間、みなのペースにわたしはずっといらだっていた。だれかが双眼鏡を取り出すとか、あるいは話し合うために足を止めると、みな一緒に立ち止まり、休止時間が長びいてゆく。たびたび休みながらだらだらと進むのは苦痛だった（山のぼりよりも博物館やショッピング・モールの方が苦手なのだ）。さらに、悪魔は細部に宿るというが、わたしの場合はもう慣らし履きが済んだと思っていた本格的なトレッキング・ブーツが鬼門だったらしく、足はブーツにひどく痛めつけられていた。そんな風に、ようやく開けた草原に出るまで、前後に距離が開いた男女のあいだを振り子のように揺れ動きながらわたしは進んだ。三人は先に草原の向こう側の道まで到着していた。メリデルとわたしも、坂道を上ってゆく歩行者の群れと、両方向に流れている車の行き交う流れに合流していった。巡礼のメインストリートとなっているハイウェイに沿って何十マイルと延びた大勢の人びとの群れに加わったのだ。空になった水のボトルとオレンジの皮が点々と散らばっていて、道の先でボランティアが活動していることがわかった。毎年このあたりにテーブルを据え、オレンジのスライス、水などの飲料、クッキー、ときには復活祭の菓子などを配っている。自らが救済を得ようとするのではなく、ほかの人びとを支えるためにここへ赴いている人がいるということは、この巡礼でいちばん心動かされたもののひとつだった。

前年の聖金曜日に驚かされたのは、巡礼に来るほとんどの人びとが、なにも準備せずに徒歩の長旅に出ているようにみえたことだ。彼らが身につけている普段着は、これはハイキングではないのだ、と暗にわたしを嗜《たしな》めているように思えた。いままで本格的に歩いたことがなさそうな恰幅のよい人びとも大勢が目的を達成していた。今年は日中かなり気温が上がり、状況がまったく変わっていた。カラフルなショートパンツやジーンズにTシャツという軽装の若い巡礼者よりも、傷む足や大きな荷物をかかえたわたしたちの方がよほど本気で覚悟があるように見えた（チマヨでわたしたちを出迎えたメルデルの夫ジェリーは、すごく小さな町から来たというファンシーな白いドレス姿の女性がいたと話していた。「結婚式か棺桶のなかで着るみたいな」。二日前に三〇マイルほど西で見かけた疲れきった様子の二人組は、ひとりは大きな十字架を抱えていた）。この巡礼に参加した二回とも、人びとはわたしとともに歩きながらもわたしとは違う世界に、信ずる者の世界にいるのだという不思議な感覚があった。信ずる者の視線の先にあるサントワリオは、三位の神格と神の母と聖人が統べる宇宙のなかにあり、教会や聖堂、祭壇やサクラメントの地政学に画然とした力を示しているのだ。ともあれ、わたしの苦痛は巡礼者のそれと同じはずだった。足の痛みは限界に達していた。

　巡礼はスポーツではない。肉体を傷めつけることが多いから、というだけではなく、自分や愛する者の健康の回復を願って行なわれることが多いからだ。そうした巡礼はもっともよく備えている者ではなく、もっとも備えを欠いた者のためにある。わたしが電話で同行してもよいかと尋ねたとき、グレッグは、自分は白血病を患ったときに神と取り引きしたのだと教えてくれた。飄々としたユーモアをもつ彼らしく、その取り引き条件は、もし生き延びることができたら可能なときに巡礼を続ける、というゆるいものだ。今年は歩きはじめて三年目で、年を経るごとに楽になっているという。病が重篤だった四年前には、ジェリーとメリデルが彼のために歩き、サントワリオから土くれを持ち帰ったということだった。

わたしたちがチマヨへ歩いていたこの復活祭の一週間には、同じようにパリからシャルトルに向かう恒例の巡礼が行なわれていて、さらにはるか大勢のキリスト教徒がローマやエルサレムへ向かっていた。この半世紀ほどの間に伝統から離れたさまざまな世俗の巡礼が行なわれて、その理念は政治や経済の世界へも浸透した。わたしたちの出発の前には、農場労働者組合の父セサール・チャベスの生誕を記念する「正義の行進《ウォーク・フォー・ジャスティス》」がサンフランシスコの街をあげて実施され、テネシー州メンフィスでは、市民権運動家らによるキング牧師暗殺三十周年の記念行進が開催された。南西部ならばフランシスコ会が率いる「ネバダ・デザート・エクスペリエンス」が毎年四月に開催しているラスベガスからネバダ核実験場までの平和行進に加わることもできた（似たものにチマヨを出発し、原爆のもうひとつの故郷ロスアラモスへ向かうルートもある。距離は西へ三〇マイルほど）。さらに筋ジストロフィー協会が毎年四月第一週に行なう長距離徒歩大会《ウォーカソン》があり、月最後の週末にはマーチ・オブ・ダイムズ〔小児医療のための慈善活動。F・D・ルーズベルト大統領がポリオ撲滅のために設立した国営基金に由来する〕による「ウォークアメリカ」もあった。ニューメキシコ州ギャラップでは、六月にフラッグスタッフで開かれる「ネイティヴ・アメリカンからの地域貢献運動」による「第十五回セイクリッド・マウンテン一〇キロ祈禱マラソン／二キロラン&ウォーク」のフライヤーを目にした。これはカリフォルニア南東部ウォードヴァレーに計画されている核廃棄物処理場に反対して、五つの部族が共同で開催する決起大会のようだった。それから、サンフランシスコのゴールデンゲート・パークはじめ、乳ガンとエイズに関する毎年恒例のウォークも全国で開催される。この大陸では、確実にどこかで誰かが何かよき目的をもって歩いているのだ。これらすべては巡礼から育った枝葉であり、あるいはそこから言葉を借りたものだ。

こうした新世代の巡礼すべてがおりなす歩行者の大河と、そのさまざまな水源を思いえがくとき、その源流にいるのは、半世紀を遡るころのひとりの女性だ。それは三月の雪解け水のようにささやかな一滴だ。一九五三年一月一日、ピース・ピルグリム〔「平和の巡礼者」〕とだけ知られる女性が、「人類が平和の道を学ぶ日まで、さすらい歩きつづける」ことを誓って旅に出た。彼女が自身の使命を知ったのはそのずっと以前のことだった。一晩ひとりで森のなかを歩いていたときに、彼女の言葉によれば「人生を神と奉仕に捧げるという、一点の迷いもない願い」に打たれ、アパラチアン・トレイルの二〇〇〇マイルを歩き通して使命に応える準備をした。名前を捨てて巡礼に旅立つ以前の彼女は農場育ちで、平和活動に熱心だった。率直で、生活も内面もシンプルに生きるという自分のモットーがほかの人にも役立つはずと信じる、すぐれてアメリカ的な人物だった。歩きつづけた年月の道中と出会いを綴った手記は、きらめくような感嘆符に満ち、屈折や独断や疑念とは無縁だ。

彼女の巡礼の第一歩は、パサデナのローズボウル・パレードに参加することだった。陳腐なお祭りが遠大な旅路につながる、というのはどこか『オズの魔法使い』を思わせる。農場育ちでやる気にあふれ、踊るマンチキンとともに黄色いレンガ道に踏み出すドロシー。ピース・ピルグリムは二十八年間あらゆる天候の下を歩きつづけ、アメリカとカナダの全州、さらにメキシコへ足を運んだ。若いとはいえない年齢で出発した彼女は、ネイビーブルーのパンツとシャツにテニスシューズという出で立ちで、胸に「平和の巡礼者」と染めたチュニックを着た。背中のフレーズは「平和のために徒歩で大陸横断中」から「世界の軍縮のための徒歩一〇〇〇〇マイル」、そして「平和のために歩く二五〇〇〇マイル」へと少しずつ変わった。濃い青という色を選んだことを「この色は汚れが目立たず、安らぎと精神性を感じさせる色なのです」と手記に書いている。そこにも彼女の曇りのない敬虔さが顕われている。人並みはずれた頑健さとスタミナは心のもちようから、と彼女自身はいうが、むしろそれは逆なのではと思わずにいられない。彼女はいつもその飾らない服装で、吹雪も雨も、砂嵐も熱波もくぐり抜けてきた。墓地やグランドセントラル駅の床で眠るとき、あるいは、いつものように知りあったばかりの友人の家のソファに横になるときもそれは変わらなかった。

文章のほとんどは特別な主張を語るものではない。しかし国内外の政治についての立場は明確で、朝鮮戦争・冷戦・軍備競争を含めてひろく戦争に異議を唱えている。パサデナで歩きはじめた当時は朝鮮戦争とマッカーシーの赤狩りが続き、核戦争と共産主義への恐怖に駆られて、多くの人びとが服従と抑圧の下に身を縮めた時代だった。アメリカの歴史のなかでももっとも寒々しく、ただ平和を主張するということにさえ、英雄的な勇気が必要だった時代。そんな一九五三年の年始めにピース・ピルグリムが着のみ着のまま、ポケットに「櫛と折りたたみの歯ブラシとボールペン、それに自分のメッセージと連絡先のコピー」を入れただけで出立したのは驚くべきことだった。そして好況下、資本主義が自由の霊宝の如く奉られてゆく時代にあって、彼女は貨幣経済から身を引いた。それ以後、彼女は一銭たりともお金を持たず、使ってもいない。モノを持たないということを、彼女はこう語っている。「わたしがどんなに自由かわかるかしら！　旅に出ようと思えば、ただ立ち上がって歩き出すだけ。わたしをしばるものは何もないの」。おおまかにはキリスト教が祖型となっているものの、その巡礼の源には一九五〇年代の文化的・精神的危機があるように思える。それはジョン・ケージやゲイリー・スナイダーをはじめ、多くの芸術家や詩人を禅や仏教などの非西洋的な伝統の探求へ向かわせ、キング牧師をガンジーの非暴力主義と真理《サティヤーグラハ》への意志を学ぶためにインドへ向かわせたものだ。

メインストリームを外れた人びとはその空間からも退くことが多いが、ピース・ピルグリムはメインストリームから撤退しつつ、むしろ存在感を強めていった。彼女流の信念と国家的なイデオロギーの仲立ちとして、まさにそこにいることが求められるようになったのだ。いわば、彼女は巡礼者であると同時に伝道者でもあった。平和のための二五〇〇〇マイルの歩みは、達成に九年間を要した。その後も平和のための歩みを続けたが、もう距離を数えることはやめている。「宿を得られるまで歩く、食べ物を授かるまで食べない」と書いている。「わたしは頼み込むということをしません。お願いしなくとも与えてくださるのです。人びとのなんと優しいことでしょう！　……道中でどれくらいの人が声をかけてくださるかによりますがわたしは一日におよそ二五マイル歩きます。約束のため、泊まるところがなかったために一日で五〇マイル歩いたこともあります。凍えるような夜には体を温めるために幾晩も歩き通しました。渡り鳥のように、夏には北へ、冬には南に向かうのです」。活動が広く知られるようになったあとでは講演に呼ばれることがふえ、会場まで自動車の送迎を受けることもときどきあった。そして一九八一年七月、皮肉なことに車の衝突事故によって彼女は世を去った。

巡礼者と同じく、彼女もまたターナー夫妻が述べた境界状態《リミナル》へ参入していた。日常のアイデンティティとそれを支えていたモノや環境を捨て、匿名的で虚飾がなく、目的をはっきりと見据えた状態。トルストイがマリヤの憧れとした書いたもの。彼女がなし遂げた徒歩の旅は、その信念の強さ以外にもさまざまなことを教えている。まず、彼女がそれまでの自分の名前と生活を捨てて癒しの旅に出なければならないほど、世界は深刻な問題をかかえていたということ。さらに彼女が日常性から離れ、お金や建物や場所にまもられることなく旅に進んでゆけたということは、根底的な変革と信頼がもっと大きなスケールでもありうるという希望を示唆していた。そして第三に彼女が担っていたもの。信者やスケープゴートとして追放されたヘブライ人の身代わりとして罪を引き受けたキリストと同じように、共同体の罪を自らのものとして、彼女は世界の状況に対して個人の責任で応えようとした。その生き様は単なる模範ではなく、証しと償いだった。しかし、なにより異例なのは、巡礼という宗教的な形式に政治的なメッセージを託した点にあった。巡礼は伝統的に、自分や愛する者の病と癒しに関わるものだったが、彼女は世界を蝕む病として、戦争と暴力と憎悪に向きあおうとした。その動機になった政治的なもの、そして神威に頼るのではなく同胞たる人びとへの働きかけによって変革しようとしたこと。これらの点で、彼女は現代世界に数多ある政治的巡礼の先例になった。

神の加護や奇跡を期待するのではなく、政治の変革を要求すること。天上の存在にではなく、人びとに訴えかけること。彼女はそうやって性質を変えてゆく巡礼の先触れだった。戦後という時代は、神の加護に勝るものはないという信仰に終焉が刻まれた時期といえるかもしれない。神はユダヤ人の大量殺戮を見過ごし、そのユダヤ人は政治・軍事的な手段によって約束の地を手にした。そして、その「約束の地」というメタファーを長らく語ってきたアフリカ系アメリカ人もまた、待っていることをやめた。公民権運動がもっとも盛り上がっていたころ、バーミングハムに向かうキング牧師は、「エジプトの王が神の民に道をあける」までデモの先頭に立つと宣言した。集団で歩くことは、巡礼のイメージを軍隊の行進や労働ストライキ、あるいはデモと結びつける。信念だけではなく、強さをも示すこと。これは霊的な力へではなく、現世の諸権力へのアピールなのだ。公民権運動はその両方であったかもしれない。

多くの聖職者の参画、非暴力の実践、宗教的な救済と、ときとして殉教を語る言葉。そうしたものをともなった公民権運動にはおよそいかなる争議よりも色濃く、巡礼の精神と光景が刻印されている。おおまかにいえば黒人参政権を焦点とするこの運動は、まずそれぞれの持ち場が舞台となった。バスにおける座席への着席運動やボイコット、子どもたちを登校させること、そしてレストランでのシッティング・イン。しかし運動の勢いが増したのは、抗議やストライキが巡礼とひとつになるときだった。選挙権を要求するセルマからモンゴメリーへの行進、バーミングハムはじめ国中で開催されたデモ、そしてその頂点としてのワシントン大行進。新たに結成された南部キリスト教指導者会議〔ＳＣＬＣ〕が最初に組織した大規模なイベントも、実に「祈りの巡礼」であった。これは公立学校の差別撤廃を支持した最高裁判所判決の三周年にあたる一九五七年五月十七日、ワシントンＤＣのリンカーン・メモリアルで開催され、その呼び名は強硬な印象をやわらげるために考えられたものだった。行進は要求だが、巡礼は呼びかけだ。マハトマ・ガンジーの言動に深い影響を受けたキング牧師は、非暴力主義の理念と、イギリス統治からの解放を早めたデモやボイコットという手法の両方をアメリカに応用した。一九三〇年に二〇〇マイルの「塩の行進」を導いたガンジーこそ、政治的巡礼の創始者といえるかもしれない。このときガンジーは内陸から大勢の人びとともに海へ向かい、イギリス法と塩税制度に逆らって自らの手で塩をつくった。非暴力主義は圧政者に対して強要することなく変革を求めることであり、弱者が強者の変化を引き出すための傑出した方法となった。

ＳＣＬＣ創設の六年後、キング牧師は、非暴力の抵抗運動だけでは不十分で、南部の人種差別主義者が行なっている黒人への暴力をひろく知らせる必要があると判断した。いまや圧政者だけではなく、全世界に声をきかせなければならない。これが、公民権運動の中核ともいえるバーミングハムの闘争の戦略だった。この闘いは一九六三年の聖金曜日の行進にはじまり、数多くのデモや行列によって遂行された。高圧放水に曝され、警察に犬をけしかけられる人びとの写真がこの抗議運動で撮影されて有名となり、世界中から憤りの声があがった。バーミングハムの行進ではキング牧師はじめ何百という人びとが逮捕された。大人の有志が尽きると高校生に参加が呼びかけられ、さらに幼いその兄弟も手をあげた。誰もが臆することなく歓喜にあふれて自由への行進に参加していき、その年の五月二日には実に九百人の子どもたちが逮捕された。襲撃や負傷、逮捕、ときには死さえ覚悟して街頭へ出てゆくことには尋常ではない決意が必要だ。おそらくその支えとなったのが南部バプテスト連盟の熱烈な支援と、キリスト教的な殉教の教えだった。バーミングハムでの運動がはじまってひと月経ったころ、「チャールズ・ビラップス師はじめバーミングハムの牧師たちは、三千人を越える若者を率い、バーミングハム刑務所へ祈りの巡礼に向かった。道すがら『わたしはイエスにともに歩いてほしいのです』を歌いながら」。あるキング牧師の伝記作家はそう書いている。

わたしの自宅の冷蔵庫にはしばらく、一九六五年のセルマからモンゴメリーへ向かう行進の写真が貼ってあった。心を揺さぶるこの歩みについて写真は多くを語っている。マット・ヘロンが撮影したこの写真には、行進の参加者が三、四人幅の列となって、右から左へ途切れることなく進んでゆく様子が写っている。白んだ曇天を背景に決然と歩む被写体をみせるために、写真家は身をかがめ、横になったのだろう。写真に写った人びとは、自分たちが変革へ向かって歴史の只中を歩んでいることを知っているかのようにみえる。堂々とした歩幅、高く掲げられた掌、臆することが微塵もないその姿勢には、変革を我が手に摑むのだという彼らの意志が漲っている。彼らはこの歩みのなかで、忍苦を越えて歴史をつくりあげてゆく方法を、自由を賭して自らの強さに試練を与える道を見出した。深く雄弁なキング牧師の不屈の声に響くものと同じ使命と意義の自覚が、その身振りにあらわれている。

一九七〇年にマーチ・オブ・ダイムズがはじめて企画した「ウォーカソン〔徒歩大会〕」に

よって、巡礼という形式はその起源からさらに遠い地点に到達する。一九七五年以来この行事の企画に携わり、その歴史家を自認するトニー・チョッパによれば、当初はきわどいものだったという。徒党を組んで通りを歩くという行為がかなり過激な示威行動とみられていたためだ。この最初の「ウォーカソン」はカナダで行なわれた病院建設のための募金活動をモデルにしたもので、テキサス州サンアントニオとオハイオ州コロンバスの高校生が参加した。「どちらのウォークも雨に降られた」とチョッパは語っている。資金は不足したが「すごい可能性を感じた。大勢がちゃんと参加して歩いてくれたからね」。年を重ねるうちにルートは当初の二五マイル〔四〇キロ〕から一〇キロに短縮され、参加者の数は急増した。わたしたちがグレッグの地所からチマヨへ歩いた年には、百万人近くがマーチ・オブ・ダイムズの「ウォークアメリカ」(現在そう呼ばれている)に参加すると見込まれていて、乳幼児と胎児の医療および医学研究支援のために総額七四〇〇万ドルが募られるということだった〔ウォーカソンの参加者は直接募金はせずに歩き、その距離に応じてスポンサーが募金を拠出するのが一般的〕。このウォークにはKマートやケロッグ社などが協賛している。イベントを支援して見返りに宣伝の機会を得る企業スポンサー、そしてチャリティーのために歩く参加者というウォーカソンの形式はその後何百という団体に採用された。大部分は疾病対策や医療のための企画だ。

その前の夏には、ゴールデンゲート・パークで開かれた第十一回「エイズウォーク・サンフランシスコ」にたまたま遭遇した。青空の下、出発エリア周辺にはショートパンツと野球帽姿の大勢の人びとがひしめき合っていた。その手には無料で配られているドリンクや、宣伝グッズや試供品を持っている。一〇〇ページにもなる案内パンフレットはほとんどがアパレルや証券会社など何十もの企業スポンサーの広告に占められ、芝生の周囲にはスポンサーのブースが設置されていた。入り乱れる宣伝ロゴやバナーのせいで、一帯はスポーツジムと見本市が合流したような不思議な雰囲気に包まれていた。その一方で、深い思い入れをもって参加した者もいたことは確かだ。翌日の新聞には、二万五千人が歩いて、地元のエイズ患者支援組織のために三五〇万ドルが集まったとあり、エイズで亡くした息子ふたりの写真をTシャツにプリントした参加者の言葉を紹介していた。「なかなか吹っ切ることはできません。それでもこのウォークは前に進むひとつの方法なのです」。

アメリカ版巡礼の主流となった資金集めのためのウォークイベントは、いろいろな意味で源流からはかけ離れたものになっている。なによりも敬虔に神の加護を求めるのではなく、友人や家族にお金を求める現実的なものへ姿を変えた。しかし、いかにあり触れた行事になったとはいえ、こうしたウォークにはいまだに巡礼の本質が残っている。たとえば健康や癒しをテーマとすること。巡礼者という共同体。そして、苦しみや努力を通じた何ごとかの達成。少なくともいままでは歩くことはそうしたイベントに不可欠の要素でありつづけた。自転車による「バイカソン」が流行する昨今では、変わりゆく巡礼への最後のとどめとしてヴァーチャル・ウォークも登場している。サンフランシスコ芸術大学の「ノンウォーク」では参加者は募金とTシャツの着用を求められるだけで、その場に足を運ぶ必要さえない。「エイズアクション」という団体による「〈そのおわりを迎えるまで〉のインターネット行進」は、行進や徒歩大会の代わりに、ネット上のメッセージへ署名することを呼びかけている。

幸いにも、すべての巡礼がこうしたウォーカソン・スタイルに変貌したというわけではない。変種が次々に登場する一方で、宗教者によるものから政治的な長距離行進に至るまで、昔ながらの巡礼は盛んに行なわれている。サンフランシスコで二万五千人がエイズ患者団体支援の一〇キロを歩いた一ヶ月後には、ギャングの更生支援を行なっているジム・ヘルナンデスと反暴力の運動家ヘザー・テクマンが、カリフォルニア州のイーストロサンゼルスからリッチモンドまで五〇〇マイルの道のりを歩き終えた。殺人の犠牲となった若者百五十人の写真を携え、ティーンエージャーと交流しながらの道中だ。一九八六年には何百もの人びとが参加した「グレート・ピース・マーチ」が行なわれた。軍縮を訴えてアメリカ中を歩いたこの集団巡礼では独自の文化と支援の体制が生まれ、通り過ぎた小さな町々に大きな反響を残した。もともとは啓発運動のようにはじまったものの、いつからか歩くことが主題となって、参加者の関心はメディアやメッセージよりも彼ら自身の変化に向けられていった。一九九二年には同じように大陸を股にかけたピース・ウォーク・イベントがさらに二つ開催された。「グレート・ピース・マーチ」の参加者と同じく、ピース・ピルグリムに触発されて参加した者も多かった。こうしたウォーク・イベントは一九九〇年代初頭にソ連に伝わり、ヨーロッパにもひろがった。一九九三年にはイチゴ摘みの季節労働者などを中心にした農業労働者連盟〔UFW〕の支援者が、デラノからサクラメントへ三〇〇マイルの道行きをたどった。これはセザール・チャベスが一九六六年に組織した「巡礼」の行進と同じ道程だった。

もっとも旧弊から遠いと思われる人びともまた、巡礼への衝動に抗うことは難しい。歩くという試練がもつ意味は、宗教の枠組みから無縁なところでも失われることはないようだ。次の言葉は、映画監督ヴェルナー・ヘルツォークによるもの。

一九七四年の十一月下旬に、友人がパリから電話をかけてきて、ロッテ・アイスナー〔映画研究者〕が重病だ、おそらく助からないだろう、といった。ぼくはいってやった、そんなことがあってたまるか、こんなときに、ドイツの映画界にとって、それもいまのいまこそ、かけがえのないひとじゃないか、あのひとを死なせるわけにはいかない。ぼくはヤッケとコンパス、それに最低限必要なものをつめこんだリュックサックを用意した。ブーツはとても頑丈で新しかったので、大丈夫だと思った。そしてまっすぐパリに向かった。ぼくが自分の足で歩いていけば、あのひとは助かるんだ、と固く信じて。それに、ぼくはひとりになりたかった。

ヘルツォークは冬のミュンヘンを出発し、降り続く雨や臭気や乾きに悩まされながら、足の傷みに堪えて数百マイルを歩き通した。

彼の映画を観た者は知っているように、ヘルツォークは底深い情念と常軌を逸した振舞いに、それがどんなに愚かにみえるものであれ、愛情を傾けてきた。パリへ向かう長い足取りを記録した日誌には、憑かれたような彼の映画の登場人物に通じるものがある。たまにヒッチハイクを利用したほかは天候にかかわらず徒歩で移動し、納屋や移動展示用のモデルハウス、あるいは知らぬ者の家や宿で眠る。ほそぼそとした散文に、歩くこと、苦痛、ささやかな出会いや風景の欠片が綴られていて、試練を吐露する言葉の端々に映画の筋書きのような精妙な幻想が織り込まれている。四日目の日誌にはこうある。

用をたしている最中に、手を伸ばせば届くくらいのところを、ノウサギが通った。こっちには気がつかなかったようだ。左の太ももに塗布用のアルコールを塗る。そこから付け根にかけて、一歩あるくたびに痛むのだ。歩くとはまたなんとたいへんなことなんだろう。

二十一日目にして、ヘルツォークの足取りはアイスナーの部屋にたどりつき、彼女は笑顔で迎えた。

ほんの一瞬のあいだ、死ぬほど疲れきったぼくのからだのなかを、やさしいなにかが、通り過ぎていった、ぼくはいった。窓を開けてください、何日か前からぼくは飛べるんです。

道はカーブしてチマヨに入り、わたしたちも目的地へ到着した。サルとわたしは道端に座ってメリデルを待った。自動車、警官、氷菓子を運ぶ子どもたちが目の前を通りすぎる。背後のでこぼことした牧草地には、ひねくれた果樹がぽつぽつと花を咲かせている。サルはサントワリオ正面の長い列に並び、わたしは人数分のレモネードを買いにサントニーニョ教会の近くの屋台へ歩いた。その教会には、かつて大勢の人が子どもの靴を捧げた。幼いキリストが夜、人びとの苦難を癒やすために遠く出かけるため、その靴が擦り切れてしまうといわれたからだ。親しく知っている場所に戻るのはよい気持ちだ。サントワリオになにがあるか、よく知っていた。下り坂の先には屋外礼拝堂があり、その背後には大量の十字架がくくりつけられた金網がある。ブドウの枝やポプラの木切れをくみあわせた何千という十字架だ。金網のすぐ反対側には灌漑用水がある。町をつらぬく川は浅く、せわしなく流れている。四旬節には、ブリトーの屋台に肉抜きのメニューが並ぶことだろう。昔と同じようなアドベ造りの住宅と、年代物になってきたトレーラーハウスの群れ。そして、厄介絡みの注意書きの数々。「注意！　いかなる時も持ち物から離れないこと」「盗難の責は負いません」「猛犬注意」。チマヨの貧困は深刻で、聖地というだけでなくドラッグと暴力と犯罪の町としても有名になってしまった。礼拝堂の正面に、妻のメリデルを待つジェリー・ウェストがいた。巡礼最後の道のりに屋台まで歩いてレモネードを持ち帰り、サルに別れを告げ、わたしは別の目的地に足を向けた。この日、一万人の巡礼者が町に入って教会へ続く列に並んだという。グレッグとスーも同じように並んでいるのをジュリーが見つけた。月が上り、わたしたちが町を出るころ、夜の細い路肩を歩く人影はまだ続いていた。暗がりのなかの人びとには、もうお祭りのような陽気さは感じられない。そこにあるのはひたむきで弱々しい、闇にまぎれてしまいそうな影の群れだった。

第五章　迷宮とキャデラック——象徴への旅

チマヨでは、巡礼者といっしょに長蛇の列に並んで教会に入るのは遠慮しておいた。ほかに行きたいところがあったのだ。その前の年に巡礼路の最後の六マイルほどを歩いたあと、友人の車に追いつく途中で〈十字架の道行き〉をペイントしたキャデラックのそばを通った。一瞥して通り過ぎかけて、思わずしばらく足を留めて二度見してしまった。二つの聖金曜日をまたぐこの間に、十字架の道行きの十四場面を描いたキャデラックというものがますます異彩を放つものにわたしには思えてきた。豊満な象徴言語と欲望を惜しみなくつめ込んだ、神妙にして奇天烈な一台の車。それが一〇〇ヤードくらい道の向こうに停まっているとサントニーニョ教会の前にいたジェリーが教えてくれたので、足をひきずりながらもう一度見にいくことにしたのだ。

長々とした、淡いブルーの金属のボディはどことなくやわらかそうでビロードかヴェールのように融けていきそうだ。この一九七六年式キャデラックは実にややこしい代物だった。水平に走るクロームのラインの下側に、十字架の道行きの絵柄が細長い車体をぐるりと覆っている。イエスは運転席側の最後部で死刑宣告をうけて、十字架を運び、倒れ、道中の出会いを経て車体をめぐり、助手席側の中央あたり、ドアハンドルの脇で十字架にかけられ、同じ側の最後部で埋葬される。車体の両サイドには、稲光が走る暗い灰色の空が描かれ、ニューメキシコの不吉な雷雲の下、イエスは苦しんでいるようにみえる。トランクにも、いばらの冠をかぶり、天使といばらに囲まれたイエスの顔がソフト・フォーカスで大きく描かれていて、波うつようなリボン装飾に囲まれている。中世や古いメキシコの宗教画で銘文を縁どった装飾。いたるところに棘のある植物が描かれていて、チマヨとエルサレムがどちらも不毛な土地だということをあらためて思い出させる。そして同じようにいばらをあしらったボンネットには、マリアと聖なる心臓と天使、さらに百人隊長〔ローマの軍隊の指揮官。ここではイエスの磔刑に立ち会った者〕が登場している。

　この車は停まった状態での鑑賞が想定されているが、走ることを忘れてしまったふうにはみえない。大事なのは実際の走りではなく、この絵柄が風を切り、雨を突いてハイウェイを疾走していたかもしれないということだ。思ってもみてほしい。内と外を裏返しにした八気筒式のシスティーナ礼拝堂が州間高速道路を時速七〇マイルでとばし、テーブルマウンテンやアドベ造りの廃屋や牛たちを置き去りに、怪しげなインディアン物産店やファーストフード・チェーンや安モーテルの看板の脇を駆け抜けて、夕焼け空の下、寂寞とした水平線の彼方へ加速してゆく……。車にみとれている間に作者のアーサー・メディナ——痩身に黒髪を揺らせた落ち着きのなさそうな男——がやってきた。賛辞を伝え、質問を次ぐと、そばの小屋にもたれて応えてくれた。聖画のカンバスとしてラグジュアリー・カーを選ぶというのはいささか常軌を逸しているように思えたので、なぜキャデラックなのか、とも尋ねてみたが、彼にはピンとこなかったようだった。なぜこの題材を描いたのか聞くと、「みんなへの四旬節の贈り物」だという。実際、メディナは毎年ここでこの車を展示しているようだ。

ほかの車もペイントしたし、エルヴィス・カー〔五五年型のピンク・キャデラック〕もいじったことがあるといい、声を潜めて、この辺には自分の真似をするアーティストがいる、ともいった。確かに、長いボディをした、七〇年代の車がもう一台、教会寄りに停められていた。ちょうど白塗りのアドベ造りの商店の正面で、通り側の車の側面にはまさにその店が精確に描かれていて、ボンネットには光り輝くサントワリオ教会のペイントがある。メディナのキャデラックに劣らずこの車もまた、眩暈がするほどの含意をまとった、疾走する不動産だ。ところで四半世紀に遡るニューメキシコ北部のカスタム・ローライダーの伝統からいえば、こちらのペイントの方がメディナよりも玄人らしい仕事だった。ただしアーティストとしての優劣ということではない。このジャンルの車には独特のエアブラシさばきが生みだす正統派のタッチがあるのだが、それに比べるとメディナの人物はシンプルでフラットに描かれていて、もやがかった豪奢な雰囲気を醸している。ハイパー・リアリズムでややシニカルなペイントが施された大半のローライダー・カーはバロック的といえるのだが、それに比べてメディナのペイントは、率直で敬虔な中世の宗教画に通じるものがあった。

それにしても、それはどこまでも突飛な物体というほかない。歩くことを主題にした自動車であり、苦痛と犠牲と屈辱を語りかける贅沢品。しかし、それだけではない。歩行にまつわるまったく別種の、ふたつの伝統がこの車には流れ込んでいる。エロスと宗教だ。まず、カスタムカーはアートであると同時に、パセオ（コルソとも）という古くはスペイン、現在ではラテンアメリカに慣習として残る、町の中心広場を遊歩する何百年来の社交的慣習の新たな受け皿になっている。若者はそこに出会いや恋の遊びや寄り添って歩く時間を求める。中米グアテマラのアンティグアからカリフォルニア州北部のソノマにいたるまで、町々の中心にはその舞台となる中心広場が設けられた（北寄りのヨーロッパならばもう少しカジュアルに、公園や水辺や大通りを散歩するところだ）。メキシコの一部などでは、一時かなり儀礼的になって男性と女性が互いに逆方向に歩く形式ができあがり、無限につらなるラインダンスのようになっていた。現代の広場はもっと自由なそぞろ歩きの舞台となっている。急がずにゆったりと、出会いや自分の姿を見せることに焦点のあるこの種の遊歩は、歩くという行為のうちにひとつの独特な分野を形成している。これは移動の術というよりは滞在の術なのであって、徒歩でも自動車でも、動きの基本となるのは回遊だ。

ちょうどこの部分の草稿を書いていたころのこと。たまたま、サンフランシスコのメーデー・パレードが終わった後のドロレスパークで兄スティーヴの友人ホセに会ったので、この種の習わしについて聞いてみた。最初は聞いたことがないといっていたが、話すにつれてだんだん記憶がたぐられてゆき、思いもしないタイミングでよみがえった思い出にホセは瞳を輝かせていた。エルサルバドルの郷里では、この習慣のことを「公園をひとまわりする」と称していたという。「公園」とは町の中心広場のことだ。「公園」を社交場にするのはほとんどが十代の若者で、その理由のひとつには、少なくともその年頃にとっては家が狭いし暑い気候なので自宅で会うのが窮屈だということがある。女の子だけで広場に行くことはなく、ホセは、姉や三人いた美人の従姉妹たちのちいさな介添役として重宝された。そんなわけで少年のころは、週末の夕方、姉たちが男の子と交わす会話に聞こえぬ振りをしつつ、アイスクリームをなめて過ごすことも多かったという。パセオは他の地方でみられる形式ばらない男女の遊歩と同じで、パブリックな場のなかにプライベートに会話できる空間を保証する。お話に没頭する余裕を与えつつ、同時に行き過ぎないかと見守られているのだ。村を出ずに暮らすことは経済的に難しいので、そぞろ歩きで火のついた恋が結婚に成就することはほとんどなかったという。けれども故郷に帰ってくるとふたたび広場を巡るんだ、出会いじゃなくて思い出を探すんだよ。エルサルバドルやグアテマラの小さな町にはすべて、何らかの形でこうした習慣があって、「小さな町ほど、人びとが正気でいるために大事な習慣になっていた」とまでホセはいう。パセオのような遊歩の習慣は形をかえながらスペイン、南イタリアおよびラテンアメリカの多くの地域に存在している。世界をダンスホールへ、歩行をスローワルツへと変貌させる習わし。

カスタムカーと「流し《クルーズ》」の文化が融合した経緯についてははっきりとしたことはわからないが、歩くほどの速度で車を流しながら互いに誘ったり張り合ったりする「流し」は、まさしくパセオやコルソの継承者だ。チマヨ巡礼の道連れだったメリデルは、ニューメキシコを題材にした彼女の最初の写真シリーズとして、一九八〇年にローライダーのドキュメンタリーを制作している。当時はこのサブカルチャーの勃興期にあたり、サンタフェの中心の歴史ある広場にはゆっくり「流す」車が集まっていた。多くの町と同じく行政は彼らを嫌い、広場四周の道路を一方通行のロータリーに変更し、さらに車を「流す」ことを禁止する措置をとった。そうしたなか、メリデルはシリーズ作品ができあがるとこの広場で展示会を開き、ローライダー乗りを招待して彼らの車もあわせて展示した。そうやってハイアートの文脈におくことによって彼らをその場に呼び戻し、その文化や世界観を住民に示してみせたのだ。展示会のオープニングはサンタフェの芸術イベントとして最大規模のものとなり、広場には車や写真を見ようと大勢の老若男女が集い、視線を交わしながら歩きまわった。アートをめぐるパセオ。

車を「流す」ことがパセオの系譜に由来する一方で、車体がまとう図像はまったく別の伝統を示すものが多い。信仰の篤いニューメキシコでは、カリフォルニアなどと比較するときわめて宗教色が強いイメージが使われる。メリデルの目にはその多くが教会堂や聖遺物箱のように映り、ビロード張りの座席にいたっては棺桶を連想させたという。それは信仰とパーティー・カルチャーという組み合わせを、矛盾なくまるごと不可分のものとして取り込む若者文化の表明であり、なおかつニューメキシコが自動車中心の世界だということの表れでもある。この地では歩道や側道がないことも珍しくなく、田舎も都会も車中心に生活が築かれている（巡礼の道にもローライダーが流していて、わたしたち歩行者に見せつけるようにドーナツ・ターンをする者もあった）。パセオは歩行者の経験であることをやめ、乗り物の文化になった。そのはずなのだが、違和感は残る。車という装置のいちばんの機能は排他性、つまりプライベートな移動空間をつくりだすことにある。どんなに低速で走ったとしても、歩くときのような直接の出会いやなめらかなコミュニケーションをもたらすことはない。その点からいえばメディナの車は、もはや乗り物ではなくオブジェといった方がいい。作者が作品の脇で賛辞に応えている傍らを、わたしたちはぐるぐると見てまわった。それは信者が十字架の道行きを歩む様子というより、アート好きの画廊巡りに近いものがあった。

十字架の道行きはそれ自体、幾重もの層がおりなすひとつの文化的産物だ。その基層には、イエスが死刑宣告から岩穴への埋葬までにたどったとされる道筋がある。十字架を担いだチマヨの巡礼者がまねぶ、ピラトの館からゴルゴダの丘までの道のり。十字軍の時代にエルサレムを訪れた巡礼者は、実際の出来事があった場所をめぐりながら道々で祈りを捧げた。それが信仰によるたどり直しという第二層となり、巡礼は観光へ近づく。十四、五世紀になると、フランシスコ会の托鉢修道士が道行きを十四の場面からなるひとつのシリーズとして定式化し、土地との結びつきを抽象化した第三の層をつくりあげる。こうした経緯から、ほとんどすべてのカトリックの教会堂でみることができる〈十字架の道行き〉を主題とする美術が生まれた。たいていは小ぶりの絵や刷り物を教会の身廊にそって十四枚並べたものだが、それ自体がおどろくべき抽象の産物なのだ。もはや二千年前の出来事をたどるためにエルサレムに赴く必要はない。遠い過去の遠い場所に起こったことだとしても、歩き、思い描きさえすれば、出来事の魂の次元へ参入することができる。（十字架の道行きの祈りについての指南には、磔刑という出来事の追体験を重視するものが多い。素朴な祈禱を越えて、想像と自己同一化を試みるのだ。）キリスト教はポータブルな宗教であり、かつてエルサレムという場所に固着していたこの道行きも世界中へ輸出されていった。

　風景を通過してゆく最善の経路というひとつの先行解釈、それが道筋というものだ。経路をたどることはその解釈を受けいれること、つまり研究者や狩猟者や巡礼者のように先行者の後をつけてゆくこと。同じ足取りを歩むことは物事を深層から反復することであり、すなわち、同じ空間を同じ道筋で動いてゆくことは、同じ人物になり同じ考えを思考する方法となる。空間的な舞台装置というかたちではあるが、これは内面の劇場でもある。なぜならば人は、演じてみせるだけではなく、自らがその存在に近づくことを望みながら聖人や神的存在のまねびを行なうからだ。反復と模倣に重きをおいた巡礼をすべての歩行様式のうちで特別なものにするのは、まさにそのためだ。ほかのいかなる方途によっても自らを神に似せることができないとしても、彼のように歩くことだけはできる。十字架の道行きを歩むイエスはまさしくもっとも人間的な姿で、よろめき、汗を流し、苦痛に堪え、三度も転び、罪を贖いつつ死んでいった。そしてその道行きがひと続きの絵としてどこの教会でもみられるようになったとき、信者がたどるのはもはや場所に結びつく道筋ではなく、物語の道筋になった。教会の身廊に並べられた道行きによって、参拝者はエルサレムへ、そしてキリスト教の初源の物語へ歩み入ってゆく。

　〈十字架の道行き〉のほかにも、物語へ身体ごと入ってゆく仕掛けはたくさんある。去る夏、そのひとつを見つけた。その日、友人たちと、サンフランシスコのノブヒル頂上、フェアモントホテルのキッチュで知られたポリネシア風の古いバー「トンガ・ルーム」で飲む約束をしていた。キャビアをすすめる食料品店をすぎ、楽しそうに跳ねまわる中国人の子どもや、それほどでもない大人たちとすれ違い、垢抜けた町並みをノブヒルまで上って、グレース大聖堂裏手の中庭を通る。噴水があがる傍らで、若者がひとり、聖書を手になにかつぶやいていた。その向こうの端に目をやったとき、心おどる発見があった。迷宮だ。シャルトル大聖堂の敷石の迷宮をセメントの色味によって模したもので、四分された十一の同心円に沿って道が伸び、中心にある六枚花弁の花模様へと続いている。待ち合わせにはまだ早かったので足を踏みいれてみた。道をたどっているとすっかり夢中になってしまい、まわりの人びとは眼中から消え、道路の喧騒もほとんど耳に入らず、六時を知らせる教会の鐘にも気づかなかった。

迷宮に入ると、二次元の地面は自由に動きまわれる平面ではなくなった。曲りくねる道から外れないようにすることに心を奪われ、視線を道に集中していると、巨大化した迷宮の空間に引き込まれてゆくようだった。スタート地点から延びる道は、最初に十一の円のほとんど中心まで届いたあと、踵を返して曲がりくねりながら続く。寄ったり離れたりを繰り返しつつ、垣間みえた終着点にはなかなか戻ってこない。そのころには足取りもゆっくりになり、道のりをたどることにすっかり没頭している。直径四〇フィートほどの迷路でも、行程はたっぷり十五分はかかる。その円形世界の法則に従う存在となったとき、わたしは迷路の寓意に気づかされた。ゴールに至るためには、ときにそれを目前にしながら引き返さねばならないということ。もっとも遠い地点が近道に通じることもあり、遠大な道のりしか選べないこともあるということ。視線を下げて、注意ぶかく歩きすすんだあとでは、静かに待ち受ける終着点が心底からの感激を誘った。ようやく視線をあげると、東の青空に鉤爪か羽毛のような白雲がたなびいているのが目にとまった。迷宮では、さまざまなメタファーや意味が空間を通じて伝わってくる。息をのむ発見だった。遠くにみえても目的地はすぐそこにある。言葉でいえば浅薄な教えも、足で見出すと深く響くものだ。

詩人マリアン・ムーアが「空想の庭にいる本物のヒキガエル」について書いたことはよく知られている。迷宮が与える可能性とは、わたしたちが生身のまま象徴の空間に入ってゆくことにある。わたしは歩きながら、子ども向けのお話を思いだしていた。わたしがお気に入りだったのは、登場人物たちが、現実のものになった本や絵のなかの世界へ放り込まれるお話だった。命をふきこまれた彫像がならぶ庭園を冒険したり、有名なところでは、鏡の向こう側へ飛び込んで、気紛れなチェスの駒や花や動物たちに出会ったり。現実とその表象の境目ははっきりと定まったものではなく、そんな境界を横切るときにこそ魔法が起こるのだということをこうした本は語りかける。そんな横断が起こるのが、たとえば迷宮のような空間のなかだ。目指すゴールが単なる記号だとしても、そこへ向けてわたしたちは現実に旅をする。これは旅を夢想したり、画中の風景に旅心を誘われることとはまったく範疇が違う。ここでいう現実とは、わたしたちが身体ごと身をおく世界にほかならない。迷宮は救済への道を示す象徴的な旅あるいは地図ともいえるが、それは実際に足を踏み入れることができる地図なのだ。迷宮は地図と世界の境界を曖昧にする。身体にこそ現実の領分があるとすれば、目だけで読むことにではなく、足で読むことに現実はある。そして、ときに地図はそのまま舞台となる。

中世の教会では、こうした迷宮――かつてはありふれていたが、いまはわずかな教会に残るのみ――はときに「エルサレムへの道」と呼ばれ、その中心はエルサレム、あるいは天国そのものとされた。迷路や迷宮の歴史家W・H・マシューズは、迷路のそもそもの使途を明らかにした文献はみつかっていないと指摘するが、それが巡礼の行程を教会の床面積に圧縮したもので、道筋の曲りくねりは霊的修養を積むことの難しさを表しているという説はひろく信じられている。サンフランシスコのグレース大聖堂の場合は、一九九一年に聖堂参事会員のローレン・アートレスによって迷宮制作が発注されている。「迷宮はふつう円形で、外側から中心へ至り、再び外へ出てくる道があります」と彼女は書いている。「道の紆余曲折には意味があります。迷路ひとつに道は一本しかありません。ひとたび決心して一歩を踏み入れると、その道が我々の人生の旅路のメタファーになるのです」。アートレスはそれ以来、迷宮を礼賛する結社を主宰し、百三十人近い人びとを教化して迷宮ワークショップや「啓蒙の劇場」と名づけたプログラムをひろめ、季刊のニューズレターも発行している（迷宮のトートバッグやらジュエリーやらの雑貨販売ページつき）。スピリチュアルな仕掛けとしての迷宮はアメリカ中で急増していて、庭園迷路も再び流行の兆しがある。六〇年代から七〇年代にかけてはテリー・フォックスをはじめとすると芸術家の作品で、まったく別のかたちながら迷宮が流行したことがある。八〇年代後半、イギリスのエイドリアン・フィッシャーが迷路デザイナーとして非常な人気を博し、ブレナム宮殿をはじめ何十という庭園に迷路を造った。

迷宮はキリスト教の装置に留まらない。なにかの旅路の表現となっているのが常だが、イニシエーションの道程や、死や再生や救済の道のり、あるいはロマンスのなりゆきを示す場合もある。あるいは単に旅路全般につきものの厄介さや、道を見つけだすこと、進路を見分けることの難しさを示すものもある。古代ギリシア人はその種の迷宮についてよく語った。クレタ島でミノタウロスを閉じこめた伝説上の迷宮こそいまだに未発見で架空のものとも思われるが、彼らの硬貨には「クレタ型迷宮」と称される意匠が刻印されていた。発見された迷宮もある。サルディーニャ島の岩に掘られたものや、アリゾナ州南部からカリフォルニア州にかけて、岩石砂漠の表面を浚ってつくられたもの。あるいはローマ人がモザイクで作成したもの。スカンジナビアでは地面に石を並べてつくられた迷宮が五百ちかく知られている。大漁と風を味方につけるための願掛けとして、海に出る前にこれらの迷路を歩くという習慣が二十世紀まで漁師に残っていた。イギリスでは芝生迷路――地面に彫りこんで造った迷路――が若者の恋愛遊びにつかわれた。たいてい中心にいる娘に向かって若者が走り、曲りくねる道は交際の難事を表す、といったものだ。もっとよく知られた同国の生垣迷路は時代が下り、より上流の階級のルネサンス庭園で発明されたものだ。ところで迷路や迷宮について書く者の多くは、両者を別のものとして扱っている。ほとんどの庭園迷路を含む迷路《メイズ》はたくさんの枝道で入場者を惑わせるが、迷宮《ラビリンス》では道が一本しかなく、それを辿れば誰でも中心の「天国」に至り、出口に戻ることができる。迷路が示すのは指針なき自由意志がもたらす混迷、迷宮が教えるのは唯一無二の救済の道――だとすると、両者の違いにも寓意が隠されていそうだ。

十字架の道行きと同様に、迷路と迷宮はわたしたちが足を踏みいれて身体ごと没入できる、すなわち目だけではなく足でたどることのできる物語を提示する。ただし、分厚く象徴性を付与されたこの種の構造物だけが物語に似るわけではない。道はすべて物語に相通ずるところがある。大小にかかわらず、道は人工物のなかでも特別な存在だ。その理由のひとつに、座して見る者はその全体像を一挙に把握できないということがある。まさに聞く者や読む者に対して物語がすこしずつ明かされてゆくように、道は旅する者に徐々に開かれてゆく。ヘアピンカーブは筋書きの急展開に似て、登り坂は高まるサスペンスのように頂へ向かい、分かれ道では見たことのない筋書きが顔をのぞかせ、おわりゆく物語のように終着地がみえてくる。書かれたものが不在の誰かの言葉を読ませるように、道はそこにいない誰かの行路を辿らせる。道々はかつて通りすぎた者たちの記録であり、それをたどるということは、もうそこにはいない者を追ってゆくことなのだ。それはもはや聖人でも神々でもなく、羊飼いや狩人、技術者、移民、市場へ向かう農民であり、あるいは、ただの通勤者の群れかもしれない。迷宮のように象徴性にみちた建造物は、すべての道や旅路がもつ、こうした本性に目を開かせてくれる。

説話と旅がとりむすぶ特別な関係の背後に隠されているのはこのことだ。そしておそらく、お話を書く、ということが歩くことにこれほど親密にむすびついている理由も同じだ。書くとは想像力の大地に新しい小径を刻み、あるいは、通い慣れた道で新しい発見を指し示すことなのだ。そして読むとは著者を導きにしてその地平を旅してゆくこと。手中のガイドは常に正しいとも信用できるとも限らない。けれどもどこかに連れていってくれる、ということだけは期待していい。わたしは幾度となく、遠くへ伸びてゆく一本の線として文章を書くことができたなら、と夢想してきた。文のそれぞれがまぎれもない一本の道となり、読むことが旅とひとつになること（一度計算してみたところでは、わたしの本一冊分の文章を紙面に並べず、糸巻の糸のように一筋に伸ばしてゆくと、その長さは四マイルになる）。読みすすむにつれほどかれてゆく中国の巻物には、この種の感覚が残っているように思える。オーストラリアのアボリジニのソングラインは、風景と語りがひとつになったものとして名高い。ソングラインは砂漠の深部を移動するためのナビゲーション・ツールであり、風景は物語を想起するための記憶装置となる。いわば地図としての物語を、風景に語らせるのだ。

そのようにして、物語はそれぞれが旅であり、旅のそれぞれもまた物語となる。ここに述べたような象徴的な歩みに限らず、むしろあらゆる足取りにそうした響きあいがある。それは、わたしたちが人生そのものを旅として思い描いているからだ。心や魂のはたらきを思い描くことは難しく、時間というものの振舞いも捉えがたい。だからわたしたちは、そうした触れえぬものごとを空間に存在する事物になぞらえる。そうして、それらと具体的かつ空間的な関係を取り結ぶ。近づいていったり、遠ざかったり。だから時間が空間となれば、人生をかたちづくりながら展開する時間はひとつの旅となる。空間的にどれほど動くかどうかにはかかわらない。歩行と旅は、考えること、発話することのメタファーの中心を占めるようになった。あまりに核心的であるために、ほとんど意識にも上らない。「舵をとる」「ゴールへ向かう」「長いみちのりをゆく」「追い越す」といったふうに、英語には夥しい数の移動のメタファーが埋め込まれている。ものごとはわたしたちの「行く手をはばむ」。わたしたちは「退き」、「道筋」を見出し、「一里塚」をめざす。「ゴーサイン」とともに「先頭を切る」。地位を「昇り」、「岐路」にさしかかると「歩調」をととのえて「一歩踏みだす」。困難にあっては「迷える」魂をかかえ、「足取り」は乱れ、「見当を失って」しまう。「高みを目指す」か、もしくは「下り坂」をゆくが、難所で「堂々めぐり」したり、「行き場を失くす」こともある。台詞や歌のフレーズはもっと華やかだ。「快楽の道」「廃墟への道」「高い道と低い道」「安楽の道」「寂しい街角《ロンリー・ストリート》」「打ち砕かれた夢の大通り」。成句にも歩行のメタファーがある。「歩調を定める」「長足の進歩」「大いなる一歩」「歩調を保つ」「踏み出す」「足並みをそろえる」「足跡をたどる」。心理的、あるいは政治的な出来事は空間的にイメージされる。だからキング牧師は最後の演説で、「わたしは山の頂に立った」という言葉でその魂の到達点を語った。そこには、実際に山の頂へ登ったイエスの歩みが反響している。キングの最初の著作は『自由への大いなる歩み』と題されている。三十年以上のちの、ネルソン・マンデラの自伝『自由への長い道』にはその木霊を聴き取ることができる（そして、かつてマンデラと同じ南アフリカに暮らしたこともあるドリス・レッシングは、二冊目の自叙伝に『日陰を歩いて』という題名を付けた。キェルケゴールには『人生行路の諸段階』がある。文学理論家ウンベルト・エーコは『小説の森散策』で、読書を森のそぞろ歩きに例えている）。

人生という、わたしたちに割り当てられた時の流れ。それが旅になぞらえられるとき、いちばんありふれているのは徒歩の旅だ。個人史のランドスケープをわたってゆく巡礼者の道行き。自らの姿を思い描くときにも、わたしたちはしばしば歩く姿を思っている。たとえば「地上を歩んでいたとき」というのは、誰かがこの世にいたとき、ということの謂いだ。人の立場は「地歩」、専門家は「歩く百科事典」と呼ばれる。恩寵にあずかることを旧約聖書に倣っていえば、「神とともに歩む」となる。ひとりで立ち、安住することなく自ら移ろってゆく者。そうした歩く人のイメージは、人間として存在することの意味を雄弁に語る。それは草原を移動してゆく原始のヒトであろうと、田舎道で足をひきずっているサミュエル・ベケットの登場人物であろうと、何ひとつ変わることがない。そして「歩くこと」というメタファーは、わたしたちが歩くときに再び血肉を取り戻す。人生は旅だ。ならば現実に旅するとき、人生は手の先で触れられるものとなる。目指す目的地。目にみえる前進。身をもって知る達成。行為とメタファーは、そこでひとつになっている。迷宮、巡礼、登山、そして適切かつ明確な目的地を目指すハイキングなどはすべて、わたしたちが自らに与えられた時間を現実の旅として捉える機会であり、そこには、五感を通じて触れることのできるものとして精神の次元が存在している。旅と歩行がメタファーの核にある。とすれば、あらゆる旅と歩行は、迷路や儀式ほどに強烈ではないにせよ、それらと同じ象徴の空間へとわたしたちを導いているのだ。

歩くことと読むことが融けあう舞台はほかにもたくさんある。教会につくられる迷宮の世俗のバージョンとして庭園迷路があるように、十字架の道行きを「読む」ことには、世俗でいえば彫刻庭園という舞台がある。近代以前のヨーロッパ人は、当たり前のように、絵画や彫刻やステンドグラスに描かれた数多くの人物を見分けていた。それも鍵を持つ聖ペテロや眼球を皿にのせた聖ルチアといった聖人にかぎらず、恩寵、七つの徳、原罪といったものまで。数多くの聖堂に美術に翻訳された聖書が内包されていた。シャルトルのような、とくに手のかけられた大聖堂には、自由七科、賢い処女と愚かな処女のたとえ、さらには象徴を通じて語られたキリストの生涯なども含まれていた。識字率がきわめて低い一方、人びとにはそれと比較にならぬほど高い図像のリテラシーがあり、教育のある者はキリスト教のイコノグラフィに加えて古典神話の神々や人物を読みとることもできた。たいていの場合は文学を源として、人物にはそれぞれの物語が表現される。そうした物語はさまざまなシークエンスとして配置することが可能で、傍らを歩きながら読むことができるように組み合わされていたものが多かった（神話の神や英雄は、たいてい衆知のストーリーの見せどころに登場する。また、物語とはいえない「自由」や「春」といったものの擬人化像は、あたかも映画のスチル写真のように構成されていた）。かつて、多くの庭園は彫刻庭園だった。ただし、それは現代風のとりとめのないオブジェの額縁として供される植栽ではなく、全体として読むことのできるひとまとまりの緑地空間であり、庭園は図書室に劣らぬ知の空間となっていた。そこには、彫刻や建築要素のさまざまな配置をそぞろ歩きながら読み解いてゆく遊歩者の姿があった。歩くことと読むこと、すなわち身体と精神がひとつの調和を奏でる場であったということ。庭園の魅力はそんなことにも由来している。

僧院や修道院にかならず付随していた回廊には、キリスト教の物語を丁寧に埋め込んだものがあった。回廊は、ふつうは中心に水盤や泉水を設けた中庭の四面にアーケードを巡らせたもので、修道士や修道女が宗教生活の空間から遠ざかることなく歩くことができた。またルネサンス庭園には、神話や歴史にまつわる彫像が精妙に配置されていた。遊歩者はあらかじめそうした物語をよく知っているので、言葉で語る必要はない。歩行という時空間のなかで、彫像との出会いを通じて心に物語が喚起され、いわば語り直されていた。そうして庭園は、詩、文学、神話の、そして魔術の空間となる。ティヴォリのヴィラ・デステにある大小の名園のなかには、オウイディウスの『変身物語』を伝える一連の浮き彫り彫刻があった。いまや完全に失われてしまった「物語」としては、一七七五年に取り壊されたヴェルサイユ宮殿の迷宮庭園がある。そこには、イソップの彫像と、彼の寓話の主人公たちの群像があった。「寓話ごとの群像では、ものいう主役たちの口からそのお喋りを表わす噴水があがっている。脇にそえられた銘板には、詩人デ・ベンセラーデのふさわしい詩句が彫られている」と、W・H・マシューズは記している。つまり、この迷宮は三次元の説話集だった。歩くことと読むことと見ることが綯い交ぜとなり、寓話の教訓や含蓄へ導いてゆく旅路をつくりだす。ヨーロッパ最大の整形庭園だったヴェルサイユでは彫刻の扱いもきわめて込みいっていて、イソップの迷宮はそのなかではちょっとした横道に過ぎなかった。彫像はほぼすべて、中心となる太陽王ルイ十四世のイメージを取り巻くように構成されていた（漸次行なわれた増築や整理のために、もはや読み解くことは難しい）。七十名の彫刻家が丹精をこめた彫像や泉水、さらに植木までもが、遊歩者に向けて王の権勢を語りかけていた。王権の淵源と正統性を示すのは太陽のイメージと古代神話の太陽神アポロであり、象徴体系のスケールはもはや縮小版どころではなく広大無辺の世界そのものだった。その一世紀のち、整形庭園として誉まれが高かったイングランドのバッキンガム宮殿にあるストウ庭園は、より自然らしいランドスケープに造り変えられることになった。けれども、その小高い丘や木立に配置された建築要素は、これまでに増して明らさまな政治的含意を帯びたものだった。「古代の美徳の神殿」が廃墟のような「現代の美徳の神殿」の近くに配置され、池を挟んだ向かいには「英国名士の神殿」があった。そこに居並ぶのは、ホイッグ党員であった庭園の所有者に受けがよさそうな詩人や政治家たちの像。こうした造作は、十八世紀当時の世を嘆きつつ、ホイッグ党員を高貴な古代人の継承者としてみせる仕立てだった。ストウの庭園にはそのほかにも、空間と象徴の解読を楽しませる仕掛けがあった。たとえばヴィーナス神殿のそばの四阿《あずまや》では、官能と禁欲がにらみあっている。関わりあう出来事の連なりを物語とよぶならば、歩行によって「読める」程度の間隔をあけながら出来事を現実の空間に配置しているこの種の彫刻庭園は、実世界を一冊の書物に変えているといえるだろう(すなわちヴェルサイユやストウを、政治プロパガンダの書物へと変貌させているのだ)。素直に読んでゆける庭ばかりとも限らない。ランドスケープ・アーキテクトのチャールズ・W・ムア、ウィリアム・J・ミッチェル、ウィリアム・ターンブルは次のように書いている。

庭園の小径はお話を紡ぐ糸となって、場面や出来事を物語としてつないでゆくことができる。物語の構造は、冒頭・中盤・結びという単純な一本線に限らない。本筋を離れて回り道へ脱線したり、意表をついて悪党が活躍する場面があったり、あるいは並行する脇道、つまりサブプロットを備えているかもしれない。あるいは、いろいろな筋書きを考えさせるよくできた探偵小説のように、知らぬふりをして袋小路へ誘い出す巧妙な分かれ道があるかもしれない。

ロサンゼルスがこの分野に貢献したものをあげるとすれば、ハリウッド大通りのウォーク・オブ・フェイムだろう。観光客は星を足下に踏みながらセレブリティの名前を読み取ってゆく。

歩く者はときに、まわりの風景に自らのイマジネーションを重ね、本当の意味でつくり上げられた大地へと踏みだしてゆく。徒歩を愛した米国の牧師ジョン・フィンレイは、友人へこんな手紙を書いている。

わたしがひとりでやっているちょっとした遊びに、貴方も興味をもってくれるかもしれません。日頃実際に歩いたのと同じ距離を世界の別の場所で歩いたと考える、というものなのですが、わたしはこの六年間で二〇〇〇マイル近く歩いたので陸地づたいに地球を一周したことになっています。昨夜は一九三四年の正月から数えて二〇〇〇マイル目で、バンクーバーに北側からたどりつきました。

ナチスの建築家アルベルト・シュペーアは、空想の世界旅行をしながら刑務所の中庭を行ったり来たりしていた。キェルケゴールとその父も、同じようなことをしている。美術批評家のルーシー・リパードはマンハッタンに帰ってきたとき、イングランドの田舎での一年間の滞在生活の大事な日課になっていた散歩を、マンハッタンでも続けることができるのだと気がついた。「自分の体を抜けだすこと。すると一歩一歩が、天候や、肌に触れる感触や、変化してゆく視界、移ろう季節、野生動物との出会いになる」。

たとえ、空想の道をたどるときでも、先行する精神や思考をわたしたちはなぞっている。このことは実に有用な意味がある。身近なところでは、ある場所にくるとそこでの出来事の記憶が思いがけず蘇えるということがある。たどり直すことをもっとも形式化したものが記憶術だ。「記憶の宮殿」と呼ばれるこのテクニックは、これまた古代ギリシアの遺産でありルネサンス時代までひろく用いられ、大量の情報を記憶する技法として、紙と印刷術が文字による情報保存装置の代替を実現する以前の重要な技能だった。偉大なその著作『記憶術』によってこの記憶技術の歴史を現代に蘇らせたフランセス・イエイツは、その仕組みを次のように詳述している。「記憶術の大要を把握するのは難しいことではない」と、彼女はいう。

最初のステップは、一連のロキすなわち場を記憶に刻み込むことである。記憶の場としてもっともありふれているのは建築の類だが、これに限られるわけではない。その過程については、クインティリアヌスによる解説がもっともわかりやすい。彼はこう述べる。記憶のなかで場の連なりをつくりだすために、ひとつの建物を覚えたまえ。可能なかぎり大きく、特徴のゆたかな建物だ。前庭、居間、寝室、そして客間。それぞれの部屋を飾る彫像や、そのほかの装飾を省略してはならない。そして、弁論を思い出す手掛かりとなるイメージを……想像の建物のなかの、記憶した場所に配置する。これが済んでいれば、記憶したことを呼び起こす必要が生じた際には、これらの場所をすべて順番に訪れ、保管されているさまざまなものを求めてゆけばよい。古の雄弁家が、演説をしながら彼の記憶の建築のなかを歩きまわるさまを思い描くべきだろう。そうして、記憶した個々の場から予め配置したイメージを引き出していたのだ。この手法によって、正しい順序で要点を思い出すことが保証される。なぜならば、その順序は建物のなかの場所のつながりとして固定されているからである。

記憶もまた、心や時間と同じように物理的な手掛かりなしに思い描くことはできない。具体的な場所としてイメージすることで記憶は風景となり、その中身に場所が与えられる。場所を有するものには近づいてゆくことができる。ということはつまり、記憶をなんらかの場所や劇場や図書館のような現実空間と想定するとき、思いだすこともまた現実の行為としてイメージされている。具体的に体を動かしてゆくこと――すなわち歩くこととして。学術的な関心においては部屋から部屋へ、オブジェからオブジェへ情報が配置された記憶の宮殿という装置ばかりが重視されてきたが、その蓄えられた情報を取り戻す方法は、博物館の見学者のようにオブジェを意識へと拾い上げつつ、部屋から部屋へ歩いてゆくことだったのだ。おなじ道のりを歩き直すことは、同じ思考をたどることを意味するだろう。あたかも、思考やアイデアが風景のなかに据え置かれた現実の物体で、ただそこに向かう術さえ知っていればよいというように。このように、歩くことと読むことのいずれもが想像のなかにあった場合でさえ、歩くことは読むことなのだ。記憶のランドスケープは、庭園や、迷宮や、十字架の道行きが抱く物語と同じくらいにこうして確かなテキストとなる。

書物は情報貯蔵庫としての記憶の宮殿を過去のものとしつつも、その形式の一部を受け継いでいる。別のいい方をするなら、書物のような歩行があるとすれば、歩くことに似た書物もある。それは歩行による「読解」を世界の描写に利用するということだ。もっとも名高いのは、ヴェルギリウスに導かれてダンテが死後の三界を遍歴してゆく『神曲』だろう。いわば彼岸の旅行譚であるこの物語は、旅のペースを乱すことなくさまざまな光景や登場人物を通りすぎてゆく。数多くの版に地図を添えさせるほどに明瞭なジオグラフィを備えたこの書物について、イエイツは実に記憶の宮殿のようなものだったのかもしれないと述べている。それは後先に続く星の数ほどの物語と同じように、想像のランドスケープを進んでゆく登場人物に物語の移ろいが響きあう、そうしたひとつの旅の物語なのだ。

第2部 庭園から原野へ

From the Garden to the Wild

第六章　庭園を歩み出て

1　ふたりの歩行者と二つの滝

世紀の変わり目まで二週間というある日、一組の兄妹が雪の道に踏み出そうとしていた。ふたりとも日に焼けていて、友人たちは不格好な歩き方で彼らだとわかるといったものだが、それを除けば似通っているところはない。長身で鷲鼻をしたものしずかな兄。いっぽう小柄な妹は、誰もが記憶に留めるほどの燃える目をしていた。旅の初日、十二月十七日には馬の背に揺られて二二マイルを進み、馬と馬主だった友人と別れて、旅の宿まで一二マイルを歩いた。「最後の三マイルは真っ暗、そのうち二マイルは道が凍りついていて、足や足首が痛みました。翌朝はうっすらと雪が積もっていて、路面は足にやさしく、足が滑ることもありませんでした」。前日と同じような一日だった。彼らは横道にはいり、山間に流れる滝を見に行った。「身を切るように寒く、凍えるような朝でした」と、兄はクリスマス・イヴの手紙に書いている。「雪が多くて心配でしたが、太陽も明るく顔を出していました。この短い冬の一日に二一マイルも進まなければならなかったのです。……近づくにつれて、古城のような岩壁に、わずかな厚みの背のたかいアーチか壁龕のような形を描いて落ちてゆく水が見えてきました。立ち去り難くはありましたが、大いに元気づけられてそこを後にしました」。
二つめの滝にたどりついたのは午後のことで、流れは空中で雪に変わりながら氷の間に落ち込んでゆくように見えた。手紙はこう続く。

水がつららのあいだから勢いよく放たれていました。時折勢いを増し、水量も刻々と変化していました。水はひと連なりの曲線を描いて淵に落ち込んでいくこともあれば、落ちてゆく途中で風に遮られて僕たちの方へ吹きつけることもありました。流れの一部が、足元近くに土砂降りの雨のように降り注いでいました。そんなところにいると、空の存在をいよいよ近くに感じられるのです。滝の天辺の、さらに上には羊毛のような雲が流れてきて、空の青がいつにも増して輝いてみえました。

滝への寄り道に続く一〇マイルは、「追い風とよい道のおかげで」二時間十五分で歩くことができた。彼は景色に劣らず自分たちの健脚ぶりも楽しんでいたようだ。さらに七マイルを進んで泊まり、翌朝にはケンダルに入った。彼らが居を構える、湖水地方の入口の町だ。
彼らが急ぐ先には新しい家と、十九世紀の夜明けが待っていた。家とは湖畔の小村グラスミアにたつコテージのことだ。すでにおわかりかもしれないが、このふたりの健脚の持ち主は、ウィリアム・ワーズワースとその妹ドロシーにほかならない。北イングランド、ペナイン山脈を横切った四日間に彼らがなしたこと。その徒歩の旅によってふたりが成し遂げた、あるいはそう試みたことはまさに偉業だった。なにがそれを可能にしたのか、はっきりとしたことはいえない。彼らよりもはるかに遠くへ、はるかに悪い条件のなかを歩いた者がいなかったわけではない。その三十年ほど昔、詩人とその妹が生まれるころには、人びとはブリテン島の荒々しい自然を賛美するようになっていた。山岳、断崖、荒地、嵐、そして海、滝。フランスやスイスではわずかな先駆者が高山へ挑みはじめ、十四年前にはヨーロッパの最高峰モンブランの頂にはじめて手が届いた。ワーズワースと彼の仲間は、徒歩の旅をそれまでとは違う新しいものへ変えたといわれてきた。それはただ歩くことを目的に、風景にわけいる愉しみのために歩く人びとの系譜の礎となり、多くの実りをもたらした。歩くということを文化的活動として取り入れ、美的な経験として受け入れたのはこのロマン派の第一世代だったとはよくいわれることだ。

クリストファー・モーリーは、一九一七年にこう書いている。

歩くということが芸術になったのは十八世紀以降ではないかとつねづね思っていた。有名なジュスラン大使の著作は十四世紀に多くの徒歩旅行者が旅の空にあったということを教えてくれるが、旅路の物思いや景色を楽しむために戸外へ赴いた者はいなかった……。一般的にワーズワース以前には、純粋に歩きのリズムを楽しむために野山を歩くということは珍しいことだった。ワーズワースは哲学の道具として両脚をつかった最初の人間だと、よく考える。

ワーズワースが生まれる一七七〇年はすでに十八世紀の半ばを過ぎていたが、モーリーの最初の一文はそれほど間違っていない。ただし、芸術としての歩行とクロスカントリー・ウォーキングを組みあわせて考えたところに取り違えの余地が生まれている。モーリーを端緒として歩くこととイギリス文化という主題を採り上げた三冊の書物があるが、いずれもこの種のウォーキングがはじまったのはワーズワースと仲間たちが徒歩旅行に出立した十八世紀後期なのだと述べている。

モリス・マープルズによる一九五九年の『徒《かち》にて歩む　歩くことの研究』、アン・D・ウォレスの『歩行と文学と英国文化』（一九九三年）、ロビン・ジャーヴィス『ロマン派の詩と徒歩旅行』（一九九八年）には、いずれも、プロイセンの牧師カール・モリッツが登場する。一七八二年にイギリスを徒歩で縦断したモリッツは、宿の主人や従業員には軽蔑され、しばしば宿泊を断られた一方で、馬車の御者や荷車引きには乗っていかないかと声をかけられたという。そのことをモリッツは、彼の移動手段が奇異なものに思われたのだろうと結論づけている。「徒歩で旅する人は、この国ではなにか野蛮な者だと思われているらしい。あるいは珍妙な者として、あらゆる人にじろじろと見られ、憐まれ、疑われ、避けられるようだ」。彼の文章を読んでいると、出会う人びとが不信を抱いたのは彼が歩いていたことではなくて、服装かマナーの違いかあるいは言葉の訛だったのではという気もしてくるが、前記の三冊の著者たちはおおかたモリッツの見解を受け入れている。

旅自体、イギリスでは十八世紀の後半になるまできわめて困難なことだった。道路は劣悪なうえに、馬に乗った盗賊や追い剝ぎがはびこっていたので、金銭の余裕のある者は馬に乗り、あるいは大小の馬車や最悪の場合でも荷馬車を使い、武器の携帯も珍しくなかった。少なくとも一七七〇年代に文化人や変わり者が楽しみのために歩くことをはじめるまで、街道を歩くのは貧しさか素性の怪しさの証だった。道路の状態や治安が改善され、歩くことが以前よりもまともな移動手段として認められはじめたのは十八世紀のおわりごろのことだった。ワーズワース兄妹が、路上にとどまらず、荒れ野や横道にまで歩みをすすめて至福の時を過していたのはちょうど世紀の変わり目だった。風景を賛美し、たいていの人が屋内に閉じこもってしまうような天候さえ自分たちの足取りの自信に変えてしまう兄妹にとって、犯罪や侮蔑といった不安は取るに足らない些細な気掛かりにすぎなかった。

真冬の徒歩旅行を行なう六年前に兄妹は湖水地方を訪問している。「兄と、ケンデルからグラスミアまで一八マイル歩きました。そのあとグラスミアからケズィックへ一五マイル、初めてみる愉しい土地を通って」とドロシーは一七九四年の遠征のあと、初々しい興奮に打たれて書いている。叔母には自己弁護的にこう書きおくった。

おばさまの手紙で、わたしが「徒歩で田舎を歩きまわっている」ことについて書かれたところ、気にとまってしまいました。おばさまは非難なさいますが、自然が与えてくださった力を使う勇気をわたしがもっていたということを聞いて、わたしの友人たちはさぞよろこんでくれたろうと思いました。馬車の座席に座って得られるよりも限りなく豊かなよろこびがもたらされるだけではなく、少なくとも三〇シリング節約できるのですからなおさらのこと。

仮に一七八二年のカール・モリッツではなく一七九四年のドロシー・ワーズワースを証人に立てるならば、クロスカントリー・ウォーキングはせいぜい、淑女にふさわしくないという程度の新手のことにすぎなかったということになる。

確かに、ワーズワースはある意味で現代的な趣味の父（したがってドロシーは叔母）として、世界のよき部分と人びとの想像力に影響を与えているが、彼自身は古い伝統の継承者だった。したがって、風景のなかを歩くことの歴史においてワーズワースは変革者であり、梃子の支点か触媒のような存在だったと考える方が正確だ。ワーズワース以前に街道を歩く者が少なかったことは疑いない（ついでにいえば、自動車によって道路がふたたび危険で悲惨な場所になってしまった現代人もほとんど同じ境遇にある）。やむを得ず徒歩で移動する者は少なくなかったが、楽しみとする者はほとんどいなかった。それゆえに先の歴史家たちは徒歩旅行の楽しみを新しい現象だと結論しているが、本当のところは旅の手段とは別の場面で、すでに歩くことが重要な活動になっていた。歩行の歴史におけるワーズワースの先達は街道の旅人ではなく、庭や公園の散歩者だったのだ。

2 庭園の小径

十九世紀の半ばごろにソローはこう書いた。「歩きはじめるとわたしたちの足はひとりでに草原や森へ向かいます。もし庭園や木陰のある散歩道しか歩かないとしたらどうなってしまうでしょう」。ソローにとって、手つかずの土地を歩きたいという気持ちは歴史に由来するのではなく自然なこと――人為による歴史の産物ではなく、時間を超越する、見出された真実という意味で自然なこと――だった。今日では大勢の人が山野に足を向けるが、その欲求は三世紀にわたって特定の趣味と嗜好と価値観が育まれた結果であって、それ以前は一部の人びとが感性を満足させるために庭園や散歩道を歩くのみだった。自然を愛好する心はソローの時代に確立されて、わたしたちの時代にも大きく増進された。そこには自然そのものを文化に取り込んでゆく特別な歴史が秘められている。なぜ人びとは、お定まりの目的を抱いて特定の風景を選び歩くようになったのか。それを理解するためには、そうした趣味がイギリスの庭園においていかに胚胎され、世に生みだされたのかを知る必要がある。

文化の基底には自然があると考えがちだが、あらゆる基礎には作り手がいて由来がある。つまり、生物学的な必然ではなくて創造の産物なのだ。ちょうど十二世紀の文化革命によって、恋愛が最初は文学的主題として、やがて世界を経験する方法のひとつとなっていったように、自然への嗜好は十八世紀によってつくりだされた。それがなければ、ワーズワース兄妹が真冬に長距離の徒歩行へ出かけることも、滝を眺めるために荒れた道を分け入ってゆくこともなかっただろう。ただし、この変革が訪れる以前にはおだやかな情熱を心に抱いて水の量感を賛美する者がだれひとりいなかった、ということではない。そうではなく、幅広い人びとにそのような傾向を吹き込み、そこに表現上の慣習をつくりだし、何がしかの見返りを与え、そうした傾向をさらに強化するよう世界を変容させてゆく、そういう特定の文化的な枠組みが誕生したということだ。自然愛や徒歩の歴史に、この革命がどれほど深い影響をおよぼしているかはどれだけ強調しても足りない。変貌は知的世界と物理世界の両方におよんでいる。それまで見向きもされなかった土地へおびただしい数の旅人を送り出し、数限りない公園、自然保護区、散策路、ガイド、クラブや団体を創出し、十八世紀より前にはほとんど見られなかったような莫大な量の美術や文学を生みだしたのだ。

その影響のなかには、ランドマークのようにはっきりした系譜と継承者を残すものがある一方、文化のおりなす風景に慈雨のように深く浸み込み、日常の意識を潤しているものもある。そうした影響はあまり気づかれることがない。常にそうであったかのように、自然な、あるいはそれが唯一の世界の見方であるかのように思えてくるからだ。シェリーは、こうした影響力を念頭に「詩人は世界の人知れぬ立法者である」と書いた。たとえばそうした影響のひとつに、土地の風景や人を寄せ付けない場所、あるいは素朴さや理想的な自然へ向けられるロマン主義的な憧れがある。そこには、そうした場所との結びつきを極め、純朴さや孤独への憧れの表現として歩行を捉えることも含まれている。いいかえれば、歩行を自然なもの、あるいは自然史の一部と考えるということだ。ただし、黙考するため、あるいは精神的、美的な体験のために歩くという選択には、固有の文化的な源流がある。その歴史こそ、ソローが当然としたものを生み、後代の人びとをさらに山野の奥深く歩ませたものにほかならない。なぜなら、歩行の歴史の歩みは、歩く場所への視線の変化と切り離すことができないからだ。

美学的な動機によって歩くという伝統において、ワーズワースと彼の仲間たちが革新者ではなく創始者と思われている本当の理由は、歩くことにおける彼らの先例があまりに慎ましいものだからだ。建築や庭園の歴史の添えもののような、安全な場所での短い歩みは、固有の文献を遺すこともなく、小説や新聞や書簡がわずかに触れるのみだった。その歴史の核心は、歩く場所の制作という別の営みの歴史に隠されている。歩く場所は、十八世紀が過ぎるにつれて次第に大規模になり、文化的な重みを増していった。またそれは、精緻に構造化された形式性からインフォーマルで自然主義的なものへ、趣味が根底的に変容してゆく歴史でもある。元をたどれば有閑貴族とその建築文化の取るに足らないエピソードであったものが、現代世界におけるもっとも過激で喜びにみちた場所と行動をもたらした。歩行と風景の愛好はいわばトロイの木馬のようにさまざまな領域を民主化し、二十世紀には貴族階級が地所の周囲にめぐらせていた垣根を文字通りに引き倒した。

歩行の歴史の手がかりはさまざまな場所にたどることができる。城が次第に宮殿や邸館へと変わりつつあった十六世紀には、ギャラリー——廊下のように細長いが必ずしも通路というわけではない空間——が設計にとりいれられることが増えた。目的は屋内での運動だ。「十六世紀の医者は健康維持のために毎日歩くことを重視した。天候がままならない時でも運動を可能にしたのがギャラリーだった」と、マーク・ジローは邸宅建築の歴史で解説している。（ギャラリーは次第に絵画の展示空間となってゆく。画廊や美術館はやはり人びとが歩きまわる空間ではあるが、主眼は歩くことではなくなったというわけだ。）エリザベス女王はウィンザー城に一段高くなった遊歩道を設けさせ、風がつよくない日には夕食前に一時間歩くことを日課にした。歩くのは楽しみというより依然として健康のためではあったが、同じように歩く場所となっていた庭園では、何かしらの楽しみが生まれていても不思議ではない。ただし、風景を味わう趣味はまだまだ貧弱なものだった。日記で知られるサミュエル・ピープスは一六六〇年十月十一日、夕食を終えたあとセント・ジェームズ公園へ散歩に出かけているが、書き留めたのはそこにあった揚水ポンプのことだけだった。その二年後の一六六二年五月二十一日には、妻とふたりでホワイトホール・ガーデンへ散歩に出かけるが、彼がいちばん興味をもったのは、どうやらたまたまそのとき私的な庭に干してあった王の愛妾の下着だったようだ。ピープスの関心は自然ではなく社会に向いていて、イギリスの絵画や詩もまだ風景を重要な主題として採り上げるには至っていなかった。周囲の環境が重要視される以前には歩くことは単なる移動にすぎず、経験と呼ぶには値しない。

しかし庭園では革命が進行していた。不安定な時代に成立した中世庭園は防衛の意味も含めて高い壁に囲まれていた。庭園を描いた図版をみると、滞在者はたいてい座るか、体をのばしてくつろぎ、音楽に耳をかたむけたり会話を楽しんだりしている（旧約聖書『雅歌』以来、囲いのある庭園は女体のメタファーだった。さらに、少なくとも騎士道的な恋愛の伝統以降は、男女の交際や恋の戯れの盛んな場所となっていた）。花々や草、果樹、泉水、さらに楽器によって五感のすべてに訴えかける場所となっていたのだ。逆にこの官能の支配する秘密の空間の外側では、十分すぎるほど運動が課されていたように思われる。というのは、中世貴族は戦争や日常の雑事における肉体労働からはまだ解放されていなかったからだ。世のなかが平穏になり、貴族の居所が要塞のようなものから邸館へ姿をかえるのにあわせて、ヨーロッパの庭園は大きなものになっていった。花や果樹は庭から姿を消した。ひろがった空間は第一に視覚に訴えたのだ。ルネサンス庭園は座るだけではなく散歩のできる場所になり、バロック庭園はさらに広大なものとなる。歩くことが労働から解放された者のエクササイズになったのと同じように、広大な庭は教養の空間となり、歩く者に精神的、物理的、および社会的な刺戟を与える以外の役目から解放された。

富と権力の顕示という見方を脇におくと、バロック庭園の抽象性はむしろ謹厳とさえいえる。立木と生垣は四角形と円錐形に押し込められ、小径と並木道と遊歩道はまっすぐに敷かれ、水はポンプによって噴水か幾何学形の水盤へ送られる。現実の物質性のうえに理想を重ねるという、プラトン的な序列の具現だったこうした庭園は建築的な幾何学やシンメトリーを有機的な領域へ押しひろげた。しかし、インフォーマルで私的な振舞いの余地が消滅したわけではなかった。貴族の庭園がもっていた役割のひとつは、日常の雑事をはなれて瞑想や内密の会話にふける場を人びとに提供することで、これは歴史を通じて変わらなかった。イギリスでは、ウィリアム三世とメアリー二世が一六九九年にハンプトン・コートに新しい庭をつくった。一マイル歩いてようやく壁に行きあたるというものだった。歩くことの人気の高まりを間接的に示すように、「ウォーク」すなわち小径は庭の要素としてますます重みを増した（ここでいう「ウォーク」はふたりが横に並んで歩けるほどの細い道のことを指す。会話のための道ともいえる）。イギリスの旅行家で年代記作家のセリア・ファインズは、十八世紀の初頭に訪れた庭について次のように書いている。

砂利道のウォークと芝生の周回路があり、庭いっぱいに伸びるまがり道《クルックド・ウォーク》と呼ばれる道がある。このウォークでは草はきれいに刈り均されているが、曲がり角では幅が狭まって壁が迫ってくるので、実際にウォークの端にくるまでに何度も行き止まりかと思わされる。

しかし、そうした壁は姿を消してゆき、庭の壁とその向こうの風景は次第に融けあって見分けがつかなくなっていった。ルネサンスのイタリア庭園ではスロープが好まれ、田園地帯の眺望を与えて庭を外の世界へつなげるよう構成されていた。一方、フランスやイギリスの庭にそうした構成が用いられることは滅多になかった。視線はいったん庭の壁で遮られ、そして壁のさまざまな開口部から外へと伸びてゆくのだ。

十八世紀の最初の数十年間に「ハハ」が普及すると、イギリスからそうした壁が姿を消した。ハハ——歩いてきた者が不意にみつけて「ハハ！」と驚くことからそう呼ばれた——とは、少し離れるとほとんど見えなくなるように溝に垣を設けたもので、見えない垣根として機能し庭からの眺望の邪魔をしない。そして、視線が届く先を歩行者が目指すようになるまでにはそれほど時間はかからなかった。イギリスの地所の多くは苑地、庭園、および邸宅から構成され、その順に管理の度合いが高まる。もともと狩猟園として保全されていた領域である苑地は、有閑階級と周辺農地や農業従事者との緩衝地帯として、森林や牧草地となっていることが多い。庭園は通例、邸宅を囲むもっと小さな領域を指す。そうした庭園の歴史を書いたスーザン・ラスダンは、十七世紀の苑地と庭園における直線状の並木道について書いている。

散歩の際に日差しや雨をやわらげるこうした並木道は、チャールズ二世が流行させ、いまや苑地に欠かせぬものとなりつつあった。……すでに外気と運動への嗜好が「イギリス的」な趣味と思われていたことは間違いない。田園地方に苑地を私有する者もウォークを整えるようになり、歩くことは狩猟や獲物の追跡や乗馬に匹敵にする苑地の楽しみとなった。ウォークそのものも、単純に窓や高台から整った眺望を見せるものから、視点の移動を考慮したものへ、だんだんと趣向が凝らされてゆく。……歩く者は実際にはぐるりと巡り歩くようになり、それが十八世紀の庭や苑地の基本的な鑑賞作法となった。城のテラス〔幕壁《まくかべ》歩廊〕だけが安全な散歩道であった時代はもはや遠い昔のこととなった。

整形式庭園の刈り込まれた生垣のパターンや幾何学形の池や整えられた植木は、自然はもともと混沌としていて、人間がそれに秩序を与えるのだという含みがある（ただし、ルネサンスのイタリアにはじまる手つかずの自然を描いた風景画は好まれた。自然の土地そのもの、というわけではないが)。十八世紀が深まるにつれてイギリスの庭園はますます整形性を失った。その後「ジャルダン・アングレ」つまりイギリス庭園あるいは風景式庭園と称されたこの自然な風景という理念は、イギリスが西洋文化に与えた最上の貢献のひとつに数えられる。周辺環境との視覚的な境界が消えるにともなって、庭園の設計も分節が曖昧なものになっていった。一七〇九年、シャフツベリ伯アンソニー・アシュリー・クーパーの筆からは次のような言葉があふれだす。

おお輝かしい自然よ！　この上ない麗しさと至上の善良さよ！　……もはや、わたしのなかで高まる自然の事物への情熱に抗うことをやめよう。それは、本来の秩序を乱してしまうような、人間の技巧や虚栄や気紛れが押し入っていない原初の状態だ。荒々しい岩肌であれ、苔むした岩陰であれ、ごつごつとした洞窟であれ、折れ曲った滝であれ、未開の事物は恐しいような美点を備えて、自然をより顕わに表している。それらは立派であっても形だけの真似事である庭を大きく凌駕して人を惹きつけるのだ。

これは実践に先んじた言葉の綾であって、立派な庭園が本来の自然にあけ渡されるのはさらに何十年も後のことだった。しかし、自然を本来的に良きものとみるシャフツベリの楽観的な自然観は、人間が庭園において自然を所有し、改良し、あるいはつくり上げることができるという、いまひとつの楽観論と軌を一にしていた。

「詩と絵画と庭づくり、すなわち風景の学は、よき趣味の者によっていつまでも美の三姉妹、自然を装い飾る新しい三美神とみなされるであろう」とはホレス・ウォルポールの有名な言葉だ。感性に恵まれた人であるウォルポールはロマン主義的な指向をひろめることに骨身をおしまなかった。この言葉の前提となっているのは、庭づくりが詩人や画家の伝統的な営みに劣らないひとつの芸術とされていることと、そしてまさにこの時代が、庭への関心にとって黄金時代ともいえるものだったことだ。すなわち、ちょうど庭園や詩や絵画から自然への指向が生まれんとする孵化の時期だったということ。また、自然には——少なくとも庭園においては——衣装や装飾が必要だということも前提となっている。その流儀の一端を示したのが絵画だった。黎明期のイギリス風景式庭園に影響を与えたものに、十七世紀イタリアの風景画がある。クロード・ロラン、ニコラ・プッサン、サルヴァトル・ローザが描く、はるかな地平線まで続く大地、奥行きを与える軽く繊細な木々の茂みによる奥行きの表現、おだやかな水面、そして古典主義の建築や廃墟の数々（断崖や急流や盗賊を好んで描いたローザは、この三名のうちではいちばん幽々とした印象を与える）。イギリス庭園は列柱をそなえた神殿やパッラーディオ風の橋をつけくわえ、彼らが画題にするイタリアの田舎地方を彷彿とさせてイギリスこそローマの美徳の後継者だということを表明したのだ。「あらゆる作庭は風景画である」と、アレクサンダー・ポープは述べた。そして人びとは絵画のなかに風景を見出したように、庭園のなかに風景を見出していった。

その後何十年ものあいだ、廃墟や神殿や橋やオベリスクといった建築要素が数限りなく庭園に置かれてゆくが、一方、庭の主題は自然それ自体へ移っていった。といっても、それは植物と水と空間による視覚的スペクタクルというきわめて特殊な意味の自然であり、心おだやかに鑑賞すべきおだやかな対象であった。整形式庭園や絵画のように単一の理想的な視点をもたないイギリス風景式庭園は「探索が必要であり、歩きながら思いがけないものや予想していない曲がり角を発見することが求められている」と、庭園史家ジョン・ディクソン・ハントは書いている。またキャロライン・バーミンガムは、階級と風景の関係史を語るなかで次のようにつけくわえている。「フランスの整形式庭園は邸館から伸びる一本の軸線にもとづく眺望を基本にしているが、イギリス庭園は斜めからの景観が連続するように構成されており、歩きまわりながら味わうことが意図されていた」。時代錯誤的な言い方をすれば、庭は絵画的なものから映画的なものへ、すなわち静止したイメージではなく、動きながら互いにディゾルブしあう構図の連続体へ変容しつつあった。庭は実際的な側面にくわえて美学的にも歩く者のためにデザインされたものとなり、歩くことと見ることの愉悦は互いにからまりあうようになった。

自然化する庭園の傾向には別の要因もあった。おそらくもっとも重要だったのは風景式庭園がイギリスの独自性のあらわれとみなされたことだ。自然指向を強めるイギリス貴族たちは、自分たちとその社会をフランスの技巧性とは異なる自然なものとして提示していた。したがって田舎での気晴らしへのこだわりや、風景にとけこんだような肖像画をもてはやすこと、自然な庭の創造、風景趣味の洗練といったことは、バーミンガムが巧みに指摘しているとおり、すべてフランスへの対抗心という意味を帯びていた。また、中国庭園が伝えられ、曲がりくねった道や水路がめぐり、全体的に自然の複雑さを抑圧せずに賛美する雰囲気も影響を与えた。初期には中国趣味も自然の模倣もオリジナルとはほど遠いものだったが、そこには意図がはっきりとあって変化をもたらしつつあった。そして最後に、この趣味の変革は大きな自信のあらわれでもあった。壁によって囲われた整形式庭園や城塞は外界の危険性の帰結であり、人は外の世界から美学的にも文字通りの意味でも保護されている必要があった。壁が取り払われた庭園には、自然にはあらかじめ秩序があり、そうした庭を楽しむ「自然な」社会との調和しているのだ、という意味があった。廃墟や山岳や急流のような恐ろしく重々しい雰囲気、およびそれらを描いた芸術作品が次第に好まれるようになるのは、イギリスの特権階級がおだやかな生活を満喫できるようになっていたということを示唆している。かつては恐れられ、克服のために死闘を繰り広げた対象を、エンターテインメントとしてふたたび享受させてくれるというわけだ。形式性が希薄で、私的な経験を重視する芸術の様式は別のところにも果実をもたらしていた。とりわけ顕著だったのは黎明期の小説だ。

こうした庭園の変化を典型的に示しているのがバッキンガムのストウ庭園だ。イギリス庭園が十八世紀に経験したさまざまの曲折を経験したストウ庭園は、神殿、グロット、四阿、橋、さらに池や景観のつくり方まで、十八世紀の作庭語彙の集大成のようなものになった。イギリスにおける最初期のシノワズリやゴシック・リヴァイヴァル建築を見つけることもできる。所有者のコバム子爵は一六八〇年に造られていた花壇を配置した整形式の庭園をはるかに大規模な整形式庭園に造りなおしたのち、世紀が下るとともに少しずつそれを拭い去るように見直していった。前章で触れた「英国名士の神殿」「古代の美徳の神殿」「現代の美徳の神殿」の建つエリジアン・フィールズが手はじめにやわらかな曲線的な造形に変更され、庭園の残りの部分にもその変化が波及していった。直線的な歩道は蛇行したものとなり、散策者は散歩するのではなくさまようようになる。クリストファー・ハッセーによれば、ホイッグ党の政治的中心地であったストウは政治を造園におきかえたもので、形式に従っていた景観設計を「当時の人間本性の思想、すなわち規律ある自由という信条や自然性の尊重、人であれ樹木であれ個の信頼、そして政治であれ植栽であれ、理不尽な抑圧への憎悪に調和するよう」解き放つものだった。この時代の優れた造園家のほとんど全員がコバム子爵のもとで働き、多くの優秀な詩人や作家が客人として訪れた。庭園はその後も数十エーカーずつ土地を拡げていった。この庭園の歴史家のひとりは、「三十年」のうちに「彼の嗜好は芝地の造成や彫像やまっすぐな道を整えることから……三次元の風景画の試みへと移っていった。それは理想的な風景の創造という企てだった」と要約している。

ストウ庭園は多くの詩や絵画や日記の賞賛の的となり、この時代の文化の震源地として主題とともに庇護を与える場所となった。「おおわたしをおおきく開かれた歩みへ誘いたまえ／美しく荘厳な楽園ストウよ……その魅惑的なひとめぐりの足取り／その秩序ある自然……」。一七三四年とその翌年のほとんどをストウの客として過ごしたジェームズ・トムソンは長詩『四季』の「秋」の連にそう綴っている。移りゆく季節と密やかなドラマを風景のなかに描くこの無韻詩は非常な人気を博し、おそらく、眺望の味わいをほかのいかなる文学よりも雄弁に説く作品となった。十九世紀にはJ・M・W・ターナーが自分の絵画作品にこの詩の引用を添えている。ポープもストウの栄光について長文を書いており、ある書簡では一七三〇年代のストウの典型的な一日の様子について、「百人百様の過ごし方で、お昼に顔をあわせるまで歩きまわるのです」と説明している。一七七〇年にはウォルポールがコバム子爵の後継者を訪ねた。日中、一行は庭のあちこちを歩いて過ごし、「あるいは二輪馬車でまわり、その後身なりを整えて」晩餐に向かった。歩いてまわろうとすれば丸一日かかるほど広大となった庭園は、周囲の田園風景からハハで区切られるのみで、もはやはっきりとした境界をもつものではなくなっていた。

まさにその年、ゴシックの建築家サンダーソン・ミラーらとともにこの庭を歩いていたのが〝有能なる〟〔ケイパビリティ〕と称される庭師ランスロ・ブラウンだった。ブラウンは、簡素な水や草木の空間によって造園の革命を完成に導いてゆく。ブラウンはストウでもっとも大きくひろがるグレシアン・ヴァレーを造った（一見まったく自然のようだが、この谷筋自体は多くの人足によって掘られたもの。彼らが風景式の庭づくりをどうみていたかは伺い知れない）。ブラウンによる庭では彫刻や建築が大幅に減らされ、歴史や政治の記念物とは別物になり、背景であった自然は主題となった。庭の散策者は、美徳やらヴェルギリウスやらについて考えるよう仕向けられるのではなく、それぞれに物思いしながら曲がりくねる小径をたどるようになった（とはいえ、残された大量のテキストが示すように、その内省の対象がおおかた自然について——あるいは形而上の自然なるものについて——であったのは当然かもしれない）。こうして、この庭は建築で構成されたフォーマルで権威的な空間から、私的で孤独な原野へと変貌した。

ブラウンが具現化してみせた風景式庭園を誰もが受けいれたわけではない。王立アカデミー会長だったジョシュア・レイノルズ卿は次のように書いている。

作庭は、それが芸術である限り、あるいはそう呼ばれる資格を有する限り、自然と距離をとることである。多くの者が考えるように、あらゆる芸術のよそおいを奪い去り、人間の足跡を消し去ってゆくことにその真の価値があるとすれば、それはもはや庭とは呼ばれないだろう。

レイノルズは気づいていた。次第に周囲の風景との区別を失ってゆくうちに、庭はその必要性をも失っていたのだ。ウォルポールもまた、造園家ウィリアム・ケントは「垣根を飛び越え、すべての自然を庭として発見した」と評していた。ただきまよい歩いて目をよろこばせる存在が庭であるとすれば、それは造りだされるものでなく見出されるものでよかった。とすれば、庭の散策という伝統は、観光旅行を含むものへとひろげてゆくことができるだろう。景観の渉猟家が目を向けるのは人為ではなく自然の産物でもあり得た。そして、自然の産物が芸術のように見られることによって、この革命が完結する。シャフツベリの言葉によれば、豪奢な庭園は、ついにありのままの自然に道を譲る。人を寄せつけぬ世界が美学的な観想のこれ以上ない対象となったのだ。

　要塞化した城館の一隅にはじまった貴族の庭園の障壁はゆっくりと溶けて消えていった。庭が世界へ溶け出してゆくことは、イギリスがどれだけ安全な場所になったかということの徴だ（イギリス式庭園が流行する多くの西洋諸国においてもある程度同じ傾向がある）。およそ一七七〇年を境に、道路の改良や路上犯罪の減少、安価な運賃といった「交通革命」を経験したイギリスでは、旅は本質的な変化を被った。十八世紀半ばまでの旅行記は、宗教的・文化的名所以外に、移動の途上の土地に触れることは稀だった。しかし、その頃を境にして旅の流儀もまったく新しいものになった。それまで、巡礼や実務的な旅行において、出発地と目的地のあいだの空間は試練、あるいは不都合なものだった。この空間が景観として認識されるようになると、旅はそれ自体に目的を含み込んだ庭園散策の延長となった。つまり、道中の経験自体が、終着地への到達に代わる旅の目的となり得るようになったのだ。そして風景のすべてが目的地となるとき、庭や絵画のように視線が向けられる先の世界は、出発とほとんど同時に到達されるものとなった。久しく歩行が担ってきた娯楽に旅が加わると、風景を楽しむ旅で徒歩移動が大きな役割を担うようになるまでに時間はかからなかった。ついにその遅さが美点となったのだ。つつましい詩人とその妹が、ただ見ることと歩くことの愉しみのために雪の田舎道を旅するところまで、わたしたちはもうすぐの地点にいる。

　後に、ワーズワースは自分で湖水地方のガイド本の執筆を試みている。そこには、ここまでたどってきた歴史が次のように要約されている。一八一〇年に書かれたものだ。

ここ六十年の間、イギリス中で「装飾的庭づくり」と称される流行があった。この技巧への賞賛と反対のなかから、選り抜かれた自然景観への趣味が生まれた。そして旅行者たちは、街や工場や鉱山だけに目を向けるのではなく、この島にひっそりと隠された、自然が類稀な崇高さや美をかたちづくる……場所を探してさまよい歩くようになったのだ。

3　観光旅行の発明

プロイセンの旅人カール・モリッツは徒歩旅行のさきざきで疎外されたように感じていたが、道中では徒歩移動する多くの人びとにも出会っていた。ただし、彼も、のちの読者も、そのことにはあまり注意をはらっていない。モリッツはグリニッジからロンドンへ歩くあいだにみかけた大勢の人についてはほとんど書き残していない。しかしロンドンのセント・ジェームズ・パークについてはこう書かずにはいられなかった。

この公園は凡庸ではあるが、天気のよい夕方にここへ通ってくる驚くべき数の人びとはそれを補ってあまりある。我が国では真夏の最良の遊歩道でさえ、これほど人が出ることはない。三々五々あつまった身なりの良い人びとと気儘に行き交うという上品な楽しみを、今夜はじめて知った。

モリッツの言葉が示唆するのは、イギリスでは歩くことが品のよい娯楽として、あるいは上流の気晴らしとしてプロイセンよりも普及しているということだ——徒歩旅行はそうではなかったのだが（モリッツはスノッブであると自認していて、それが、路上の歩行者を貶むことに対する憤りの理由だったのかもしれない）。ロンドン滞在中、モリッツはラニラ庭園とヴォクソール庭園も訪問している。いずれも農産物見本市と現代的な遊園地の近縁にあたる人気のある場所で、音楽や見世物があり、庭の雰囲気のなかを歩いたり軽食をとったりすることができた。紳士《ジェントリ》も中流の人びとも、みな夕べの愉しみのために集まってくるような場所だった。現代のラテンアメリカの広場《プラザ》や公園、あるいはお祭りや並木道をふらふらと歩く者のように、人びとは楽団やパントマイムや食べ物などのさまざまの娯楽を提供するまわりの眺めだけではなく、お互いの姿を見るためにやってきていた。社交のために散歩する、ということもまた、勃興しつつある歩行の文化の一側面だった（その孤独な側面は私的な庭や苑地で育まれた）。「ロンドンの人びとは北京の住民が自転車を好むのと同じくらい、歩くことを好む」と、ヴォクソールを訪れた中国人の口を借りてオリヴァー・ゴールドスミスは書いている。「夏のあいだの住人の主な楽しみといえば、日暮れごろに街からほど近い庭園に赴き、とびきりの服を着てぶらぶらと歩きながら華やいだ顔をみせ、催されている音楽会に耳を傾けることなのだ」。

モリッツの旅でもうひとつ特筆すべきものに、湖水地方からそれほど遠くない、イングランド北部ダービーシャーのピーク地方にある有名な洞窟の訪問がある。重要なのはそこにはすでに案内人がいて、料金をとって見所を案内していたということだ。ピーク地方、湖水地方、ウェールズ、スコットランドでは景色を目当てにした観光が興りつつあった。そして、ちょうどイギリス風景式庭園が詩や書簡の言葉をともなって発展したように、観光の成長にはガイドブックの宣伝と後押しがあった。現代のガイドブックや旅行記と同じように見るべきものとその所在地を解説するものだが、なかには、特に聖職者だったウィリアム・ギルピンのものなど、「どう見るべきか」を教えるものもあった。風景のよき趣味は洗練の証であり、洗練を求める者は風景の目利きの教えを求めたのだ。ギルピンが文筆家として大きな影響力をもつに至ったのは、おそらく彼の同時代人が、まるでのちの時代の人びとがガイドブックからテーブルマナーや宿の主人とのつきあい方を学ぶようにして彼の著作を読んでいたからではないだろうか。というのは、ギルピンの著作はちょうど、それまで上流のものだった風景という趣味を、中流階級が身につけようとした時代に書かれたものだからだ。風景式庭園は贅沢品であって、造ったり利用したりするのはごく一握りの者に限られたが、手の付けられていない風景は実質的に誰にでも開かれていた。そして道中の治安が改善され、路面が改良され、移動の費用が安価になるにつれて、それを楽しみに旅行する中流階級の人びとは次第に増えていった。風景へのよき趣味は学んで身につけるものであって、大勢の人びとがギルピンを導き手としたのだった。「彼女なら古くてねじまがった木の見方を説くような本はあらかた手に入れるでしょう」とは、ジェーン・オースティンの『分別と多感』のなかで、情熱的なマリアンについて語るエドワードの言葉だ。批評家のジョン・バレルはこう指摘している。

十八世紀後期のイギリスでは、絵画や文芸での表現とはまったく異なるものとして、ただ風景を眺めるということが教養ある者の重要な趣味となり、それ自体がひとつの芸術的実践ともみなされる意識があった。風景に関して適切な鑑賞眼を発揮することが、歌唱に優れていたり、礼節に則った手紙を認めたりするのと同じくらいに価値ある社会的たしなみだったのだ。多くの十八世紀後半の小説のヒロインは、こうした趣味をほとんど目障りなほどの技巧を弄しながら披露するような人物として描かれている。そして作家によっては、単純に風景への趣味を身につけているか否かということだけでなく、そのなかのさまざまな趣向の違いさえ、人物像を書きわける妥当な指標とみなしている場合がある。

マリアン・ダッシュウッドは、ねじまがった古木を味わうというロマン主義者ぶりを示す一方で、その嗜好がまさに流行りものであることを申し訳なさそうに認めている。「たしかに……風景を称えることはただの月並みなことになってしまいました。誰もが、ピクチャレスクな美の何たるかを初めて定義した人物の趣味と優雅さによって、感じたり説明したりしようと努力しているのです」。彼女が話題に挙げているのは、ピクチャレスクという言葉を日常語にしたギルピンのことだ。もともとは、単に絵画のように見えたり感じられたりする風景を指していたこの言葉は、次第に人の手の入っていない、荒々しく節くれだって錯雑とした風景を指すようになった。

それはギルピンの教えが、風景を絵画のように見るということにあったためだった。現代からみると彼の著作には、風景を見るという新しい娯楽の盛り上がりがいかなるものであったのか、そこにどれだけの指南が必要だったのかを読みとることができる。ギルピンは読者に、何を見つけるべきなのか、それをいかにしてイマジネーションの額縁に収めればよいのかを教える。たとえばスコットランドにおいてはこうだ。「スコットランドの景観にこのように見るべき物の全般——とりわけ樹木——が乏しいとあれば、これは疑いなくイタリアの風景に匹敵すると考えてよかろう。おおまかな輪郭はすべて揃っていて、わずかな仕上げが必要なだけなのだ」。つまり、スコットランドの地勢という新しい題材はイタリア美術、およびすでに神聖視されていたイタリアの風景との比較によって解することができる、というわけだ。ギルピンはイギリスの各所について、とりわけ湖水地方、ウェールズ、スコットランドの見所を挙げて案内を執筆した。同業への参入者もあった。そのひとりリチャード・ペイン・ナイトは嫌われつつも多大な影響を誇った『風景　三巻からなる教訓詩』において「現実の風景のなかで学ぼうではないか／画家の美徳の真の素材を」と書いた。

今日の読者にとっては、絵のような眺め、あるいは景色のための観光といったものの存在は、風景を好むこととおなじようにそれほど特筆すべきものとは思われないかもしれない。しかし、そのすべては十八世紀に発明されたものなのだ。世に知られた詩人トマス・グレイの湖水地方の旅は一七六九年、風景を見るための最初の観光旅行者がこの地を訪れ、そのことを記録に残した二年後のことだった。グレイもまた同じように記録を残した。この世紀のおわりには湖水地方はもはや押しも押されぬ観光地となり、その地位は未だに揺らいでいない。その立役者はギルピンとワーズワースといってよいが、ナポレオンも忘れてはいけない。海外に足を向けていたイギリス人旅行者は、フランス革命とナポレオン戦争の動乱をきっかけに自国を再発見した。旅行者の足は大型馬車から鉄道へ（そして自動車と飛行機へ）と変わった。みなそれぞれにガイド本を携え、それぞれに風景へ目を向け、土産物を買う。そして目的地に着くと歩く。おそらくもともとは、歩くことはいちばんいい眺望を発見するために動き回るプロセスの一部であり、副次的な行動だった。しかし世紀をまたぐころになると、歩行を中心とする旅の趣向も登場し、ウォーキング・ツアーや山登りが夜明けを迎えようとしていた。

4 ペチコートにはねた泥

ジェーン・オースティンの小説にナポレオン戦争が登場しないのは有名な話だが、辛辣に言及される時事的な事柄もある。『ノーサンガー・アビー』の不気味で現実ばなれしたスリルは当時流行していたゴシック小説のパロディだし、『分別と多感』に登場するマリアン・ダッシュウッドのロマンチックな恋愛観や風景趣味の描写はほとんど皮肉といってもいい。後には、それに比べれば遥かに風景礼賛を受けいれるようになったとみえ、後期の『マンスフィールド・パーク』では、一度ならずヒロインの自然美への感性を彼女の人徳と同格に扱っている。上流の若い女性たちを田舎の舞台に登場させるオースティンの小説世界は、十八世紀のおわりから十九世紀の初めにおける歩行の役割を考える手掛かりとして卓抜で、とりわけ『高慢と偏見』に比肩するものはない。ウィリアムとドロシーのワーズワース兄妹がグラスミアへ出立した一七九九年十二月をとりまく時代を考察する締め括りとして、そのヒロイン、エリザベス・ベネットの足取りを見ておこう（『高慢と偏見』の出版は一八一三年だが、最初のヴァージョンが書かれたのが一七九九年であった）。兄妹の同輩といえるオースティンは、ふたりが踏み出していった静かな世界を垣間みせてくれるだろう。

『高慢と偏見』では至るところに歩行があらわれる。ヒロインはいつでもどこでも、事情が許す限り歩く。重要な出会いや会話が繰り広げられるのも、ふたりの人物が連れ立って歩いている場面であることが多い。歩くことがこうした意図せざる役割を副次的に担っていることは、オースティンの描くような淑《しと》やかな人びとの日常生活のなかに歩くことが大きな役割を果たしていたことを示している。十八世紀の全般から十九世紀へかけて、歩くことに熱を挙げるのはとりわけ女性が多かった。「彼女たちは田舎好きな御婦人方で、もちろん、田舎好きな御婦人方のお楽しみ、歩くことに夢中なのです」と、ドロシー・ワーズワースは一七九二年の書簡に書いている。それはちょっとした活動《アクティビティ》だった。男性の書き手の文章には庭の設計に関することや賛辞が頻出する一方、そこを実際に歩くことについて触れるのはむしろ女性の手による手紙や小説であることが多い。日常生活の些事に向ける関心のゆえか、あるいは、イギリス女性――あるいは女性一般――に門戸を開いた活動といえるものが、それ以外にはほとんどなかったためかもしれない。ヒロイン、エリザベス・ベネットが社交行事の合間に心血を注ぐことといえば、大量の読書、手紙の執筆、多少の縫い物、それなりの腕前のピアノ演奏、それに歩くことだった。

小説が幕を開けてまもなく、求婚相手のビングリーの家のあるネザフィールズまで馬に乗っていったジェーン・ベネットが風邪を引き、妹のエリザベスが看病のために歩いてゆくことになる。エリザベスは「乗馬が不得手」なうえに、使える馬が一頭しかおらず馬車が使えなかったため、徒歩で行くのはある意味必要に駆られてのことだった。しかし、潑剌としたヒロインの魅力は歩くことにも発揮される。「歩くのがいやだなんて思いません。目的があれば距離なんてどうということはないわ、たった三マイルですもの」——この歩みこそ、慣習に囚われない彼女の気概をはじめてはっきりと表現するものだ。ドロシー・ワーズワースの歩いた道のりに比べれば、叔母に叱責されるまでのエリザベスの足取りは比べるべくもないが、相応の社会的立場に相応しい礼節の領域をまたぎ越して歩くという意味ではエリザベスもまた同じだった。ビングリーの家では誰もがあれこれと小言をいう。どうやら彼女の罪は世界にひとりで出ていったということ、そして散歩という上流階級の田園詩的な活動を実用に供するものに変えてしまったことにあるようだ。「こんなに朝早くに、足下の悪いなかをたったひとり三マイルも歩いてきたこと、これはハースト夫人にもビングリー嬢にもほとんど信じられないことだった。エリザベスには、そのことで彼女たちに軽蔑の目で見られているのだということがはっきりとわかった」。妹の看病のために彼女がその場を離れているとき、みなは口々にエリザベスのペチコートについた泥と、彼女の「いまいましい独り善がりな自立心」、「田舎そだちでマナー知らず」なことを非難する。一方でビングリーは、その目覚ましい遠征が「姉思いで、いいことじゃないか」といい、ダーシー氏も彼女の目が「かがやきを増していた」というのだった。

この場面のあと、その実に世俗的な家にジェーンとエリザベスがとり残されていたあいだに、居合わせた人物は、庭の垣根と社会の線引きに忠実な、すなわち正しい歩き方を演じている。ビングリー嬢はまだダーシーに向かってエリザベスを難じている。「ちょうどそのとき、ふたりは別の小道からやってきたハースト夫人とエリザベスにばったり出会った」。ハースト夫人はダーシー氏の腕をとり、エリザベスをひとり残して歩きだす。


ダーシー氏はその不躾な振舞いに気づいて、すかさずこう言った。

「この道はみんなで歩くには狭いですね。並木道へ行きましょう」

しかしエリザベスはみなといっしょにいる気は少しもなく、笑顔で答えた。

「いえいえ、どうぞそのまま。おそろいでとても素敵ですわ。珍しい感じがしますし。四人目を加えたらピクチャレスクのよさが台無しになってしまうでしょう。ではさようなら」


みなはエリザベスの、礼節を踏み越えたクロスカントリー・ウォークを厳しく非難した。エリザベスは彼らの庭園作法をからかって、彼らが木や水のような、人と思わずに眺めることのできる庭の置物の一部になってしまうつもりなのかしら、とでも思っているのだ。その夕方、ジェーン以外のネザフィールズの登場人物が集まった客間の一角を、ビングリー嬢が歩きまわっていた。「彼女は優雅な姿勢で見事に歩いた」とオースティンは書いている。有閑階級の人びとがお互いの品行に向ける視線は鋭く、身のこなしや姿勢も批評の対象となる。歩き方もまた、人物の身なりの重要な一部と考えられていた。ダーシー夫人はエリザベスに声をかけて、ふたりだけでお話を、と誘う。「あなた方は自分が歩いているときに引き立って見えるということにお気づきでしょうから」。歩くことは姿を見せること、そして自らを遠ざけること、その両方となりうる。

この小説をふくめ当時の小説では、登場人物の歩行には、複数の人間が隔離された状況をつくりだし、重要な会話の舞台をつくりだす役割があった。当時のエチケットとして、邸宅の住人や客はみな主室でともに過ごすしきたりとなっていて、庭を歩くことはそうした集団から抜けだしてひとり、あるいはふたりきりになれる機会をつくりだすものだった（現代の政治家も人に聞かれることを嫌ってしばしば歩きながら会談するが、それもこの習慣の変種といえよう）。ジェーンが回復してまもなく、エリザベスとジェーンは自宅の庭の植え込みの陰を歩きながら噂話に興じる。実に、『高慢と偏見』は巧まずして歩く場所の総覧の様相を呈している。ベネット家の庭のようすは、物語の終盤、ダーシー氏に対するエリザベスの態度を説教するためにキャサリン夫人がやってくる場面でも少し明らかになる。「ミス・ベネット、芝生の向こうにちょっと洒落た木立があるようでしたね。あなたが案内してくださるなら、ちょっと歩いてみたいのですが」。キャサリン夫人はそういって、本心を隠したまま内密の会話ができる場所を探す。「『お行きなさい』と母親は大声でいった。『いろいろな小径をご案内してさしあげなさい。あの庵はお気に召していただけると思いますよ』」。こうした言葉から判断すると、この十八世紀中葉の庭はほどほどの広さがあって、少なくともひとつ建物が添えられていたことがわかる。

キャサリン夫人の大庭園がどのようなものだったのかは、正確にはわからない。エリザベスが招かれたとき、彼女が気に入っていた「木立におおわれたすばらしい小道があり、彼女以外には誰もいいとは思わないようで、またキャサリン夫人の好奇心もそこまでは及ばないようだった」ということが知れるだけだ。しかし、ダーシー氏は事情が別だった。「一度ならず、エリザベスはこの庭園を散歩しているときにダーシー氏にばったり出会った。彼女はそれをまったく不運な巡り合わせだと感じた」。それでも彼を避けたかったエリザベスは、そこが「お気に入りの場所」だとダーシー氏にいう。エリザベスへ思いを寄せるダーシーは、ふたりきりで話をしようと庭園で何度も彼女に声をかける。「三度めに偶然出会ったとき、彼がとりとめのない妙な質問をするのでエリザベスはびっくりしてしまった。曰く、ハンスフォードの滞在は楽しいか、ひとりの散歩が好きなのか……」。

ダーシー氏にとって、そして著者オースティンにとっても読者にとっても、こうしたひとり歩きはヒロインの自立を意味するものであり、家を中心とする世間やその住人をはなれて、自由にものを考えられる広大で寄る辺ない世界への道を示すものとなっている。歩行は心身両面の自由を表明しているのだ。オースティンはこの小説では『マンスフィールド・パーク』ほどには景色について触れていないが、エリザベスがみせる風景への感受性はやはり彼女の洗練された知性を証すものとなっている。ダーシー氏自身ではなく彼の所領ペンバリーこそが、氏へのエリザベスの考えが変わるきっかけとなった。そして、その庭園を歩くことはすぐれて親密な行為となる。

彼女は「自然がこれほど生かされていて、自然の美しさが下手な趣味で損なわれていない場所はほかに見たことがなかった。……そのときエリザベスは思った、ペンバリーの女主人になるのも悪くないかもしれない！」エリザベスは明らかにギルピンの教えに従って、館のあちこちの窓から眺望を吟味した。その後、川へ向かって歩いて行く途中で、館と川の持ち主である当主が姿を見せる。彼女の叔父は「この大庭園をひとまわりしてみたいものだが、とても歩けるものではないかもしれない、といった。園丁は得意気な微笑みを浮かべて、ひとまわりで一〇マイルはあります、といった」。エリザベスがひとり歩きを好むことと同様、明らかに有能《ケイパビリティ》なるブラウンの先進的なスタイルを採り入れて自然のよさを表現した見事な土地を所有していることは、ダーシー氏の人格を示すヒントとなっている。この場所で偶然に出会ったことをきっかけにして、ふたりはそれまで以上に注意深い、意識的な関係をもつようになる。「一行は定まった道順をたどることにした。しばらく行くと、やがて森の間を下って水辺に出た。そこは川幅がいちばん狭いあたりだった。あたりの風景によく馴染んだ簡素な橋をわたった。……谷はここで狭まり、川の流れと、川辺を縁どる低木のあいだに細い道を通しているのみだった。エリザベスは曲がりくねった先へ歩いていきたかった。……」

違いを乗り越えて結ばれるふたりのなりゆきには、風景を味わう心が共通の拠り所として大いに寄与していた。主人公ふたりが美しいペンバリーの庭園で落ち合うことになったのは、叔父と叔母がエリザベスを湖水地方に連れてきたためだった（「彼女は大喜びで叫んだ、『なんてうれしいこと！　なんて幸せかしら！　叔母さまはわたしに新しい命と活力をくださるのだわ。失望と憂鬱におさらばだわ。岩や山にくらべたら、人なんてどうということないのだから』」）。この叔父叔母のことをビングリー嬢はロンドンの場末に住む商売人と軽蔑するのだが、彼らの遠足はつつましいながらも景色を楽しむという前衛的なものであり、叔父叔母の文化的洗練を示すものにほかならなかった。小旅行は湖水地方の南には足をのばさず、ダービシャとペンバリーだけの短かいものに終わるが、この場面には小説のなかの良識を代表する登場人物が揃って登場している。オースティンの語り口も抽象的な言い回しが減って必要最小限の具体的な描写が挿入されるのみとなるが、ペンバリーの心地良い雰囲気は見事に伝わってくる。オースティンは舞台となる地方にふれた際、「この本の目的はダービシャなどの解説をすることではない」とことわるのだが、チャットワースの立派な荘園、ダヴデールやマトロックやピーク地方の自然景観などを観光客に人気の目的地として挙げている。

この小説で特筆されるのは歩行に与えられている多様な役割だ。エリザベスはたとえば社交から逃れ、姉妹や求婚者と親密な言葉を交わすために歩く。そんな彼女の目を潤すのは、新旧の庭園の眺めや、北部やケンティッシュ郊外の手つかずの自然だった。エリザベス女王のように体を動かすために歩く場合もあれば、サミュエル・ピープスのように会話のため、あるいはウォルポールやポープのように庭園の散策が目的となることもあった。グレイやギルピンのように眺望を選んで歩くこともあれば、モリッツやワーズワース兄妹のように、周囲から反対されつつ移動のために歩くこともあった。誰しもが楽しんでいたようなゆったりとした散歩に身を任せることもないわけではなかった。新しい目的が託されてゆく一方で以前の目的も失われることはなく、歩くという行為の意味と使い道は増すばかりだ。もはや、ひとつの表現の手段になっているといってよいかもしれない。当時の社会的な制約のなかで生きる女性にとって、歩くことが与えてくれる社会的、空間的な余裕は大きかった。彼女たちは、そこに身体と想像力を目一杯にはたらかせるチャンスを発見したのだ。ついにふたりが互いを理解しあうことができたのは、道連れがいなくなって、エリザベスが「思いきって彼とふたりきりで歩いた」ときだった。その幸福な時間が過ぎるのは早く、「『リジーったら、いったいどこまで歩いてらしたの?』という質問を、エリザベスは部屋に入るなりジェーンに、それに食卓についたときにほかのみなから受けたのだった。ふたりで歩きまわって、自分でもわからないところへ行ってしまったの、と答えるほかなかった」。風景と心の区別はなくなり、エリザベスは文字通りに「自分でもわからない」新しい可能性へ足を踏み出している。それが、疲れを知らぬこの小説の主人公に歩行が果たした最後の役割だった。

また、この小説を含めて、当時の小説には歩くことが動詞ではなく名詞として頻出することも指摘に値する。「ロングボーンの村から徒歩で少しの距離に within a short walk 家族が住んでいた」「メリトンまで歩くことが朝の楽しみに必要だった a walk to Meryton was necessary to amuse their morning hours」「彼女の好きな散歩道は……自由に出入りできる木立に沿っていて her favourite walk... was along the open grove」などなど。これらは歩くことを「歌」や「食事」

のような、ひとまとまりの意味を備えた振舞いとして表現している。すなわち歩きに出かけることは単に両脚を交互に動かすということではなく、長すぎも短すぎもしない、ある程度の時間を継続する歩行を意味し、心地良い環境に身をおき、健康や楽しみ以外に余計な生産性のない行為に勤しむということを表現している。こうした言葉づかいには、日常的な振舞いを純化し洗練することへの意識を読み取ることができる。人はいつでも歩いていたが、その型式に常にこうした意味を託していたわけではなかった。そして、その意味はさらに拡張されてゆく。

5　庭の門を抜けて

一般に、ロマン派詩人は旧来のあらゆる紐帯から自由な革命家とされる。若きワーズワースも、詩作やその題材に限らず政治的にラディカルだったが、十分に優雅で上品な十八世紀の慣習を捨て去ることはなかった。母親の胎内にいるうちに湖水地方に到着したトマス・グレイもこの地方の美しさの人気を後押ししてゆく。生を受けたのは急峻で岩がちなこの一帯の辺境だったが、後半生の五十年間をそこで暮らすために戻ってくるという彼の決意は、個人的な地縁のみならず、すでに一般的となっていた美的感覚に背中を押されたものだった。ウェールズからスコットランド、そしてアルプスまで、ワーズワースが歩き、書くために選んだ土地はすでに名を知られた場所だった。見たものを記憶し描写する類い稀な能力をもっていた彼は、いわば理想的な観光客だった。湖水地方との関係において、ワーズワースのなかには住人としての深くくもりのない目線と観光客の興奮とが奇妙なバランスで共存している。風景をあつかった文献を意識的に渉猟しながら、兄妹はマリアン・ダッシュウッドやエリザベス・ベネットが学んだであろう方法と同じ道を通じて見ることを学び、その目を携えて日々戸外へとおもむいた。一七九四年にロンドンにいる弟にたのんで本を送らせた際、ワーズワースはギルピンのスコットランドと北イングランドの旅行記を、特に重要だから是非に、と注文している。一八〇〇年、雪のなかを歩いた長い徒歩行の七ヶ月後、ドロシーは日記にこう書いた。

午前、ナイト氏の『風景』〔前述の『風景　三巻からなる教訓詩』〕を読む。お茶のあとラフリグ・フェルまでボートを漕ぎ、白く咲いたジギタリスを見物して野苺を摘み、歩いてライダルを見にいった。長いあいだ、腰を下ろして湖を見ていた。焦げるような日光に照らされて湖岸は茶色がかってみえた。シダは黄色くなりかけていて、あちこちに色変りしたものがあった。ベンソンの小屋のあたりを散歩した。湖はとてもおだやかで波もなく、黄色と青と紫と灰色が混じったような、すばらしい空の色を映していた。

まるで午前中に学んだ風景の見方を、その日の午後に実地で試しているかのような一節だ。ここには、ワーズワース兄妹にいちばん馴染んだ歩き方がよくあらわれている。すなわち旅ではなく、日常的に、生活をとりまく環境へ向けて足を踏み出すこと。それはある意味では彼らが受け継いだ、日々の庭歩きという紳士淑女の伝統に似通っていた。しかし、ある意味で根底から異なることだった。

第七章　ウィリアム・ワーズワースの脚

「脚に一家言ある女性に聞く限り、彼の脚には全員が辛辣な評価を下していた」。ワーズワースについて語るトマス・ド・クインシーの言葉にいりまじる賞賛と敵意は、この詩人に続く世代の大方に共有されたものだった。

ひどい欠点があるわけでなし、たいていの人間の必要以上に役にたつ脚だったのは疑いがない。十分な資料にもとづいて計算してみると、ワーズワースはまさにその脚で一七・五万から一八万マイルの距離を踏破したに違いない。この骨の折れる運動は、彼にとってワインや蒸留酒、そのほか何であれ動物精気《アニマル・スピリッツ》を刺激するものの代わりだった。彼はそのおかげで翳りのない幸せな生涯をおくっているのであり、われわれもまた、彼が書いたものの最良の部分をそこに負っている。

ワーズワースの以前にも以後にも歩いた者はいた。また徒歩旅行を行なうロマン派詩人は跡を絶たなかった。それでも、ワーズワースほど、歩くことを人生と芸術の要とした者は後にも先にもない。ほとんど毎日のように歩きながら長い人生を送ったワーズワースにとって、歩くことは世界との出会いの手立てであり、同時に詩を書く方法でもあった。

ワーズワースの歩行を理解するためには、心地良い場所を歩くひとときの散歩という概念と、近年の研究者がロマン主義的歩行と称しているもの、すなわち徒歩による長距離の旅行という概念をいずれも手放してみることが肝要だ。なぜなら、ワーズワースにとって、歩くことは移動の様式ではなく存在の様式だったから。二十一歳のときには二〇〇〇マイルの徒歩旅行を敢行したが、後半生の五十年間は小さな庭のテラスを行きつ戻りつして詩を書いていた。彼にとっては、その両方がパリやロンドンの街頭をさまよったり、山に登ったり、妹や友人と歩くことと同じように大事なことだった。彼の詩はこれらあらゆる歩行の向かう先にあった。ワーズワースの歩みについては、この本のもっと前の方で、歩行を思考プロセスの一部にしていた哲学的な著作家たちとならべて論じることもできたし、あるいは、都市の歩行の歴史をあつかう後続の章でとりあげることもできる。しかし歩くことを、まったく新しく力強いやり方によって自然や詩へ、あるいは貧しさや漂泊へと結びつけたのはワーズワースその人だった。そしてもちろん、彼自身は農村的なものを都市の上位においていた。

わたしが自然とともに歩んだことの幸福
ひしめく生活の醜さにあまりに早くより交わることなく……

〔『序曲』〕

後代の人間にとって、ワーズワースは野外における歩行の歴史をたどろうとするときに目をとめる、いわば道祖神になっている。

ワーズワースは一七七〇年、湖水地方の少し北の、幾分おだやかな地勢をもつコッカマスに生まれた。後年になると、自らを湖水地方の自由土地保有者《フリーホールダー》と羊飼いたちがおりなす田園共和国に生まれた素朴な人間として語ることを好んだ。実際のところは、父はその一帯の大地主であったラウザー卿の法定代理人という身分だった。母はこの未来の詩人が八歳に満たないころに世を去った。妹ドロシーは親族のもとで育てられ、ウィリアムはまさに湖水地方の心臓部に位置するホークスヘッドの学校へ送られた。ワーズワースが十三歳のときに父が他界するが、十分であったはずの遺産が二十年近くのあいだラウザー卿の手元に留まっていたため、五人の子どもたちは親族たちの厚意を当てにする居心地のわるい生活を余儀なくされた。しかしホークスヘッドの学校は恵まれていて、家族の波乱の一方で（あるいは、おそらくはそれゆえに）田園詩のような日々を謳歌した。動物採りの罠を仕掛け、アイススケートを楽しみ、崖を登って野鳥の卵を採り、ボートを漕ぎ、朝夕とどまることなく歩きつづけた。学校へゆく前の朝方には、よく友人と連れ立って近くの湖を一周する五マイルの道のりを歩いた。そう謳っているのは、数千行からなる自伝的な長詩『序曲』だ。時系列や事実関係の一貫性に欠点があるにせよ、この詩は詩人の少年時代を鮮やかに蘇らせる。コールリッジに宛てられていたことから家族にはこの作品は「コールリッジへ贈る詩」と呼ばれ、「ある詩人の精神の成長」という、自伝的なものと示す副題も付されていた。哲学的な大作『隠遁者』の序として意図されたが、結局この『序曲』と小品「遠足」のみが完成している。

『序曲』は、ひと続きのながい歩みのように綴られている。中断はあっても、まったく足を止めてしまうところはない。この歩く者のイメージがさまざまな逸脱やまわり道のなかに連続性をつくりだしている。読者は『天路歴程』のキリスト者や『神曲』のダンテのようなワーズワースの姿が浮かべるだろう。二本の脚で世界中をめぐる小さな姿。この作品ではその先に、大小の湖、ダンス、夢、書物、友情、そして実にさまざまな場所が描かれている。詩人の成長を物語る地図帳のようでもあるこの詩では、場所が人物よりも大きな存在感をもち、街や山がそれぞれの役まわりを語りかける。ワーズワースの脚を語ったド・クインシーと同じくらいに敬意と意地悪さをそなえていたウィリアム・ヘイズリットは、「彼は自分と宇宙しかみていない」という鋭い評価を残している。英文学の歴史において、小説の誕生は私生活への関心の高まりと関連づけられることが多い。内に秘められた思い、感情、あるいは人びととの関係という意味での個人的な生のことだ。自分の考えや感情、記憶、場所とのつながりを海図のように描いてゆくワーズワースは同じ時代の小説よりもはるかに先を行っていたが、その生は奇妙に人間味のないものに思える。なぜならば、彼は個人的な人間関係については多くを語らないからだ。ヘイズリットの警句はそのことをいっているのだ。

ワーズワースが歩くことと風景への情熱を抱いたのは幼少期のことだった。子どものころに誰しももっていた好奇心が後年に息を吹き返し、洗練を経て芸術となったともいえる。しかしその情熱は、風景を称えたり描写したりという単なる流行の趣味にとどまるにはあまりに早熟で、あまりに強烈だった。十三巻からなる『序曲』の第四巻に、湖水地方のどこかで開催された徹夜の舞踏会から徒歩で帰宅した際のことが書かれている。十代後半の出来事だ。そのときワーズワースは「未だ見たことのないほどに壮麗な」夜明けを目撃した。詩人という使命に身を捧げる決意をしたのは、その「海は遠くに微笑み／山々は雲のごとく輝く」早朝のことだった。「わたしが誓ったわけではない／そのとき誓いがわたしのためになされたのだ」、そして彼は「捧げられた魂」となった。「わたしは歩いていった／いまもなおわたしに残る祝福に包まれて」。二十代のはじめ、ワーズワースはほとんど計画的ともいえるやり方で詩人として生きる以外の選択肢を捨て去りにかかり、使命に応えるために逡巡し思いをめぐらせることを選ぶ。

わたしの選ぶ案内人が
さまよう雲の一片に過ぎなくとも
わたしは道を見失うことはない

と冒頭に書きつけたこの長大な詩篇は一八〇五年に完成し、ワーズワースは生涯にわたって推敲を繰り返した。出版されたのは、ようやく死後の一八五〇年のことだった。

彼の人生に岐路をもたらし、『序曲』の転回点ともなっているのは一七九〇年に学友ロバート・ジョーンズとフランスを縦断してアルプスへ向かった、驚嘆すべき徒歩の旅だ。ふたりにとってはケンブリッジ大学の試験のために勉強をせねばならない時期のことだった。近年刊行されたワーズワース伝の著者ケネス・ジョンストンは「この不服従の身振りによって、彼のロマン派詩人としての人生がはじまったといってよいだろう」とも述べている。旅には逸脱、越境、脱走といった無軌道さや反抗的な側面があるが、思いつきの冒険であったこの旅はそれと同じくらいに異なるアイデンティティを模索する道のりとなった。英国紳士の教育の一環として普及していたグランド・ツアーは、馬車を使い、同じような階層の人びとと交流しながらフランスやイタリアの美術やモニュメントを見学するのがふつうだった。庭園とランドスケープの目利きとなるホレス・ウォルポールとトマス・グレイは一七三九年にそうしたツアーに出て、イタリアへの途上で通過したアルプスについて興奮した手紙を書き残している。徒歩で行くこと、そしてイタリアではなくスイスを目指すこと。旅の目的のこの変化には、芸術と貴族性から自然と民主制へという優先順位のラディカルな移り変わりが表れている。一七九〇年にそこへ向かうことは、フランス革命勃発から日の浅い、流血の季節を間近に控えたパリで、ひしめく急進主義者たちのあいだへ、その酔うような熱気のなかへ入りこんでゆくことを意味していた。アルプス自体もすでに風景の崇高さを崇める人びとの熱い視線を集める対象となっており、旅人を惹きつける目的地となっていた。それだけではなく、スイスの共和政府と、それに結びついたルソーもまた同じだった。ライン河を下って帰路に就く直前に最後の目的地として彼らが立ち寄ったのは、ルソーが『告白』と『孤独な散歩者の夢想』で自然の楽園のひとつとして語っていたサン゠ピエール島だった。方法と目的の両方の意味で歩いた――すなわち書くために歩き、歩くことを自らの拠り所にする――という意味で、ルソーがワーズワースの先駆者であったことは明らかだ。

カレーに七月十三日に到着した彼らは、翌日、バスチーユ襲撃一周年の歓喜に湧く祝祭のなかで目を覚ました。そのときフランスは「黄金の時の頂に立ち／人類は再び生まれ変わったごとくに思われた」。そして彼らは歩く。

部落や町々を、
その祭典の名残りにけばけばしく飾られたなかを、
花々は凱旋門や窓飾りの上でしおれるままにされていた……
宿にも入らず、夕べの星の下に
自由の舞踏をみた、そして更けゆく闇のなかで
戸外に踊っているのをみた。

一方で、ワーズワースとジョーンズは注意ぶかく旅程を計画し、その野心的なプランを実現するために一日三〇マイルという距離を歩いた。

軍隊のような速度の行進であった
そして大地はわれらの眼前でその形象を
天界の雲のごとく速やかに変えた。

一日また一日、早くに起きて遅くに休み、
谷から谷へ、山から山へとわれらは進み、
州から州へとわれらは通りすぎた、
十四週のあいだ追いつづける鋭敏な猟師のごとくに。

あまりに精を出して歩いたため、気づかぬうちにアルプスを横断してしまって落胆するほどだった。ふたりはすでに最後の峠を越えていたにもかかわらず、まだまだ登ってゆくのだと考えていて、農夫にイタリアは下り坂の方であると説明されたのだった。彼らはイタリアに入ると、そそくさとコモ湖をまわってふたたびスイスへ戻った。この旅の物語はコモ湖で終わっているが、『序曲』には、その政治観にさらなる影響を与えることとなった一七九一年のフランスへの帰還について記されている。

ワーズワースはいかにも彼らしく、街路を歩くことを通じてフランス革命を理解しようと試みた。「今昔の名声の的となったさまざまの名所」を訪ねて「バスチーユの瓦礫」からシャン・ド・マルス、そしてモンマルトルへ。その間には、ジョン・オズワルド大佐と「ウォーキング・ステュワート」という、新しい歩行を開拓しつつあったふたりのイギリス人がいたかも知れない。ジョンストンは、「オズワルドはインドを旅して菜食主義と自然神秘主義に染まり、陸路を歩いてヨーロッパへ帰還したのち、フランス革命の余波をイギリスへ及ぼそうとして動乱に身を投じていった」と書いている。ワーズワースがのちに書いた初期の戯曲作品「英蘇国境地方の人びと」には、オズワルドがその名のままで登場している。ステュワートも似たような人物で、あだ名も示す通りに人並はずれた徒歩旅行を行なった。彼も同じようにインドから歩いて帰国し、ヨーロッパや北米大陸でもその足取りをとめなかった。ただし、著作ではそれとは関係のない事柄についての痛烈な批判を述べている。ド・クインシーは、ウォーキング・ステュワートについてこう書いている。「思うに中国と日本を除けば、人間の足で通過できるいかなる地域でもステュワート氏が訪れなかったところはなく、その訪問はゆっくりと一国を通過しながらその国の原住民たちと親しくなってしまうような、哲学的な流儀に則っていた」。三人目としては、これまた風変わりなジョン・セルウォルがいた（この人物については第二章でも触れた）。彼はこの種の人物の王道をゆく人間で、独学者であり、政治的急進主義、自然への愛、そして極端な徒歩愛好という三位一体を身につけていた。一七九〇年代初頭にワーズワースやコールリッジと親交を結んだセルウォルは、九〇年代末に政治的主張のためにあやうく処刑されそうになり、彼らと同じように首都を逃れた。ワーズワースの手元にはセルウォルの『逍遥記』があった。このなかでセルウォルは余談として哲学を語りながら、萌芽期の産業革命に巻き込まれてゆく労働者たちの生活と労働の条件について検討している。これらの人物が示唆するのは、行程の長短にかかわらず、歩いて旅することがイギリスにおいては因習からの自由を示し、すすんで自らを貧しい者と同一視し、またそう見られることを厭わないという態度を表明すること、すなわち政治的急進性を示す身振りだったということだ。ワーズワース自身も、一七九五年の手紙に「来夏のあいだ、西の地方を探索することを考えている。ただし、つつましく伝道のようなやり方で。すなわち徒歩で《ア・ピエ》」と書き、『序曲』では「そうして農夫のごとく、わたしは行路を続けた」と綴っていた。

こうした歩き方には、ルソーにおける徳と素朴さ、そして幼年期と自然をめぐる複雑な関係性を喚起させるものがある。十八世紀の初頭、イギリスの貴族は自然を理性や同時代の社会秩序にむすびつけ、物事はなるべき姿になっているのだと考えていた。しかし自然という女神は、王座に就かせるにはあまりにあやういものだった。おなじ世紀の後半期、自然と感性と民主主義を等号でむすびつけたルソーとロマン主義は、高度に人工的な産物として社会秩序を描き出し、特権階級に反抗することを「単なる自然になること」にしてしまった。バジル・ウィリーは十八世紀における自然の思想史に関する著作のなかで、「この動乱の時代において、〈自然〉は中心的な理念でありつづけた」が、その意味は変幻自在であったと述べている。「フランス革命は〈自然〉の名において引き起こされ、バークは〈自然〉の名においてそれを攻撃し、トマス・ペインとメアリ・ウルストンクラフトと〈急進思想家である〉ウィリアム・ゴドウィンは、まさに同じ名においてバークへの反論を行なったのである」。優雅で贅を尽くした庭園の塀のなかを歩くことによって、歩行は自然と有閑階級へ、そしてその閑《ひま》を保証する既存の秩序へとむすびついていた。開かれた世界のなかを歩くことが歩行とむすびつけたのも同じ自然だったが、その自然が手をむすんでいるのは、いまや、貧者と、自らの権利や利害のために立ち上がったあらゆる急進思想なのだった。そして自然を歪ませているのは社会であり、その対蹠的な存在である子どもたちと教育のない人びとこそがもっとも純粋で良きものとされた。

ワーズワースはこうした同時代の価値観をまさしくスポンジのように吸収し、それを彼自身や創作上の幾多の人物の幼年時代や貧しさを謳う詩として吐き出した。議論ではなく創作として幼年期と自然と民主制を描くことによって、ルソーから受け継いだ使命を深化させていったのだ。路傍の神として崇める人びとが記憶に留めたのはこの三つ組の前二者だったが、初期の作品はむしろ最後の民主制を中心に据えていた。「すでにお気づきかもしれませんが、わたしは民主主義者というあの嫌われ者の一員なのです」と、ワーズワースは一七九四年の友人への手紙に書いている。この言葉は「そして、永遠にその一員であるのです」と続くが、その自信は過信におわることとなる。

そうした道中や人びとや問いかけのうちに、ワーズワースは自らの様式を見つける。最初期の詩は尊大でぼんやりとした、ジェイムズ・トムソンの『四季』ふうのありきたりなイメージを多用したものだった。ワーズワースを二流の風景詩人となる運命から救ったのは、革命への情熱と貧者への共感にみちた同一化だったように思われる（同じ一七九〇年代に、ドロシーの作品も似たような変容を遂げていった。サミュエル・ジョンソンかジェーン・オースティンのような警句めいた難解さから、くっきりとした描写による地に足をつけたものへ）。その変化は題材と様式の両面に及んでいる。一七九八年に刊行されたワーズワースとコールリッジによる画期的な作品『抒情歌謡集』に寄せた後年の序文で、彼は次のように書いている。

この詩の主眼は、日常生活から出来事や状況を採りあげて、可能なかぎり人が実際に使っている言葉を選んでそれを説き語り、同時に、想像力の彩りを加えることだ。……選ばれるのはつつましく素朴な生活だ、なぜならば心根にある情熱はそうした状況でこそ花開き、……平易で明澄な言葉を語りはじめるものだからだ。

ワーズワースが描く貧者は徳や憐みを説く寓話の登場人物ではなく、ありのままの人びとの姿をしている。風景についても、大仰に一般化したり古典に引きつけたりすることなく、それぞれの固有の細部を通じて描写されている。平易な言葉を選ぶという政治的な意図は芸術上の目覚ましい達成をもたらした。

ワーズワースの初期の詩作で優れているのは、なにかと出会うためのラディカルな徒歩行と、美学的な鑑識眼で景色をあじわうための遊歩がひとつに結びついていることだ。考えてみると、景勝と貧者という二つの題材はある種の緊張関係をはらんでいるはずだが、若く意気軒昂なワーズワースにとってそれは何物でもなかった。風景は妖精ではなく浮浪者のために輝き、それの輝きが増すほどに、絶望に生きる者の生得権と背景として必要とされるようになるのだ。初期の詩には、歩くうちに、時代の経済の変転によってさまよい人の仲間入りをしてしまった人物と遭遇するという共通した構造がある。以前の詩人や芸術家は、小さな家屋や貧者の身体にピクチャレスクなもの、あるいは憐れみの対象を見ていた。しかしそうした思いはあっても、あえて彼らに声をかけることに意味を見出す者はいなかった。ソローは「歩くときは、自然と野原や森へ足が向きます」と書いたが、ワーズワースは山や湖と同じくらい熱心に道路へも足を向けた。人びとは出会いのために、あるいは孤独や風景を見出すために道を歩く。ワーズワースは、その理想の中間的な場として路上を発見したのだろう。静かな持続のなかに、時折の人びととの遭遇が織り込まれた空間として。彼はこう宣言している。

わたしは街道を愛する。それよりまさって
わたしを喜ばす眺めは多からず。この対象は
幼時の黎明の頃より
わたしの創造の上に力をもった。日毎に遥かに見られる
わたしの足が未だ踏むことのない彼方の
土塊あらわな急坂の上に消え行く線は
永遠への導きのごとくに思われた
少なくとも、わたしの知らぬ限りなき事物への案内者のごとくに思われた。

すなわち道には遠近法的な魔術、未知のものが惹きつける魅力がある。しかし、そこには人びとの姿もある。

わたしが会う人びとを調べ、
観察し、たずね、そして

彼らと親しく語りはじめたとき、寂しい道々は
わたしにとって学校だった、そこでわたしは日々
最上の喜びをもって人間の熱情を読んだ、
そこに人間の魂の深淵を見た
粗野な眼には何の深みもなく見えるその魂を……

この学びは、彼が学校時代に引退した大工の家に引き取られ、行商人や羊飼いなど、さまざまな人間に出会ったころからはじまっていた。おそらく、そういった年少の経験からワーズワースは異なる階級に属する人びととうまく付き合うことができるようになり、イギリスの社会を分断する心理的障壁から少し自由になっていた。

仮に、いわゆる進歩的な教育というものを受けさせてもらえない階級に生まれていたとしたら、頑強な体をして、親しい行商人のような人生を送っていたことだろう。

と、彼は書いたことがある。おそらく流れ者への共感をうみだしたのは両親と死別し、親族を転々とした先の見えない幼年時代だったが、ワーズワースの旅への情熱は、こうした移ろう人びとをいわばロマンチックに見せていたようだ。世のなかも不確かな時代であり、フランス、アメリカ、アイルランドで相次いだ革命と暴動によって旧来の秩序は揺さぶられ、貧しい者は

変わりゆく田園地帯から夜明けを迎えた産業革命の只中へ流されていった。場所も仕事も家族ももはや係累としての価値を失い、人びとが寄る辺なく漂う近代世界が幕を開けたのだ。

移動の生活を送る人物はワーズワースの同時代作家たちの作品にも繰り返し登場する。冒険を求めて旅する者、生き抜くために路上に立つ者。いずれにとっても、歩くことは文字通り共通の基盤を提供している。イギリスでは、今日でも歩くことが自国の文化に深い役割を果たしているという声が聞かれる。歩くことは誰でも参加でき、誰が実践しても大して変わりがない、つまり数少ない階級の存在しない世界のひとつだからだ。若きワーズワースの題材となったのは除隊兵、浮浪者、行商人、羊飼い、放浪児、夫に捨てられた妻、「女浮浪者」、「ヒル捕り」〔医療用のヒルを採集する者〕、「カンバーランドの老乞食」といった旅の多い、あるいは住処を追われた人びとで、彼を含めたロマン派詩人の作中には〈さまよえるユダヤ人〉も登場している。あるいは、コールリッジとワーズワースとロバート・サウジーがもたらしたイギリス詩の革命的な変貌について述べるヘイズリットの言葉を借りれば「彼らの周りには、詩神とともに暇をもてあます徒弟、ボタニー湾に流された流刑者、女浮浪者、ジプシー、キリストの家族の従順な娘たち〔コールリッジの詩より〕、それに馬鹿息子と狂った母たちが群れをなしてとりまき、さらに「フクロウと夜のカラスたち」〔エドマンド・スペンサー『妖精の女王』より〕が続いていた」。

最初の長編物語詩作品『廃屋』で主な語り部を務めたのは、行商人の口を借りたワーズワースであったともいえる。ワーズワース初期の詩に典型的な、恵まれた若者が歩いてゆく途上で物語を聞かせる人物に出会うというもので、その語りが詩の主部を構成する。若者とその足取りが悲哀を縁取る額縁となり、作品内の物語を浮かび上がらせ、その内容に重みを与える。この作品では廃屋にたどり着いたワーズワースの化身が、その廃屋の最後の住人について行商人から哀愁あふれる物語をきく。経済的な困難によって散り散りとなり、流浪の運命をたどったある家族の物語だ。物語の人物はみななんらかの形で歩行者となる。そぞろ歩く話者、流浪の行商人、兵士となって遠方へ去る夫、そして玄関と芝生のあいだをゆきつもどりつしながら夫の帰りを待つ傷心の妻。

庭園を散歩する者にとっては、愉しみのために歩くことを必要にかられて歩く者から切り離しておくことが肝要だった。だからこそ庭の垣根のなかを歩くことを大切にして、旅のために歩こうとはしなかった。けれども、ワーズワースはそのもうひとつの歩行を体現する者たちとの出会いを求めて足を踏み出した（それらの人物像は実際の出会いを書き留めたドロシーの日記から借りていることも多い。ドロシーの日記は多くの素材を提供している）。急進的で濃厚な政治論を脇におくと、『序曲』は風景というパンにはさまれた十三巻もののサンドイッチのような本だ。詩はウェールズのスノードン山の頂における幻想的な体験と、それに続く長大な独白によって終曲を迎えるが、それ以上の地理的なディテールは語られない。作者と名のない友人が、山頂から日の出をみようと夜の間にひとりの羊飼いの――羊飼いはヨーロッパで最初に山岳ガイドを務めた人びとだった――案内で山を登ってゆく。若者たちは健脚で予定よりも早く着いてしまう。そして山頂のワーズワースは不意に、月光と眺望と啓示に飲みこまれてゆく。このとき、山を登ることは自己と世界と芸術を知る道となっている。もはやそれは文化からの遠征ではなく、文化的行為そのものなのだ。

そしてワーズワースにとって、歩くことは単なる題材ではなく詩作の方法でもあった。彼の詩の多くは、おそらくは歩きながら、同行者や自分を相手に語り聞かせながら創作された。しばしば滑稽な事態も起きた。たとえばグラスミアの住民は、ワーズワースを気味悪く思っていた。「あの旦那はいささか変わり者でしたな。人に話すのでもなくぶつくさいいながら歩いて。いつだってごもごも口を動かしてたな」という者もあれば、「頭をちょっと前につき出して、背で手を組んで、見てるうちにわあわあ言いはじめる。ぶつぶつぶつ、ぶつぶつぶつ。ちょうど引き返すところまでね。そのうちしゃがみ込んで、紙切れをひらいてなにか書き付ける」という証言もある。『序曲』では彼が連れていた犬の話がでてくる。この犬は見知らぬ者が近づいてくると、変人だと思われないように、話すのをやめるよう主人に合図するのだ。ワーズワースは優れた記憶の持ち主で、遠い過去の光景を細部にいたるまで鮮明な感覚とともに思い出すことができた。嘆賞する詩人の一節を長々と諳じることや、歩きながら詩作を行ない、後から書き留めることも苦ではなかった。近代の作家は机に縛られがちで、屋内で書く者が多い。その場を離れてできることといえば、せいぜいアウトラインを考えたりアイデアを練ることくらいだ。一方、口頭伝承への回帰ともいえるワーズワースのやり方には、彼の優れた作品にそなわった歌のような音楽性と会話のようなさりげなさの秘訣がかくされているように思われる。ワーズワースの足取りは、一歩一歩、作曲家のメトロノームのように詩のリズムを紡ぎだしていったのだろう。

もっともよく知られた詩のひとつ――その長い題名は「遠征のあいだにティンターン・アビーの上流数マイルの、ワイ川の土手を再訪したときに書かれた詩」という――は、一七九八年にドロシーとともにウェールズで徒歩旅行を行なった際、歩きながら作られたものだった。ワーズワースはブリストルに戻ってその全文を書き留め、推敲することなく『抒情歌謡集』に加えた。詩集の白眉として末尾を飾るこの一篇は、彼の全作品において、あるいは英語で書かれたもののうちで最良のもののひとつに数えてもよいかもしれない。まさしく歩行の詩というべき「ティンターン・アビー」は、ひとつの場所の散策という行為を通じて物思いに形を与え、時の流れとともに記憶から感覚へ、さらに希望へと移ろってゆく心境を捉えている。ワーズワースの無韻詩の大半と同じく実際の口語にかなり近い言葉で書かれており話しかけるように自然に読むことができるが、ひとたび声に出すと、二百年前の足取りを刻む力強いリズムがよみがえる。

一八〇四年、ドロシーは友人にこう書いた。

ただいま彼は歩いています。今朝はずっとひどい雨が降っているのですが、戸口を出ていってこの方、二時間になります。天気が悪いときは傘を持ち、なるべく雨に濡れない場所を選んでそこを往復するのです。四分の一マイルから半マイルほど歩くこともありますが、まるで独房の壁のように選んだ範囲をきっかりまもるのです。詩作をするのはたいてい戸外で、没頭していると時間の経過や天気の良し悪しなどは気にとまらないのです。

ダヴ・コテージの小さな庭園には高みを通る小径があり、屋根越しに湖や周囲の山並みを見渡すことができた。ワーズワースはそこを歩きながら詩作することが多かった。ド・クインシーが「一七・五万から一八万マイル」と見積った長大な歩みの舞台となったのはそこにあった長さ十二歩のテラスと、一八一三年に移った大きめの家にあった同じようなテラスだった。シェイマス・ヒーニーは「詩作中の詩人と詩の音楽性のあいだに生じる、ほとんど生理学的といっていい関係性」について書くなかで、往きつ戻りつするワーズワースの歩行について、「先に進むのではなく、身体をある種の夢のようなリズムへ順化するもの」と述べている。これは詩作を肉体の労働に変えることでもあった。鋤を引いて耕す農夫のように往復し、羊を探す羊飼いのように高台をさまよう。ワーズワースが、労働と徒歩を強いられる貧しい者に恥じることなく自己同一化できたのは、彼もまた肉体の労苦を通じて美しいものをつくりだしていたからなのかもしれない。基本的に頑健で運動を苦にしなかったワーズワースも、詩作のストレスによる頭痛と慢性的な脇腹の痛みに苦しめられていた。それほどに烈しく、肉体労働としての詩作に挑んでいたのだ。ヒーニーは「ワーズワースは、その最良においても最悪においても徒歩の詩人である」と結論している。

仮にワーズワースが完璧なロマン派詩人であったならば、三十代の後半には慎しいダヴ・コテージを歩きまわりながら人生を終え、わたしたちの手元には『序曲』の初稿すなわち最良のバージョン、初期のバラッドと貧者の物語や子ども時代の頌歌と抒情詩、そしてラディカルなままのワーズワースのイメージが遺っていたことだろう。世評という点では不幸なことに、ただし自身と家族にとってはじゅうぶん幸せなことに、彼はグラスミアとのちに移った近郊の町ライダルの大きな家で八十代まで生き、ますます保守的になり、ますます霊感から遠ざかっていった。偉大なロマン主義者であるのをやめて偉大なヴィクトリアンとなったともいえるかもしれない。その移行には多くの犠牲が必要だったが、以前の政治信条を裏切る一方でワーズワースは歩くことには忠実でありつづけた。そして奇妙なことに、著作家ではなく歩く者として遺した遺産において若い日々の歓喜にあふれた造反行為が継承されていた。

ワーズワースにとって最後の民主主義の発作が襲ったのは一八三六年、六十六歳のときだった。コールリッジの姪と一緒に、とある私有地のなかを歩いているときのことで、評伝によれば、「地所の領主がやってきて不法侵入であると彼らに告げた。するとウィリアムはこの道は大衆が歩きつづけてきたものだ、地主だからといって締め出すのは間違っていると言い張った。同行者は居たたまれなくなってしまった」。コールリッジの姪は、「ワーズワースの論難には気分がよいとか、納得できるとかいった範囲を越えた熱が籠っていました。彼はあきらかにその権利を主張することを喜びとしていて、そうすることが義務だと考えていたようです」と、そのことを思い起こしている。さらに同じような事件が、ワーズワースとコールリッジの姪がラウザー城で件の領主と夕食をともにしたときにも起こった。領主が、地所の垣根が壊されたので犯人を鞭打ちに処すつもりだというと、「食卓の端にいた老詩人は粛然としてそれを聞き、顔を炎のように赤らめ、立ち上がってこう言葉を返した。『貴殿の垣根を壊したのはわたしだ、ジョン。古来の通行権を妨害するなら何度でもそうする。わたしはトーリーだが、骨の髄にはホイッグの血がまだ流れているのだ』」。

あらゆるロマン主義者をみても、歩くことに対してワーズワースに劣らない情熱をもちつづけたのはド・クインシーだけだったようだ。それがいかなる喜びをもたらしたのかは伺い知れないが、果たした役割についてはいえることがある。この年少の作家にとって、歩くことは先達のような主題や創作の方法とはならなかった。彼の革新性は別のところに発揮された。モリス・マープルズによれば初めて徒歩旅行にテントを携行したのはド・クインシーだったという。若者時代にウェールズに滞在していた折、旅費の節約のためテントに寝泊まりしていたのだ（ちなみに、ワーズワースとロバート・ジョーンズがヨーロッパ旅行の際に仕立てた特別仕様のコートや、コールリッジが使った徒歩用の杖、ド・クインシーのテント、キーツの風変わりな旅行着などは、この地にアウトドア装備ビジネスの種を撒いた）。歩行にまつわるド・クインシーの文章の白眉はロンドンの街角をさまよう文無しの若者について書かれたもので、その歩行も文学もそれまでとはまったく別種のものだった。ワーズワースの知己であったウィリアム・ヘイズリットは歩行に関するエッセイの嚆矢といえるものを書いたが、これはワーズワースの伝統を受け継いで発展させるというより、むしろ別の歩行文学の端緒となるもので、歩くことを余技というより娯楽として扱っていた。アナキストとしては貴族的でありすぎたシェリー、および貴族になり切れないところのあったバイロンは、歩くことには関心をもたず船や馬を選んだ。

他方、コールリッジは一七九四年から一八〇四年にかけての十年間は歩くことに情熱を傾けていて、当時の詩にもそのことが反映されている。ワーズワースに出会う以前からすでにジョゼフ・ハックスという友人とウェールズへ徒歩旅行したり、友人で将来の義兄となる詩人ロバート・サウジーとイングランド南部のサマセットに遠征したりしていた。一七九七年にはじまるコールリッジとワーズワースの驚くべき合作の日々には、同じく南イングランド地方への徒歩旅行がともなっている。ドロシーも加わったそうした遠征のひとつの機会につくられたのが、コールリッジの詩でもっとも有名となる「老水夫の歌」だった（これもまた、友人ワーズワースが当時書いていたものに似た彷徨と流浪の詩だ）。コールリッジとワーズワースは幾度となく歩みを共にした。ひとつ画期的だったものとして、ワーズワースとその弟ジョンとともに行なった湖水地方の旅がある。ウィリアムは、このときに子ども時代を過ごしたこの土地に帰ることを決心した。コールリッジとサウジーがこの地方の北に位置するケズウィックに移ったあとにも数多くの遠征が行なわれた。その最後となるのはウィリアムとドロシーがロバ車を携えて参加した、スコットランドへのすさんだ旅だった。そこで反目して袂を分かったワーズワースとコールリッジが実りある友情をとりもどすことはなかった。また、コールリッジは湖水地方で体力勝負の単独行を行なううちに記録上のスカーフェル・パイクの初登頂者となっている。ただし下山で苦労して転落するように山を降りたため、難所攻略の栄誉には若干の傷がついている。一八〇四年以降、コールリッジは長距離の遠征に出ることはなくなった。彼の場合、歩くことと書くことの結びつきはワーズワースほどに明瞭でも実り多くもなかった。しかし批評家ロビン・ジャーヴィスによれば、コールリッジはまさしく歩くのを止めたのと時を同じくして無韻詩の創作をやめてしまった。

こうした詩人たちの一過性のウォーキング・ツアーは、徒歩の旅という新たな流行の盛り上がりを示唆している。このころには詩と正反対の文芸ともいえるガイドブックが歩こうとする人びとにアピールするようになった。ウォーキング・ツアーという理念そのものにも、歩き方やその意味といった要素が確立されつつあったことが表れている。庭の散策と同じように、長い徒歩旅行にも意味と実践法が備わりはじめていた。ジョン・キーツが行なった歩行にまつわる重要な実験にはそれが如実に反映されている。一八一八年、若きキーツは詩のためのウォーキング・ツアーに出発する。この種の遠征はよくある通過儀礼で、感受性の向上に役立つとされていたようだ。

ひと月のうちに、リュックサックを背負って北イングランドとスコットランドの方へウォーキング・ツアーに出かけるつもりです。これはぼくが望む人生の前奏曲のようなものになるでしょう。なるべく費用をかけずに書き、学び、ヨーロッパ中を見て回る雲をかきわけて進み、生き延びるのです。

こう書いてのち、まもなくして別の友人に次のように書いている。

この四ヶ月のハイランド地方の徒歩旅行は、自分としてはすべきではなかったでしょう。けれど、たとえホメロスを読むことはできても、家に籠って本に埋もれているより、旅行をする方がいろんな経験ができ、偏見を拭い、困難に慣れ、美しい風景を見出し、壮大な山並みをわがものとし、自分の詩の領野を強固なものにしてくれると思っています。

つまり、不自由な生活に身をおき、山に触れながら成長することは詩の鍛錬だった。後代の徒歩愛好家のように、彼の求めるものはもはや十二分な苦労と経験のみだった。アイルランドから帰国したキーツは、そこで目にした息詰まるような貧困の過酷さに衝撃を受けていた。その体験したものへの拒絶を読むと、ワーズワースの『序曲』における――そしてワーズワースの人生における――ひとつの鍵となる出来事が思い出される。ワーズワースはこのとき、革命派の軍人ミシェル・ボーピュイとともにフランスを歩いていた。そこで「とぼとぼ歩いていた……飢えに打ちひしがれた少女」に遭遇する。ボーピュイは彼女こそが自分たちが戦う理由なのだといった。ワーズワースによって歩くことは喜びと苦しみのいずれにも結びつき、政治と風景へ結ばれた。ワーズワースは庭という洗練と限りある可能性の外へ歩き出した。もっともその衣鉢を継いだ者のほとんどは、足を踏みだした世界が単に大きな庭であることを望んでいたようだが。

第八章　普段着の一〇〇〇マイル——歩行の文学について

1　純粋なるもの

別種の「歩くこと」もなお生き長らえていた。トマス・ハーディの小説『ダーバヴィル家のテス』の冒頭に、そのひとつがロマン主義の系譜と交錯する場面がある。テスと農村の少女たちは五月祭《メイ・デイ》を祝う「講のお練り歩き」、すなわち行列を組んで田園地帯を歩く、キリスト教より古い春の祝い事を行なう。若い娘と少数の年輩の女が白いドレスに身をつつみ、「二列の行列で教区を練り歩き」、決まった草地に到着するとダンスをするというものだ。見物人のなかには「それぞれ小さな背嚢を革紐で背負い、頑丈な杖を手にした、上流階級の若者が三人まじっていた。この三人の兄弟は、行きずりに人に聞かせたところによると、精霊降臨節の休暇を利用して、ブラックムーアの谷に抜ける徒歩旅行《ウォーキング・ツアー》をするということだった……」。三人は敬虔な聖職者の息子で、このうちのふたりは牧師だったが、三人目は残るふたりよりも世界の秩序や自分の居場所といったものに確信をもっていなかった。彼はお祭りのダンスに加わろうと道を下りてゆく。行列を組む田舎娘たち、そして徒歩旅行をしている青年紳士たちはどちらも自然との交じわりに身を投じているが、その手立ては大きく異なる。背嚢や道具を携えた青年たちは、いわば人為によって自然に近づこうとしている。というのは、彼らは余暇《レジャー》や気安さや旅といったものを通じて自然とつながろうとしているからだ。一方女性たちの儀礼は大昔から綿々と受け継がれるなかで高度に構造化されたもので、そこには自然がもたらした人為がある。彼女たちの身振りはとりわけ労働と性という、徒歩旅行では排除された二つの要素にかかわっている。この儀礼は豊作祈願であり、その日の勤めを終えた村の青年たちもダンスの輪に加わってゆくのだ。つまり彼らにとって自然は、休暇のためのものではなく生活と労働と性を営む場所であり、土地の肥沃さはその生の一部となっている。ただし、異教文化の名残りや農村儀礼は目下の自然礼讃の主流ではない。

自然は十八世紀に美的に讃えられる対象となった。世紀のおわりにはラディカルな礼賛の対象となり、十九世紀の半ばには中産階級の宗教として定着していた。イギリスでは、合衆国よりはるかに多くの労働者階級の人びとが中産階級に含まれていた。そして悲しむべきことに自然礼賛は、ちょうどそれが下から支え、あるいは取って代わろうとしたキリスト教と同じように、しかつめらしく色気のない、道徳的な宗教になってしまった。こうしたロマン主義と超越論の流れを汲む英米と中央ヨーロッパの人びとにとって、〈自然〉のなかへ出てゆくのは敬虔な行為となった。オルダス・ハクスリーは「熱帯のワーズワース」という陽気で意地悪なエッセイで、こう看破している。

北緯五十度の近傍においては、過去百年かそこらの間、自然は神聖で徳を向上させるのだという教えがあった。よきワーズワース主義者にとって——いまや真面目な人びとは直接あるいは間接の影響によってほぼワーズワース主義者と化しているといってよいのだが——田舎を歩くことは教会へ行くことに等しく、ウェストモアランドを巡ることはエルサレム巡礼に匹敵する善行なのである。

特に歩くことについて書かれた最初のエッセイはウィリアム・ヘイズリットによる一八二一年の「旅に出ること」で、これは自然のなかを歩くということ、および後に続く歩行の文学にひとつの枠組みを提示するものとなった。その書き出しには「旅に出ることは、世のなかでもっとも快いことのひとつである。ただし、わたしはひとりで行くことを好む」とある。ヘイズリットは、歩くのは一人きりが好ましいといい、その理由を「絶えず他人のために翻訳の労を取ることなく、自然という書物を読むことができるから」、そして「わたしはアザミの綿毛のようにぼんやりと漂う自分の想念を見ていたいのであって、それをいばらやサンザシの棘のような論争に絡め取らせたくはないのだ」という。エッセイのほとんどは歩くことと考えることの関係について述べている。けれどもハクスリーがただひとりで自然という書物に向きあう、というのはあまり信用できない。というのは彼はこの短い文章のなかに、ヴェルギリウス、シェイクスピア、ミルトン、ドライデン、トマス・グレイ、ウィリアム・クーパー、ローレンス・スターン、コールリッジ、ワーズワース、そしてヨハネの黙示録までもちだしているからだ。ウェールズを歩いた日について語るときには、前夜にルソーの『新エロイーズ』を読むことからはじまり、道中ではコールリッジの風景詩を引用しながら進む。こうした書物は自然のなかを歩くことで獲得すべき経験を指し示すものだった。つまり、朗らかな、さまざまの物思いや詩句の引用を誘う散策を楽しみつつ、すぐれた眺望をあじわうということ。ヘイズリットは彼なりにそれを達成している。仮に自然を歩くということを儀式を備えたひとつの宗教だとすれば、こうした書物はその正典へ編まれてゆく経典のようなものだ。

ヘイズリットのエッセイはひとつのジャンルの礎となった。わたしの手元にある歩行をテーマにした三冊のアンソロジー——一九二〇年にイギリスで刊行されたもの、および一九三四年と一九六七年にアメリカで刊行されたもの——はいずれもこのエッセイを含み、後代の随筆家もたびたび参照している。歩行のエッセイと、その文中で語られる歩行には共通点が多い。たとえば、どんなに紆余曲折を経ても最後には基本的に何も変わらないままに我が家にたどりつく。また、歩くこともエッセイも愉快で人を惹きつける魅力をもたねばならない。そのため、人跡未踏の森に迷って虫と雨水で飢えをしのいだり、墓場で行きずりのセックスに耽ったり、争いに巻き込まれたり、異界を幻視したりするような人物は決して登場しない。徒歩旅行は教区牧師などのプロテスタント聖職者と結びつけられることが多いが、歩行のエッセイも彼らに似た几帳面さをもっている。古風なエッセイには読者に歩き方を説くものが多い。個別にみれば書き物として優れたものもある。レズリー・スティーヴンの「徒歩礼賛」は、ヘイズリットがとりあげた物思いという主題について次のように書いている。

歩くことはさまざまな記憶をひそやかにつなげてゆく糸である。そして歩みのそれぞれも、エピソードやカタストロフのある筋書きというアリストテレス的な条件を備えたまぎれもない小さなドラマであり、日常生活の中心をなすよろずの考えごとや友情、あるいはさまざまな関心事といったものに自然に織り混ぜられてゆくのである。

なかなか興味深い。学者で黎明期の登山家、そして健脚家として知られたスティーヴンも、シェイクスピアやベン・ジョンソンやその他大勢から当然ワーズワースまでが歩く人であった、と語るところまではおもしろいのだが、しだいにやや説教じみてくる。バイロンについてこう続ける。

〔バイロンの〕欠点は歩くことを容認できないほどに厳格だったことで、それゆえ、田舎道を適当に歩けば霧散したであろう不健康な気分がすべて頭に昇って、病的な偏愛やひねくれた人間嫌いなどといった障害を引き起こしてしまった。当代きっての男気をそなえた知性がなすべき偉業は、そのせいで台無しになった。

スティーヴンはさらに二、三十のイギリスの作家を挙げ、「歩くことは文筆家の不健全な性向に対する最良の薬である」と宣言するにいたる。そして、いかなる作家も反論できないような「すべきこと」の教説が続く。モニュメントやランドマークは「公然と目標に掲げるのではなく、歩くことの妙味にたまたま付随するものであるべき」などとも述べている。

ロバート・ルイス・スティーヴンソンの場合も、ほどなくして「すべきである」という言葉に避け難くたどり着いてしまう。世に知られた一八七六年のエッセイ「徒歩旅行」では書き出しからわずか二、三ページほどでこう述べている。

徒歩旅行はひとりで行くべきである。自由が肝要であるからだ。立ち止まるのか進むのか、この道をゆくのかあの道をゆくのか、気まぐれに従えるようにしておくべきなのだ。そして競歩選手と張り合うこともなく、少女にあわせてちょこまかと進むこともなく、自分の歩調を保たねばならないからだ。

続けてヘイズリットへの賛辞と批判。

徒歩旅行を論ずるヘイズリットの学識を認めるとしても、……彼のその文章には納得しかねることがひとつある。かの達人の実践が悉く賢明なものとは限らないように思われる。わたしとしてはあの跳んだり走ったりという部分は認めることができない。

スティーヴンソンは拳銃を携行してフランスのセヴェンヌ地方での長期の徒歩旅行に赴いたが、『旅は驢馬を連れて』には画趣のある愉快な情景だけが描かれている。古典となったエッセイの作者はほぼ例外なく、歩き方の指南からはじめて、わたしたちは歩くべきであり、それはわたしたちのために良いことなのだ、と書かずにはいられなかった。歴史家G・M・トレヴェリアンは「歩くこと」という一九一三年の文章を次のようにはじめている。

わたしにはふたりの医者がいる。左脚と右脚である。体と心の調子が狂ったときには（わたしのこの二つの部分はあまりに近所で暮らしているため、いつもお隣に憂鬱をうつしてしまうのだ）、その医者たちを呼びさえすればまた回復するのだと知っている。……考えごとは拿捕した船で狼藉を尽くす血だらけの暴徒のごとくに現れるのだが、日暮れにもなれば、わたしはふざけあって満足しきった子どもたちのような彼らを家に連れて帰るのだ。

どちらかといえばその幸福な子どもたちを引き離しておくことを選ぶ向きもありそうなものだが、スティーヴンソンはそうではなかったようだ。一九一八年にこの流行に悪罵を浴びせた文筆家はこれを引き離しておくことを選んだひとりであったに違いない。ドイツ系イギリス人の風刺作家マックス・ビアボームは、「歩いて出かけること」でこうぶちまけた。

友人と田舎で過ごしていると、雨さえ降っていなければ、誰かが突然「歩きにおいでよ！」とくるのが常なのだ。はきはきとして命令的な声の使い道をそれ以外に思いつかないものだろうか。どうやら人びとは、歩きに出かけるという欲望が本来的に高潔で徳の高いものだと考えているようだ。

ビアボームはさらに異説を展開し、歩くことは思考にはまったく寄与しないと述べている。なぜなら「肉体が戸外へ出てゆこうとする唯一の理由は、その行為が高潔さと誠実さと断固たる威厳の表現であるから」であって、精神はそこに随伴しようとしないからだ。彼の叫びは、しかし、異教徒のひしめく荒野《あらの》に呼ばわる者の声であった。

アメリカでは、歩くことについての一篇の随筆が古典への道を歩んでいた。しかしそのヘンリー・デヴィッド・ソローでさえ、説教めいた物言いの誘惑に勝てなかった。一八五一年のエッセイ「歩く」は、「わたしは自然のために、絶対的な自由と野生のために語りたい」という有名な一文ではじまっている。ほかのすべての随筆家と同じくソローは自然界を歩くことと自由を結びつける。そしてあらゆる随筆家と同じように、彼は自由になるための方法を手ほどきする。

「人生において『歩く』あるいは『散歩する』術を理解している人に、わたしは二、三人しか出会ったことがありません。こういう人はいわば、さすらう才能の持ち主でした」。その少し後には次のように続ける。

きわめて短い距離を偶然歩くことになった場合でも、戻ることのない永遠の冒険のつもりで進むべきです。……あなたが父母や兄弟、姉妹、妻子、友人をあとに残して二度と会わない覚悟があり、借金を返し、遺書を書き、身辺整理を済ませて自由な人間になっているのであれば、あなたは歩く用意ができているといえます。

きわめて大胆で乱暴だが、それでも手ほどきであることに変わりはない。ほどなくして「せねばなりません」というもうひとつの言葉が発せられる。

あなたは歩く者の一族に生を受けなければなりません。

そして、

駱駝のごとくに歩かねばなりません。歩きながら反芻するといわれる唯一の動物です。旅人がワーズワースの使用人に主《あるじ》の書斎はどこか、と尋ねると、彼女は答えました。「こちらはご主人さまの書庫になります、書斎は扉の外にあるのです」と。

歩行のエッセイは表向きは心身の自由を讃えるものではあったが、世界がそのために押し開かれてゆくことはなかった――革命はすでに終わっていたのだ。むしろ、その自由の限度を語ることによって革命を飼い馴らしてゆく。そして説教は止むことがない。ヘイズリットから一世紀半を経た一九七〇年、ブルース・チャトウィンは一篇のエッセイを書いた。その文章は放浪の民について語ろうと試みながら、スティーヴンソンの『旅は驢馬をつれて』へ寄り道してゆく。チャトウィンの文章は素晴らしいものだが、しかし、放浪《ノマディズム》（継続的な旅の状態で、手段は問わず、徒歩が主になることはめったにない）と歩くこと《ウォーキング》（こちらは旅の場合もそうでない場合もある）を区別することはない。放浪と自国イギリスの徒歩旅行の伝統が接続されてその区別が曖昧になり、放浪者はロマン主義者、あるいは少なくともロマン主義的ということになっている。そして彼自身もある種の放浪民を気取っている。スティーヴンソンを引いたすぐあとで、チャトウィンもまた伝統的な物言いへ歩みよってゆく。

> もっとも良いのは歩くことだ。中国の詩人、李白の「行路難し、多岐の路〔行路難　行路難／多岐路　今安在〕」に倣うべきなのだ。人生は原野をゆく旅なのだから。この考え方は陳腐といえるほどに一般化していて、生物学的に正しいということがなければとっくに廃れてしまっていたことだろう。われわれの革命の英雄たちも、十分に歩くまでは何ということのない人物だった。チェ・ゲバラはキューバ革命の「放浪の時期」について語っている。長征が毛沢東に与えたもの、出エジプトがモーセに与えたものを考えてみよう。そしてロバート・バートン（『憂鬱の解剖学』の著者）が理解していたように、動くことはメランコリーの最良の薬なのだ。

道徳論は百五十年間変わることがなく、紳士的な忠告も一世紀半変わらなかった。医者は何世紀にもわたって歩くことのメリットを主張したが、医学的な助言は文芸においてそれほど求心力をもたなかった。ついでにいえば本当に歩行が体によいといえるのは、不逞の輩や雪崩などを確実に避けられる場合であって、こうした教説を垂れる紳士たちはその種の歩行だけを人に勧め、歩くという行為を無意識に限定していた（心身に悪そうなところも都会歩きの魅力の一部なのだが）。〈紳士たち〉と書いたのは、歩くことについて書くこうした作家たちがひとつの同じサークルに属しているようにも思えるからだ。特定のウォーキング・クラブという意味ではなく、出自を共有する暗黙のサークルのようなもの。たいていは恵まれたエリートで――イギリス人の場合はオックスフォードやケンブリッジ卒が当然のような書き方をするし、ソローでさえハーヴァードを出ている――なんとなく聖職者のような雰囲気があり、もれなく男性であって、踊りに興じる百姓娘や気取ったお嬢さんではない。挙げた例からよくわかるように、置いていかれるのは夫ではなく妻なのだ。ソローは思いやりを込めて「男よりも家のなかに閉じこめられている女性がどうして耐えているのかわたしにはわからない」と書いている。ドロシー・ワーズワース以降、長距離で単独の徒歩旅行を実行した女性は枚挙に暇がなく、へイズリットとの関係をこじらせていた妻のサラもひとりで徒歩旅行に出かけて日記をつけていた。ただしその日記は女性の歩行について語る資料の常として生前に日の目を見ることはなかった。郵便配達人としてあらゆる季節と天候の下でオックスフォードシャーの田園地方を歩いたフローラ・トンプソンの手記は、田舎歩きを語るもっとも魅力的な文章のひとつだが、書き手が貧しい女性で、その主題が労働であったために（および性について。よく通行していた猟場の管理人が彼女を誘い、袖にされるというエピソードがある）、古典として評価されることはなく、雑多な本の山に埋もれてしまった。こうした歩く女たちは、チベットのアレクサンドラ・デヴィッド＝ニール、北アフリカのイザベル・エバーハルト、ロッキー山脈のイザベラ・バードといった十九世紀の偉大な女性旅行者たちと同じく特異な存在だった（その理由については、十四章でくわしく述べたい）。

十九世紀のおわりごろまで、歩きを好む作家には〈浮浪者《トランプ》〉という語が名詞・動詞の両方で人気を博していた。〈放浪者《ヴァガボンド》〉〈ジプシー〉、あるいはずっと後の〈遊牧民《ノマド》〉と同じようなものだ。ただし浮浪者やジプシーを気取るのは、実際にはそうではないということの表明にほかならない。シンプルさという願望には自分が複雑であることが、この種の身軽さを欲するには定住していることが条件となる。ブルース・チャトウィンの言い分とは違って、ベドウィンが徒歩旅行に出ることはない。二十世紀初頭に東ヨーロッパからアジア、およびロッキー山脈で驚くべき長距離徒歩旅行を行なったイギリス人スティーヴン・グレアムは、それぞれの旅の本とは別に『やさしい浮浪の技法』という雑文集を残している。「ブーツについて」「歩くときの歌」「雨のあとの乾かし方」「不法侵入者の歩き方」といった、陽気で逸話にあふれた二七一ページの手引書だ。思考のなかで道に迷い、自分でも驚くような場所にたどりついていたのは、ソローただひとりのように思える。そこで、ソローは打ち捨てること、「明白なる使命」〔西部開拓を神の与えた使命とする考え方〕、記憶喪失、そして仕事においては類まれなナショナリズムを擁護した。しかしソローがナショナリズムを擁護していたころには、彼を支持するのはもはや無力な歩く者ではなく、斧を振るう開拓者たちとなっていた。あるいは、限界はエッセイという形式に潜んでいるのかもしれない。エッセイは、一般的には小鳥の囀りのような小さな物事を納める文章のカゴであって、猛獣の巣のような小説や、広大な野原のような詩の世界とは違うのだろう。少なくともこうした英語圏の伝統においては、書くことと歩くことは互いに寄り添いながら自らを擦り減らしていったのだ。

2　シンプルであること

歩くこと――少なくとも田舎歩き――が徳の高い行ないであるという信念はこれまで途絶えたことがない。例はいくらでもある。最近では仏教の雑誌に、世界のリーダーたちが歩きさえすればあらゆる問題は解決するだろうという、ひときわ腹立たしいコラムが載っていた。

歩くことは世界平和をもたらす方法になり得るだろう。世界の指導者たちには、権力をこれ見よがしに見せつけるリムジンではなく歩いて会議の場所までいってもらおう。会議も円卓であろうが何であろうが卓を囲むのはやめて、ジュネーヴ湖のほとりで心の交流を図るのだ。

世界のリーダーのひとりが示す例によると、このアイデアは疑わしい。ロナルド・レーガンの回想を編集して本にまとめあげたマイケル・コーダによれば、レーガンは大統領時代で一番重要な瞬間を巻頭におくことを望んだという。それはミハイル・ゴルバチョフとの最初の会談で、会場はルソーの出身地ジュネーヴであり、レーガンが語る情景もルソー的なものだった。

レーガンは理解した……首脳会談はこのままでは埒が明かない、ということを。ふたりの指導者は軍縮を議論するのだが、顧問や専門家に囲まれていて人間的な交流ができない。そこで、レーガンはゴルバチョフの肩をぽんと叩いて散歩に誘った。ふたりで外へ出ると、レーガンはゴルバチョフを誘ってジュネーヴ湖の岸まで下りていった。

レーガンはつづけて、このとき実現した「長時間の真心のこもった議論」において、相互の軍備査察および核軍縮の第一歩への合意がなされたと語っている。コーダは補佐官に対して、レーガンが語ったこの逸話は深い感銘を与えるものではあるけれど問題があると指摘した。ゴルバチョフとレーガンはお互いの母語を話さなかったのだ。実際にこのような散歩が行なわれたら、友人同士の散歩というより、通訳とセキュリティ要員が随行する国同士の一大イベントという雰囲気になっていたに違いない。

ふたりの老練な男がスイスの湖畔を（それもルソーの郷里で）歩くことで世界の諸問題が解決されるだろうなどという発想は、シンプルさと善良さと自然さがいまだに一直線に結ばれていて、地球を破壊する能力を手にしたとはいっても、つまるところ世界的指導者たち自身もやはりシンプルな人間にほかならないのだ、と信じるということだ（そして彼らのシンプルさは彼らの善良さへ、したがってそれぞれの政体の公正さへ、為した業績の尊さへ、という具合に出だしのロマン主義的な仮定からドミノ倒しのように演繹されている)。シンプルさの美学は、国王の行列が示す複雑さと洗練の美学、すなわち大勢の参加者による社会の体現に対して常に勝利を収めてきた。大統領就任にあたってジミー・カーターはペンシルベニア通りを〔議事堂からホワイトハウスまで〕実際に歩いたが、ロナルド・レーガンはさらに前例のないレベルの儀礼とセレモニーをホワイトハウスに導入し、かつてなく太陽王に近づいた大統領となった。レーガンは素朴な言葉で教育や人文科学によって失われた純真さを語り、わたしたちは丸太小屋の美徳に立ちもどって複雑に絡みあう経済や社会の関係を免れることができるのだと訴えた。自らをルソーのように歩く者として演出することも、そういった物語のひとつだった。田舎歩きの歴史には、自らを健全で、自然で、人類と自然すべての兄弟であるかにみせ、そのことによって権力や奥深さを示そうとする人間であふれている。しかしそれを除けば、自他を抑圧する法や権威を切り崩すために踏み出した真に過激な者がそこには息づいている。

3　遠くへ

十九世紀における歩行の文芸の主流が歩くことのエッセイという形式だったとすれば、二十世紀にはきわめて長い距離を歩くことについての長々とした物語がそれに代わる。二十一世紀にはまったく新しいものが生まれるかもしれない。十八世紀には旅行文学はありふれていたが、長距離を歩いた者が偉業を記録に遺すことはほとんどなかった。ワーズワースのアルプス踏破は『序曲』に書かれているが、出版は一八五〇年まで実現せず、しかも旅行記とはいい難い。ソローは周囲の自然へ向けたのと同じ科学的な鋭さで自分が歩いた経験を記述しているが、どちらかといえばそれは歩行の文学というより自然についてのエッセイとなっている。わたしの知るかぎり、歩くこと自体を目的にした長距離の徒歩旅行について述べた最初の重要な文章は、ジョン・ミューアの『一〇〇〇マイルの歩み』だ。一八六七年のインディアナポリスからフロリダ・キーズまでの旅が記されている(彼の死後、一九一四年に出版された)。彼が踏破した南部地方はいまだ南北戦争の生々しい傷を抱えるままで、歴史研究者からすれば植物に没頭して社会に目を向けないミューアはさぞもどかしく思えるだろう。それでもこの本には彼の多くの著作のなかではもっともよく人間が登場する。原野《ウィルダネス》について語るミューアの言葉は、不意に荒野の魅力の虜になった流れ者ヨハネが、わたしたちにその驚異を語りだしたかのような印象を与える(ミューアが到着した時にはすでにもともと暮らしていた者が移住を強いられ、排除されていたために「原野」となっていたのだが、これはまた別の話だ)。それはミューアが合衆国の自然の伝道師として、植物や山、光、時の流れといった愛の対象を宗教の言葉で伝えているからだ。ミューアはソローのように繊細な観察者でありながら、見たものに宗教的な意味を読み取る傾向ははるかに強かった。また十九世紀の偉大な登山家のひとりでもあり、鋲を打ったウールのブーツで彼が成し遂げた業績の多くは、現代的な装備を用いても真似ることが難しい。ワーズワースの詩才やソローのラディカルな批判性とは無縁だったが、彼らの歩行が絵空事かと思われるほどにミューアは歩いた。何週間もの間、ただひとりでありのままの自然のなかを歩いたミューアは連なる山を友人のように知悉するようになり、やがて土地への情熱は政治運動へ接続されていった。ただし、それは南部の徒歩旅行から数十年後のことだ。

歩くことについて書かれた本によくあるように、『一〇〇〇マイルの歩み』にはさまざまなエピソードが集められている。この種の旅行文学には、ある地点から別の地点に至るという自明の筋書き、あるいはもっと内省的な、道行きとともに変化してゆく自分、というストーリーを除けば、全体をまとめるプロットは存在しない。歩くために歩く、ということを主題としたこれらの書物はある意味で楽園の文学であるといえる。つまり深刻な災厄とは無縁の物語であり、ささやかな冒険に目を向けることができる主人公は健康で金銭的にも政治的にも障害がない。楽園における関心事は、自分の考え事と、道連れになる者のことと周囲の出来事や景色くらいのものだ。悲しいかな、長距離文筆家の多くは思想家としておもしろいわけではない。ちょっとそこまで一緒に歩くのもつまらないような人間でも半年トレッキングすればおもしろいに違いない、と考えるのは無理がある。ただ長く歩いたということしか取り柄がない人びとから歩きについての話を聞かされるのは、たまたま大食いコンテストに優勝した人から食事についてアドバイスされるようなものだ。多寡がすべてではない。ただしミューアには、多寡に加えてはるかに多くのものがある。ミューアは周囲の自然に対しては鋭敏で我を忘れるほど熱を帯びた視線を向ける一方、なぜ自分が歩くのか、ということを『一〇〇〇マイルの歩み』では一切語らない。しかし、その理由には彼の頑健さと貧困と、徒歩によってのみ存分に充たされる植物への情熱があったということははっきりとわかる。歴史上の偉大なウォーカーのひとりではあれど、歩くこと自体が彼の関心事となることはほとんどないのだ。歩行の文学とネイチャー・ライティングは明瞭に分かれているわけではないが、ネイチャー・ライティングの作家は歩くことについてはせいぜい仄めかすにとどめる傾向があり、書こうとする自然と出会う手段以上の主題とすることは滅多にない。心身がいずれも周囲の環境に溶け消えてゆくかのように見えつつも、楽園に過ごしているかのような幸運が底を突き、送金を待ちながら空腹に苦しみ、さらに体調を崩して死を身近に感じるとき、そこにはミューアの身体が再び現れる。ソローが歩行について書くとき、彼自身の経験は周囲の自然界と同じ科学的な緻密さによって描かれているが、これは歩行の文学というより自然を対象としたエッセイといった方がよい。

ミューアの十七年後、シンシナティからロサンゼルスまでの千マイルを越える徒歩旅行に踏み出した別の若者がいた。そのチャールズ・フレッチャー・ラミスは、『大陸横断の徒歩旅行』の冒頭にこう書いている。

しかし、なぜ徒歩なのか？　歩かなければならないほど鉄道も列車も不便な場所なのか？オハイオからカリフォルニアまで歩いて旅するのだという決意を知ると、相当な数の友人がそう尋ねた。この本を開いた読者の脳裏にもきっと同じ疑問が浮かんでいるに違いない。これは純粋に楽しみだけを目的にした、もっとも長距離の徒歩旅行の記録なのだ。

つまり彼は自分の楽しみに加えて、友人、読者、そして記録を念頭にして書きはじめている。

しかしそのあとにはこう続く。

わたしが求めているものは時間でも金銭でもなかった。生きることだ。健康に生きるという意味ではない。幸いにもわたしは健康で体も鍛えていた。そうではなく、より虚飾のない心を充足させるひろがりのある生を求めていた。あわれむべき社会の垣を越えて、満足な体と目覚めた心に生きる、胸の踊るような喜びに生きること。……アメリカ人として、自分の国についてあまりに無知だったこと——多くのアメリカ人と同じく——をわたしは恥ずかしく思った。

その七九ページ後、束の間の道連れについてこう書いている。

彼は、わたしが長旅で出会ったなかでただひとり、生き生きとした真の歩く者《ウォーカー》だった。彼のような道連れに恵まれると、凍える道中にも沸き立つような喜びがあった。

ラミスは見栄を張りがちで、西部の人間より射撃が上手いとか、ガラガラヘビや吹雪をものともしないなどという逸話がいろいろとあり、マーク・トゥエイン調の生真面目なジョークはまったくつまらないものばかりだ。しかし、南西部の人間と土地に寄せる彼の深い（そして当時としては珍しい）思い入れと、ときおりの自分をだしにしたエピソードは欠点を補って余りあり、タフさとナビゲーション能力と適応力の目を見張る物語が展開される。北アメリカにおける長距離の徒歩旅行は、イギリスのウォーキング・ツアーのような上品さとはまるで縁がなかった。イギリスではパブからパブへ、あるいは宿から宿へ（最近であればホステルからホステルへ）歩いてゆくことができる。しかしアメリカで長距離を歩くということは、大抵の場合は荒野の只中か、少なくともイギリスとはほど遠いスケールでひろがるハイウェイや見ず知らずの町へ分け入ってゆくことになるのだ。

長距離の旅をする動機には三つあるように思われる。ある場所について自然的あるいは社会的な成り立ちを理解すること、自分自身を理解すること、および記録を打ちたてること。多くの場合はこの三つが組み合わさっている。極端に長い徒歩旅行は、ある種の巡礼のようにはじめられることが多い。つまりなんらかの信仰なり意志なりを証すもの、あるいは物心両面において何かを発見しようとするものだ。また、旅行が珍しくなくなってくると、旅行作家はより極端な経験、より隔絶された場所を求めることが多くなった。後者の書き物が示すのは、旅する者ではなく旅自体が特別でなければ読むには値しないという考え方だ（ただしヴァージニア・ウルフは鉛筆を買いに夕暮れのロンドンに出てゆくことについて見事なエッセイを書き、ジェイムス・ジョイスはダブリン市街をとぼとぼと歩く風采の上がらない広告セールスマンを題材に二十世紀の最重要小説を書くことができたわけだが）。書き手にとっては、長い距離を歩くことは語りの一貫性を獲得する手軽な手法となる。前の章で考えてみたように、仮に道が物語のようなものだとすれば、連続した歩行は一貫したストーリーを生み、十分長い距離を歩けば一冊分にもなる。少なくとも最近のこの種の本の背景にはそうした仕組みがあり、あながち見当外れとはいえない。歩いているとき、人は一足飛びに進むことはなく、物事を身近に感じ、自分を周囲の人びとや場所との対話へ開いている。しかし一方で、競技的な挑戦にとらわれて周辺の物事に関わることができないということもありうる。とくにスケジュールや競争相手が存在する場合はそうだが、こうした制約を問題にしない者もいる。たとえば、初めての長距離徒歩旅行でカリフォルニア東部を縦断するという、イギリス人お決まりのパターンを体現しているコリン・フレッチャーはそのひとりだ。一九五八年の旅行の成果である『一〇〇〇マイルの夏』という本は、手頃なサイズの気づきや教訓や失敗や出会いを行動の記録に混ぜ込んだトレイルミックス〔ナッツやドライフルーツを混ぜた行動食〕のようなものだ。フレッチャーはその後も徒歩旅行をして、スティーヴン・グレアムのような徒歩指南書を書いた。それがいまでもバックパッカーの人気を集める『遊歩大全』だ。また、一九六八年にグレートブリテン島縦断の一〇〇〇マイルを歩いてベストセラーとなる旅行記を書き、ほかにも徒歩旅行の本を書いたジョン・ヒラビーというイギリス人もいる。

　ピーター・ジェンキンズがアメリカを横断する三〇〇〇マイルの徒歩旅行〔ナショナル・ジオグラフィックが協賛した〕に出発したのは一九七三年のことだった。そのころになると、国を端から端まで旅することはアメリカ人男性の通過儀礼のようなものになっていた。ただし、そのころになると自動車を使うことが増えた。贈り物のリボンのように大陸を取り巻くハイウェイを横断することは、少なくとも象徴的には大陸と交わす抱擁のように思われていた。当時公開されて間もなかった映画『イージー・ライダー』には、ジャック・ケルアックによる路上の物語と共通する感性が流れ込んでいたように思われる。ケルアックの作品自体も、小説というより旅行記のように展開されているのが常だった(たとえば『ダルマ・バムズ』は、詩人でエコロジストのゲイリー・スナイダーとの交流によってケルアックが車を捨て山に登るに至る物語だ)。ジェンキンズは人びととの出会いを求めて出発した。ミューアとは違って、彼の探し求めるアメリカは土地ではなくて人が織り成すものだった。自分語りをする人物に次々に出会ってゆくワーズワースのように、ジェンキンズは出会う者みなに耳を傾け、純朴にして誠実なその『ウォーク・アクロス・アメリカ』(およびその『パート2』)に彼らの話を書き留めてゆく。旅を通じて彼は北部の公民権活動家の非難の的となっていた南部の白人たちと親密な、友情といってもよい関係を育むが、これは当時のアメリカのラディカルな若者が抱いていたアメリカ的なものを嫌う風潮への応答でもあった。旅のあいだにジェンキンズは自給自足に生きるアパラチアの人間に宿を借り、貧しい黒人一家と数週間暮らし、ルイジアナで南部バプテスト教会の神学生と恋に落ち、宗教を語りあい、その女性と結婚し、数ヶ月後には彼女とともに再び歩きだし、出発したときとはまったくの別人のようになってオレゴン州の海岸にたどりつく。これはまさに人生としての旅であり、ジェンキンズは経験に必要なだけの時間をかけてゆっくりと歩んでいる。

長距離徒歩旅行の文学はある種の下り坂のようになっている。下っていった先には、健脚ではあるけれど必ずしも筆がたつとはいえない人が書いた本が積まれている。さわやかな弁舌と逞しい足腰という求むべき組み合わせは滅多に現われない。わたしが読んだ現代の長距離徒歩旅行者――いまやその数は少なくない――のなかで、もっとも印象的なのはロビン・デヴィッドソンだ。そもそも書くために歩きはじめたわけではないが、彼女の筆は『トラックス』を書くうちに次第に冴えてくる。そこに記されているのは三頭のラクダとともにオーストラリアの内陸から海岸までの一七〇〇マイルを歩いた道行きだ（ジェンキンズの旅行と同じくナショナル・ジオグラフィックが後援）。旅路の半ばで彼女は自分の内面に起こったことを次のように説明している。

けれど、一日に二〇マイル、来る日も来る日も、何ヶ月も足を引き摺って歩いていると奇妙なことが実際に起こる。あとで振り返ってみて初めて理解できるようなこと、たとえば、自分が過去に経験したことや登場する人びとのすべてを、ありありと、生き生きと思い出すことがあった。話したことや聞いたことを子ども時代のことからすべて思い出して、そうした出来事をまるで他人事のように感情を切り離して振り返ることができた。わたしはずっと前に亡くなった人や忘れてしまった人をもう一度見つけて、彼らに出会っていた。……それをわたしは幸せに感じていた。そういうほかには言葉が見つからない。

彼女はわたしたちを、再び、哲学者や歩く随想家の領域へ、すなわち歩くことと精神の関係性へ導いてゆく。めったに経験する者がいない極限的な経験が彼女にそうさせるのだ。

一九七〇年代は長距離徒歩旅行の黄金時代だった。ジェンキンズ、デヴィッドソン、アラン・ブース、いずれも七〇年代半ばに出発している。ブースの愉快な『佐多岬への道』は歩行の文芸が到達した一里塚といってもよい。日本に七年間住み、現地の言葉や文化を深く知るようになったイギリス人ブースは常にユーモアと慎みを忘れることなく、土地の空気をありありと感じさせ、会話のおかしみをよみがえらせる。文化に対して敬意を払いつつもかしこまりすぎることはない。そうして生気あふれる筆致で旅を――汚れた靴下から、温泉、酒また酒、喜劇的で悲劇的な人びと、蒸し暑い気候、好色な男女のさまざままでを――語ってゆく。「然るべく発展を遂げた国においては、人びとは歩く者に対して重大な嫌疑を抱き、連れている犬にも警戒するよう命じるのだ」と皮肉な口調で書きつつ、彼自身はそれを楽しんでいる。しかしこうした旅の本の大方と同じく、彼の著作は歩くことについて書かれたものではない。つまり行動ではなく出会いについての本であり、これはミューアの『一〇〇〇マイルの歩み』が本当のところは植物や自然との出会いを語っているのとまさに同じ――さらには『路上』や『イージー・ライダー』において、内燃機関やその意味するものが前面に描かれないのとも同じことだ。歩くことは出会いの機会を最大にし、おそらくは心身に試練を与える手段にすぎない。

『すべてのお話――歩いて世界一周』にまとめられたフィオナ・キャンベルの数多くの徒歩旅行の中核にはその試練がある。厳格な軍人の娘として育った彼女はおそらく、父と自分自身に対して自分の力を証明しようとしている。姉の拒食症（本のなかでこの話は唐突に語られている）に劣らぬほどに、取り憑かれたように歩くことによって。彼女は十六歳だった一九八三年にグレートブリテン島縦断の一〇〇〇マイルを歩き通した。これはロンドンの『イヴニング・スタンダード』紙の後援を受けたもので、ある病院への寄付を募る旅だった。その後、彼女は世界を歩いて一周する。ただし文字通りというわけではない。多くの徒歩旅行者が語るような、地球を一本の連続線で一周することには彼女は興味がなかった。「世界一周の徒歩旅行について、ギネスブックはこう定義している。出発点と終着点が同じ場所であること、四つの大陸を横断すること、少なくとも一六〇〇〇マイルを歩くこと」。そう序文に書いている。二年後に彼女はアメリカ横断に出発し、その五年後にはオーストラリア横断、さらに八年後にはアフリカ縦断、そしてイギリス縦断から十一年後に締め括りとしてスペインから英仏海峡まで徒歩で北上した。この途切れ途切れの旅路――さらに後からアフリカと合衆国の一部を歩いて補っている――をひとつらなりの行動に束ねているのは、いってみればひとつの語り口だけなのだ。

何冊もの本を書いているとはいえ、キャンベルを歩行の文学に数えるのは間違いかもしれない。けれども彼女が歩きの文化に参画していることは疑いない。彼女の先達は、十八世紀末から十九世紀初めの徒競走の選手にも見出すことができる。彼らにとっては同じ一〇〇〇マイルであればトラックをぐるぐる歩いても一本道を行っても同じであり、その成績は大規模な賭け事の対象になっていた。いずれにせよ、いくつもの大陸をめぐる彼女の言葉が風景を語ることはほとんどなく、そこにワーズワースの遺産を見つけることはできない。しかし、歩くことがなんらかの意味で贖《つぐな》いに通じていて、よりたくさん歩くことはその度合いを増すものだ、という考え方自体はしぶとく命脈を保っているように思える。これはおそらくヴィクトリア朝の遺産であり、その祖にはワーズワースがいる。歴史はそうした隘路を紆余曲折しつつ、それぞれの時代が求めるものを展開してきたのだ。デヴィッドソンに似て、キャンベルにも何かに衝き動かされるようなところがある。デヴィッドソンの場合、過酷さのなかで救済を求める自我がより理知的で洞察力を帯びており、言葉や風景に対する感性の幅もはるかに大きい。しかし、強固な意志と困難な目標というわずかな持ち物だけをたよりにする若い女性の疎外感はほとんど同じものだ。それに比べてジェンキンズは少しおだやかで、さほど追い詰められた感じはしない。男性の方が苦にしないということかもしれないし、あるいは彼がもっと率直な探求者だということがその理由だろう。自分の巡礼がどのようなものなのか、彼はよく自覚しているのだ。

キャンベルは何かの運動のための募金活動として歩くことが多く、ウォーカソンの参加者とも共通点がある（参加できる運動を探していることも多い。関係するスタッフや宣伝など、彼女の旅には費用がかかるのだ）。それでも一日に五〇マイル歩くのは並大抵のことではなく、明くる日も起きてそれを繰り返すのは驚異的といっていい。来る日も来る日もそれを繰り返し、荒れた気候のオーストラリアの内陸を横断することはもはや凄まじい。キャンベルは九十五日をかけ、三二〇〇マイル歩いて大陸横断を達成し、世界記録を打ち立てた。目標に向かう彼女の脚は疲れも情けも知らなかった。しかし、彼女が歩いた後に残されたのはその業績のみで、そこには風景も喜びもなく、出会いもほとんどなかった。二万マイルもの間、自分自身を理解しようと苦闘し、もはやその苦しみに歩き勝っていた。けれども、あやうく思えるほどに彼女は自分の価値を認めようとしない。後援企業やメディア露出を求めていたと思えば、別の機会にジャーナリストや資本家を非難したり、一度目のアメリカ横断には支援スタッフのキャンピングカーをともなっていた一方で、二度目のときには自動車に乗る人びとを軽蔑したりする。彼女の本はそのすべての努力をあやうくしそうなエピソードで終えられている。先住民に対する曖昧な敬意を語る文章のひとつで、ある軍人がアボリジニに砂漠の徒競走を挑戦したという話だ。アボリジニは蜂の巣を探し出すために途中で競争をやめる。融通の効かない目標、数字で測れる経験、競争や記録の追求といったことが人間のあり方として深刻な間違いだと述べつつ、彼女は自分がアボリジニの側に立っているといいたいのだ。彼女が歩んできた道が、ずっとその軍人の側のものだったのは悲劇というほかない。

ひょっとすると、キャンベルは歩くことの純粋な形を体現しているのかもしれない。しかし、それに価値を与えるのは世界の見方や考え方や出会いといった、さまよう身体を媒介にして内面と世界をつなぎ、自己に没入しがちな精神に風を吹き込む、そうした不純物なのだ。ここに挙げた書物は、歩くということがいかに捉え難く、注意を向けつづけることが難しい主題かを示している。歩くこととは、いつだって歩くこと以外のことだ。歩く人物、遭遇するもの、あるいは自然や、達成されたこと。それが過ぎると、もはや歩くことが置き去りになることもある。それでも、歩くことについての随想や旅行文学のすべては、地上を歩く理由について、曲折はあれどもひと続きの二百年間の歴史を語っている。

第九章　未踏の山とめぐりゆく峰

オーストラリアの辺境をゴールラインへ急ぐ兵士たちと、蜂の巣を採るためにその競争から下りるアボリジニたち。フィオナ・キャンベルが語るこの逸話には、歩くことと生きることへの多様な流儀や動機付けの一端が、あるいは、少なくともいくつかの問いがある。世間的な栄誉と個人の楽しみは比較できるものだろうか？　それらは互いに相容れないのだろうか？　わたしたちのある行為のなかで、いったいどの部分を問題にし、比べるべきなのだろうか？　どこかへ到着するということにはいったいどういう意味があるのか、そして目指すところをもたずにさまようことにはいかなる意味があるのか？　競争は何かの動機としては蔑むべきものなのか？　兵士を真面目な生徒、アボリジニの人びとをやる気のない生徒だと考えてみることは可能だろうか？　いずれにせよ、こういうことだろう。ある人びとにとっては、旅路の終着点が精神的な意味においても到達点となる。その一方で、古代中国の賢人から『巡礼の道』を著した十九世紀ロシアの名もない農夫に至るまで、とどまることもたどり着くこともなくさまよいつづける巡礼者や神秘家のような人びとがいる。これらの問いが関わるのは、いかに、そしてなぜ旅をするのかということだ。そしてそれをもっとも鋭く、少なくともこれ以上ないほど明からさまに突きつけるのは山登りだ。

登山とは脚で——ときには手も使って——山に登ることだ。ふつうは登攀《クライミング》の局面ばかりが強調されているが、おおかたの登りは実質的にはほぼ歩くことに終始する（優れた登山家は脚で巧みに上ってゆくので、登りは垂直に歩くことといってよいかもしれない）。急峻な地点にさしかかると、半ば無意識のうちに一定に保たれていた歩調のリズムはゆっくりとしたものへ変わり、一歩一歩が進行方向や身の安全に関わる独立した決断へと変わる。そこでは歩くという素朴な行為が、手の込んだ装備を要求するような特殊な技能へと変貌する。ここでは登攀を含む山登り、つまり目的のある登りについて扱うが、山を登ることから離れてやや技巧的な分野となっている登攀術についてはいまは脇におく。後者は登山の歴史からすれば最近になって新たに開拓されている側面で、より困難な斜面の登攀を可能にすべく、技術が急速に進歩している。もっとも難度の高い登攀は距離にすれば一〇〇フィート以下のこともあり、一挙手一投足のいわゆる「課題《プロブレム》」をトレーニングと応用力によって克服してゆくのだ。伝統的に山に登る理由になっていたのは山の景観の魅力だったが、こうした技術的な登攀の楽しみはおそらくそれとは別のものだ。十八世紀からこのかた自然は風景として、つまり一定の距離を保って見られるべきものとしてイメージされていたが、顔をこすりつけんばかりにして岩と向き合うクライミングではその関係性もまったく異なっている。触覚がもたらす新鮮な発見、重力の（ときには死の）感覚、そして体中の筋肉を限界まで動員する快さ。こうしたものは文化的にそれほど尊ばれているとはいえないまでも、おそらく自然の経験として遜色ない価値をもっている。クライミングではときに――急速に人気を集めている屋内のクライミング・ジムでは常に――風景はどこかへ消え去ってしまう。また歩くときには、その場を移動しているという直接の経験を離れて内面においてはあちこちへさまよい、再びそこへ戻ってくる、そんな心持ちがよくあるが、ロック・クライミングではそんな余裕はない。「クライミングしている時だけは気の迷いがない」とガイドに聞いたこともある。クライミングの関心事は登ること自体にあり、一方、登山はやはり山への関心を失っていない。

登山と風景の美学史は、詩人ペトラルカからはじめているものが多い。美術史家ケネス・クラークの言葉を借りれば、「ただ純粋に山に登り、高みからの眺望を楽しんだ初めての人物」である。ペトラルカがフランスのモン・ヴァントゥ山に登ったのは一三三五年のことだが、山登りをする者はそのはるか以前から世界中にいた。ペトラルカが予兆するのは、美的な快のために山々を旅して、宗教とは無縁の理由でその頂上を目指すという、ロマン主義に胚胎された行動様式だ。この意味での「登山史」が本当にはじまるのは十八世紀のおわりごろのことであり、幾人かの無鉄砲な人間が好奇心と新時代の感受性に駆りたてられ、アルプスへ旅することにとどまらずその頂への到達に挑みはじめる。その試みは、一定のスキルと考え方を備えた登山術として少しずつ形をなしてゆく。山頂に至ることこそ山道や麓を歩きまわることとは異質の、唯一意味のある企てなのだというのもその考え方のひとつだ。ヨーロッパにおいて登山は上流階級の余暇および、しばしばそこで必要とされた山岳ガイドの仕事として発展した。他方、北アメリカの場合、最初に記録のある登山は探検家や測量家によるもので、その舞台ははるかに隔絶されたところだった（アルプスでは山麓の村から望遠鏡で登攀の様子を観察できるほどだが、北アメリカでは現地に至るまでまず何週間も歩いて移動する必要があった）。ただし、偉大な測量家にして登山家であったクラレンス・キングが一八七一年に、陸続きの四十八州の最高峰ホイットニー山に登頂したとき「頂上には小さな石を積んで造った塚があり、インディアンの矢が西方を指すように埋めこまれていた」のを発見したように、ロマン主義が登山文化を産み出すはるか以前から、山々が人びとの関心と歩みを惹きつけていたことはいうまでもない。

独立峰や際立った高地は自然がつくりだした風景の焦点として、旅人もそこに住む者も同じように足を向ける目標となる。極まる高み、自然の障壁、地上ならざる場所。山岳は、風景の連続性のなかに存在する不連続点だ。緯度の変化にともなう感知しがたい遷移が、山では高度による劇的な変化に転換する。おだやかな山麓から氷河期のような高地へと、気候と生態系は急速に変わってゆく。まず森林限界があり、さらにいかなる生物も生存や成長が許されない生存限界ともいうべきラインが引かれている。さらにおよそ一八〇〇〇フィートを越えると登山家がデス・ゾーンと呼ぶ凍りついた低酸素の環境に至る。肉体は徐々に死にはじめ、判断力は低下する。最大限順応したアルピニストでさえ脳細胞の死を避けられない。高みでは生命の摂理は退き、地質と気象の荒々しい力がつくりだす世界が現れる。空に包まれた地表、ただそれだけがむきだしとなった姿。

世界のいたるところで山は霊界に近づく場所として、この世とその向こう側の境界のように考えられてきた。山に聖性を付与している土地は多い。霊界は怖ろし気なものだが、山が邪悪とされることはほとんどない。ほとんど唯一、山を醜悪で地獄のような世界とみなしてきたのは、キリスト教のヨーロッパ世界のみだ。スイスでは、高みにはドラゴンや不幸な死を遂げた魂、さらにさまよえるユダヤ人が棲むと考えられていた(伝説において、このユダヤ人はキリストを辱めたためにキリストの再臨まで地上をさまようべく運命づけられた。このさまよえるユダヤ人の伝説は、あてもなくさまようこともユダヤ人同様の日陰者の振舞いとみなされることが多かったと示唆している)。十七世紀イギリスの作家の多くは山を「身の毛のよだつ高み」、「地上の塵芥」などと呼んで嫌悪を露にし、それまで平坦だった地上にノアの大洪水が刻んだ傷とさえ書いた。つまり、世界に先駆けて近代登山を発展させたのはヨーロッパだったが、ヨーロッパにおける山登りは、世界のほかの地域ではそもそも失われることのなかった自然への認識をロマン主義が復興したことによって産みだされたのだ。

山に登ったと記録にある最初の人間のひとりは秦の始皇帝だ。紀元前三世紀、歩くべきだという学者たちの助言を無視し、彼は馬車で泰山を登った。万里の長城の建設や、自らの名を中国史の劈頭に記すべく焚書を行なったことで知られる始皇帝のことゆえ、自分より先に登った者の記録は抹消してしまったに違いない。以来、何世紀にもわたって人びとは歩いて泰山の頂上まで登った。麓の泰安市から三つの「天門」を通る七千段の階段が設けられていて、道教の神、玉皇大帝を祀る頂上の玉皇廟に続いている。泰山やそのほかの巡礼地となっている中国の山を巡った、アメリカの作家で仏教徒のグレーテル・アーリッヒによれば、「『巡礼を行なう』という意味の中国語『朝山进香』は本来、あたかもひざまづくべき女帝か祖先であるかのように『その山に敬意を払う』ことを意味している」。

紀元四世紀にはユーラシア大陸の反対側で、まったく別種の巡礼者が山に登っていた。キリスト教の巡礼者エゲリアだ。残されている資料はほぼ巡礼の日記のみだが、それによれば彼女は修道院長などの宗教的な地位にある人物だった。そしてエジプトの砂漠のなかにあるシナイ山が当時のキリスト教の巡礼地になっていた。エゲリアはそこに住む聖職者たちに導かれ、エジプトで隷属を逃れたイスラエルの民が「敬虔なるモーセが神の山に登ったころのままの、ゆるやかに広がった谷間」を進んだ。彼女は無名の同伴者たちとともに、九〇〇〇フィート近いシナイ山の頂上まで徒歩で登った。「まっすぐに上へ、まるで壁をよじ登るかのように」。エゲリアはこう書いている。「ひとつにみえていた山は、踏み込んでゆくと多くの山であることに気がつく。その全体が神の山と呼ばれているのだ」。エゲリアにとってシナイ山は神が降臨し、モーセが登って戒律を受け取った場所だった。そこに登ることは聖書の言葉への信仰を実践することであり、そのもっとも重大な場面に立ち戻ることだった。のちの時代にはシナイ山にも階段が設けられ、十四世紀のある神秘家などは毎日そこを登ることを信仰の表明とした。

山は迷宮などの人工的な構造物と同じように、メタファーとして、あるいは象徴的な空間としても作用する。道の極まる山頂の最高地点ほど到達と征服をぴったりと示す地理的存在はない（ただしヒマラヤでは頂上に立つことが冒瀆とみなされ、巡礼者は山々を巡るように歩いた）。身体能力に恵まれ、途方もない野心家でもあったヴィクトリア朝時代の登山家エドワード・ウィンパーは半ば隠喩的に、マッターホルン登頂について「見上げるものはなく、すべては眼下にある」と語った。「そこに立つ者には望みがすべて充たされた場所ともいえる。もはや望むことはないのだ」。山の頂に登ることの魅力は比喩的な表現から読み取ることもできる。英語を含む多くの言語で〈高さ〉や〈上昇〉は権力や徳や地位に結びつく。〈世界の頂点に立つ〉〈なにかの分野の頂点を極める〉〈高まる技量〉〈上り坂〉〈絶頂の経験〉〈キャリアの頂点〉〈昇格〉〈昇進〉等々、さらには社会における〈上昇志向〉〈地位向上〉〈高潔の士〉〈下賤の者〉といった表現、そして〈上流〉〈下層〉。キリスト教宇宙において天国は頭上にあり、地獄は足下にある。ダンテは霊的な旅と地理的な旅を融合し、彼が巡る煉獄を円錐状の山として描いてみせた(そのスタート地点は現代の登山家がチムニーと呼ぶ岩壁の割れ目だろう。「狭い裂け目を登ってゆくと/両側から岩が迫ってくる/ここでは脚も手も使わなければならなかった」)。登ることとは、こうした形而上の領域をわたってゆくことにほかならない。そして同じ山でも、あてもなく歩きまわることはまた別の形而上学に属している。

日本では、山々は風景にひろがった、ある学者曰く「重なりあう花弁のような」広大な曼荼羅の中心とみなされてきた。曼荼羅の中心へ近づくことは霊力の源泉に近づくことにほかならない。ただし、まっすぐに近づいてゆけるとは限らない。迷宮では、目標からもっとも遠ざかっている瞬間こそもっとも近づいているということがありうる。エゲリアも発見していたように、山は登るにつれて刻々とその姿を変える。学ぶ前にただの山であった山は、学ぶにつれ山ではなくなり、その後には再び山であったという師をめぐる禅のよく知られた公案は、この不可解な知覚のアレゴリーと解釈することもできるだろう。ソローはこのことを「旅人にとって、山の輪郭は一歩ごとに姿を変える。ただひとつの形が無限の横顔をもつのだ」と書き、その形は距離を隔てたときにもっともよく捉えられるといった。日本の浮世絵師北斎の著名な『富嶽三十六景』ではただ一枚を除くすべての景で、円錐形の富士山の完全な形が近くでは大きく、遠くからは小さく見え、町や道、あるいは田畑や海に方角と連続性を与えている。一連の構図に描かれる見慣れた形姿が消えるのはただ一枚、巡礼者がまさに富士山を登っている様子を描いたもの〔『諸人登山』〕のみだ。惹きつけられて、わたしたちは近づいてゆく。近づいてゆくと、わたしたちを惹きつけていた光景は溶けるように消えてしまう。口づけしようと近づくと、愛する者の顔が輪郭を失い、四分五裂してしまうように。富士巡礼を描いた北斎の版画では、富士山の滑らかな円錐形は足下の岩肌に変わり、空を覆うように立ち上がっている。いわば客観視された山の形状が主観的な経験へ解体され、山を歩いて登ることの意味もまた散りに砕けている。

歩くことは人生のミニチュアだ、と先に述べた。山登りでは、歩くこともずっと劇的なものになる。危険は増加し、死はより身近に感じられる。見通しの不確かになる一方、到着はむしろはっきりとしていて、得られる喜びも大きい。「岩を登ることはそれ以外の人生とそれほど違わない。違いがあるとすれば、よりシンプルで安全だということだ」とイギリスの登山家チャールズ・モンタギューが一九二四年に書いている。「難しい区間をこなすと、人生にもその都度成功しているというわけだ」。登山の魅力は、そこに含まれるアクティヴィティの多様さにある。巡礼という発想が常に底流にあるとは思われるが、一方でスポーツや軍事行動から派生した登攀も多い。巡礼は、はっきりとした目的地へ続く神聖な道をたどるということを拠り所にしている。他方、尊敬の対象となる登山家の多くは、新しいルートの開拓や初登頂を達成した者、つまり運動選手のように記録を打ち立てた者だ。また登山はしばしば帝国的な振舞いの純化した形態とも見なされた。そこでは実利的な見返りや戦うべき相手が存在しないにもかかわらず、スキルと英雄的美徳のすべてが投入される（高名なフランス人アルピニスト、リオネル・テレイがその自叙伝のタイトルを『無益なものの征服者』とした理由はそこにある）。一九二三年三月十七日、エヴェレスト遠征の資金を集めるために各所で講演を行なっていた大登山家ジョージ・マロリーは「なぜその山に登りたいのか」というお決まりの質問に苛立ちを隠せなかった。彼がそのとき発した「それがそこにあるから」という登山史上もっとも有名な一言は、禅の公案として引かれることもある。いつもならば、彼は「大英帝国建国の精神が未だ滅んでいないことを示したい」と答えたものだった。そしてマロリーと同行のアンドリュー・アーヴィンはまさにその遠征で落命した。登山史研究者は遭難の前に登頂を果たしたか否か、いまなお議論を続けている（マロリーの凍結した亡骸は七十五年後の一九九九年一月に発見された）。

体験の経験のうち、もっとも伝わりやすいのは測定可能な部分だ。そのため登山については、初登頂、北壁の攻略、アメリカ人初、日本人初、女性初、最速、あれこれの装備なしの初登頂といった記録に並んで、最高峰の山々と大きな遭難事故についてはよく知られている。西洋人にとってエヴェレスト山は常にこうした計測可能性に関わる対象だった。そもそも、この山への関心も三角法による測量がもたらしたものだった。一八五二年、インドの英国測量局の職員が「ピーク15」という、チベット人が「チョモランマ」と呼ぶ山が周囲のヒマラヤのどの山よりも高いと算定した。そこで算定者は、発見を知らずに退任していた前任のインド測量局長官サー・ジョージ・エベレストに因んだ名を付けた（チョモランマは「大地の女神」なので、結果的に性転換したことになった）。チョモランマは地元ではそれほど重視されない聖山のひとつに過ぎないが、登山作家はエベレスト（緯度としては南フロリダに相当する）を「世界の頂」や「世界の屋根」などと呼ぶこともある（あたかも地球がピラミッドのような形をしているとでもいわんばかりに）。「西洋社会ではナンバー・ワンと見なされたものは何であれ〈究極〉というオーラをまとい、ほかの何よりも真正で価値があるとされる。つまりは神聖視されるようだ」と、登山家、旅行家で宗教学者のエドウィン・バーンバウムは指摘している。ナンバー・ワンは一般的には計測によって決定される。登山の功績は、スポーツのように〈最初〉〈最速〉〈最高〉という尺度で計測されるのだ。

スポーツと同じく、登山の労苦の代償として得られるものは象徴的な成果に限られている。しかしその象徴性こそがすべてを支配する。たとえば、フランスの登山家モーリス・エルゾーグが一九五〇年に敢行したアンナプルナ（標高世界第七位）登山は、登頂の成功ゆえに勝利とみなされるのであり、ひどい凍傷を負ってすべての指を失い、シェルパに担がれて下山したがゆえに失敗したとはみなされないのだ。あるいはエルゾーグは、エゲリアが聖書の言葉に従ったのと同じくらい、歴史を無私になって歩んだということなのかもしれない。一九六〇年代の半ば、デヴィッド・ロバーツはアラスカのハンティントン山登頂を目指す史上二回目の遠征を率いた。著書『わが恐怖の山』に語られるように、その遠征の発端はマサチューセッツで行なっていたこの山の写真の研究と、新しい登攀ルートの検討と、前人未到の成果をあげたいという彼の野心だったようだ。つまり遠征のはじまりは図像と、自らを歴史のなかに位置付けることへの願望だった。さらに何ヶ月にも及ぶ計画立案、資金集め、人材選考、装備品の支度やペーパーワークがあり、そのずっとあとにようやく肉体による山への挑戦が訪れる。歴史と経験のあいだ、願望と記憶とその瞬間のあわいに存在するこの緊張関係はわたしを魅了してやまない。それは人間活動のあらゆる領域に存在しているが、いわば高度を増すほど透明度が増すように思える。もっとはっきりさせてみよう。歴史と呼ばれるものは、似たような行為の脈絡のなかに位置づけられ、他者によって受容される行為を意味している。すなわち、私的な行為を公的な営みに位置づける社会的想像力の産物なのだ。歴史は内面においてもっとも隔絶した場所へ運ばれ、そこで何者かの行為がもちうる意味を見定めようとする。その運び手それぞれが負う重みは誰も知ることがない。

山々の高みは人びとの住む土地から遠く離れているのが常だ。神秘家やならず者たちはしばしば人目を逃れるためにそこを目指す。そして登ることは「自分の心が惑わない唯一の時間」を生む。そう考えてみると、山を舞台にして歴史に名を残すというのは殊更に矛盾した考えに思える。それに登山というものも殊更に矛盾に満ちたスポーツであるように——仮にスポーツとして考えてみれば——思えてくる。どこかの山に初登頂を果たすことは未知の領域に足を踏み入れることを意味している。しかしその目的はその場所を人類の歴史に組み入れること、つまり既知にすることだ。なかには自分の登攀の記録や命名を拒否する者もいる。登山を歴史から身を退く振舞いと考える人たち。一九五三年に女性として初めてイギリスの正式な登山ガイドとなったグウェン・モファットは、彼女が肌身で感じる充足感についてこう記した。

そして行動をはじめる直前、わたしは困難なことに取りかかろうとするときにおなじみの感覚を感じていた。心身両面が弛緩して体中の筋肉からすっかり力が抜け、顔も緩んで目が大きく開く。跳躍直前の馬のように、登攀を前にした身体は軽くやわらかに、しなやかで調和のとれたひとつの統一体となる。なぜ登るのか、という問いの答えは難所を前にしたこの至上の瞬間にあるのだろう。失敗が死を意味するかも知れない難事にあたろうとしている、しかしわたしは知識と経験を糧にそれを無事にこなしてみせるのだ。山を眼前にして、そう理解する瞬間に。

あるとき彼女は、パートナーとスカイ島の尾根をもっとも時間をかけて踏破するという記録に挑んでいる。予期せぬ吹雪の助けもあって、その試みは成功裏におわったはずだ。

ヨーロッパ登山史は、ある競争のようなものからはじまっている。モンブランを源とする氷河はシャモニの谷まで届く。モンブラン登頂の何十年も前から、その氷河や谷は観光地となっていた（いまもそのことは変わっていない）。北ウェールズや湖水地方と同様に、旅人は手付かずの自然や峨々とした風景へますます関心を向けるようになり、そのことが現地に富をもたらしていた。一七六〇年にジュネーヴからやってきた二十歳のジェントルマン科学者〔仕事でなく趣味的に科学を研究していた者〕オラス＝ベネディクト・ド・ソシュールは氷河に魅せられて人生をその研究に捧げることを決意し、さらに一五七八二フィート〔四八一一メートル〕のモンブランに初登頂した者に懸賞を与えると申し出た。そのこともまた、成長する観光経済の産物だったかもしれない。ヨーロッパの最高峰モンブランは山岳への熱狂が生まれつつあった時代の磁極として人びとを惹きつけ、ロマン主義的な風景観の文化的アイコンとなり、シェリーの大作の題材となり、登山家たちの野心を示す最初の尺度になった。一七八六年に、地元のハンターの協力を得た地元の医師が山頂に到達した。その数年前に挑戦した四名のガイドは怖気のあまり登頂は不可能と宣言しており、当時のヨーロッパではそれほどの高所で人間が生存できるのか確信をもつ者は誰もいなかった。後代の著名な登山家エリック・シプトンによれば、シャモニの医師ミシェル・ガブリエル・パカールは次のような人物だった。

明晰な知性と、登山家として蓄えた豊かな経験をもって、山岳における生存という課題に取り組んだ。……名声を求めることはなく、自身の功績についてもほとんど語ることはなかったが、その多くには彼の不屈の意志と頑強なスタミナが示されている。モンブランに登るという彼の意欲は自身の名声のためというより、あきらかにフランスのために初登頂を果たすという願いと、科学的な関心に由来するものだった。彼のとりわけの希望といえば、山頂に気圧観測施設を設置することだったのだ……。

四度の失敗のあと、パカールは狩猟と水晶採掘で生計をたてていたジャック・バルマという屈強なクライマーを雇い入れた。八月、満月の夜に出発した彼らの装備には現代登山のようなロープやアイスアックスはなく、二本の長竿のみを手に深いクレバスを渡っていった。四人のガイドが前進を諦めた〈雪の谷〉と呼ばれる凄まじい氷の壁に囲まれた窪地にたどりつくと、パカールは撤退を懇願するバルマを説き伏せて前進を続け、強風に耐えて雪の崖を登っていった。登頂を果たしたときすでに夕刻で、出発から十四時間が経過していた。パカールが計測を行なったあと、ふたりは野営のために岩陰へ下っていった。朝を迎えると、ふたりともひどい風焼けと凍傷を負っており、とくにパカールは雪盲のためひとりでは下ることもできなかった。「肉体の酷使という一点でも、モンブラン初登頂は驚異的な挑戦だった」とシプトンは述べている。しかし、話はそれでおわりではない。策略家のバルマは、自分こそがルートを拓き遠征を率いたのであり、パカールは道連れのお荷物に過ぎなかったという話をひろめはじめた。この話にはさらに尾鰭がつき、パカールは頂上の数百フィート下で倒れたため、登り切ったのはバルマだけということになってしまった。真実が明らかになり、この勇敢な医師が登山史の英雄として返り咲くのは二十世紀をまたねばならなかった。ひとりの登山家による、歴史と名声と報賞のための仲間と真実への裏切りだった（一世紀後にも、探検家フレデリック・クックが写真を偽造し、アラスカのデナリ山、すなわちマッキンリーに登頂したという虚偽の報告をしている。彼にとっては歴史こそがすべてで、経験は無価値だった)。

モンブランが登頂可能と知れると、すぐに多くの者があとに続いた。十九世紀半ばまでには多数のイギリス人を含む四十六のパーティーが登頂に成功し、注目はアルプスのほかの山やルートへと移っていった。アルプスに活躍した偉大な登山家は数多いが、わたしが愛してやまないのはアンリエット・ダンジュヴィルだ。彼女の魅力はおそらくその情感豊かな『モンブラン登頂記』に由来しているのだと思う。彼女の文章が強靭な肉体が必ずしも禁欲とは結びつかないことの証明になっているからかもしれないし、本格登山文学は本格登山家向けのもの、つまりハンド・ジャム〔岩の割れ目に手を入れて体を支える技術〕やらマントルシェルフ〔両手で体を引き上げる動作〕やら、アイゼンやビレイのテクニックが頻出する文章を愛する人びとが楽しむものだということとなのかもしれない。ダンジュヴィルは四十四歳だったが、アルプス育ちの彼女は以前から山歩きをしていた。著作の冒頭で、彼女はなぜ登るのかというお決まりの問いに答えている。「肉体と同じように魂には必要なものがある。ひとりひとり、それぞれに特別なものが。……わたしは空想に浮かぶどんなに甘美で魅力的な眺望よりも自然風景の壮大さを愛する、そうした人間のひとりだ……それがわたしがモンブランを選んだ理由だった」。小説家のジョルジュ・サンドのように有名になるためだった、という軽口のせいで世間から不評を買うこともあったが、六十歳台になっても世間の注目を離れて山を登りつづけた。

そうした企ては、いつでもわくわくするような気持ちでわたしの胸を充たすものでした。

それは大それた遠征をした最初の女性といった些細な名声ではなく、そのあとにやってきた精神的な充足感に由来するものでした。

豪奢な装備リストにはじまり、十人ものガイドとの祝宴におわる彼女の登山は、軽やかなドラマのようだ。このころ、山岳ガイドはすでに専門的な職業になりつつあり、技術や道具もパカールの時代から相当な進化を遂げていた。

黄金時代は衰えつつ終焉へ向かうのが常であり、登山も例外ではない。ふつう登山の黄金時代といわれるのは一八五四年から一八六五年にかけてアルプスで多くの未踏峰が征服された期間で、ほぼイギリスの黄金時代にあたるこの時代に、山登りは人気とはいえないまでも世に知られたスポーツになった（頂上に挑むことなくアルプスを歩きつづけていた人びとははるかに多かった）。この時代に達成された初登頂のおよそ半数は、地元のガイドをともなった裕福なイギリス人によるものだった。社交クラブと学会の中間のような英国山岳会が創設されたのは一八五七年のことで、以来長年にわたって世間における登山界の顔の役割を果たしている。イギリスのクラブにもかかわらず大陸の山にばかり注目しているという奇妙さもほとんど誰も気に留められることはなかった。そのころはこの新しいスポーツ――あるいは娯楽や情熱の対象――が目を向けるのはほとんどアルプスに限定されていた。もっと遠い国の山や小さな山、あるいはピーク地方や湖水地方の高度な技術を要する登山はまだ注目されず、北アメリカの登山はまったく別の文脈から誕生する。イギリスでは登山家をはるかに上回る数の観衆が山登りの世界に関心をもち、ヨーロッパではいまでも登山家が著名人の仲間入りをすることがある。アルバート・スミスが一八五一年の自分の登山をもとに構成したショー『モンブラン』は人気を博してロンドンで何年間ものロングランとなり、アルフレッド・ウィルスの『アルプス逍遥』や英国山岳会の『山・峠・氷河』シリーズといった本も好評だった。

こうした出版物に誘われて、首尾よくアルプスの図版を作成するという仕事を請け負うことになったのが二十歳の版画家エドワード・ウィンパーだった。余暇を利用して山に出かけていたウィンパーは、知らず知らず山登りの才能を開花させていった。ウィンパーはすでに初登頂の記録をいくつももっていたが、何よりもその心を虜にしたのはマッターホルンだった。一八六一年から一八六五年にかけて、その壮麗な山容に対してライバルと初登頂を競いながら七度にわたって挑むものの、いずれも失敗におわった。そしてついに達成された彼の登頂こそが登山の黄金時代に終止符を打ったといわれる。ウィンパーがそれまでとは異質の、少なくともはっきりとした野心を登山の世界へ持ち込んだこと。マッターホルンがアルプスに残る最後の主要な未踏峰だったこと。登頂後の遭難事故の真相が謎のままになっていること。理由がそのいずれであれ、それは一時代のおわりを告げる出来事だった。ウィンパーの八度目の登攀には当時最高のアマチュア登山家だったチャールズ・ハドソン牧師とふたりの若いイギリス人、さらに三人の地元のガイドが協力していた。下山中、互いをザイルで繋いでいたハドソンと若者ふたり、および優秀なガイドだったミシェル・クロのうちのひとりが足を滑らせ、三人は滑落死した。ヴィクトリア時代でもいまでいうマスコミの大騒ぎが起こり、擁護しがたく危険なものとして登山という行為そのものが糾弾され、ウィンパーと残りのガイドの行動がプロフェッショナルで倫理的だったのか、さまざまな意見が囁かれた。いずれにせよウィンパーの『アルプス登攀記』は古典的名著となり、その影響か否かマッターホルンはディズニー・ランドのアトラクションにまでなった。

登山の歴史は〈初めて〉あるいは〈もっとも〉という諸々の記録と、幾多の惨事によって綴られている。ただし、世に知られた顔ぶれの背後にはまったく私的で個人的な見返りだけに甘んじている無数の登山家がいる。歴史の記述がありふれた存在を描きだすことは滅多になく、ありふれた事象が歴史として形に残ることもほとんどない。けれども、それが文芸という形で姿をみせることはしばしばある。この二極的なありさまは、一般大衆が手にとる大作《エピック》と、それより数でいえばはるかにささやかな読者に支持されているであろう手記の類という、登山文学を代表する二つのジャンルにあらわれている。大作はメジャーな山に挑む英雄の物語だ。それらは歴史を語り、ほとんど常に悲劇を語る（高所登山をあつかう山岳文学のうち、肉体への負荷や気力が支えるサバイバルを描き、凍傷、低体温症、高々度が誘発する譫妄、滑落死といったことがらを冷徹かつ仔細に伝えるものは、しばしば強制収容所や過酷な行軍に関する本を思わせる。山登りは自由意志によるもので、深い充足を得ることもできるというところは異なるのだが）。対照的に、生き生きとした手記は難事を忘れさせる牧歌的な読み物が少なくない。ジョー・ブラウン、ドン・ウィランス、グウェン・モファット、リオネル・テレイといった偉大な登山家が書いたものもそこに含まれる。大小の遠征のこと、友情、自由さ、山への愛、スキルの上達、謙虚さと気概。そして、ごく稀にだけ起こる岩場での悲劇。優れた手記の価値は、出来事の歴史的重要性ではなく、生き生きとした語り口にこそある。

登山史の表通りから個人的な体験へと視点を移すと、登頂を果たすことでさえ本筋ではないおまけのようなエピソードになってしまう。そして、ただ高所をさまよい歩く者にも居場所が与えられる。いわば、わたしたちはスポーツや記録の世界をはなれることができる。そのとき、目的地への到達という命題は孤立することとの釣合いの関係をとり戻す。大恐慌の時代にオレゴンの山々を巡りながら成長した山岳ガイド、スモーク・ブランチャードは、あらゆる山岳手記のなかでわたしがいちばん好きな回想録『世界登り下り』にこう書いている。

半世紀にわたって、登山はピクニックと巡礼の組み合わせとして取り組むのがいちばんいい、という考えをひろめようと努めてきた。山へのピクニック兼巡礼は攻撃性が少なく満足感は大きい。わたしが伝えたいのは、おだやかな山登りは記録を打ち立てることとは関係なく人生の長きにわたって楽しむことができる、ということだ。愛は分類して目録に収めるようなものではない。

陽気でユーモアたっぷりのブランチャードは登山家とおなじくらい歩く人でもあった。手記には、シエラネバダ山中や太平洋沿岸北西部での多くの登山にくわえて、オレゴン州の海岸線やシエラネバダ山脈の東に位置するホワイト・マウンテンから海までのカリフォルニア横断といった、彼が楽しんだ長距離の徒歩旅行《ハイク》がいくつも登場する。ジョン・ミューアからゲイリー・スナイダーまで、太平洋沿岸の数多くの登山家に似て、ブランチャードの山との向き合い方はさまよい歩くことと目的地への到着を和解させ、太平洋の対岸の中国や日本に古くから残る山の伝統を想起させるものだった。

かの地の詩人や賢人や隠者が讃えたのは、高みに登ることよりもむしろ山に居ることだった。中国の詩や絵画にたびたび描かれた山は、政治や社会からの隠棲の場だった。中国ではさまようことが称賛された――「〈さまよう〉とは、道教において脱自の境地を意味する言葉である」と学者は書いている。一方で、目的地にたどりつくことは時として両義的だった。八世紀の詩人李白に「訪戴天山道士不遇（載天山に道士を訪ねたけれど会えなかった）」と題する作品があり、この主題は当時ありふれたものだった。山は現実と象徴いずれの領域にも場を占める存在であり、ただ歩くことにもメタファーの倍音が聞かれる。李白と同時代の風狂の僧、寒山はこう詠った。

人問寒山道　　人は寒山への道を問うけれど
寒山路不通　　寒山への路など通じていない
……
似我何由届　　わたしをまねただけでたどり入ることなどできようか
與君心不同　　もともとあなたとわたしの心は違うのだから

日本では、山は有史以前から宗教的に重要な存在だった。バーンバウムによれば、六世紀以前には日本人は神聖とされた山には登らなかった。そこは俗世から隔絶された領域で、人間が立ち入ることのできない聖域と考えられていた。人びとは麓に社を建立し、敬して距離を隔てながら礼拝していた。六世紀の中国からの仏教伝来にともなって、神々と通じるために霊峰の頂上を目指す登山がはじまった。

後になると、僧や行者がさまよい歩く一方、歩くことの織りなす曖昧模糊とした地平は、山への巡礼が備えるはっきりとした輪郭に覆い隠されるようになった。そして山に登ることが宗教行為の中核を占めるようになった。登山を特徴にした仏教宗派といえる修験道がそのことをはっきり示している。「修験道のあらゆる側面は、理念的あるいは物理的に霊山のもつ力に関係があり、霊山における敬虔なふるまいから得られるものに関わっている」と、西洋におけるこの宗派の第一人者H・バイロン・エアハートは書いている。祭祀や寺社での儀礼、長期にわたる山での修行といったものも修験道の一部ではあるが、修験者にとっても世俗の人びとにとっても中心となるのは登山であり、修行者による山岳ガイドのような習慣も生まれた。山はそれ自体が仏教の曼荼羅とみなされ、登ることは悟りにいたるまでに精神がたどる六の階梯になぞらえられた(そのひとつには、罪を告白する新参者を断崖に吊るすという段階もある)。

十七世紀の俳諧師、松尾芭蕉は逍遥の旅のなかで修験道の霊峰にも登り、そのことを俳句紀行文の傑作『奥の細道』に記している。

強力といふものに道びかれて、雲霧山気の中に氷雪を踏てのぼること八里、さらに日月行道の雲関に入るかとあやしまれ、息絶身こごえて頂上にいたれば、日没て月顕る。

〔月山〕

修験道は十九世紀後期に禁止され日本の主要な宗教ではなくなるが、寺社や行者が消えることはなく、富士山はメジャーな巡礼地でありつづけ、日本人はいまなお世界的にももっとも熱心に山に登っている。

優れた登山家で偉大な詩人だったゲイリー・スナイダーには、精神世界と世俗それぞれの伝統がひとつに溶け合っているようだ。アジアで仏教を学ぶはるか以前、彼はオレゴンのマザマス山岳会（一八九〇年代にオレゴン州フッド山頂で結成された山岳クラブ）で登山を学んでいた。一九五六年からほぼ四十年をかけて完成した、中国の巻物にちなむ題の一冊分の詩『おわりなき山河』の後書きでスナイダーは次のように書いている。

十三のとき太平洋岸北西部の雪を戴いた高山にはじめて触れ、二十になる前からいくつもの山に登った。十歳のころから見ていたシアトル美術館の東アジアの風景画にも、そこに似た世界があった。

日本滞在中、スナイダーは経行を行ない、修験道の継承者との交流をもった。わたしは風景のなかを歩くことが儀式にも瞑想にもなりうるということを学ぶこととなった。大峰山で五日間の巡礼を行ない、仏教古来の山の信仰対象である不動明王と束の間の交流をした。山頂から谷底までの道行を、密教における胎蔵界、金剛界の両界曼荼羅の内的関係として想起することもこの古い行《ぎょう》の一環だった。

一九五六年、日本へ発つ直前にスナイダーはジャック・ケルアックを連れてハイキングをしている。サンフランシスコからまず海へ出て、二五七一フィートのタマルパイス山を横断してゴールデンゲート・ブリッジの反対側に下りてくる一晩がかりの行程だ。その道すがらスナイダーは、足の痛みに苦しむ道連れに「岩、空気、火、樹木、そうした現実のものに近づけば近づくほど、世界はますます霊的なものに感じられるではないか」と語りかける。研究者のデヴィッド・ロバートソンは、こう指摘している。

この一文はゲイリー・スナイダーの詩や散文の中核にある考えを示している。それに留まらず、旅をする多くの者がそのまわりで思考や行動をめぐらせる、ひとつの定点ともいえるかもしれない。彼らの生と文学に心臓のように脈打っているものがあるとすれば、それはまさしく霊性と物質性を同時に備えたものに繰り返し触れようとするこの〈再確認〉の実践なのだ。……ハイキングは、スナイダーにとって政治と社会と精神の革命を推し進める方法のひとつだった。……事物の本質はアリストテレス的なプロットでもヘーゲル的な弁証法でもなく、目的を目指すものではない。したがって聖杯のように追い求めることはできない。むしろぐるぐるといつまでもめぐりつづけるものだ。それはさながらケルアックとスナイダーのハイキングのようであり、スナイダーが構想し、歩きながらケルアックに語った詩に似ている。

その詩が『おわりなき山河』だ。そのなかの一篇「タマルパイス山を巡って」は、スナイダーが一九六五年、フィリップ・ウォーレン（いまや禅の老師である）とアレン・ギンズバーグとともに「敬意をあらわし、精神を浄化するため」に一日かけて遠征したタマルパイス山のことを詠い、そこで詠唱した陀羅尼について書いたものだ。もともと地元の仏教者がはじめたヒマラヤ式の周行は、いまでは年に数回、タマルパイスの麓から東の頂上までを往復する一五マイルを十の地点を経ながら歩くというスタイルになっていた（スナイダーのユーモアにならって、最後から二番目の地点でわたしは彼の「熊のスモーキー経典」を詠んだ。そこには、ふさわしくも煙草の吸殻が散らばっていた）。頂上は道の果てではなく十ある地点のひとつにすぎず、この経路は山を巡る東洋の宗教のさまざまな解釈の渦となっている。山はスナイダーの詩に繰り返し現れるモチーフだ。彼はリッター山への登山を語るミューアの文章をたどり直し、また寒山にならった『寒山詩』を書いた。そこには登山や山歩きだけではなく、火の見番や道の造り手として山のなかに生き、働くことが書かれている。『おわりなき山河』において、スナイダーは「わたしは、空間を物理的な意味から大乗仏教の思想における空《くう》——精神的な透明性——という精神的な意味へと翻訳する」と語る。この書物の冒頭におかれた長々とした風景描写と思える文章は、実のところある中国の山水画を語るものだ。スナイダーはそのようにしてあらゆる空間——絵画のなかも、都市や原野も——を同じ心で旅してゆく。「ニューヨークの岩盤を歩き／情報の海に至る」では、スナイダーはマンハッタンを横断しながらインディアンとヨーロッパ人入植者の遭遇に思いを馳せ、超高層ビルに企業の神々——「〈エキタブル〉神」と「〈オールド・ユニオン・カーバイド〉神」——を見出し、樹木や「三十五階」に巣をかけたハヤブサ、そして峡谷のような街路をさまようホームレスの人びとを見つめている。その脇には建物が「山稜や胸壁のように頭上へ立ち上がっている」。しかし、本当の山がスナイダーに与えるよろこびはマンハッタンとは違った——「三十一年ぶりにシエラのマッターホルンにふたたび登ること」という長い題名をもった短い詩にあらわれているように。

山からさらに連なる山々
年を経てさらに遠ざかる年月。
わたしはいまだ愛している。

第十章　ウォーキング・クラブと大地をめぐる闘争

1　シエラネバダ

「今日もまさにシエラネバダ日和だね」。皮肉のような口調で、コーヒーを片手にしたマイケル・コーエンは紅茶を飲むわたしにいった。眼下には湖面が朝陽にきらきらと輝いている。ヴァレリーはまだ起きてこない。ジューン湖にあるコーエン夫妻の山小屋で早い朝を迎えたわたしも、まだそれほどはっきりと目が覚めているというわけではなかった。シエラネバダ山脈の東側、ヨセミテ国立公園の高地からすこし南東に寄ったあたり。脈絡を思い出せないが、彼はふと「シエラ・クラブはジョン・ミューアこそが彼らの創始者だとよくいうけれど、むしろカリフォルニアの文化から生まれたんだな」と言った。わたしたちもまた、その文化の産物にちがいなかった。コーエン夫妻はふたりともロサンゼルスの一帯で育ち、幼いころからシエラ地方で多くの時間を過ごした。わたしの父の両親はロサンゼルスに住む移民たちのハイキング・クラブで出会ったのだが、それでも原野を探検することへの情熱においても、体の鍛え方においてもわたしは彼らの足下にも及ばない。シエラの高地は疑いなくコーエン夫妻の庭だった。夫妻はそこでスキーやクライミングやハイキングをして、仕事もして、三十年前にはついに結婚までした。そういうことなので、その日のハイクの目的地は彼らに一任したのだった。

雲ひとつない、八月半ばの気持ちのよい日で、冬の遅さと雨の多さのために草地はまだ緑が濃く、花がいたるところに咲き、ハイカーもいたるところにいた。ヴァレリーはトゥオルミ・メドウの南西から伸びる小道を足早に進む。松の木立を抜ける最初の一マイルほどのあいだ、彼女は森林警備員時代の出来事を話してくれた。この道は彼女の持ち場で、高地の物狂いや薬物中毒者に対処することも彼女の務めだった。踏み固められた道が深さ数インチの狭い溝のようになっている低湿地を歩きながら教えてくれたのは、キャンプサイトにおかしな奴がいる、とキャンパーから通報されたときのことだった。一晩中ぐるぐる歩き回りながら何かつぶやいているというのだが、のちに彼は精神に変調をきたした高名な数学者だったとわかったそうだ。彼女が話を続けるうちに――たしか、とあるベビーシッターとテングタケの話をしているときだったか――マイケルが言った。自然が人を幸福にすると思われているがゆえに、ここにはもっとも幸福を求めている人びとが呼び寄せられる。毎年訪れる数百万の人びとのなかにはそういう人びともいるに違いない、と。ここヨセミテ国立公園は、世界でもっとも知られ、もっとも訪問者の多い自然公園のひとつなのだ。

ヨセミテは歴史的にも重要な土地であり、とりわけ歩くこと、登山、および環境運動の歴史に重要な位置を占める。幸運にもマイケルはシエラ・クラブの歴史やジョン・ミューアの学術的伝記の著者であり、わたしたちはモノパス・トレイルを歩きながらマイケルの研究の舞台を踏破してゆくことになった。十九世紀が明ける直前にペナイン山脈を歩くワーズワース兄妹にはどこかもの寂しい趣きがあり、人気のない田舎で人のやりそうにないことをすすんで実行している感がある。一八六八年にカリフォルニアに移って以後、数十年にわたってヨセミテとシエラネバダ山脈を渉猟していたジョン・ミューアも、孤独な彷徨というその伝統を受け継ぎ、功利主義の世のなかを美学の追求に生きたように思える。しかし、かねてからマイケルがいうのは、ミューアはシエラ・クラブの創設者——あるいはそのひとり——であり、クラブは自然の風景を手付かずのままに保つ（歩道《トレイル》は例外で、歩道を整えることは初期のクラブの重要な活動だった）という使命によって、社会状況に大きく影響を及ぼしていったということだ。会長であったミューアも含めて九十六人のシエラ・クラブのメンバーがトゥオルミ・メドウで二週間にわたるウォーキングと登山とキャンピングを行なっていたのは、ワーズワース兄妹が孤高の冬の徒歩旅行へ出かけて百年あまりのち、そしてコーエン夫妻とわたしがロードサイドの喧騒から逃れて歩き出す今日この日からほぼ一世紀前にあたる。この、一九〇一年七月の初のシエラ・クラブ・ハイトリップは、自然を歩くという嗜好の歴史に名を留めているが、空前の事件というわけではない。そのわけはクラブの幹事ウィリアム・コルビーの言葉にもあらわれている。

> 適切に行なわれたならば、こうした遠征は森林その他、わたしたちの山の自然に対する然るべき関心の目覚めに測り知れないほどよい影響を与え、会員の間にもよい連帯感の醸成を促すでしょう。マザマス山岳会やアパラチア山岳会は、こういった小旅行が実りある面

白いものになりうるということを長年にわたって示しています。

すでに歩くことは着実にカルチャーの一隅に地歩を固め、ウォーキング・クラブを仲立ちとしてさらなる変革を準備しつつあったのだ。

一八五七年にイギリスの登山家たちが英国山岳会を創設して以来、アウトドア活動のための組織はヨーロッパと北米のいたるところで急増した。多くは英国山岳会やアパラチア山岳会のように、出版や探検活動を行なう学術団体に社交の楽しみを加えたものだった。けれどもシエラ・クラブは違った。このクラブの理念にある「森林その他の自然に対する然るべき関心」というのは、政治的な関心を意味していた。たいていのクラブは山登りやハイキングそれ自体を目的とするが、シエラ・クラブは発足当初から二つの目的を備えていた。一八九〇年にミューアが画家ウィリアム・キースや弁護士ウォレン・オルニーらとの会合をはじめたのは、木材や鉱物資源を目当てにした開発業者からヨセミテ国立公園を守る手立てについて議論するためだった。そして、彼らは山岳会の設立を検討していたカリフォルニア大学バークレー校の教授らと合流した。新しい会の名前は探検の舞台になる山脈の名から取られた。ちょうどアパラチア山岳会の名前が地元の山地に由来していたように。こうして一八九二年六月四日、シエラ・クラブは結成された。

世界がひとつの庭園であると思い込むこと。それは世界が本当にひとつになることを妨げているさまざまな障害から目をそむける、本質的に非政治的な振舞いというべきだろう。一方、世界をひとつの庭園にしようと試みることは往々にして政治的な営みとなる。それが世界中の運動色の強いウォーキング・クラブのスタンスだ。それまでもながらく、自然のなかを歩くことはなんとなく美徳にかなった行ないであると思われていたが、ミューアとシエラ・クラブはその美徳が大地の保護にあると言明した。それによってこの美徳は自らの存立基盤を確保してゆく自己永続的なものとなり、クラブはイデオロギーの組織になった。そこでは歩くこと（クラブではハイキングや登山と呼ぶことが多い）はもっとも理想的な存在の様式となった。すなわち戸外で、自分の足だけを頼り、何かを生産することも破壊することもしないというあり方。シエラ・クラブの綱領には、目的が次のように述べられていた。

・探索し、楽しみ、太平洋岸の諸山地を人びとの手に届くものとすること
・それらについての信頼すべき情報をひろく伝えること
・シエラネバダ山脈の森林その他の自然を保護するために、人びとや政府の支援や協力を求めてゆくこと

シエラ・クラブは設立当初から多くの矛盾を抱え込んでいた。まず、山登りと保護団体の組み合わせとして発足したものだったこと。それはミューアとほかの創設メンバーの一部が、山で時間を過ごす者は山を愛するようになると信じていたからだった。山で過ごすことが積極的な愛情を育み、山の保護のために政治闘争をも辞さない愛となるのだ、と。この前提はそれな

りに意味のあるものだった。その一方で登山家の愛情はしばしば政治的次元とは無縁であり、環境保護論者にはさまざまな理由で僻地へ足を向けないものも多かった。さらに、環境破壊が経済成長という名目で行なわれるという事実がもたらす矛盾もあった。気がついたときには、この中流階級の人びとが構成するクラブは、名前も名乗らない相手と対峙する数知れない紛争に巻き込まれていた。それは進歩と自由企業の名のもとに行なわれる環境の経済利用との戦いだった。ジョン・ミューアは人間中心主義に反対の立場をとった。すなわち、樹木、動物、鉱物、そして土壌や水が人間に利用——破壊はいうにおよばず——されるために存在しているという考え方に反対した。その一方で、手つかずの自然を社会や経済から隔絶した存在とみなすことによって、土地とカネを巡るより大きな政治に関わることは避けていた。シエラ・クラブの歴史からいえば、素晴しい土地が余暇の場所としても台無しになってしまった、という穏当でむしろ人間中心主義的な主張を唱えていた時期がほとんどだったが、次第に明らかになってきたのは、レジャー活動自体がヨセミテ渓谷を破壊しているということだった。それは、第一次世界大戦中に行なわれたサンフランシスコのためのダム建設がもたらした、隣接するヘッチヘッチ渓谷の破壊に匹敵した。そしてシエラ・クラブは綱領に定めた「手の届くものとする」という条項を撤回せざるをえなくなる。そしてやがて種の保存、生態系の保持、さらに惑星としての地球のサバイバルを主張するようになった。自然は、娯楽ではなく必須の存在と見なされるようになったのだ。

しかしハイトリップがはじめて開催された一九〇一年の七月に立ち戻ってみれば、シエラ・

クラブがさまざまな闘争に巻き込まれ変貌してゆくのははるかに遠い将来のことだ。世界はいまよりもはるかに広大で、大地はいまほど文明に覆い尽くされてはいなかった。一行はコンロや毛布、それにキャンプ用の寝台と大量の食糧をラバと馬に運ばせ、比較的アクセスのよいヨセミテ渓谷からトゥオルミ・メドウまで三日をかけて歩いた（いまでは渓谷からメドウまで、車ならわずかに二、三時間だ）。到着すると大きなキャンプを設営し、そこから小さなグループで周囲の山や渓谷へ出かけていった。貪欲な北部のアメリカ人《ヤンキー》たちがカリフォルニアへ進出し、過剰な開発熱が州全体を襲うまでのつかの間に訪れた、奇妙な平穏の支配する時代の出来事だ。この最初のハイ・トリップは、エラ・M・セクストンによれば次のようなものだった。

ダナ山の険しい頂上や足場の悪いガレ場や雪原に挑もうと、わたしたちは頼もしいアルペン・ストックと軽食、それに十二分な勇気を携えて出発した。非力な〈新参者〉のわたしたちへ向けられた登山家の視線に気分を重くしたこともあった。……山の麓までの一〇マイルもの道のりは遅れに遅れ、川を渡る地点まで救援隊が灯りをともしに出て行かねばならないほどだった。最後まで遅れた者が危なっかしい筏で流れを渡り切るころには、すでに九時をまわっていた。

そこは橋のない川や地図にない道のりに事欠かない、いまとは比べものにならないほどに未開《ワイルド》な場所だった。当時、クラブのメンバーと釣り人とわずかに残るインディアンのほかにこの地域に足を踏み入れる者はそのころほとんどいなかった。初期のこうした時代、クラブは一級の登山家を数多く会員に迎え、幾多の初登頂計画を支援した。

しかし、この種の大規模な遠征にも味わい深い等身大の経験がある。高校生のときふたりの女性教師に勧誘されたネルソン・ハケットの場合、その経験はまさに期待通りに作用し、彼は自然愛護活動家コミュニティの一員となった。のちにクラブの会報の編集者となり、役員に迎えられている。シエラネバダのキングス・キャニオン方面を訪れた一九〇八年のハイトリップの際、ハケットは両親宛の手紙にクラブのメンバーについて書いている。「コルビーさんは稲妻のように速く、パーソンズさんはひどく太っていてゆっくりなので、歩調のあう人が見つからないということはありません。僕の前に五、六人いるので、彼らの踏み跡を見失うこともありません。百二十人が一列で歩くのかなと思っていたのですが、みんなばらばらなので見えているのはようやく五、六人という感じです」。そして、その数日後には、

次の朝、僕たちは星明かりのなか三時半に起床して、四時半からホイットニー山を目指して出発しました。登りは簡単でしたが退屈で、岩が足に応えました。九時に登頂し、昼食を食べてチョコレート・シャーベットをつくり、二、三時間ほど眺めを満喫して戻りました。砂漠が見えて、一一〇〇〇フィートの眼下にはオーウェン湖も見えました。

さらに、その一九〇八年七月十八日の二通目。

ミューアさんと午後のあいだ――というか、彼はずっと話しているのですが――長いこと話しました。フェニアン蜂起の翌年の、一〇〇〇マイルの南部の旅について。そして植物に興味をもったきっかけとか。さてキャンプファイヤの準備ができたようです。ではまた……。

歴史よりも新しい出会いを大事にするカリフォルニアは、長らく新しいカルチャーの芽が泉のように湧く場所になっていた。世紀の変わり目のころ、画家や不良詩人や優れた建築家たちが、この州が環境に及ぼしているはっきりとした影響に対して声を挙げるようになり、初期のシエラ・クラブもこの陣営に加わった。男性限定の英国山岳会と違い、このクラブでは女性も歓迎され、よそでは得難い登山の機会に触れることができた。ロンドンでは女性がひとりで歩きまわることさえ難しかったこの時代に、どこへでも、誰とでも山へ行けたということは、西海岸あるいはこのクラブの自由さをもの語っている。男女問わず大勢の専門家が参加していた初期のシエラ・クラブには知的な原動力があり、キャンプファイヤを囲む夜は議論や音楽やパフォーマンスで盛り上がった。当時の会員のなかでもっとも影響力があったのはミューアだが、クラブはその後アンセル・アダムズやエリオット・ポーターなどのアメリカの自然写真の嚆矢となった写真家や、ジョージ・マーシャルやデヴィッド・ブラウワーといった、法制度とイマジネーションの両方からアメリカの原野《ウィルダネス》を再定義した人物の拠点となった。そうはいっても、こうしたカリフォルニア文化は空から降ってきたものではない。初期のトリップに参加していたキャンパーは独自の文化をつくりあげたが、多くの要素が東部に由来している。系譜をたどることは難しいことではない。なによりニューイングランドの超越主義の長老ラルフ・ウォルド・エマーソンは、ワーズワースとジョン・ミューアをいずれも訪ねている。まるでフランス革命の只中を歩いた逍遥詩人の遺産を、第一次世界大戦の勃発まで生きた山の伝道者へと、形を変えて受け渡しているようだ。シエラ・クラブのメンバーがもっていた自然へのテイストは受け継がれたものだった。しかし、おそらくは自然そのもの——西部の巨大な原野——によって、そのテイストはなにか新しいものへ変えられていった。

一九〇一年の最初のハイトリップは、カリフォルニアの山中まで到達した歩きの文化が貴族的な庭園散歩や森の孤独な散策からどれほど遠い地点に来たのかを示している。歩くことは文化のメインストリームとなったのみならず、政治性をも帯びたものとなった。仮に土地がそこを歩く者を育てるということがあるとすれば、カリフォルニアを歩く者たちは、そのお返しのように法制度と文化的な表現によって土地の佇まいを変えようとしていた。ここ二、三十年の間、新しい世代の環境団体はシエラ・クラブの妥協や判断の誤り、あるいはダムや原子力の問題をめぐって時勢に取り残されていることを強く非難している。しかしそもそも、環境への関心とシエラ・クラブは手を携えて成長してきた。戦後、クラブは活動の裾野をひろげ、次第に会員数も増えていった。そして、アウトドア活動への参加者を主体にした会員が数千人の地方山岳会から、大半は遠征に参加したこともない五十万人の会員を擁する全国組織へと変貌を遂げた。クラブはアメリカ初の環境保護運動の有力組織として、森林、大気、水、生物多様性、公園、有毒物質と多岐にわたる分野で成果を挙げ、その影響力はいまも衰えていない。いまも毎年変わることなく、数多くの地方のハイキングや自然に触れるための遠征を後援しつづけている。

わたしたちは森を抜けて、小川の流れる美しい湿地帯を横切って歩いていた。マイケルとヴァレリーはクラブが実施した最後期のハイトリップのいくつかでリーダーを務めた。一九六八年、「山の老人」と呼ばれた気難し屋の伝説的登山家ノーマン・クライドが顔を出していた時代だ。しかし大規模なキャンプと遠足がもたらす環境への影響はクラブに波紋をひろげ、この伝統はまもなく終焉を迎える。モノ・パスに向かってゆくときに見かけた花は、三月にここから三〇〇マイルも離れていないマリン岬で見かけたものと同じだった。わたしたちは「モノ・パス、高度一〇六〇〇フィート」と書かれた標識の立つ鞍形の峰にたどりつき、ルピナスの咲く砂利場に腰を下ろした。シエラネバダ山脈の峰は、陸地と海を分ける潮間帯のような、世界でも稀な本物の境界線となっている。山脈は西から吹き寄せる積乱雲を遮り、その恵みをふたたび雪解け水として西へ向かわせる。水はセコイアとポンデローサマツとモミがつくりあげる世界有数の温帯林シエラネバダの林を潤し、鮭の泳ぐ河に注ぎ、海へ、そして農地や都市へと流れてゆく。わずかに山の東面を下ってゆく水はあるが、峰の東側は一面に荒れ地がひろがる。わたしたちはモノ・パスで、緑に輝き、野の花がおだやかに咲きほこる湿地帯に向いて座っていた。振り向いて数マイルも進めば、その先一〇〇〇マイルにわたってひろがる不毛の大地がはじまる。わたしたちが座る場所から見えるのは、大地をめぐって闘われた二つの大きな争議の帰結でもあった。ヨセミテ国立公園の境界は、ジョン・ミューアの立案によって一八九〇年代に画定されたものだ。砂塵の舞う東方に青い楕円を描くモノ湖は、一九九〇年代の環境保護運動によって救われた。湖の支流の一部をロサンゼルスの水源へ接続する当局の計画を、長年の闘いの末に阻止したのだった。

話題は再びシエラ・クラブになった。クラブが積み重ねてきた誠実な努力に称賛の念を覚える一方で、わたしは、自然への愛を特定のレジャー活動や眺望の美学に結びつけることは、異なる趣味や務めをもつ者の排除につながるのではという危惧を感じた。自然の土地を歩くことは、ある特定の伝統のデモンストレーションとなり得る。それが誤って普遍的な経験として受け止められれば、参画しない者は北ヨーロッパ的なロマン主義の伝統の素養がないと思われるのではなく、自然への感受性を欠いていると思われかねない。マイケルは、彼がリーダーを務めてヴァレリーが食事の世話をしたあるシエラ・クラブの遠征について話してくれた。何名かの会員が善意から都会の貧しい地区に暮らすアフリカ系アメリカ人の子どもを連れてきたところ、子どもたちは完全に気が動転してしまったのだという。彼らはありのままの自然に動揺してしまい、自然のなかで力試しをするという遠征の意図は実現できなかった。魚釣りに連れていった男性と、毎日ハンバーガーをつくってあげたヴァレリーだけが彼らの経験にとって救いだった。そのことを、マイケルはジョン・ミューアについての著書『道なき道』に書いている〈シエラ・クラブをはじめとする団体はそれ以来、体験のやり方に工夫を凝らした〈都会っ子のための遠足〉を支援している〉。

我々にとってなによりもショックだったのは、ありのままの自然への感受性は文化的に決定された、不足のない階層に暮らす一部のアメリカ人の子女だけにゆるされた特権であるということだった。遠足に出かけてユートピア的な共同生活の感覚を養うことは、基礎的な価値観を深く共有する人びとの集団という出発点があってこそ可能だったのだ。

そのあと、わたしたちはトレイルを離れて山野を進んだ。暗い崖下の小さな湖は深さを増したように見えた。カステラソウが深紅の花を散らすアリウムの湿原をすすみ、ブラッディ渓谷の高みの、風が吹き荒ぶ斜面へと歩いていった。

2　アルプス

ホイットニー山からヨセミテ渓谷に至るジョン・ミューア・トレイルやカリフォルニアの多くの公立学校にくわえてミューアの名を留める数々のモニュメントのひとつに、ミューア・ウッズと呼ばれるセコイアスギの林がある。ゴールデン・ゲート・ブリッジから一〇マイルあまり北のタマルパイス山の麓に広がる林だ。タマルパイス山はゲイリー・スナイダーが仲間とともに仏教でいう回峰行をはじめた小さな山だが、山と歩くことについて考え方はさまざまあり、この山には多くの解釈者がいる。ミューア・ウッズの高みに一本の人目につかないトレイルが伸びている。半マイルほど進んでぐるりと曲がると、林の頭上の急斜面に風変わりで場違いにも思える建造物が現れる。見たところは見事なアルプス地方の山荘《シャレー》で、屋外のダンスフロアを備え、勾配屋根がかかり、フォークロア調の松板に飾られたバルコニーが幾層にも重なっている。これは、オーストリア発祥の〈自然の友〉協会の、アメリカに残る数少ない支部のひとつだ。〈自然の友〉はウィーンで一八九五年に教師ゲオルク・シュミードル、金属工親方アロイス・ローラウアー、学生であったカール・レンナーによって設立された。まだハプスブルク家の一族をはじめとするエリートがオーストリアの主な山々へのアクセスを統制していた時代のことだった。「山に自由を《ベルク・フライ》」をスローガンとし、社会主義者や反君主主義であった彼らはたいへんな人気者になった。初会合には六十名が顔を出し、二、三十年と経たぬうちにオーストリア、ドイツ、スイスを中心に会員は二十万人を数えるようになった。各支部はそれぞれ土地を購入してクラブハウスを建て、協会員に開放した。そして遠足や環境の啓発活動や伝統的な祭りを後援し、労働者への山の開放を訴えた。

十九世紀末から二十世紀初頭は団体の黄金時代だった。急変する世のなかで居場所を失った者に社会的紐帯を提供するもの、産業化による労働者の時間や健康や活力や権利の簒奪に抵抗するもの。それらの多くはユートピア的理想や現実的社会変革を核として組織され、そのすべてがコミュニティを形成した。シオニスト、フェミニスト、労働運動家、運動選手、慈善運動家、知識人がそれぞれの共同体をつくり上げた。ウォーキング・クラブもまたこの大きなうねりの一部であり、政治性をもつ主要なウォーキング・クラブは、それぞれ何らかの社会の支配的潮流への異議として設立されたものだった。シエラ・クラブの場合、反撥すべきその潮流とは国の急速な発展による手付かずの生態系の破壊だった。ヨーロッパの多くの国においては、人の手の入っていない土地はよりおだやかな状況にあったが、同時に人びとの手に届きにくいものとなっていた。オーストリアの〈自然の友〉やイギリスの多くの団体にとって、問題は山野が上流階級に独占支配されていることだった。現在〈自然の友〉の事務局長を務めるマンフレート・ピルスからわたしが受けとった手紙にはこう記されていた。

〈自然の友〉が設立されたのは、当時は余暇や旅行の楽しみが上流階級の特権となっていたからでした。……アルプスの草原や森林を私的に占有して人びとを締め出そうという動きに異議を唱えたのが〈自然の友〉だったのです。このキャンペーンは「禁じられた道」と呼ばれていました。最終的に、〈自然の友〉は誰もが森林や高地の草原に歩いてゆくことができる、という法的な保証を勝ち取りました。

そしてその結果として、「アルプス山地は国有地ではなくいまも私有のままですが、わたしたち（およびすべての旅行者）はすべての人道を通行することができ、森や高原にゆくことができるのです」。

ドイツとオーストリアから急進的な人びとが渡ってくるのにともなって、彼らの団体もアメリカにやってきた。サンフランシスコでは、ヴァレンシア・ストリートにあるドイツ系の労働者会館で出会った移民たちが、大きなグループをつくってタマルパイス山への遠足を行なった。

〈自然の友〉の歴史を研究している郷土史家エリック・フィンクによれば、一九〇六年のサンフランシスコ地震のあとでこの地域の職人人口が増加し、週末のハイキング人口も急増した。そして彼らは自分たちの〈自然の友〉支部を設立するために地所を購入することを決めた。五人の若者がタマルパイス山の急斜面をまるごと二〇〇ドルで入手し、会員は自分たちの手で山中の拠点をつくりあげた。フィンクの妻によれば、一九三〇年代までは参加するためには労働者組合の身分証が必要だった。セコイアの林を見下ろすように据えられたこのバイエルン風の山荘は、シエラ・クラブに代わって、週末にしか街を出られない人びとのための手近な居場所を提供していたのだ。

〈自然の友〉の成功には代償がともなった。社会主義的な思想がナチを刺激したためオーストリアとドイツでは弾圧され、一方のアメリカでは組織のドイツらしさが嫌疑を呼んだ。第二次世界大戦後にはアメリカでも社会主義が問題とされるようになる。アメリカを席巻したマッカーシズムが〈自然の友〉に残した傷は深く、支部のリーダーのなかには団体の歴史についていまも口を重くする者がある。「ヨーロッパでは現在かなり政治的な団体になっていますが」と、彼は強いドイツ訛りで語った。「ここでは無理なことです。わたしたちは政治的なものとはすべて距離を置いています。これまで長きにわたって築き上げたものを失いかねないのです」。社会主義や共産主義に与すること、あるいは過去にそうした立場をとったことが危険な敵対行為とみなされていた時代に、合衆国東部にあった〈自然の友〉の支部はすべて崩壊し、会員たちが購入し、建設し、所有していたクラブハウスは他人の手に渡った。わずかにカリフォルニアの三支部が頑なに政治と距離をおくことで生き延び、最近になって四番目の支部がオレゴン州北部に開設された。二十一カ国にひろがった六十万名の〈自然の友〉会員のうち合衆国に残るのは千名足らずであり、非政治的なスタンスゆえに会員のなかでは特異な存在となっている。

ドイツの青年運動であったワンダーフォーゲルは、第二次世界大戦を生き延びることができなかった。そしてその歴史は、いかなるイデオロギーも歩くことを独占支配できなかったということをいまに伝えている。速記学生のグループが権威主義的なドイツの家庭や政府に抗うように近郊の森へ、そして次第に遠方へ足を伸ばしはじめた一八九六年のベルリン郊外からこの運動の運命ははじまる。一八九九年には、一度に数週間のあいだ山中をさまよい歩くようになっていた。サークルでもっともカリスマを発揮したカール・フィッシャーが組織を整え、行動様式を定め、理念をひろめた。そして一九〇一年十一月四日に、ロマン主義的な散策を追求する団体として〈遊歩のための学生委員会ワンダーフォーゲル〉が創設された。ワンダーフォーゲルとは渡り鳥を意味し、詩から採られたこの言葉は、軽やかで自由なあり方というメンバーの願いが反映されたものだった。この運動に参画した大勢の青少年にとって最初のロール・モデルは、さまようような遍歴を重ねた中世の学徒であり、活動の中心は長期間の遊歩遠足を共に行なうことだった。そのほかにも〈ワンダーフォーゲル〉の文化として受け継がれる活動があり、歴史家が彼らによる唯一にして最上の文化的貢献と呼ぶ民謡の復興なども行なった。多くのメンバーが青年特有の理想主義に燃え、彼らの夕べは音楽に加え哲学の議論で熱を帯びた。運動は細かい論点をめぐって延々と離合を続けていたようだ。あるワンダーフォーゲルの声明は、「主たること、すなわち遊歩することにおいて我々は完全な合意を有する」と締めくくっている。

声明の反権威主義は一種独特なものだ。ワンダーフォーゲルは排他的で、リーダーに絶対服従を誓う小グループからなる階層的な組織であり、さらには格式ばった制服があり（ふつうは膝上丈のズボンと暗色のシャツにネッカチーフ）、さまざまな難度の危険をともなう入会儀礼があった。ワンダーフォーゲルは現実政治との接点をもたない一方で、多くのメンバーが民族主義的な国家主義を支持していた。つまり〈自然の友〉において労働者の文化であった民衆文化は、ワンダーフォーゲルにとって民族的なアイデンティティを意味するものだった。メンバーは中産階級出身者にほぼ限定され、女性は一九一一年以降に一部のグループで参加を容認された以外、独自のグループを形成するように促された。〈ユダヤ人問題〉は一般にユダヤ人――しばしばカトリックも――が歓迎されないことに現われていた（ただし、少なくともひとり、著名なユダヤ人すなわちヴァルター・ベンヤミンが青年期にこの運動のラディカルな一派に参加している）。最盛期の会員は六万人を数えた。もともとドイツ的な権威主義への反抗として開始されたとも言えるワンダーフォーゲルは、その限りでは政治的なクラブといえるだろう。しかし、ファシズムへ傾斜してゆく国家に本当の意味で対抗するだけの実力や洞察力はそこには存在していなかった。

若者が参加する団体としては、このほかに教会による諸グループや〈プロテスタント青年運動〉があり、さらに一九〇九年以降にはドイツ版のボーイスカウトが創始された。労働者階級の若者たちは共産主義・社会主義の青年組織に参画していた。ボーイスカウトもまた、ワンダーフォーゲルを含めて歩くことの歴史のさまざまな場面で問われる、歩行はいつから行進に変わるのかという問題を提起する存在だ。ほとんどのウォーキング・クラブの端緒は個々人の私的な体験を讃え擁護することだったが、一部に権威主義が芽生える。行進はまさしく個々の身体のリズムを集団性や権威に従属させる。足並みを揃えた集団が向かう先には――まだそこへ到達していない場合は――軍国主義が待つ。ボーイスカウト運動は、ボーア戦争を経験した退役軍人ベーデン゠パウエル卿が、自らの着想とイギリス系カナダ人アーネスト・トムソン・シートン〔『動物記』で知られる〕から剽窃したアイデアを具現化したものだった。シートンが目指していたのは子どもたちをアウトドアの生活に触れさせることで、アメリカ先住民の知恵や価値観を強く意識していた。そのためか、子どもたちに限らない異教復興運動の元祖として言及されることもある。ベーデン゠パウエル卿は森で生活することをより軍隊的で保守的な感覚で捉えていた。現代でもボーイスカウトのグループにはそれぞれ独特の様式があり、アウトドアの技術を教えるものもあれば、子どもたちを小さな兵隊として訓練するものもある。第一次世界大戦後、ワンダーフォーゲルが瓦解する一方で、〈開拓者〉と呼ばれたドイツにおけるボーイスカウトは大人の指導者たちに反旗を翻し、もともとの運動を大きく変容させていった。

こうして生まれた新しい〈開拓者〉の部隊リーダーを経験した者に、不確定性原理で知られる物理学者ヴェルナー・ハイゼンベルクがいる。戦争のあとでは冒険の真似事はよい気晴らしであったに違いない。というのは、彼は兄弟で包囲下のミュンヘンに食糧を密送するというリアルな危険をくぐり抜けていたからだ。ドイツ人のご多分に漏れずハイゼンベルクもまたハイキングの伝統と山への愛を受け継いでいた。父方の祖父は若い職人の通過儀礼だった遍歴修行〔徒弟修行の後、各地を遍歴して技術の向上につとめること〕の経験があり、母方の祖父は長距離の徒歩旅行に出かける熱心なハイカーだった。しかし、強烈な理想主義と連帯感を帯びた〈開拓者〉運動にはそれらとは異質の吸引力があった。この運動を通じて吸収した国への愛と同胞意識のために、ナチの原爆開発計画に参画した第二次世界大戦中にハイゼンベルクは深刻な葛藤と苦しみを経験することとなる。「一九一九年以降、ロシア、イタリアおよびドイツの軍国独裁政権はそれぞれ独自の青年組織を設立した」と、当時の歴史家は語っている。そして「ヒットラー・ユーゲントはもともと青年運動から多くのシンボルや儀礼を借り受けたが、もはやそれは単なるカリカチュアだった」。

3　ピーク地方からのひろがり

イギリスを除く世界では、集団的なウォーキングはハイキングやキャンピングへと変化し、現代ではアウトドアや自然体験などと呼ばれる漠然としたものとなっている。その種の同好会では、ウォーキングは常に何かをともなっている。ウォーキングとクライミングに環境保護活動。ウォーキングと社会主義にフォーク・ソング、ウォーキングと若者らしい希望、そしてナショナリズム、といった具合に。言葉こそ「散策」などと呼んではいたものの、ウォーキング自体を関心の中心におきつづけたのはイギリス人だけだった。歩くことの意味、すなわち文化的な重みという意味でも、イギリスには他所のどことも違う特別なものがある。夏の日曜日に郊外に出かけるイギリス人は千八百万人を越え、レジャーとして歩くという者は一千万人を数える。書店に行けばウォーキングのガイドブックが多くの棚を占め、古典の傍らにはラディカルな書物も並ぶという具合にジャンルとしても確立されている。前者はたとえばアルフレッド・ウェインライトによる手描きの挿絵つき山野ガイド、後者にはシェフィールドのランド・ライツ〔土地権〕の活動家テリー・ハワードによる、不法侵入となる経路だけの道案内といった具合だ。歩くことがエクササイズのバリエーションに過ぎないアメリカでは、雑誌『ウォーキング』といえば女性向けの単なる健康とフィットネス雑誌にすぎないが、イギリスには肉体よりも風景の美を主眼に歩くことを扱うアウトドア誌が五、六誌もある。アウトドア作家のロリー・スミスによれば、「ほとんどスピリチュアルに近い」。「ほとんど宗教。人との交流として歩いている人も大勢いる。野原には隔てるものはないし、誰にでも挨拶するから。我々の忌々しい英国的遠慮を乗り越えてね。ウォーキングには階級が存在しない。そんなスポーツはそれほど多くはない」。

しかし、土地へ進入するということは階級闘争と無縁ではなかった。千年をかけて、ブリテン島の土地は地主たちによって少しずつ占有されてきたが、この百五十年間は土地を持たない人びとによる反撃が展開された。ノルマン人は一〇六六年にイングランドを征服した際、広大な土地をシカの猟場として確保した。それ以来何世紀にもわたり、侵入しての密猟や狩猟の妨害行為には去勢・追放・死刑といった厳罰が課されていた（たとえば一七二三年以後でも、シカはいうに及ばず、ウサギや魚を獲ることも死罪に相当する侵犯行為だった）。共有地《コモンズ》と呼ばれる私有地では地元の住人が木材や牧草のために利用する権利を有していたが、仕事や旅行のためには伝統的な通行権が必要だった。これは山野を歩く際、横切る土地の所有者にかかわらず自由に通行することができるという権利である。スコットランドでは一六九五年に議会によって共有地の撤廃が決定され、イングランドでは十八世紀に、法にもとづく囲い込みや、非合法ながら強い追い風のあったコモンズの取り込みが勢いを増していった。

往時隆盛を極めた開かれた庭園のゆきついたところは大きな利益を産み出す囲い地であり、柵で囲われ、単一の大規模地主の下、羊の放牧や農耕が行なわれるようになった。これは、開放耕地や共有地からの農業従事者の締め出しによって行なわれることが多かった。十九世紀になると、上流階級に狩猟が流行したために、それまで多くの人びとの生活の糧としていた共有地がさらに地主たちの手に落ちていった。とくに烈しかった一七八〇年から一八五五年にかけてのスコットランドにおけるハイランド・クリアランスでは大量の人びとが土地から追われ、大部分は北アメリカへと渡ることを余儀なくされた。海沿いの土地まで移り、小さな農地にすがってかろうじて生き延びた者もあった。一年のうちわずか二、三週間行なわれるライチョウやキジ、あるいはシカの狩猟を口実に、何千マイルというイギリスの奥深い田舎道は一年中立ち入りを禁止されることになった。狩りは合衆国では貧者や田舎暮らしや先住民の食糧調達手段になる程度だが、イギリスの狩猟はエリートたちのスポーツなのだ。昔もいまもこうした土地では大勢の猟場管理人が巡視し、非常手段に訴えて人びとを排除する場合もあった。スプリング銃、対人用の罠、犬、威嚇発砲、棍棒や素手による攻撃、そして脅し。たいていは地元の法執行機関がこれに加担した。

イギリスが農民主体の農業経済を中心としていた時代には、土地へのアクセスをめぐる争いはそのまま経済活動に関わるものだった。しかし、十九世紀の半ばには人口の半数が都市や町に住み、現在その割合は九割を越える。人口の移動先となった市街、とりわけ新興の産業都市は往々にして荒んだ環境だった。家屋がぎっしりと建て込み、上下水道や廃棄物処理の仕組みも十分に整備されておらず、工場や家庭で使う石炭のために大気には常に煤が漂う。そんな薄汚れた十九世紀のイギリス都市で、貧困層はもっとも酷い場所に住んでいた。田舎志向と都市環境の過酷さはどちらが先だったか、というのはニワトリと卵のような問題だが、イギリス人が変わらず断固として支持してきたのは大通りではなく、人道《フットパス》だった。人びとは隙あらば街を出たがり、街の多くも歩いて郊外へ出てゆけるほどの規模に保たれていた。この時代に、共有地《コモンズ》と通行権をめぐる対立は経済ではなく内面的な生にかかわる問題に、すなわち都市からの一時避難をめぐる問題に変わった。

余暇に歩こうとする人びとが増える一方、伝統的な通行権が許容する範囲は次第に減少していく。一八一五年、議会は行政官に対して不必要と判断された道を閉鎖する権限を与えた（こうした土地をめぐる闘争が行なわれていた期間を通じて、イギリスの田園地方の行政は大部分が地主とその関係者によって掌握されていた）。一八二四年にヨーク近郊で〈旧歩道保護協会〉が創設され、一八二六年には同じ名称の組織がマンチェスターでも産声を上げた。こうした協会のうち、現在に残る最古のものは一八四五年に設立された〈スコットランド通行権協会〉で、さらに一八六五年設立の〈共有地・開放地・人道保全協会〉は現在でも〈オープンスペース・ソサエティ〉として活動している。ロンドン近郊のエッピング・フォレストをめぐる闘いの勝利の立役者となったのはこの協会だった。人びとは一七九三年にはひろさ九〇〇〇エーカーの森を利用していたが、一八四八年には七〇〇〇エーカーまで縮小し、さらに十年後には周囲に柵が設けられた。そして森の木を切った三名の労務者に厳罰が課された出来事を契機に、刑罰と柵（その時点ですでに裁判所は撤去を命じていた）への抗議として五、六千人の人びとがそこに立ち入る権利を行使してみせた。一八八四年には「エッピング・フォレストを歩いて、障害となっているものがあれば報告する」ことを目的とした〈森林散策クラブ〉がロンドンの実業家によって立ち上げられ、前後して数多くのウォーキング・クラブが設立された。

歩く場所をめぐる対立が由来していたのは土地の捉え方の違いだった。野山をひとつの大きな体と考えると、土地所有はそれを経済的な単位で分割するという考え方にもとづいている。ひとつの体を内蔵や食肉の部位のように分けるということであり、食糧生産のために風景を構造化する堅実なやり方だ。しかしこの考え方では、湖沼や山や森林をも同様に垣根で区切られねばならないということを満足に説明できない。そうやって大地を細分化する土地所有の境界ではなく、循環系のように機能して、全体をひとつの有機体に結びつけている道にこそ、歩くことは関心を向ける。その意味で、歩行は所有のアンチテーゼである。歩くことは、大地において、動的で抱えこむもののない、分かちあうことのできる経験を求める。流浪の民は国家の境界を曖昧にし、穴を開けてしまう存在としてナショナリズムに敵視されることが多かったが、歩くことは、私有地というやや小さなスケールの相手に対して同じことをしているのだ。

家畜用の低い段を踏み越えて牧場を横切り、実利的で、それでいて美しい農地の脇をかすめて歩く。イギリスにおけるウォーキングの愉しみには、たしかにこうした通行権の対象となっている道がつくりだす共生の感覚がある。通行権というもののないアメリカの土地では、生産とあそびの領域がきっちりと分断されている。おそらくこのことが、アメリカの擁する莫大な農業用地がほとんど認識も意識もされていない理由のひとつだろう。市民にもっとひろいアクセスの権利が保証されているほかのヨーロッパ諸国、デンマーク、オランダ、スウェーデン、スペインといった国々の制度に比べれば、イギリスの通行権はそれほど顕著な特徴をもっているわけではない。しかしこの通行権の考え方は、所有権のみを絶対視することなく、小道を土地境界と同じくらい重要な原則に据えるという、土地に対するひとつの別の見方を伝えている。ブリテン島の九割近くの土地は私有されているため、野山に足を踏み入れることは私有地への立入りの問題となる。他方、日曜日に散歩に行くには便利とはいえないものの、合衆国にはかなりの公有地が残されている。それゆえに、イギリスのウォーキング運動家が境界に反抗して闘う一方で、シエラ・クラブは境界を護るために闘った。イギリスでは公衆を排除するために土地に境界が引かれたが、合衆国の土地境界は公有地を公共のままに、手付かずのまとまりとして保ち、民業の進出を阻むために引かれていたのだ。

ストウの大庭園を見に行ったときに出会った案内人は、この庭園は教会の周囲の村を取り壊し、「薄汚い村人たち」を一マイルほど移住させて造られたのだと教えてくれた。彼女によれば人びとはのら着を着なければ庭園に立ち入ることが許されず、その理由は眺めの趣きのためだったという。三時間ほどして、いまや木々と低木の背後に隠れてしまった教会のそばで再びこの反骨精神に富む魅力的な女性にばったり出会い、わたしたちは話し込んだ。通行権についていえば、彼女は幼い頃、「不法進入者は告訴する」と書かれた看板を掲げる農園のそばで暮らしていたという。彼女はそれを死刑のことだと思い込み、他人の首を刎ねるような人間がよく教会に来れるものだと訝しんでいたという。のちに外交官の夫とロシアに住んだが、ロシアでも他所でも、ほとんどの国で不法侵入自体はそもそも考えの埒外だったという。わたしが出会ったイギリス人の多くは、土地の景観は彼らの受け継いだ遺産であり、自分たちにはその場に足を運ぶ権利があるという感覚をもっていた。合衆国ではそれよりはるかに私有財産が絶対視され、その正当化に寄与する存在として莫大な公有地がある。個人の権利を公共の利益に優先させがちなイデオロギーと同じように。

だからこそ、イギリス文化においては通行という行為が大衆運動として存在し、私有権の範囲がいまだ議論の対象たりうるという発見は、わたしにとって心の震える出来事だった。歩行が所有によって分断された大地を縫い合わせる行為だとすれば、不法進入はその政治的な身振りとなる。自由党の議員だったジェームズ・ブライスは、一八八四年に私有の草原や野山の通行を認める法案を提出するが、これは不首尾におわった。数年後に彼はこう宣言している。

大地は、我々が限度なく使い尽くすべき資産ではない。大地は、我々が身をおき、生きる糧を得、さまざまな楽しみを得るために不可欠なものである。したがってわたしは、法によって、あるいは自然的正義によって無条件の進入禁止を命じる権能などというものが存在するあるいは認められるということを否認する。

この立場はイギリスの改革派のみならず穏健派にもひろく支持された。あるダービシャーの素晴しいガイド本の著者は、ピーク地方について次のようにコメントしている。

玉に瑕といえるのは、これほどひろい場所のなかで、大勢の行楽客たちは数歩ほどの幅の細道に実に注意深く留まっていなければならないことだ。すべての土地の公有化という信条もむべなるかなと考えさせられる。

残念ながら「数歩ほどの幅」の通行権もまた限定的なもので、そこを通って移動することが適法であっても、座ったり、食事をしたり、横道へ入ることは違法となる可能性があった。そして人道のほとんどは実用上のもので、イギリスでもっとも奥深い、目を見張るような場所には届いていない。

そこへ、イギリスの田園地帯の相貌を一変させる不法進入と歩行の事件が起こる。北部の産業都市の労働者が、余暇に徒歩や自転車や電車で訪れるピーク地方がその舞台となった。南イングランドではレズリー・スティーブンが「分別ある、わずかばかりの不法通行」を実践し、彼が率いる紳士的な〈サンデー・トランプス〉サークルが猟場の管理人の脅威となってはいたものの、真剣な遠征の舞台となるのはいつもアルプスだった。「十九世紀最後の四半世紀にイギリスの都市、とくに産業都市の人びとの間に散策熱が高まり、次第に彼らが通行権闘争の主導権を握るようになってきた」と、ハワード・ヒルは書いている。「その大きな理由は、スイスの山への人気が高まっていたことだった。歩くことも登ることも完全に自由であり、遠くイギリスから上流階級のハイカーや登山家を惹きつけていた」。ＹＭＣＡ〔キリスト教青年会〕は黎明期のウォーキング・クラブのスポンサーとなった組織のひとつだった。一八八〇年代には、マンチェスターの〈ＹＭＣＡ散策クラブ〉は仕事を終えた土曜日の午後から日曜日の晩にかけて七〇マイルを歩いていた。一八八八年には〈ロンドン・ポリテクニック・クラブ〉がウォーキング・クラブとして設立され、一八九二年には〈西スコットランド散策者同盟〉が組織された。一八九四年には女性教師たちによって〈中部散策者協会〉が、一九〇〇年にはＧ・Ｂ・Ｈ・ウォードによって社会主義者の〈シェフィールド・クラリオン・ランブラーズ〉が設立された。一九〇七年には〈マンチェスター・ランブリング・クラブ〉、一九二八年には全国的な英国労働者スポーツ連盟（ＢＷＳＦ）が結成されている。さらに一九三〇年になると、ちょうど〈自然の友〉のように、ユースホステル協会が若者や金銭的余裕のない旅行者のための宿の提供をはじめた（ユースホステル協会は一九〇七年にドイツではじまった。ちなみにイギリスでは当初、何人も自動車で到着してはならないというルールがあった）。二十世紀初めの三、四十年間、歩くために出かけてゆく者は多かった。それをひとつの運動《ムーブメント》と捉える者もある。歴史家ラファエル・サミュエルズの言葉を借りれば、「ハイキングは、非公式とはいえ、社会主義的な生活様式の主要な構成要素だった」。労働者たちは大地への情熱を育み、あるいは農民だった祖先から受け継ぎ、そこから無数の歩く者たちが生まれ、労働者階級の植物好き自然好きの文化が生まれた。集団で歩く理由には安全のためということもあった。猟場の管理人はもとより、「散策者に対する田舎の人びとの憎悪」について、あるシェフィールドの散策者は「彼らは単独行動している者をたたきのめす場合もある」と報告している。

産業革命以前のピーク地方は人気の観光地だった。ワーズワース兄妹やカール・モーリッツは現地を訪れ、ジェーン・オースティンは『高慢と偏見』のヒロインをその景勝地に送り出した。その後、四〇マイルの幅をもつこのオープンスペースは、マンチェスターとシェフィールドという大工業都市の狭間に差し込まれた特異な領域として地元の人びとに深く愛されている。ピーク地方は地表のあらゆる表情がある。〝ケイパビリティ〟・ブラウンの手によるチャットワースの裕福な地所から、おだやかなダヴデイル、そしてロック・クライミングのフィールドとなっている見事な砂岩地帯のある荒地まで（一九五〇年代、ここでマンチェスターのふたりの鉛管工ジョー・ブラウンとドン・ウィランスが〈登山における労働者革命〉を成し遂げ、技術的にも新しい難度の世界を拓いた）。チャットワースの庭園と砂岩のクライミング・エリアの間には、野山への進入をめぐるもっとも有名な闘いの焦点となったキンダー・スカウト山がある。ピーク地方でもっとも標高が高く、人里からも離れたこの場所は一八三六年まで王領、すなわち公有地だった。囲い込み法によってこの土地が隣接する地所の所有者に分与された際、その大部分はチャットワースの所有者デヴォンシャー公爵の手にわたった。キンダー・スカウトの頂上へ近づく道はなかったため、この山を含む一五平方マイルに公衆がアクセスすることは完全に不可能となった。散策者はこの山を「禁じられた山」と呼んだ。この地域の主な通路は、麓を横切るローマ古道だったが、通行権の認められていたこの〈ドクターズ・ゲート〉と呼ばれていた道は地主のハワード卿によって違法に閉鎖された。十九世紀のおわりに開放をもとめる交渉がはじまり、マンチェスターとシェフィールドの散策クラブは直接的な行動に訴えるようになった。一九〇九年に〈シェフィールド・クラリオン・ランブラーズ〉がドクターズ・ゲートを全長にわたって歩き、〈マンチェスター・ランブラーズ〉は五年間、「挑戦的に」この道を歩きつづけた。地主は「通路に非ず」という標識の設置や、入口の閉鎖、あるいは鍵のついた木戸を設けるなどするものの最終的に敗北を余儀なくされた。今日のドクターズ・ゲートは、わずかに行程を変えているほかは、二千年前と変わらぬ公衆の道となっている。

キンダー・スカウト山が投げかけた問題はさらに波紋を呼んだ。英国労働者スポーツ連盟のマンチェスター支部局長ベニー・ロスマンは、産業不振に苦しむ一九三〇年代の街のありさまを次のように書いている。

都市の住人は、野山にキャンプに出かける週末のために生きていた。しかし失業者が帰ってきてやることといえば、職業安定所に登録して失業手当を受け取ることだけだった。散策やサイクリングやキャンピングのためのクラブは会員数を延ばしていた。……人びとが増えるにつれ、自然と触れ合う感覚は次第に遠のいていった。散策者はもの欲しげな視線で茫漠とひろがる泥炭の沼地や荒地や頂を眺めるが、それらは禁じられた領域だった。ただ立ち入りが禁じられているだけではない。そこは棍棒で武装した管理人が護っており、なかには単独行動の散策者に手を上げることを躊躇しない者もいるのだ。

一九三二年、英国労働者スポーツ連盟はこうした状況を世に問うために組織的な不法進入を行なうことを決定し、ロスマンは新聞各紙に意見を述べた。ほかの散策クラブから反対の声も上がるなか、若手の急進派が四百名を率いて近郊のヘイフィールドへ向かった。ダービシャー警察は三分の一の人員をこれに同行させた。道中、ロスマンは山へのアクセスをめぐる運動の歴史を演説し、喝采を受けた。キンダー・スカウトの高原への急峻なアプローチにさしかかると二、三十名の管理人が現われ、散策者に向かって怒鳴ったり棍棒で威嚇したりした末に、けしかけた小競り合いに敗れて逃げ帰って行った。頂上に到着すると、一行はシェフィールドの散策クラブ会員と合流し、マンチェスターから続く者を迎えた。

この束の間の勝利と眺望の代償としてロスマン以下六名が逮捕され、不起訴となったひとりを除いて「集団暴動を扇動した」との廉で二ヶ月から六ヶ月の刑が課された。この評決は激しい怒りを呼び、クラブのメンバーのみならず一般の公衆も刺激した。その結果、好奇心や同調の思いを抱いた者がキンダー・スカウトを目指した。それまで毎年、通行制限に抗議する集会がピーク地方のウィナッツ・パスで開催されていたが、この年の集会には散策を愛する一万人もの人が集まり、有罪評決への抗議としてさらなるデモンストレーションや組織的な不法進入が行なわれた。歩くことのポリティクスはすっかり熱を帯びたものになっていた。全国散策者協会連合会は一九三五年にランブラーズ協会と改組して、通行権要求運動をさらに後押しした。廃案になったものの、一九三九年には通行権のための法案が議会に提出された。一九四九年に議会を通過したのはさらに強力な法案だった。この「国立公園と田園地域へのアクセスに関する法」により、様相は一変する。「国立公園」にとってはそれほどでもなかったが、「アクセス」については重大な意味があった。イングランドとウェールズのすべての州議会は管轄領域内のすべての通行権道路を地図上に確定することが求められ、ひとたび正式に記載されればその道に関する判断は議論の余地がないものと扱われるようになった。利用する歩行者が通行権道路の証明をしなければならない状況から責務の所在が移り、逆に地所の所有者が、通行権道路を否定する責務を負うようになった。これ以後、通行権道路は陸地測量局の詳細地図にも記載され、誰もがその道を使えるようになった。地方議会はさらに、適当なオープンスペースに関して「評価地図」を作成し、歩行者のアクセスを保証すべく交渉してゆくことを義務づけられた。これは絶対的なアクセス権の保証には及ばないものの、大きな前進だった。その後、さらに多くの長距離トレイルが整備され、数日だろうが数週間だろうが、誰でもイギリスを股にかけたウォーキングやハイキング旅行ができるようになった。近年になっても、歩く人びとの数は留まることなく増えている。ランブラーズ協会は創立五十周年をむかえ、独自に「禁じられたイギリス」と称する組織的進入行為をはじめた。一九九七年には労働党が「放浪する権利」法の制定を訴えてキャンペーンを行なった。これは一八八四年のジェームズ・ブライスの法案から一世紀以上を経てようやく、野山を市民に解放しようとするものだった。最近になるとさらに〈この大地はわれらのもの〉や〈街路を取り戻せ〉といった新手のラディカルなグループが、公共圏を押しひろげようと直接行動に訴えている。彼らの民主主義あるいはエコロジカルな観点のアジェンダにおいて歩くことは中心的な主題とはいえないがアクセスと保全という大衆的関心はひろく共有されている。

田舎歩きの歴史が抱える大いなる皮肉、あるいは詩的な正義といえるのは、上流階級の庭園からはじまった嗜好が、巡りめぐって私的所有を絶対的にして特別の権利として攻撃するに至ったことだ。この文化の発祥の地となった庭園や公園の多くは閉じられた空間で、たいていは壁や堀に護られ、利用は少数の特別な者に限られ、囲い込みで占有された土地に設けられるものもあった。しかし、樹木や水や土地を、幾何学形態に押し込めることなく自然のままにさせようとすることや、庭園を囲っていた壁の撤去や、非整形の度合いを高めてゆくその空間を歩くときの、ますます豊かになる経験、そういったイギリス庭園の発展には、やはり民主的な信条が見え隠れしている。風景のなかを歩くことへの関心がひろまると、かつての上流階級の末裔たちのなかには、そうしたイギリス庭園が秘めていた理念に従って生きることを余儀なくされる者もあった。その波は、いつかイギリス全土を歩行者に開いてゆくだろう。

愉楽のために歩くことが人間の可能性に加わって以来、そのひろがりを享受した者が、今度は返礼として世界を変えてみせた。世界をある種の庭園へ、今度は壁のない、公衆に開かれた庭園へと変えた。ウォーキング・クラブが大地に残した足跡は、さまざまな国に異なる形で残っている。合衆国では、パッチワークのように残された原野と、生態系を護ろうとする裾野のひろい政治運動となった。オーストリアからは、その地を発祥の地に二十一カ国に数百もの山荘が据えられ、自然環境について一家言をもった五十万人を越えるアウトドア愛好家を育てた。イギリスには、一四万マイルの総延長をもつ膨大な小道と、大土地所有階級への熾烈な反抗心がある。歩くことは現代世界をつくりあげた諸力のひとつになった——しばしば経済への対抗原理となることによって。

歩くことを中心に組織をつくろうとすることは一見奇妙に思える。歩くことの価値を語る者はたいてい、独立、孤独、そして機構や統制の不在がもたらす自由について語っている。けれども、歩いて世界へ踏み出すためには三つの前提条件がある。自由時間があること、行く場所があること、そして身体が病や社会的拘束に妨げられていないこと。ごく基本的なこうした自由は無数の闘争の主題となった。はじめに八時間労働や十時間労働、次いで週五日労働を争点にしていた、つまり時間の自由への闘いを繰りひろげていた労働者組織が、勝ち取った貴重な時間を楽しむための空間の獲得に関心をもつのはまったく理に適ったことだった。空間のための運動を担っていたのは労働者たちだけではない。この章で注目してきたのは野山や田園の空間だが、都市公園の発展にも歴史の厚みがある。たとえばセントラル・パークは、街を離れる余裕のない都市住民にのどかな地方のよさを届けようとする、民主的かつロマン主義的なプロジェクトだった。もっといえば、妨げられることのない身体という主題はさらに捉え難い。ヴィクトリア朝時代の衣服は浅い呼吸、狭い歩幅であぶなげにバランスをとるという作法に女性を絡めとるものだったことからすれば、付き添いのない女性でもマツの枝の寝床に横になり、ブルマーを履いて山登りをしていた初期のシエラ・クラブの様子は、カリフォルニアにおいて女性解放運動が、あるいはそのささやかな一部分が副産物として産み出されていたことを示唆している。ドイツやオーストリアの初期のアウトドア・クラブにみられたヌーディズムは、丘陵地に足を向けるという行為も自然への帰依というという大きな企ての一部だったことを示している。それは性的な官能も含めた自然らしさだった。衣服を手放さない者も身体を晒すカジュアルなショートパンツなどを着用していた。他方でイギリスの労働者に関していえば、いったいなぜ、澄んだ空の下で開けた場所を闘歩するという行為が、多くの人びとにとって闘ってでも勝ち取りたい解放を意味したのか。それを理解するためには、フリードリヒ・エンゲルスの『イギリスにおける労働者階級の状態』に書かれた、身体を蝕み、歪めるほどに劣悪な工場労働者の生活と労働の状況を一読すれば足りる。自宅と執務空間に縛りつけられ、時代から取り残されてゆく中産市民の身体。あるいは産業機構に組込まれてゆく労働者の身体。大地を歩くことは、それらをもたらした変化に抗うことだったのだ。

大地を歩くことの歴史において、はじめに採り上げた文筆家ルソーとワーズワースはいずれも社会の解放と自然への情熱を結びあわせていた（しかしながら、幸いにもふたりともボーイスカウトやアウトドア産業、あるいはそのほかの徒歩文化の枝葉の構想へ至ることはなかった）。そしてウォーキング・クラブこそが、彼らの考えた理想的な歩行者、すなわち遮られるもののない大地を移ろってゆく、そんな歩行者へと、大勢のごくふつうの人びとを導いたのだった。

第3部 街角の人生

Lives of the Streets

第十一章　都市——孤独な散歩者たち

ニューメキシコの田舎に長く暮らしたあと、わたしはもともと住んでいたはずのサンフランシスコを初めて旅人のような目で見た。その年、わたしは都会の萌え出る春を感じながら、カントリー・ソングが謳う街の灯の魅惑がようやく理解できたように思った。おだやかな五月の日夜、どこへでも歩いてゆき、その足取りに詰め込まれた可能性の豊かさに目を回し、玄関の扉からさまよい出るだけでそれらに出会うことができると気がついて心を震わせた。建物すべてのあらゆる店先はまるで異世界への入口のようで、人間生活のあれこれがからみあいながら圧縮されていて、出会いの豊かさにあふれかえっている。ちょうど一本の書架に日本の詩とメキシコの歴史とロシアの小説をつっこんでおけるように、我が街の建物は禅センターとペンテコステ教会とタトゥー・パーラー、それに青果店とブリトー屋と映画館と点心レストランを抱えこんでいる。凡庸きわまるものごともわたしには驚異に映り、街路の人びとはわたしと似た、それでいてまったく似ても似つかない無数の生の断片を垣間みせる。

街にはいまも昔も変わることなく匿名性や多様性やつながりの可能性がある。歩くことは、そのなかに身を浸すいちばんの方法だ。パン屋や占い師の店に立ち寄るにしても、はじめからそれを目指して行く必要はない。街はいつでも住人が知り得る以上の物事を内包していて、偉大な街はいつでもまだ知らないこと、起こるかもしれないことが想像力を刺激する。サンフランシスコはアメリカでもっともヨーロッパ的な街だと久しく語られてきたが、よく口の端に上るわりには、その意味が語られることは少ない。思うに、そうした語り口がいわんとするのは、スケールや都市生活の意味で、サンフランシスコは直接的な出会いの場としての都市という理念を失っていないということだ。アメリカの都市の多くはますます巨大な郊外住宅地のようになりつつある。細部まで統制と分断がゆきとどき、公共の場で歩行者同士がふれあうのではなく、私的な空間を自動車でよそよそしく往復するためにデザインされた場所。だがサンフランシスコは三方を水に、残る一方を山に囲まれ、スプロールを抑えつつ、活気あるさまざまな界隈を保っている。真に都市的というべきその密度、美しい街並み、丘陵から見張らすサンフランシスコ湾と大海原の眺望、いたるところにあるカフェやバー。そこには大方のアメリカ都市とは異なる空間と時間への態度が表わされている。芸術家や詩人、社会や政治にラディカルな思想をもつ人びとが、ただ消費経済に暮らすのではなく別の生き方を模索してきたという伝統（いまはジェントリフィケーションの波に押されているが）も、同じことを示している。

戻ってきて最初の土曜日、近所のゴールデンゲート・パークへ散歩に出かけた。自然の壮麗さはなくても、その代わりにたくさんの楽しみがある。音のよく響くガード下で練習するミュージシャンたち。太極拳をする老中国人女性の一団。母語をやわらかく響かせながら何事か話しながら歩くロシア移民たち。本能のままによろこびを溢れさせる犬に引かれてゆく人びと。そして、太平洋の岸辺まで続く徒歩の道のり。その朝、公園の野外ステージでは地元のラジオ番組が協力する「ウォーターシェッド・ポエトリー・フェスティヴァル」が開催されていて、わたしはしばらくそれを観ていた。ステージのマイクでは、かつてのアメリカの桂冠詩人ロバート・ハスの指導で子どもたちが自作を朗読し、脇の方にはわたしも知っている詩人が何人か控えている。歩み寄って声をかけると、そのうちのふたりが真新しい結婚指輪をわたしにみせてくれたし、初対面の詩人たちにも紹介してくれた。そこで偶然に出会った偉大なカリフォルニア史家マルコム・マーゴリンは笑ってしまうようなおもしろい話をきかせてくれた。こうしたたまたまの出来事や、雑多な人びととのふれ合いや、青空の下で見知らぬ者に放たれる詩の言葉。これこそ、都市がわたしにみせてくれる白昼の驚異なのだ。

マーゴリンの出版社へイデイ・プレスには、自社の刊行物と並べて、ほかの小出版社や企画の本が陳列されていた。彼は自分の机から『オファレル通り九百二十番地』と題された本を手に取り、わたしに差し出した。ハリエット・レーン・レヴィが記したこの回想録には、一八七〇年代から八〇年代にサンフランシスコで育った彼女の目を見張るような経験が綴られている。彼女の時代には通りを歩くことはいまでいえば映画を観に行くようなき﹅ち﹅ん﹅と﹅し﹅た娯楽だった。

土曜の夜には、マーケット・ストリートの遊歩道に街中の人が集まった。この道は幅の広い目抜き通りで、海岸近くからツイン・ピークスまで、まっすぐに何マイルも続いている。歩道も広く、湾に向かって歩く人びとと、太平洋側に向けて歩く人びとの群れがすれ違う。

人びとはまるで、束の間の祝祭を求めるように湧き集まる。すべての街の隅々が住人を吐き出して、洋々とした人の群れをつくりだす。名望ある紳士淑女。その使用人を務めるドイツ系やアイルランド系の娘たち。その腕をしっかりと抱えている恋人たち。フランス系、スペイン系、勤勉な痩身のポルトガル系の住民たち。メキシコ人。赤味のある皮膚の、頬骨の高いインディアン。誰もがみな、家や店や、ホテルやレストランやビア・ガーデンを空っぽにしてマーケット・ストリートの色彩の河となる。船乗りたちは国籍を問わず岸壁に停泊した船を捨てておいて、大小の群となってマーケット・ストリートへ急ぐ。そして街灯りと賑わいのなかへ、人込みに浮き立つ人の波に加わっていくのだった。これがサンフランシスコなのだ、と彼らの顔は叫んでいた。お祭りだった。紙吹雪の代わりに、空には幾千の言葉が舞い、仮面の代わりに、顔には衒いのない意気が溢れていた。マーケット・ストリートをパウエル・ストリートからカーニー・ストリートまで大きなブロック三つ分下り、カーニーから今度はブッシュ・ストリートまで小さなブロック三つ分を上る。何時間もいったりきたり、ほのかな好奇心が興味に変わり、興味が笑顔を輝かせ、笑顔がなにか別のものへ変わってゆくまで。土曜日の夜には、父とわたしはいつでもダウンタウンに出かけた。やわらかで輪郭を失ったような世界のなか、灯りの点る通りを歩いた。どこにいても途切れることなく、何事かが、なにかうれしくなるようなことが起きていた。……歩いても歩いても、止むことなく新しい何かが湧き出してくるのだった。

かつて素晴しい遊歩道だったマーケット・ストリートはいまでもこの街の交通の大動脈だが、数十年間の度重なる分断と再開発によって、街の生活を照らしていた輝きは失われている。ジャック・ケルアックは一九四〇年代のおわりか一九五〇年代のはじめごろ、二つのヴィジョンのなかでこの通りを幻視した。彼ならば、高速道路の陰で、ショッピング・カートに物を並べて売っている物乞いのような人びとの群も慈しんだことだろう。レヴィが歩いたダウンタウンの道のりには、いまやオフィスワーカーと買い物客と観光客が行き交い、パウエル・ストリートのケーブルカー折り返し地点は群がるごとき人並に洗われている。そこから中心街を一マイル以上もはなれると、ようやくマーケット・ストリートは生き生きとした徒歩の生活を取り戻す。もう数ブロックも進むとカストロ・ストリートの交差点、そこからはツイン・ピークスへの急な上り坂がはじまる。

街歩きと田舎歩き。その歴史は自由とは何か、何を愉しみとするかの歴史である。ただし田舎歩きは自然への愛という道義的な務めを見出したことで、野山を護りながら人びとに開放してゆくことにつながっていった。街歩きはつねに後ろ暗さを引きずっていて、いとも簡単にナンパや、ポン引きや、練り歩き、ショッピング、暴動、抗議行動、忍び歩き、浮浪といった行為に横滑りしてゆく。それは愉しみをもたらすものではあっても、モラルの高さという意味では自然愛に比べるべくもない。それゆえ、わずかな自由主義者や都市理論家を除けば、都会の空間の保護に同じような弁護が集まることはなかった（弁護する者からも、公共空間の使用や滞在の大半が歩くことだという指摘はあまり聞かれない）。けれども、いろいろな意味で原初的な狩猟採集に似通っているのは田舎歩きよりもむしろ街歩きである。わたしたちのほとんどにとって田園や大自然は歩いて眺める場所であって、そこで何かをつくったり採ったりすることはほとんどない（シエラ・クラブの有名なモットーを思い出そう――「撮るのは写真だけ、残すのは足跡だけ」）。都市では生物学的多様性がほぼ人間および少数の掃除屋生物にまで縮減されているとはいえ、活動という意味では大きな幅が残されている。採集生活者が半年後の実りを期待してどんぐりの木を記憶に留め、あるいはカゴの材料となりそうな籐を仔細に調べる、ちょうどそんな具合に、都市の歩行者は遅くまで開いている食料品店や靴の修理をしてくれる店を、あるいは郵便局の近道を心に留める。野山を歩く人はたいてい、ものごとの全体性に、つまり眺望やその美しさといったものに目を向け、おだやかに分節された風景が連続的に眼前を過ぎてゆく様を見ている。視界の彼方の頂は眼前に迫り、森も小さく草原のようになって消えてゆく。都会人は、特別なものやチャンスや個々の対象、あるいは必要な物資に目を光らせる。そして変化は急激に起こる。もちろん、あまりうれしくない面においても田舎に比べて街の方が原始の生活に似ている。肉食動物は北アメリカでは激減しヨーロッパでは既に絶滅しているが、都会の住人は、（少なくとも一部の時間と場所においては）人間という潜在的な捕食獣への警戒を怠ることができない。

　帰郷してからの数ヶ月があまりに魅惑的だったので、わたしは散歩の日誌をつけていた。そ

して、その輝かしい夏が過ぎようとするころはこんな具合に――、

気がつくと、七時間ものあいだほとんど休憩もなく机に向かっていて、神経が疲れて背中も丸まっていた。フィルモア・ストリートのクレイ・シアターまで、ブロドリック・ストリート経由で歩く。初めて見る公営団地のそばの古い端正なヴィクトリアン・スタイルの建物。見慣れたものが見知らぬものを生み出す、いつもそれがうれしくなる。映画は『猫が行方不明』。若く孤独なパリジェンヌが、迷子になった猫をきっかけにバスティーユ広場界隈の隣人に出会ってゆく。出来事ともいえない出来事、せわしなく行ったり来たりする人びと、屋上の眺め、スラングのつぶやき、そんなものばかりの映画で、観おわる頃には気分もよくなった。夜はすっかり暗く、真珠色の霧がかかっている。急ぎ足でカリフォルニア・ストリートを戻る。一組のカップル――どういうことのない女と、仕立てのよい茶色のスーツ姿の男。男は長らく装具の世話になった者のような曲がった膝をしていた――とすれ違い、バスをやり過ごし、ディビザデロ・ストリートでまた同じバスをやり過ごす。骨董品店のウィンドウで歩調をゆるめて、中国の賢人が青く描かれた大きなクリーム色の花瓶を眺める。そこから二、三軒先で、髪の薄い中国人の男性が店の窓に向けて幼い男の子を抱え上げて、店内の女性とガラス越しに遊ばせていた。微笑みかけると、彼らは当惑したようだった。人工光と自然の暗さが独特のやり方で昼間の連続体を絵画や寸劇やお芝居の劇場に変える。街灯から街灯へ、近づき遠ざかるたびに伸び縮みする自分の影

には、いつでもそわそわするような快さがある。信号の変わり端に車をかわし、ついに小走りになって、さらに何ブロックか、気分よくゆっくりと進む。暑くはなったけれど息切れはしない。

人影や開いている酒屋やタバコ店に気を留めながらディビザデロ・ストリートを進み、我が家の通りにたどり着く。横道に入ると、黒っぽい格好をしてニット帽をかぶった黒人の若い男がかなりのスピードで下り坂を走りおりてきたので、思わず万一を考えて辺りを見回した（ヴィクトリア女王が走ってきたとしても、そんなスピードだったら誰だって身構える）。そんなわたしを見て、彼は追い抜きざま「ごめんなさい、遅れそうなんです」と実に優しく声をかけてくれた。「気をつけて《グッド・ラック》」と返したあと、彼が横道から通りに出るところで改めて「悪いけど身構えたわ、だってなんだか速かったから」と声をかけると彼は笑い、わたしも笑った。そして最近この界隈で経験したこの種の出来事をしばし思い出した。一瞬トラブルのように思えたけれど結局は礼儀正しい対話におわり、怯えずに構えていてよかったと思えた出来事。見上げると、建物の最上階の窓にマン・レイの『天文台の時間に』――夕暮れの空に長大な唇が浮かんでいる絵――のポスターが見えた。昨夜、あるいは一昨夜に別の建物で見かけたものと同じ絵で、こちらの方が大きかった。今夜の方が生き生きして見えた。この絵をまた見かける、というのも不思議なことだし。そこから二十分くらいで帰宅。

街路は建物の隙間に残された空間。一軒家がオープンスペースの海に囲まれた島だとすれば、都市以前の村落は同じ海に浮かぶ群島でしかなかった。しかし、次第に建物が増してくると、それらは大陸となり、残されたオープンスペースはもはや海ではなく河となり、運河となり、小川となって陸地の間を流れるようになる。人びとは海原のような野山を融通無碍に移動するのではなく、街路をあくせくと行ったり来たりするようになった。ちょうど狭まった水路で流れが激しさや速度を増すように、放水路がオープンスペースから街路へ変わるにつれ、歩行者の洪水も同じように整えられ、水嵩を増してゆく。名のある都市では建物だけではなく空間も設計され建設される。歩くこと、立ち会うこと、人前に出ること、そういったことも、屋内で寝食し、靴をつくったり愛を交わしたり音楽を奏でたりすることに劣らず、都市の設計や目的にとって重要となる。市民《シチズン》という言葉が都市《シティ》に関わっているように、都市民であることを中核にして、すなわち公的生活への参画を中心として構成されていることが都市の理想なのだ。

しかしながらアメリカの多くの都市や街は、かつての劣悪なイギリスの産業都市と同じように消費と生産を軸に構成され、公共空間は仕事場と店舗と住居がつくりだすただの空隙になってしまっている。歩くことは都市民であることの出発点に過ぎない。けれども、そのことを通じて市民は自らの街や共に生きる人びとを知り、わずかな私有空間ではなく真の意味で都市に住まうようになる。街を歩くことが地図と実人生とを、私《わたくし》のミクロコスモスと公のマクロコスモスとを連関させる。そして自分をとりまく迷宮に意味を与えてゆく。ジェーン・ジェイコブズは名高い『アメリカ大都市の死と生』のなかで、よく使われている道が、ただ人通りが多いということがいかに治安の維持に役立つのかを説明している。歩くことが公共空間の公共性と持続性を支えているのだ。フランコ・モレッティによれば、「都市の特質は、その空間的な構造（基本的には集中性）が流動性の高まりと相関していることにある。空間的な流動性は当然だが、主には社会的な流動性である」。

　街路という言葉自体も、都市への粗野で後ろ暗い魔術を孕み、下劣なもの、俗なもの、エロティックなもの、危険なもの、そして革命的なものを惹きつける。〈街の男《マン・オブ・ザ・ストリート》〉といえばポピュリストの意味だが、〈街の女《ウーマン・オブ・ザ・ストリート》〉は〈街娼《ストリートウォーカー》〉と同じく自らの性を商う者を指す。〈ストリート・キッズ〉は不良や物乞いや家出した少年少女のこと、〈ストリート・パーソン〉という比較的新しい言葉は、街路以外に住む場所のない者のことだ。〈都会慣れした《ストリート・スマート》〉は街で生き延びる狡智を身につけたということで、一方で〈街路へ《トゥ・ザ・ストリーツ》〉といえば都市革命の古典的なスローガンだ。街路は人びとが公の存在となる場所であり、彼らの力が漲る場なのだ。〈街《ザ・ストリート》〉に生きる、といえばそれはあらゆる人やモノを巻き込む都会の乱流に生きることだ。この社会的流動性、この棲み分けや分節の欠除こそが、街路にすべてを巻き込む水流のような危うさと魔法をもたらしている。

　封建時代のヨーロッパでは、都市に住む者だけが他所のような社会階層の拘束から自由だった。たとえばイギリスでは、農奴は自由都市に一年と一日住むことによって自由の身となることができた。ただし通りが危険で暗く、清潔ともいえなかった時代であり、都市内の自由は限定されたものだった。多くの街が門限を設け、日没とともに市門を閉ざした。ようやくルネサンスになってはじめてヨーロッパの都市は道路や衛生や治安の改善に着手する。十八世紀のロンドンやパリでは、夜の外出には現代最悪のスラムに匹敵する危険がともない、行く手に待つものを知るためには松明持ち《リンク・ボーイ》を雇う必要があった（そしてロンドンの若い松明持ちは売春の斡旋業も兼ねていることが多かった）。昼間でさえ、歩行者は馬車に怯えて歩かねばならなかった。十八世紀より前には、こんな状態の街路を楽しみとして歩く者はほとんどいなかっただろう。現代都市のような清潔、安全で明るい場所が出現するのは十九世紀になってからだ。一段高い歩道や、街灯、通りの名称や番地、排水路、交通規則や信号といった現代の街路を整えている設えや規則は比較的最近、発明された。

並木道や、半公共の庭園、公園といった長閑な空間は都市の富裕層のためにつくられたものだった。しかし公共公園に先行するこれらの空間は、階級により分断され日常生活から隔絶されたもので、街路《ストリート》の性格と相容れるものではなかった（これは、地中海やラテン諸国の広場でみられる歩行者のコルソやパセオ、あるいはレヴィの書くマーケット・ストリートの散策とは事情が違う。富裕層のための馬車道と過激な主張も行なわれる演説台が共存するロンドンのハイド・パークのような特殊例とも異なる）。政治や恋愛や商売の舞台になるとしても、これらは単にサロンやダンスホールを屋外に移したものに過ぎない。そして一六一六年に設けられた一マイル続くパリのクール・ラ・レーヌから、メキシコシティのアラメダ公園、さらに一八五〇年代に造成されたニューヨークのセントラル・パークにいたるまで、こうした場所が惹きつけるのは自らの富を誇示するために徒歩よりも馬車に乗ることを選ぶような面々だった。クール・ラ・レーヌでは馬車が交通渋滞を起こすことさえあり、そのためか、一七〇〇年代になると、中心部の円形路の灯りの周囲で歩き、あるいは踊ることに流行が移ってゆく。

セントラル・パークは大なり小なりの民主的欲求とイギリス風景式庭園の美学、それにリヴァプールの公園という前例から生みだされたものだったが、ビールを飲んだりポルカを踊ったりといった庶民的な楽しみを求めようとすると、貧しいニューヨーカーはヴォクソール・ガーデンズ〔遊園地の前身ともいわれるロンドンのプレジャー・ガーデン〕のような有料の私営公園に行かなければならなかった。ただ気分よく散歩するというセントラル・パークの設計者のひとりフレデリック・ロー・オルムステッドの考えを実現することにも障害があった。セントラル・パークは富裕層の素晴しい散策場所となり、ふたたび馬車によって社会が分断されたのだった。レイ・ローゼンツヴァイクとエリザベス・ブラックマーの、セントラル・パークとニューヨークの歴史に関する著作にはこうある。

昼下がりと宵の口、そして日曜日に行なわれていた富裕なニューヨーカーの散歩は、十九世紀初頭には高級ファッションを見せびらかす行列のようなものになった。ブロードウェーやバッテリー・パーク、五番街といった広い往来はみなが見たり見られたりする社交の舞台となった。しかし、世紀の半ばごろにはこうした公共空間はもはや「上品な」市民の手にあまる状態となり、ブロードウェイやバッテリーの華やかな散策路は廃れていった。……男性も女性も新しい形式の社交散策を楽しむため、つまり馬車を使うためにもっと大きな公共空間を求めていた。十九世紀中葉には、馬車の所有が上流都市民のステータスとなりつつあった。

そして金持ちはセントラル・パークへ向かい、ある大衆紙の記者が「その界隈ではしばしば歩行者が轢かれるようになったそうだ」と書くことになった。

ニューヨークで比較的所得の低い人びとがバッテリーを散策していたころ、パリの庶民は街の外周の大通りを歩いていた。その多くには、散歩に都合よく日除けの並木が植えられている。フランス革命のあとには、パリのチュイルリー公園は身なりが適切だと守衛が見なせば誰でも入れるようになった。有名なロンドンのヴォクソール・ガーデンズをモデルに、同じくロンドンのラニラ・ガーデンズやクレモーン・ガーデンズをはじめ、ウィーンのアウガルテン、ニューヨークのエリジアン・フィールズ、キャッスル・ガーデンズ、ハーレム・ガーデズ、コペンハーゲンのチボリ公園（ただ一つ現存している）といった私営のプレジャー・ガーデンがつくられ、そこでは入場料の支払い能力というもっとシンプルな基準で入場者を選別した。こうした街ではそれ以外にもふだんから市場や巡回遊園地やパレードがもたらす祝祭があって、散歩にそれほど大きな社会的断絶は生じていなかった。日常の雑事と出来事から垣間見える物事の本質が綯い交ぜとなっていることが街路の魔法だとすれば、イタリアでこうした公園が流行らなかったのはおそらく必要がなかったからだろう。

イタリアの都市は久しく理想的なものと仰ぎ見られてきた。とりわけニューヨークやロンドンの住民は、日々の振舞いに美と深みを与える建築の見事さに魅了されてやまなかった。すくなくとも十七世紀以来、イタリアは太陽とあこがれの人生を求める外国人の目指す地となっていた。バーナード・ルドフスキーはもともとニューヨーカーではあるが、かなりの期間をイタリアで暮らし、一九六九年の『人間のための街路』で彼の地への熱烈な賛辞を綴っている。ニューヨークをアメリカの模範的な歩行者向け都市だと思っている向きには、その劣悪さを糾弾するルドフスキーの言葉には驚くものがある。この本は主としてイタリアの例を挙げながら、都市の社会的、建築的な一体感に広場や通りが果たし得る役割を紹介している。その冒頭には「街路を砂漠ではなくオアシスにするという発想はわれわれにはまったくなかった」とある。

まだ街路の機能がハイウェイと駐車場への失墜を免れている国々には、街路を人間に適合させるさまざまの設えがある。……街路の覆いとして、都市民の一体感――あるいは博愛の精神というべきか――にもっとも洗練された形《フォルム》を与えるのはアーケードである。街並みに統一感をもたせるのみならず、多くは古代の広場の役割も果たしている。

ギリシアのストア派や逍遥学派の血を引くアーケードは、内外の境界を曖昧にし、その下で展開される歩行者の生活に建築として寄り添う。ルドフスキーは、街の中心広場から郊外まで四マイルもの歩行者用通路をつくりだす名高いボローニャのポルティコを採り上げている。さらに、ミラノのガッレリア（その名を借りたアメリカのショッピング・モールに比べるとそれほど商業機能一辺倒というわけではない）、そしてペルージャの曲がりくねった街路。車を排除したシエナの街。二階のレベルにひろがるブリジンゲッラの共用アーケード。ルドフスキーは、パッサッジャータと呼ばれるイタリアの夕食前の散歩についても、アメリカのカクテル・アワーと対比しながら熱を込めて語っている。この習慣のために、多くの街ではメイン・ストリートから車両が締め出されている。イタリア人にとって街路は人と出会い、議論を交わし、交際し、売り買いするための要となる社会的空間なのだ、と彼はいう。

ルドフルキーと同じころ、ニューヨークのダンス批評家エドウィン・デンビもイタリアの歩行者への讃辞を記している。

歴史あるイタリアの街では、夕暮れ時の細いメイン・ストリートはまるで劇場になる。礼儀正しく散歩をしながらコミュニティが自分自身の姿を眺めるのだ。下は十五歳、上は二十過ぎの娘や若者が、生き生きと言葉を交わしながら互いに魅せあう。優雅であればあるほど人気者となる。フィレンツェやナポリの古いスラムでは、名優きどりの若者たちが時間をみつけては束の間の散策を楽しむのだ。

彼はローマの若者について「彼らの散歩は、まるで体を使った会話のようなやりとりだ」と書いている。そしてダンスの生徒たちには、歩行のさまざまなタイプを観察するよう指導している。

アメリカ人は実際の身体よりもかなり大きなスペースを占有する。これは謙虚な性向の多くのヨーロッパ人にとっては気障りなことだ。しかしそこには、ほとんど気づかれていない独特の美しさがある。……わたしには、ニューヨーカーの歩き方は大胆ではっきりとしていて、目を見張るほど美しい。

イタリアでは、街歩きは個人的な冒険や物語ではなく、むしろ普遍的な文化となっている。故郷を追われてヴェローナやラヴェンナへ足を向けたダンテから、アウシュビッツから歩いて帰還したプリモ・レーヴィまで、イタリアに偉大な歩行者がいないわけではない。しかし街を歩くこと自体が、個々の経験の要素ではなく広い文化の一部分となっているように思える（異邦人による緻密で大量の記述や、フェデリコ・フェリーニの『カビリアの夜』に登場する歩行者、あるいはヴィットリオ・デ・シーカの『自転車泥棒』やミケランジェロ・アントニオーニの映画の登場人物の映画的彷徨はまた別ものだが）。その一方、ナポリほど居心地がよいわけでもなく、ロサンゼルスほど居心地が悪いわけでもないロンドンやニューヨークといった街は、それぞれに独自で儚い歩行文化を生み出してきた。ロンドンでは、十八世紀以降、歩行にまつわる優れた文章が扱うのは、明け広げで朗らかなふつうの生活や欲望ではなく、夜の出来事や犯罪、苦悩、除け者たち、あるいはイマジネーションの暗黒面であり、ニューヨークもまた同じ伝統を引き継いでいる。

一七一一年に随想家のジョゼフ・アディソンは書いている。「深刻な気分になると、わたしはよくひとりでウェストミンスター・アビーを歩く。場所の陰鬱さと、その場の目的たる物事とが……、不愉快ともいえない憂鬱さや深い物思いへと心を誘う」。彼がそう書いた時代、街を歩くことは危険極まりないことで、そのことは一七一六年にジョン・ゲイも『トリヴィア、あるいはロンドン散策術』に指摘している。都市内の移動にも、人里離れた旅と同じくらいの危険があったのだ。街路は汚物や塵芥にまみれ、いかがわしい商売が横行し、すでに空気も汚れていた。ちょうど一九八〇年代のアメリカ大都市中心部におけるクラック〔コカインを精製したドラッグ〕のように貧しい都市民は安物のジンに溺れ、通りには犯罪と絶望に生きる最底辺の人びとがあふれていた。馬車はためらうことなく歩行者を押し退け、あるいは蹴散らし、物乞いは通行人に金をせがみ、物売りの声が響く。裕福な都市住民が感じていた外出すること自体への恐れや、性労働への甘い、あるいは否応のない誘引に曝される若い女性の不安がこうした時代の文章にはみちみちている。娼婦はいたるところに居た。ジョン・ゲイが歩行を「術」として捉えた理由はそこにある。それは汚物や攻撃や屈辱から自分の身を護るための術だったのだ。

昼間せわしい街道を避け
きれいな路地を通ってゆけど
暗い夜道はそうはいかぬ
泥道尻目に我が身が一番

サミュエル・ジョンソンによる一七三八年の詩「ロンドン」と同じく、ゲイの『トリヴィア』も古典を下敷にして現代を風刺する。まず街歩きの手段と技術、次に日中に歩くこと、そして夜歩くことという三分冊からなる詩は、日常の些事に向けられる蔑みを隠しきれない。物事のささやかさと裏腹なおおげさな文語調には、彼の『乞食オペラ』に通じる嘲笑が響く。

歩く者みな、顔はさまざまなりて
身なりはそれぞれ、仕事もそれぞれ

——といいながら彼はどの顔にも品のない生活が透けてみえるといい、軽蔑をにじませながら詩を結んでいる。ゲイが生きた世紀のおわりには、ワーズワースは目にうつる見知らぬ顔に謎を見出しつつ「群集とともに前へ」進む。他方、ウィリアム・ブレイクは「特権ずくめの街々を歩きまわり／行き来する人の顔にわたしが見つけるのは／虚弱のしるし、苦悩のしるし」と書き、煙突掃除の少年の叫びを聞き、年若い娼婦の呪いを聞いていた。

それより以前の十八世紀には、文芸の言葉は想像力と街路の生き様をむすびつけられるほどに柔軟でも私的なものでもなかった。若いころのジョンソンもまた、なりふりに構わないロンドンの歩行者のひとりだった。一七三〇年代、宿代も払えないほど困窮していた彼は似たような境遇だった詩人でごろつきの友人リチャード・サヴェジとともに、反乱やら栄光やらについて語りながら一晩中通りや広場を歩いていた。しかし、それについて書くことはなかった。ボズウェルは『サミュエル・ジョンソン伝』にそのことを書いているが、ボズウェル当人にとっては夜の暗さや街路の匿名性はそれほど思索を誘うものではなかった。ロンドン日記にこう記している。「今夜はノーサンバーランド夫人の会合に顔を出すべきだったのだが、床屋の調子が悪かったので(髪粉がきちんと振られていない、ということ)、通りをあたることにした。ちょうど我が家の通りの端で、若く感じのよいアリス・ギッブズという娘を拾い、路地を通って隠れ家の方へ向かった……」。このアリス・ギッブズが街路や夜について何を思っていたのか、わたしたちに知る手がかりはない。

娼婦を除けば、街を自由にさまようことが許された女性はほとんど存在しなかったということ。そして、女性が街をさまようことがそれだけで娼婦とみなされるのに十分な振舞いだったということ。こうしたことはあらためて検討するに値する問題を孕んでいるが、ここでは街路、そして夜の彼女らの有り様についてコメントするにとどめる。ほかのどのような歩行者にも増して、街路と夜は彼女らが自然な住人となる領域だった。二十世紀以前には女性が自らの楽しみのために街を歩くことは滅多になく、娼婦は自らの経験したことをほとんど記録に残さなかった。十八世紀は娼婦を題材とした有名な小説がいくつか書かれる程度には明け広げな時代だったが、ファニー・ヒルの高級娼婦生活は屋内が舞台だし〔ジョン・クレランド『ファニー・ヒル』〕、モル・フランダーズのそれはあまりに事務的にすぎる〔ダニエル・デフォー『モル・フランダーズ』〕。しかも、いずれも男性作家の手によるもので、推測が入り込んでいることが否定できない。しかし、街角を仕事場にする者の複雑な文化は現代と同じく当時も存在していたに違いなく、街にはそれぞれに治安と男性的欲望の経済が描きだす地図があった。その種の活動領域を局限しようという試みは数多い。ビザンツ時代のコンスタンチノープルには「娼婦街」があり、東京には十七世紀から二十世紀にかけて遊廓が、十九世紀のサンフランシスコには悪名高いバーバリー・コースト地区があった。世紀の変わり目のアメリカでは多くの街に歓楽街があり、そのうちでもっとも知られたものはジャズの発祥の地ともいわれるニューオーリンズのストーリーヴィルだ。けれども、売春はこうした地区からさまよい出してゆく。売春にかかわる女性の数も莫大だった。ある専門家は、ロンドンの人口が百万だった一七九三年にその数は五万にのぼったと推測している。十九世紀の半ばごろには、ロンドンでもっとも高級とされた地区にもその姿があった。社会改革運動家ヘンリー・メイヒューの報告にはロンドンの公園や遊歩道で商売する女性にくわえて、「ヘイマーケットとリージェント・ストリートをまわる娼婦」も指摘されている。

二十数年前、ある売春の研究者は次のように指摘した。

売春からみえる街の風景は、〈縄張り《ストロール》〉、すなわち女が客引きするだいたいの領域から構成されている。……娼婦はこの〈縄張り〉を移動しながら客を誘ったり引っ張ったりし、あるいは無聊を慰め、動くことで体を温め、さらには（警察から）姿を隠すのである。こうした街並みの一部にはいわば公園のような、誰でも入れる領域があることが多い。女たちはここで二人から四人くらいのグループをつくり、お喋りをしたり冗談を言いあったりする。……同じ〈縄張り〉で仕事をすることによって、違法でときに危険でもあるこの仕事に必要な注意深さを補うのである。

娼婦の権利擁護を唱えたドロレス・フレンチは、自身も街角に立った経験もふまえて、街の女《ストリート・ウォーカー》たちは「娼館で仕事をする女はあまりに多くの規制やルールに縛られていると考えている」と報告している。その一方、街路は「誰もを平等に受け容れる……。彼女たちは、自分たちがまるで放牧場に解き放たれたカウボーイか危険な任務を帯びたスパイのように感じている。自分たちがいかに自由か、ということを自慢する……自分自身以外には従うべきものが誰もいないのだと」。ここでも、自由と民主制と危険という、街路で行なわれるほかの活動と共通のフレーズが登場する。

十八世紀の都市では、人間であることの意味は新しい相貌を帯びるようになっていた。旅する者の自由や孤立を帯びたイメージだ。旅人は射程の広狭にかかわらず象徴的な存在となっていた。このことを早い時期に示していたのは、リチャード・サヴェジの「さすらい人」と称する一七二九年の詩だ。そして新しい世紀を開くのはその名も歩く者《ウォーカー》であるジョージ・ウォーカーの小説『放浪者』だった。そして一八一四年にはファニー（フランシス）・バーニーの『さすらい人』が続いた。ワーズワースには「逍遥」という詩があり（その最初の二連は「さすらい人」「孤独」と題されている）、コールリッジの「老水夫行」はさすらいのユダヤ人のような放浪の命運を描いていた。さすらいのユダヤ人という主題自体も、イギリスと大陸のロマン主義者に人気を博した。

文学史家レイモンド・ウィリアムズは「近代都市がもっていた新しい質は、最初からその街路をひとり歩く人に結びつけて認識されていた」と指摘している。その系譜の祖として彼が挙げるのはブレイクとワーズワースだが、それをもっとも辛辣な形で書いたのは、ド・クインシーだった。『阿片服用者の告白』の冒頭、ド・クインシーは十七歳でつまらない学校と冷淡な庇護者たちから逃れてロンドンに流れついた経緯を書いている。ロンドンでは知人との接触を恐れるあまり、人と交わることもなく仕事探しもままならなかった。そのため一八〇二年の夏から秋にかけての十六週間の生活はひもじく、ロンドンで見つけたのは半ば放擲された邸宅と、そこに暮らす捨て子のような女児だけだった。彼は数人の子どもたちとともに幽霊のような生活を送るようになり、安らうことなく街を徘徊した。街路はすでに居場所をもたない者の場所であり、歩いた距離はそのまま悲哀と寂寥の深さを表わしていた。

そのころ貧しさゆえに徘徊者に、つまり街を歩きまわる者となってみると、自然と女性の同類と知り合うことが多くなった。厳密には街娼《ストリート・ウォーカー》と呼ばれる者たちだ。わたしに味方して、玄関の前から追い払おうとする見張り人に楯突いてくれる者も多かった。

彼はアンという名の「悲嘆がその若い心をからめ取ってしまったかと思えるほどに、内気で俯きがちな」娘の世話になることとなった。彼よりも若いその娘は、幾許かの相続財産をだまし盗られた挙句に街に立つことになった。あるとき、彼らが「オックスフォード・ストリートをゆっくりと歩いていたとき、一方ならず調子が悪くふらふらとしていた日のことで、ソーホー・スクエアまで送ってくれないかと彼女に頼み」、そして彼は卒倒してしまった。彼女はなけなしの金で手にいれたスパイス入りのホットワインを飲ませて介抱した。運が向いてきたあとに、二度と彼女を探しだすことができなかったのが人生の最大の悲劇のひとつだ、とド・クインシーは吐露している。彼にとってロンドン生活は長い人生のなかでとりわけ深い感慨を残す時期となった。ただし、この話に続きはない。題名から予想される通り、本の残りは阿片の効能に割かれていて、彼は残りの人生を田舎で暮らした。

それとは異なり、チャールズ・ディケンズはそうした街歩きを主題に選んで、長年の執筆を通じてそのあらゆる側面に光を当てようとした。ロンドン暮らしの大詩人ディケンズの小説には、主人公たちに負けないくらいに場所がドラマの主役になっているものがある。たとえば『互いの友』の秘密の隠されたごみの山、薄暗い剝製店、金持ちの家の高価で人間味のないインテリアは、それぞれ関連する登場人物の肖像といってもいい。人物はその雰囲気や信条によって区別されるのみだが、場所は一人前のパーソナリティを帯びたものとなってゆく。そのようにして、人物と場所が互いの位置を交換する。「この種のリアリズムは、その場を夢見心地で歩くことでしか獲得することができない、目を見開いて歩いても得ることができないものだ」と、ディケンズの最良の解釈者のひとりG・K・チェスタトンは書いている。チェスタトンは、場所に対するディケンズの鋭敏な感覚の原点は少年時代のよく知られたエピソードにあると考えた。父親が債務者監獄に収監され、下宿住まいをしながら靴墨工場で働くことを余儀なくされたディケンズは、都会の見知らぬ人びとのあいだに生きる孤独な子どもだった。「街路を真に知る者は少ない」とチェスタトンはいう。

そこに足を踏みいれていても、我々は知らぬ者の家のように疑いを解くことがない。ごく僅かな者だけが、街路のきらきらとした篩《ふるい》を見透かして通りのみに生きる見慣れない人びとの姿を捉えることができる。街娼。浮浪児。遮るもののない太陽の下で、幾世代にもわたって祖先の秘密を受け継いできた放浪の民。夜ともなれば、我々の知ることはさらに少ない。夜の街路はがっちりと錠のかかった巨大な家だ。しかし、その街路の鍵があるとすれば、ほかでもないディケンズだけがそれをもっていた。……彼は自分の家のもっとも内奥に秘められた扉を開けることができたのだ。その扉の向こうには星空の屋根の下、家々の間を秘密の抜け道が伸びている。

ディケンズは、街歩きが秘める可能性を示してみせた最初の作家のひとりだ。彼の小説には大勢の探偵や刑事、忍びよる犯罪者、求めあう恋人たち、あるいは逃げまどう呪われた魂が登場する。そうした登場人物たちは、ひとつのもつれ、からまったかたまりのような街を舞台に、広大なかくれんぼのように歩きまわる。巨大な都市だけが、行き交い、重なりあう人生模様に満ち満ちたディケンズの入り組んだプロットを受け容れることができた。しかし、ディケンズが自らの経験を語るときのロンドンの街は、しばしば人気のない廃墟のような印象を与える。「速歩きも遠出もできなかったら僕は爆発して死んでしまうだろう」と、ディケンズはあるとき友人にもらしている。実際彼は長い距離を早足で歩くので、ついて行ける者は稀だった。ディケンズは孤独な散歩者であり、歩くことには数多くの目的があった。エッセイ集『逍遥の旅人』では、「小生は街の旅人でもあり、田舎の旅人でもあって、常に旅の身なのだ」と語っている。

比喩的にいえば、大いなる「同胞愛兄弟商会」に成り代わって旅をし、小間物商いに生半ならず縁故がある。字義的にいえば、四六時中ロンドンはコヴェント・ガーデンの自室からここかしこをさまよっている。

この形而上学的な旅する商人という説明もディケンズの役回りを表現するには十分ではなく、彼はほかにも多くの言い方を試みている。

己が旅の常に幾多が徒《かち》でやりこなされるものだから、仮に小生が博打好きならば、恐らくありとあらゆる十一ストーン〔約七〇キロ〕の男を向こうに回し、歩きっ競《くら》にて挑みかかるに「健脚新参者」とでもいった肩書の下、スポーツ新聞に名をつらねているところが見受けられるかもしれぬ。小生が先達てやってのけた格別な芸当は、徒歩やその他で過酷な一日を過ごした後、深夜二時にベッドを抜けだし、朝食を認《したた》めるべく田舎へ三〇マイルほど歩くというものであった。道は夜分、それは人気ないものだから、いつもながら時速四マイルをこなす小生自身の一本調子の足音に合わせて眠りこける始末。

同じ文章の少しあとでは、彼は流浪の者だった。

小生の散策には二通りある。一つはキビキビとした速足でまっすぐ、明確な目的地まで一気に向かうそれと、もう一つは当てどころなく、ぶらぶら、ズブの流離い人よろしく漫ろ歩くそれとの。後者の状態において、この世の如何なるジプシーといえども小生の右に出る流離い人はまたといまい。これぞ小生にとってそれはしっくり来る所へもって、小生にあってそれは強かなものだから、恐らくさして遠からぬご先祖さまに、どいつか性懲りもない流浪人がいたに違いない。

そして、巡回中の巡査だった。あまりに現実離れしているので空想上の罪人しか逮捕することができない。

小生の酔狂の無くて七クセたることに、如何ほどなまくらな散歩ですら必ずや予め定められた行き先がなくてはならぬ。……かようの折、自らの散策を巡回と、小生自身を同上にて本務を全うしている、より高尚な手合いの巡査と見なすのが小生の習いである。

こうしたあらゆる実際的な関心事や彼の本を充たす登場人物たちにもかかわらず、ディケンズ自身のロンドンにはたいてい人影がなく、そのなかを歩くことはメランコリックな悦びだった。打ち捨てられた墓地への訪問を綴ったあるエッセイにはこう書いている。

小生はわけても我ながらあっぱれ至極にやってのけていると、少々のご褒美に与るだけの筋合いはあろうという気がすると、コヴェント・ガーデンからフラリと、土曜か――それよりなおいいことに――日曜に、そこなる営業時間の後にロンドン・シティーへ出かけて行き、人気ない奥まりや隅をウロウロ、ウロつきまわる。

強い印象を残すのは「夜の散策」という随想だ。「数年前、とある塞ぎの虫に端を発す一時的な不眠に陥り、かくて数夜ぶっ通しで通りかた通りを夜っぴて歩き回ったことがある」。真夜中から夜明けまで歩くことが苦しみの癒やしとなったといい、その間に「小生は宿無しの純然たる素人体験における自学を終えた」という。いまならばホームレス体験とでもいえるかもしれない。街は、すでにジョン・ゲイやサミュエル・ジョンソンの時代のような危険な場所ではなくなっていた。かわりに都会の孤独は深まっていた。十八世紀のロンドンは大勢の人びとがひしめく賑やかな場所で、犯罪も事件も多く、通行人同志が冗談を交わすことも多かった。ディケンズが宿無しの体験を書いた一八六〇年のロンドンはその何倍もの規模に成長した一方で、質《たち》の悪さで恐れられていた街頭の人びとは十九世紀には馴致されて無害で生気のない群集となり、それぞれの用事を済ませるために公共の空間に出てくるのみとなっていた。

パラつく雨に打たれて歩きながら、宿無しは果てしなく入り組んだ通り以外何ひとつ見えぬままに歩きに、歩きに、歩いたものだ。街角ではここかしこ夜巡りが言葉を交わすか、巡査部長や警部補が部下に目を光らせてはいるが。夜中に時おり——とは言えしごくたまさか——宿無しはコソついた頭がひょうと、二、三ヤード先の出入口から覗くのに気づき、頭に近付いてみれば、男が何ら格別他人様のお役に立ちたげな風もなきまま、出入口の陰に身をひそめるべく直立不動で突っ立っている所に出会《でくわ》す。……荒らかな月と雲は悶々たる寝台の疚しき良心よろしく落ち着かず、大都市ロンドンの正しく影がずっしり川面に伸しかかっているかと見紛うばかりであった。

そうしてディケンズは孤独な夜の街を、墓地や、『逍遥の旅人』で「照れ屋の界隈」、あるいは空想逞しく「アルカディア風ロンドン」などと呼んだ場所と同じように楽しんでいた。しかし、人びとがこぞって田舎へ出かけ、街が陰気な静寂のうちに取り残されるようになると、もはやロンドンも季節はずれの感があった。

ひたむきな都会の歩行者が知っている、ある捉え難い状態がある。孤独にひたっている状態とでもいえばよいだろうか。その暗い孤独には、夜空に星が煌めくように思いがけぬ出会いが散りばめられている。田舎の孤独は地理的なものだ。すなわち完全に社会の外側にいて、その孤独は地理によって生々しい説得力をもつ。そこでは人間以外の事物との交歓さえ生まれる。一方、街では見知らぬ人びとが織りあげる世間によってわたしたちは孤独になる。見知らぬ者たちに囲まれ、自らも見知らぬ存在となってゆくこと。行き交う人びとに自らを重ね、それぞれの抱える秘密を思いつつ押し黙って歩いてゆくこと。それはもっとも飾り気のない贅沢のひとつだ。未知のままのアイデンティティと、そこに秘められた無限の可能性。この都会暮らしの徴は、家族や共同体的な目算からの自由を求める者、あるいはサブカルチャーやアイデンティティの探究者を解き放つ。それは一歩身を引き、冷静に感覚を研ぎ澄ませた観察者の状態であり、熟慮や創造を行なう者に適した状態だ。憂鬱と疎外感と内省は、少量であれば人生のもっとも精妙な愉楽となりうる。

ついこのあいだのこと、ラジオを聞いていると歌手で詩人のパティ・スミスがインタビューに応えていて、舞台に上がる前はどんな準備をするのかという問いに「二、三時間街を歩き回る」と答えていた。その短い答えには、彼女のアウトローなロマンティシズムと、感性をより鋭く鍛えながら、人を孤絶へとつつみこんでゆくその歩行の有り様を思わせるものだった。凄絶な歌、触れれば切れるような言葉はその充溢した沈黙を破って届けられる。ホテルが駐車場と六車線の自動車専用道路に囲まれているアメリカの多くの街では、彼女の彷徨が十分に効果を発揮することもなかったのではとも思うが、ラジオの向こうで語る彼女が住むのはニューヨークだ。他方ロンドンの住人として、匿名性への称賛を詠ったのはヴァージニア・ウルフの一九三〇年のエッセイ「ストリート・ホーンティング」だ。著名な登山家レズリー・スティーヴンを父にもつウルフは、あるとき友人に打ち明けている。「山だの登山だのがロマンチックに思えたはずがないでしょう？　登山杖のある子ども部屋で育って、父の登った山をもれなく記したアルプスの地図を見上げて育ったこのわたしが。もちろん、ロンドンや沼地のような場所がいちばん好きだというのはいうまでもありません」。ディケンズが夜歩きしていたロンドンは二倍以上の規模にふくらみ、その街路はふたたび逃避する場所へと変わっていた。ウルフは、アイデンティティがその人自身にもたらす束縛について、家のなかにある事物が「われわれの個人的経験の記憶を強化する」様を書いていた。そんな彼女が、一本の鉛筆を買いに街へ出かけてゆく。冬の夕方の街はもはや、若いといわれる年齢を過ぎた女性が安全や身嗜みを気にかけねばならない場所ではなかった。ウルフはその道のりをたどりつつ——あるいは想像しつつ——都会を歩くという主題について珠玉のエッセイを綴った。

晴れた夕方の四時から六時くらいに家から足を踏み出すとき、わたしたちは友人が知っている自分を脱ぎ捨てて、茫洋とした匿名のさまよい人の群れに加わる。自分の部屋で独り過ごしたあとでは、その世界がとても心地いい。

彼女の視線を捉えた人びとについて。

彼らそれぞれの人生に、わたしたちはほんの少し入り込むことができる。自分がただひとつの精神に縛りつけられているわけではなく、数分くらいの短い間であれば他人の心身に扮装していられる、という幻想を抱くことができるくらいに。洗濯屋の女性にも、パブの支配人にも、街の歌い手にもなれるのだ、と。

この匿名の状態にあるとき、

他人と違う姿を纏うためにわたしたちの内心が吐き出した殻のような覆いは破られて、その皺やいびつさの消え去ったあとに、感受性の中心の牡蠣の身が、ひとつの巨大な眼が残されている。冬の街角はなんと美しいのだろう。それは明け広げで、同時に包みかくされている。

ド・クインシーと少女アンも歩いたオックスフォード・ストリートにはいまや贅沢品の溢れだす窓々が並び、ウルフはそれで空想の家や生活を飾り立てる。そしてそれを全部頭のなかから追い払い、ふたたび歩行に戻ってゆく。ワーズワースが育て、ド・クインシーとディケンズが洗練を加えた内省の言語、それが彼女の言語だった。そして植え込みでがさがさ音をさせている鳥や靴を試し履きしている背の小さな女性といったささいな出来事によってウルフの想像力は歩みを越えてさまよいはじめ、そうした逸脱から彼女はしぶしぶ現実の足取りに帰ってくる。街歩きの翼がのびのびと広がれば、先人の悩みの種だった孤独と内省はウルフの喜びだった。彼女のアイデンティティが重荷であったゆえにそれが喜びだった、そのことに近代の徴がある。

ロンドンと同じように、ニューヨークもまた留保のない称賛が難しい。大きすぎるし、荒っぽい。もっと小さな都市しか肌で知らないわたしは、その広大さを甘くみて移動距離に疲弊してしまうという、ロサンジェルスの車移動と同じことをいつもしてしまう。でも、マンハッタンにはほれぼれとする。一糸乱れぬ蜜蜂のダンスのようなグランド・セントラル駅の雑踏。長大な街路の格子へ踏みだしてゆく速足の人びと。交通規則をものともせずに縦横に行き来する人びと。広場をそぞろ歩くゆっくりとした足取り。セントラル・パークの優美な小道を、白々とした赤子を押してゆく暗色の肌をした子守の女性たち。目的も方向感覚もぼんやりとしたままさまよっていて、行き先へ急ぐ通行人や通勤者の邪魔をしてしまうこともしばしばだった。まるで蜜蜂の巣に迷い込んでしまった蝶々か、流れに潜む沈み木のように。マンハッタン中心部の繁華街《ダウンタウン》と中心市街地《ミッドタウン》では、移動の三分の二はいまだに徒歩で行なわれている。ロンドンと同じくニューヨークは人がいまでも地下鉄の階段への出入りや交差点の横断を徒歩でこなして用を足す街だが、遊歩者や夜の徘徊者はまた別のテンポで移動している。危険、流浪、発見、変化、それらのすべてが家々を取り巻き、玄関にまで迫る。そうして、都市は歩行を真の旅へと変える。

イタリアを偏愛するルドフスキーは、ロンドンをだしにニューヨークを軽蔑する。

概して、北アメリカにおけるアングロ＝サクソン偏重は発展の足枷となってきた。当然ながらイギリス人が都市社会のあるべきモデルということはない。彼らよりほかに、これほど熱烈な田舎暮らしへの信奉を育てた国はほかにない。それもそのはずで、久しくイギリスの都市はヨーロッパでもっとも不健全な部類のものだった。イギリス人は衷心から自分たちの街に忠誠心をもっているかもしれないが、まさしく都会の尺度たる街路は、彼らの愛着のなかにそれほど大きな地位を占めていない。

ニューヨークの作家の書くものには、その街の通りが大きな意味をもつものがある。フランスに「パリはブロンド娘……」という歌がある通り、パリの詩人はしばしばその街を女性に喩えた。他方、グリッド上に展開され、暗色の街並みに超高層ビルが聳え、そしてタフな街として知られるニューヨークは男性的な都市だ。街がミューズであるとすれば、この街へもっとも素晴らしい賛辞を詠ってきたのがゲイの詩人たちだったことは驚くに値しない。ウォルト・ホイットマン、フランク・オハラ、アレン・ギンズバーグ、そして散文詩人デヴィッド・ヴォイナロヴィッチ（もちろん、イーディス・ウォートンからパティ・スミスまで、誰もがこの街とその街路へのオマージュを捧げてきたのだが）。

ホイットマンは詩のなかで恋人の腕に抱かれる幸福を詠うことが多いが、その恋人を探して彼が街をひとりさまよう、ゲイのクルージングを予感させるくだりのほうが真に迫るものがある。「記録されている時代の後に」では、ホイットマンは明け広げに「寂しい足取りで、親友や恋人を思いながら歩く者」だったとはっきり述べている。『草の葉』最終稿では、その少し後に「喧騒と歩行と喜びの街……」という口上ではじまる詩がある。家並み、波止場の船、パレードと、都市の美点として考えられるものをあらかた並べたあとで、ホイットマンは「だがこれらではない。我がマンハッタンを行くとき、愛をつげるおまえの瞬くようなすばやい眼の輝きは」という。喧騒ではなく歩くこと、達成ではなく約束こそが喜びなのだ、と。ホイットマンは、質や量の多様さをあらわす総覧やリストをつくる名手であり、はじめて群集を愛するようになった人物のひとりでもあった。そこには新しいつながりへの予感があり、彼の平等主義的な理想と、どこまでもひろがる情熱が体現されていた。「喧騒の街」のいくつか後に収められているのが「見しらぬ者へ」だ。「見知らぬ者よ！　わたしがどれほどおまえを待っていたことか……」。ホイットマンにとって光景の儚さと愛情の深さは互いに補いあうもので、彼自身の共感にみちた自意識と匿名の群集もまたそうだった。だからこそ、大都市へ膨張してゆくマンハッタンと、都会のスケールがもたらす新しい可能性を讃えたのだった。

ホイットマンが没した一八九二年になると、だれもがこの街への賛辞を口にしはじめていた。新世紀の前半には、ちょうど前世紀のパリのようにこの街が二十世紀の首都として象徴的な存在となった。急進主義者にとっても金権政治家にとっても、この時代には都会こそが運命と希望の場所だった。港には豪華な汽船が立ち寄り、エリス島には移民たちが殺到し、ジョージア・オキーフさえ滞在中に描かずにいられなかった超高層ビルが林立していたニューヨークは、紛う方のない近代都市だった。一九二〇年代にはこの街に捧げられた『ニューヨーカー』という雑誌が生まれ、「トーク・オブ・ザ・タウン」というコーナーでは、十八世紀ロンドンの『スペクテーター』誌や『ランブラー』誌の伝統を受け継いで、作家たちが街角の小さな出来事に光をあてた。アップタウンにはジャズとハーレム・ルネサンスがあり、ヴィレッジ地区は過激なボヘミアンの暮らす界隈となった（そしてセントラル・パークには「ランブル」と呼ばれるエリアがあり、「実りの大地」と呼ばれるほどにゲイの出会いの場所として有名だった）。第二次世界大戦以前、ニューヨークの街路ではベレニス・アボットが建物にカメラを向けながら歩きまわり、その後にはヘレン・レヴィットが通りで遊ぶ子どもたちを写真に収め、同じころウィージーは歩道に横たわった真新しい死体や護送車に乗せられた娼婦たちといった裏の世界を被写体にしていた。その日の収穫をおさめる籠のようにカメラを携えた彼らが、狩猟採集民さながら獲物を求めて歩きまわる。詩人たちのように足取りを書き残すことはなくとも、その歩行の収穫を後世に残しながら。一方でホイットマンの後継者は戦後まで現われず、彼の衣鉢を継いだといえるのは、少なくともその自由で長い、祝福に満ちた怒号のような詩文を受け継いでいたのはアレン・ギンズバーグだった。

サンフランシスコの人といわれることもあるギンズバーグが自分の詩的言語を見出したのは一九五〇年代に過ごしたサンフランシスコや近郊のバークレーだったが、彼はニューヨークの詩人であり、詩に描くのは過酷な大都市の姿だった。中産階級の白人が都会暮らしを捨てて郊外住宅地へ移り住みつつあったころ、ギンズバーグと彼の仲間たちは都市の生活に情熱を傾けていた（ビートと呼ばれた者が多数集まっていたのはたしかにサンフランシスコだったが、彼らが詩に書くのは縄張りとした街路ではなくて、もっと個人的で一般的な事柄だった。またこの街をアジアや西部への入口として利用していた）。ギンズバーグも郊外住宅地について書いたことがあり、とりわけ「カリフォルニアのスーパーマーケット」では、あり余る青果と買い物をする家族に、売り場の通路をうろつく冥界のゲイ詩人たち、すなわちホイットマンと、一九二九年から翌年までニューヨーカーだったフェデリコ・ガリシア・ロルカのひねくれた笑劇を演じさせている。しかしそれを除けば、彼の初期の詩に溢れるのは雪や安アパートやブルックリン・ブリッジだ。ギンズバーグはサンフランシスコとニューヨークをかなりよく歩いたが、詩のなかでは、その歩行はいつも別のものへ変わってゆく。歩道はいつも寝床やら仏教の聖地やらまた別の幻影やらへと変貌する。彼の世代の最高の精神は「夜明けの黒人街をヤクの一発を求めて我が身を引きずっていった」のだが、そのあとよろめきながら職安へむかい、「イーストリヴァーのドアが開くのを待ちながら雪の吹きだまるドックを一晩中、靴を血まみれにしながら」歩いてゆくことになるとはいっても、彼らはただちにアパートの屋上でふらついている天使を目撃したり、火を食べたり、アーカンサスの幻覚や黒い光の悲劇やらをみる有り様なのだ。

ビート族にとって移動や旅はきわめて重要なものだったが、それは移動の本質的な意味においてではなかった（ただし、なかでも真の逍遥派だったスナイダーは別だ）。彼らは、貨車への不正乗車で移動した放浪者《ホーボー》や操車場といった一九三〇年代のロマンの尻尾をつかまえて、新しい自動車文化の時代を拓いた。そこでは時速数マイルで何十マイルか歩くことではなく、時速七〇マイルで駆け抜ける何百マイルの道のりが流浪の不安を慰撫するようになった。彼らはこうした物理的な移動を、化学物質の誘発する想像力の漂浪とまったく新しい狂暴な言語に混ぜあわせた。徒歩の世界であるサンフランシスコとニューヨークは、彼らが旅した長く遮るもののない道路の両端の錨のようなものだった。おなじように、カントリー・バラードにも変化を聞きとることができる。一九五〇年代のある時点から、失意の恋人たちは歩き去ったり深夜の列車に飛び乗るのではなく自動車を運転するようになり、一九七〇年代にはトレーラートラック・ソングが絶頂期を迎えた。ケルアックがそこまで長生きしていればきっと気にいったことだろう。ただ一編、同時代や仲間の詩法から離れて母親への哀悼を詠った「カディッシュ」の冒頭だけが、はっきりとした場所と行動の痕跡を留めている。街路は歴史の貯蔵庫であり、歩くことはその歴史を読み取ることだ。その詩は「グリニッジ・ヴィレッジの陽の当たる舗道を歩きながらあなたを思うと気が変になりそうだ、コルセットも眼鏡も置いて去ってしまった母さんを」とはじまる。ギンズバーグは、七番街を歩きながら、ナオミ・ギンズバーグが暮らしたロワー・イーストサイドを思っている。「五十年前、ロシアからやってきたひとりの少女のあなたが歩き、／……オーチャード・ストリートの群集を押しわけながら、どこへ向かっていたのか？／――ニューアークへ――」。詩が往還する彼女の街とギンズバーグの街は、のちに、ギンズバーグの子ども時代というふたりの思い出によって結びつく。

大理石の彫像のように端正な顔立ちをしたフランク・オハラは、同じ年に生まれたゲイの詩人といってもギンズバークとはどこまでも違っていて、彼が題材にするのは遥かに細やかな昼間の冒険だった。ギンズバーグの詩は雄弁であり、その長々とした悲嘆や賛歌は屋上から叫ぶのが似つかわしい。オハラの詩はお喋りのようにカジュアルで、街を散歩するように展開する。詩集のタイトルにも『ランチ・ポエム』（食事ではなく、近代美術館の仕事場から昼休みに出かける散歩のこと）や『二番街』といったものがあって、『ニューヨークで立ち止まることと歩くこと』というエッセイ集がある。ギンズバーグはアメリカに向けて語りかけることが多かったが、オハラの言葉はしばしば「君《きみ》」に向けられている。不在の恋人に静かな独白で語りかけたり、あるいは散歩の道連れに呼びかけるように。画家のラリー・リヴァーズは、オハラと「ただ歩くこと」が「いちばん素晴しいことだった」と回想している。そしてオハラは「ラリー・リヴァーズとの散歩」という詩を書いた。歩くことはオハラの日常に大きな位置を占めて、考えや感情や出会いを整理する統語法のようなものにもなっていたようだ。優しげで都会慣れして、ときに取り澄ました風もあるオハラの声が些細なものごとを讃えるには、都会のほかに考えられる舞台はなかった。散文詩「非常事態の瞑想」では、はっきりとこう語っている。

地下鉄が近くになければ、僕は草の葉一枚を味わうことさえできない。あるいはレコード店とか、皆が人生をすっかり悔やんでいないことのサインがなければ。いちばん小さな誠実さを認めることがもっと大切なことなのだ。雲はあるがままの姿で十二分に関心を集めている……。

そして「仕事場へ歩く」の結びにはこうある。

僕は通りになる
君は誰を愛しているの?
僕?
まっすぐに信号に逆らって僕は渡る。

また別の、歩く詩の冒頭。

下着を着ないのも飽きてきた
けれどまたそれが好きになる
歩いていると
風がやさしく僕の性器に触れる

つづけて「誰かが落とした／ポップコーン菓子の箱」について考えを巡らせ、さらに雲、バス、目的地、オハラが「君」と語りかけるセントラル・パークへ。詩は日々の生活そのままをなぞりながら、鍛えられた視線を小さなもの、小さな真実の発見へ向けてゆく。そしてホイットマンとギンズバーグの詩に散りばめられた一連のものとおなじものがオハラの詩にもやはり現われる。都市はとどまることなく増殖してゆく事物の総覧なのだ。

デヴィッド・ヴォイナロヴィッチの『ナイフの近くへ——崩壊の回想』は、これまでの都市的経験の集大成のような印象がある。ヴォイナロヴィッチはド・クインシーのような家出人だが、その友人アンのように少年時代には男娼として生活していた。そしてディケンズやギンズバーグのように、熱を帯びた、幻惑的な明晰さを自分の住む街の空気や情景に向けた。都会の裏側のエロス、酩酊、無法といったビート的な主題を採り上げる場合、ウィリアム・バロウズ的な道徳基準の不在を描き、物事の帰結や政治性よりもそうした冷淡さに面白さを見出す者が多い。しかしヴォイナロヴィッチはその種の苦悩をつくりだす機構《システム》への憤りを隠さなかった。それは家のない少年として、ひとりのゲイとして、エイズ感染者として（彼はそのために一九九一年に死ぬ）生きる苦しみをつくりだしたシステムへの憤怒だった。ヴォイナロヴィッチは記憶と出会いと夢と空想のコラージュに、鮮烈なメタファーと痛々しいイメージを散りばめた言葉の奔流を重ねて書く。彼の言葉のなかで歩くことはリフレインのように韻律を刻む。常に、ニューヨークの街路や通路をひとりで歩く自身のイメージへ回帰してくるのだ。「七百か八百ブロック、実質マンハッタン島をぜんぶ歩いた夜もあった」と、街娼だった日々を書いている。なぜなら、歩くことは棲み家をもたない者の拠り所だったから。そのことはサミュエル・ジョンソンとリチャード・サヴェジのころから変わっていない。

ヴォイナロヴィッチが描く一九八〇年代のニューヨークは、ぐるりと一周めぐってジョン・ゲイの十八世紀初頭のロンドンに帰省している。エイズ禍があり、ホームレスの激増があり、ウィリアム・ホガースの版画「ジン横丁」から抜け出してきたようにドラッグ中毒者が徘徊していた。悪名高い暴力のためにかつてのロンドンのように、裕福な者はニューヨークの街路を恐れるようになっていた。ヴォイナロヴィッチは目にした光景を書いている。「すらりとした脚、鋲を打ったブーツ、上品なハイヒールの三人の娼婦がウォルドーフ・ホテルから出てきたひとりのビジネスマンをふいに取り囲んで、「ねえ、遊ばない？」と囁きながら彼の股間を撫ではじめる……。男がずっと間抜け顔で笑っているうちに、背後で財布を抜き取った手が一瞬見えて三人はどこかへ消えてしまった」。わたしたちは、失神した振りをして、男から銀の刺繡の手袋と煙草入れ、さらには鬘まで盗みとってしまうダニエル・デフォーの『モル・フランダーズ』の時代まで戻ったのだ。人目から身も隠す場所ももたず、栄養失調に苦しみながら路上で暮らした十八歳までの年月を、ヴォイナロヴィッチはこう書いている。

体を売った相手の腕のなかで死にかけたことがあのころ三度あった。路上を去ったあとでは……人と一緒にいるとほとんど話すこともできなかった。……鉛筆で紙にかき留めるということをはじめるまで、そうしたイメージと感覚の重みはどこかに引っ込んでしまっていた。

「路上を去る」。すなわちすべての街路を一本の街路として語ること。その一本の街路を、固有の人びとの暮らしと法と言語を擁するひとつの世界の全体として語ること。「路上《ザ・ストリート》」とは、屋内で負ったトラウマから逃れようとする人びとが、外部の住民となる場所なのだ。

その本の「アメリカで同性愛者《クィア》として生きること――崩壊の日記」と題された節は、歩くことの使い道を一九八〇年代にアメリカ都市の街角に生きた男性同性愛者の目からまるで年代記のような几帳面さで記している。ちょうど『高慢と偏見』に、二世紀足らず昔の田舎女性にとっての歩くことの使い道が陳述されていたのと同じ具合だ。「ぼくが歩いている廊下の窓にはゆっくりと死にゆく空が切れ切れにみえて静かな風が若者の後をついてゆき十部屋向こうで彼はふいに戸口に踏み込んだ」と、その文章ははじまる。彼はその若者のあとを追って、かつて出会いをもとめて歩きまわっていた広大な埠頭と倉庫にもよく似た部屋に入り、彼のもの**を**しゃぶり、その少しあとで、彼の歩行は友人を悼む足取りへと変わる。それはエイズで死んだ写真家のピーター・ハジャだ。

彼が死んだあとぼくは何時間も街を歩いた、深まる闇と車の流れのなかを、死体が路傍に連なり犬が戸口で腐ったゴミを漁っている、そんな街の死にかけている場所へ。頭上の雲には緑の波頭がみえた……。ぼくは踵を返して、渋滞と排気ガスの灰色のもやの方へ、痩せぎすの娼婦が見るからにジャンキーらしく腰を折りまげて拳《こぶし》を歩道に引きずっている傍らを歩いて戻っていった。

彼は友人「二番街の午前二時の男」に会う。彼は、別の男がジャージー・シティから車で来た若者たちにウェスト・ストリートで襲われて、ゲイだという理由でリンチされたのだという。そしてヴォイナロヴィッチのリフレインが響く。

この通路を二十七回も歩いているぼくに見えるのはひんやりとした白い壁だけだ。手がゆっくりと顔を撫でていても、ぼくの手のなかはからっぽだ。歩いて部屋から部屋へいったり来たり青い影たちを追いかけていると自分が弱々しく感じる……。

ヴォイナロヴィッチの街は地獄ではなく辺獄《リンボ》だ。休まらない魂が渦をなして蠢き、情欲と友情と幻視の能力だけが彼を慰める。

わたしはティーンエージャーのころに自分の街の通りを歩きはじめた。それ以来歩きつづける長い時間のなかで通りは変化し、わたしも変わっていった。毎日が絶え間ない試練のように感じられた思春期の必死の早足は、物思いの足取りにとって代わられ、それまでのようにきりきりと神経を尖らせることなく、孤独からも貧しさからも解放された人物の無数の歩みへ変わった。いまでは、歩くことはしばしば自分と街の歴史を重ねながら顧みるものになっている。空き地に新しい建物が建ち、年寄りの溜まり場だったバーは流行りもの好きの若者に占領され、カストロズ・ディスコはドラッグ・ストアに変わり、あらゆる通りと界隈がその様相を変えてゆく。地元の界隈もかなり変わってきたので、わたしが二十歳前に居を構えた騒々しい一角に比べれば、二、三回引越しをしたのかと思ってしまうこともある。ここで採り上げた都市の歩行者たちは、ある種の歩行の尺度を示している。その尺度でいえば、ギンズバーグとヴォイナロヴィッチがいる端から、二流のヴァージニア・ウルフの方へとわたしは移ろってきた。

その年も残すところがあと二日となった日曜日の朝、わたしは牛乳を買いに近所の酒屋へ行った。角を曲がると、玄関前に座りこんだ男が酒を片手にファルセットで歌っていた。その辺の酔っ払いが地上に堕ちた天使に思えるような歌い方だった。ひとおおり《アローン》……、という語がどこからともわからずに震えるように響いてきて、階段の吹き抜けにきれいにこだました。帰り道にみると彼は通りを縫うようにして脇目も振らずに歩いていて、数フィートそばをわたしが通り過ぎたことにも気がつかなかった。この歌い手の意識は歩くことにすっかり集中していて、彼のまわりに分厚くまとわりついた空気を押し分けているかのようだった。わたしが家の前の木に水をやりはじめたころ、彼はまだ角のあたりを曲がりくねりながら歩いていた。それとは逆の向きに、いつもドレス姿で、いつも物腰やわらかに脈絡のない言葉を紡いでいる老婦人が歩いている。そばを通り過ぎる彼女にあいさつをしても、ファルセットの歌い手に負けず劣らずわたしには気がつかなかった。ふいに、ちょうど道の反対側の歌い手と並ぶあたりまで彼女がきたとき、突然彼女はタップダンスのように足を踊らせたかと思うと、そのまま角の向こうへ姿を消した。まるで音のない音楽に聞き入って導かれているかのように、ふたりは楽しげでもあり憑かれているようでもあった。

しばらくすれば教会へ向かう人びとが姿を現わす。最初にここへ越してきたころ、近所にカフェもなく、教会通いの人びとはみな歩いていた。日曜日の朝の通りには和やかな賑わいがあって、きらびやかな帽子の黒人女性たちがそれぞれの教会を目指して行き交っていた。巡礼者の不屈の歩みではなく、式典へ急ぐお祭りのような足取りだった。それも昔のこと。ジェントリフィケーションの波によってバプテスト教会に通う人びとは散り散りになり、いまや自動車で教会を訪れるようになった。アフリカ系の若者たちはあいかわらずぶらぶらしていて、無造作な足の運びと裏腹に、身体の縄張りを示すように腕や肩を敏捷に動かしながら歩く。近年になると週末の朝の歩道には教会通いに代わって出現したジョガーと犬の散歩をする人びとが、二日酔いの頭を抱えてふらふらとカフェへ向かってゆく者の傍らを中産階級の神域へ、すなわちゴールデンゲート・パークをはじめとする公園へあくせくと走ってゆくようになった。ともあれこれほど早い時間には、通りはわたしたち歩行者三人のものだった。あるいはそのうちふたりのものだった。というのは彼らをみていると、まるで自分がふたりの私生活の間《あわい》を漂う幽霊のような気がしていたから。この冷たく晴れた日曜日の朝の空の下、都会の歩行者が分かちあう孤独のなかで。

第十二章　パリ——舗道の植物採集家たち

パリの住人は、公園や街路を広間や廊下のように使って暮らしている。街角のカフェは通りまではみ出して、まるで通行人のドラマが面白くて仕方がなく、一杯喉を潤す間も目を離せないというようだ。この街は美術館でもあれば閨房でもある、そんな素振りで戸外のいたるところにブロンズの裸像や大理石の女体が台座に鎮座し、あるいは壁から飛び出している。そうかと思えば、凱旋門や記念碑が異教のシンボルのように猛々しく、また艶かしく大通りを飾っている。街路は中庭のようで、公園も大きな建物に囲まれて中庭のようだ。国の顔となる建物の群れは通りと同じくらいに長く伸びていて、その通りにはまるで公園のように街路樹と椅子が並んでいる。家々も教会も橋も壁もすべてが砂のような灰色をしたこの街は、想像を越えた複雑性を備えた一個の構築物のようにもみえる。あるいはハイ・カルチャーの珊瑚礁のようにも。そのすべてがパリを多孔質にする。私的な思念と公的な行為が他所のように分離されずに、歩行者はあたかも夢想と革命の間を往還しているかのようだ。ほかのいかなる都市にも増して、この街はそこに暮らす人びとの絵画や小説のなかに入り込み、表象と現実が向きあう鏡のように互いの姿を映しあっている。まるで街そのものが巨大な物語の集成であるかのごとく、パリを歩くことはしばしば読むことに例えられた。そして、住人や訪問者が磁石のようにこの街に惹きつけられているのは、この街がフランスの首都であるのみならず、いつでも亡命者と追放者の都だったからだ。

「あるときは風景、あるときは部屋」。ヴァルター・ベンヤミンはパリを歩く経験をそう書いた。多くの者を懐に捉えてきたパリは、都市と都市を歩く術についての類い稀な考察者であるベンヤミンもまたその深みに惹き入れた。一九四〇年に死を迎えるまでの最期の十年間、パリはベンヤミンの書きものの主題のなかで圧倒的な存在感をもつようになる。彼は一九一三年にパリをはじめて訪れ、幾度も再訪しながら次第に滞在期間を延ばし、一九二〇年代の末についに居を構えた。自らの出身地ベルリンを語るときでさえ、その筆はパリへ漂うことがあった。

街で道がわからないということは面白くもなく平凡なことかもしれない。そこには無知のほかには何もいらないからだ。だが都会をさまようこと――ちょうど森のなかをさまようときのように――には、かなり別種の修練が求められる。そこでは看板や通りの名が、通行人や屋根やキオスクやバーが、足もとで折れる森の小枝のように、遠くから響いてくるサンカノゴイのぎくりとさせる鳴き声のように、開けた林間の空き地のまんなかに一輪の百合が立っていて、あたりがふいに静まりかえったときのように、さまよい人に語りかけるはずだ。こういう徘徊の技術を教えてくれたのはパリである。

ベルリンで過ごした幼年時代について、ベンヤミンはそう語っている。「学校の練習帳の吸い取り紙の迷宮ではじめてみた夢を、それは満たしてくれた」。世紀の変わり目ごろの恵まれたドイツ人として、彼は山や森への愛を吹き込まれて育った。裕福だった一家はよくシュヴァルツヴァルト地方やスイスで長期休暇を過し、子ども時代のある写真には、アルプスのどこかを描いた絵画を背景にアルペンストックを構える姿が写っている。けれども彼はそうした黴臭いロマン主義を拒み、都市のモダニズムへ浸り込むようにして街への情熱を育てていった。

ベンヤミンを魅了したのは、さまよい、あるいは道草をしながらぶらつくことによってしか感得することのできないある種の構造としての、すなわち物語や年代記のような線状に整えられた時系列の秩序とは対照的な、空間的な秩序としての都市だった。右に挙げたベルリンのエッセイにはパリのカフェで得た天啓が語られている。「それはパリでなければならなかった。壁や川岸が、一休みする場所が、寄せ集められたものとがらくたが、欄干と広場が、アーケードと売店が、それぞれ斯様に風変りな言語を語るこの場所でなければ」。その天啓とは、自身の生の全体が、あたかも時間ではなく空間が主たる構造であるかのように、地図か迷宮のように図解されるというものだった。『モスクワ日記』は、街を語る言葉のなかへ彼自身の生を織り込んだものだった。そして『一方通行路』は、ひとつの都市を模倣するような形式で書かれた書物だった。給油所、建設現場、メキシコ大使館、荘園風の調度の十部屋のアパート、中国の骨董品店——これは街のどこかの場所や標識のような題名をつけられた短かい文章が寄せ集められた、過激な断章群だった。仮に物語が切れ目のない一本の小道のようなものだとすれば、この本の短い物語の群は密集してからまりあう街路や路地のようなものだ。

　ベンヤミン自身、卓越した街の放浪者だった。パリの街を歩くベンヤミンの姿が脳裏に浮かぶ。友人の言によれば「頭をまっすぐ持ちあげて歩いているのは見たことがないと思う。そういう歩き方をしていた。おそらくは近視のせいだったのだろう、物思いとためらいが感じられた」。彼が気づくことなく歩いてゆく傍らには、一九二〇年から四〇年まで同じ街に暮らしたいまひとりの近視の亡命者ジェイムズ・ジョイスの姿があった。ふたりにはどこか対称的なところがあった。後者の亡命カトリック教徒はダブリンの街をひとりさまようユダヤ人の曖昧模糊とした言葉を散らし積み重ねた小説を書いた。そしてパリをあてもなく歩くベルリンからの亡命ユダヤ人は、パリの街路を歩き綴ったいまひとりのカトリック教徒、シャルル・ボードレールの試論を書き留めていた。ジョイスが生前に獲得したような称賛の声は、ベンヤミンに対しては、はるかに後の一九六〇年代から七〇年代にまずドイツで、次いで英語圏で再発見されるまで届けられることがなかった。その一方、カルチュラル・スタディーズの守護聖人となったベンヤミンの文章はさらに数え切れぬ論文と著作を世に産みだすこととなった。読み手にとって彼がそれほど豊かな存在であり得たのは、多かれ少なかれ学術的な主題を扱いながらも魅力的な警句や想像力の飛躍に満ち、論定することよりは喚起力としての学識に長じるという、彼の文章がもっていた綯い交ぜの性格のためでもあっただろう。ベンヤミンのパリ研究はとりわけ関心の的となってきた。ついに本のかたちにならなかった『パサージュ論』のために残された膨大な引用と覚書は、ボードレール、パリ、そのパサージュ、そして遊歩者《フラヌール》といった関連しあう事柄を扱いつつ、さらにはるかに拡がってゆく余地を残していた。そしてパリを「十九世紀の首都」と呼んだのはベンヤミンその人であり、二十世紀末の研究者に遊歩者という論題を与えたのもまた彼にほかならない。

遊歩者には満足な定義が与えられたことがない。しかし大昔の遊民から物語らぬ詩人まで、あらゆる遊歩者の類にはひとつ変わらぬものがある。注意深く眼差しを移しながら、ひとりあてもなくパリを歩む男のイメージだ。ここからも住人をとりまくパリの生活の求心力がわかる。彼らはやがて自分たちのうちの一類型に属する人びとの呼称をこしらえるにいたる。散策さえ論究の対象にしてしまうフランス文化の一端がこんなところにも示されている。ところでこの言葉「フラヌール」が人びとの口に上るようになったのは十九世紀初めのことに過ぎず、起源は判然としていない。プリシラ・パークハースト・ファーガソンが「古スカンジナヴィア語(浮かれてあちこち走りまわるという意のflana)」に由来するという一方、エリザベス・ウィルソンは次のように書いている。

十九世紀の辞典『ラルース』は、アイルランド語で「放蕩」を示す言葉から派生した可能性を挙げている。この版の『ラルース』の執筆陣は遊歩者を「ぶらつく人」「時間つぶしをする人」としたうえで長文の記事を寄せ、買い物や人間観察といった新たな都会の気晴らしとの関連を解説している。さらに、地方都市は遊歩に十分な舞台を提供できないため、遊歩者が存在し得るのは大都市や主要な街のみだと指摘している。

ベンヤミン自身も遊歩者をはっきり定義することはなく、余暇や群集、疎外、孤立、観察、あるいは歩くこと、とりわけパサージュをぶらつくことといった事柄との関連を述べるのみだ。そこから、遊歩者は男性で、余裕のある生活をしていて、洗練された感性の持ち主で、家庭生活は存在しないかそれに等しいような暮らしをしている人物と推断することは可能だろう。ベンヤミンによれば、遊歩者が出現するのは十九世紀の初頭、都市が巨大で複雑なものとなり、住人にとってさえ見慣れぬ存在となるという未曾有の時代のことだった。フイユトン（当時普及しつつあった新聞を媒体とした連載小説）や、「生態研究」といった読みもの、つまり、他人をよく知るためという名目で刊行され人気を博していたものの、鳥や花のように人を外観で分類し、むしろ違和を強調する役目を果たしていたような読み物に頻出する人物像のひとつが遊歩者だった。十九世紀の都市住民にとって都市なるものは巨大な好奇心の対象であり、現代の旅行者がガイドブックを片手に他所の街を訪れるのと同じく、自分の住む街の解説書をむさぼり読むほどだった。

群集というものも人類にとって新しい経験ではなかっただろうか。互いを見知ることのないままに生きる夥しい数の他人同士。遊歩者は、いわばこの孤立の群れに安息を見出す新しいタイプとして出現した。「群集こそ彼の領土なのだ、鳥が大気に棲み、魚が水に棲むごとくに」というフレーズは、遊歩者の説明としてよく引かれるボードレールの一節に読める。

彼の情熱と務めは群集との一体化にある。完璧な散策者、情熱的な観察者にとって、群集は人込みのうちに、その潮汐や潮流、喧騒、一瞬と永遠の間に棲み家をこしらえるという喜びの尽きることのない源なのだ……。

遊歩者についてのもっともよく知られた一節には、

遊歩者は、舗道の植物採集に出かける。街を自由に歩きまわることのできなかった時代でさえ、そうだった。オスマン（による都市改造）以前には幅のひろい舗道は少なく、狭い道では車両が危険をもたらしていた。パサージュなくしては、散策がそれほど重要になることはなかったはずだ。

とある。また、別の文章では、

パサージュにおいて遊歩者は、歩行者を見下ろす車両からの視線に曝されることがなく、パサージュは衰えを知らぬ人気を博していた。群集に割り込んでゆく歩行者がいる一方には、わずかの自由を求め、悠揚迫らぬ紳士の生活を諦めることをよしとしない遊歩者がいたのである。

その悠揚さの一例として、一八四〇年ごろにはパサージュの散歩にカメを連れてゆくことが流行したとベンヤミンは続けている。「遊歩者はカメに歩調をあわせることを好んだ。カメに行きたい方向があるときはその歩みを慮って足を進めたものだった」。

未完に終わるベンヤミン最後の仕事『パサージュ論』はその種の、彼の生きた世紀のはじまりから数十年のうちに勃興したショッピング・アーケードの意味を汲み取ることに捧げられていた。パサージュ（アーケード）は内部と外部の曖昧さを深めるものだった。歩行者のための通路であり、モザイクタイルや大理石が敷かれ、両側に店舗がならび、鉄とガラスという新しい建築材料による屋根が架けられていた。パリで初めてガス灯という新時代の光に照らされた場所でもあった。豪壮なパリの百貨店（および、のちのアメリカのショッピング・モール）にさきがけるように贅沢品が売られ、閑暇をもてあます散策者の品のよい居場所となった。ベンヤミンにとってパサージュは、さまよい歩く者の魅惑をよりマルクス主義的な主題へと接続するものだった。遊歩者は物品や女性を視覚的に消費しながらも、産業化の速度や生産性という圧力に抗う。その人物像は新時代の商業文化に抵抗しながらも誘惑されつつあるという両義性を帯びている。ニューヨークやロンドンの孤独な歩行者は、都市を空気や建築や、たまに訪れる出会いとして経験する。イタリアやエルサルバドルをそぞろ歩く者は友人たちを見つけ、あるいは恋に戯れる。そして種々の解説に従うならば、遊歩者は辺縁に漂い、孤独でもなければ社交的でもなく、くらくらとするほどに莫大な群集と物品の集塊としてのパリを経験している。

遊歩者に関して唯一厄介なのは、それがひとつの人物類型あるいは理想として、あるいは文学上のキャラクターとして以外には存在しなかったということだ。しばしば遊歩者はよそよそしい視線を他人へ向ける探偵のようなものといわれる。そしてフェミニストの研究者らは女性の遊歩者が存在したか、存在し得たかこれまで議論してきた。しかしいかなる文学探偵も、遊歩者と呼ぶにふさわしい、あるいは遊歩者として知られた実在の人物を捜しあてたことはない(仮にあれほど多作でもなくデンマーク人らしくもなかったら、いちばん有力な候補はキェルケゴールであったかもしれない)。だれひとりとして、カメを連れて散歩していた人物を確認した者はなく、この奇習に言及する者はみなベンヤミンを出典としている(遊歩者の全盛期とされる時期、作家ジェラール・ド・ネルヴァルがシルクのリボンにつないだオマール海老を連れて散歩していたことはよく知られるが、その行き先はパサージュではなく公園で、理由も気取るためではなくて哲学的なものだった)。遊歩者という理念を十全に体現した者はいない。しかし誰もがそのいずれかの変種に与していた。ベンヤミンの言とは裏腹に、「街のいたるところを歩きまわることができる」だけではなく、それが幅ひろく実践されていたのだ。他所の街では、孤独な散歩者はたいてい周縁的な存在で、親密圏およびせいぜい屋内で展開される私生活の域外に締め出されていることが多かった。しかし十九世紀のパリでは、公共圏において、すなわち街路で、社会の只中で本当の生活が展開されていた。

ジョルジュ=ウジェーヌ・オスマン男爵による一八五三年から一八七〇年にかけての大改造を経る以前、パリはいまだに中世の都市だった。ヴィクトル・ユゴーは「その薄暗く縮こまって、八階建の廃墟に縁取られたジグザグの路地」を「狭い裂け目」と呼ぶ。

通りは狭く、幅の大きな側溝があり、通行人が歩く舗道はいつも濡れていた。地下倉庫のような店や鉄の縁取りをした立派な石積みのそばには巨大な塵芥の山……。

おどろくほどに隔てのない街だったのだ。ルーヴル宮の中庭にはスラムのような建物がはびこり、アーケードの巡るパレ・ロワイヤルの中庭では金を払う者に対して娼婦や贅沢品、書籍、飲み物までが売られていて、そうでなくとも目をひく世間の出来事や政治論議の舞台となっていた。一八三五年のあるとき、作家のフランシス・トロロープはある流行りの店へ買い物に出かけ、「二度も水をはねかけられ、三度ほどあやうく轢かれかけてようやくたどり着いた」。品物の包みを手に帰る途中、「噴水にほど近い、十名弱の革命の英雄が倒れて埋められた場所に建てられたモニュメント」を見るために彼女は足を止めた。集まる群集の傍らで、職人が娘になぜ彼や英雄たちが一八三〇年に戦ったのか語るのを聞いていた。トロロープは他日、蜂起について、そしてブールヴァール・デ・ジタリアンを歩く洒落た人びとについて述べている。ショッピングと革命が、婦人と職人が、この塵芥と魔法に満ちた街路の上でまじり合っていた。ひとりのモロッコ人が、一八四五年から翌年にかけてパリを訪れて、そこで繰りひろげられる徒歩の生活に目を見張っていた。

パリには人びとが歩く場所があって、散歩が娯楽のひとつとなっている。男女を問わず友人の腕をとって、一緒にそういう名所へ行くのだ。連れ立ってぶらぶらと歩いたり、お喋りしたり、見物をしたり。遠出する意図は飲食のためではなく、ただ座っているためでも無論ない。散策の場所として好まれているもののひとつが、シャンゼリゼと呼ばれる場所だ。

散策場所として人気があったのはシャンゼリゼ、チュイルリー庭園、アヴェニュー・ド・ラ・レーヌ、パレ・ロワイヤル、およびブールヴァール・デ・ジタリアン、右岸のすべて、植物園、そして、ボードレールが幼年期を過ごした左岸のリュクサンブール公園だった。母に宛てた一八六一年の書簡にボードレールは思い出をこう書いている。「一緒に長々と歩いたこと、愛情がつねに変わらぬこと！　夕刻の、悲しみにみちた岸壁を思いだす」。ある友人は、この詩人が若かったころ、連れ立って「晩のあいだ中、大通りやチュイルリーをうろつき回っていた」ことを記憶している。

交わりをもとめる人びとは目抜き通りへ向かった。そして冒険をもとめる向きは裏通りや路地に足を向け、まだ満足な地図もない広大な網の目を自在に動きまわることを誇りとした。すでにフランス革命以前から一部の作家や歩行者の胸中には、一種の荒野のような、謎めいていて、暗くあやうい、尽きぬ興味の向かう先としての都市の像が抱かれていた。革命以前の歩くことについて語る古典に、レチフ・ド・ラ・ブルトンヌの『パリの夜、あるいは夜の目撃者』がある（革命後に『革命の夜』が加筆された。一七八八年に初版、九〇年代に増補版刊行）。

農家に生まれて印刷工となり、パリに移り住み、さらに作家となったブルトンヌはフランス文学史上の偉大な奇人のひとりだがほとんど忘却の彼方に追いやられていた。彼は休むことを知らぬ書き手だった。ルソーの『告白』に倣って十六巻の自叙伝を記し、サド公爵の『ジュスティーヌ』への非難としてその模作『アンチ・ジュスティーヌ』を書き（サド作品と同じように、パレ・ロワイヤルのアーケード下のいかがわしい書店で売られた）、何十という小説を著し、さらに十九世紀の「生態研究」ものの先触れのようなパリのルポルタージュを残した。『パリの夜』はブルトンヌがパリの路上で過ごした無数の夜に経験した出来事や冒険をあつめたユニークな本だ。短い各章がそれぞれ一晩を扱うこの本には、苦しみのうちにある若い女性を救い出してパトロンのM公爵婦人のもとへ連れてゆくのが彼の宗教的な使命であるという弁明がなされているが、それに限らず彼は多種多様な冒険に出かけている。その本は挿話的で、アメリカ先住民神話のトリックスターであるコヨーテや漫画『スパイダーマン』の無数の冒険譚をおもわせる。

深夜の徘徊のなかでブルトンヌは娼婦は無論のこと、店の売り子や鍛冶屋、酔っ払い、使用人と出会い、政治家の議論や（とくにチュイルリーでの）官僚の不貞を目撃し、犯罪、火災、暴徒、異性装、できたての他殺体といったものを視界におさめてゆく。一冊の書物、未開の自然、さらには一種の性感帯や寝室としてパリを書くのは後代の流儀の先取りといえる。ブルトンヌはサン＝ルイ島を好んで足しげく通い、一七七九年から一七八九年のあいだには、自分にとって大きな出来事があった日付を手がかりとなる言葉とともにその石壁に刻んでいた。パリはそうしてブルトンヌの冒険の源泉であるとともにそれを記録する書物へ、すなわち歩くことによって書かれ、読まれる物語となった。あのプルーストのマドレーヌのように、刻まれた文字は過去を呼び覚ます。

いつでもサン＝ルイ島の欄干に立ち止まって悲しい物思いなどしているときは、手で日付に触れ、心によみがえるものをたどっていた。そして再び歩きはじめるのだ。夜の闇につつまれていると、その静かさや寂しさが快い怖気のようにわたしには感じられた。

はじめて刻んだ日付を読むとき、「去年を振り返りながら心に感じることは説明しがたい。……記憶の波に襲われて、立ち尽し、いまこの瞬間を先立つ年にむすびつけて、それらをひとつに融けあわせることに没頭していた」。彼は情事と絶望の夜々、そして友情の決裂を心のうちで再び経験した。ブルトンヌのパリは、庭園に身を潜める不貞と、街頭に蠢く欲動にみちた寝室なのだ（それにふさわしくもブルトンヌには足へのフェティシズムがあり、高いヒールを履いた小さな足の女性を尾けてゆくこともあった）。ブルトンヌのパリでは、性愛の秘められた世界が止むことなく公共圏へ漏れ出してゆく。公私の空間が人びとの経験にからまりあい、無法で暗く、危険に満ちたその街はひとつの原野《ウィルダネス》なのだ。

十九世紀、原野としての都市という主題は小説や詩や大衆文学に繰り返し現れた。都市は「処女林」と呼ばれ、探検する者はときにベンヤミンのいう「舗道の植物採集」をするナチュラリストとなった。しかし、そこにもともと棲むのはしばしば「野蛮な」者だった。「森や平原の危険が何程だというのか、文明生活で日々経験する衝撃や対立に比べれば」、と書くボードレールをベンヤミンは引用している。「大通りで生贄を手にかけ、あるいはどこかの森で犠牲者を刺す、人間はもっとも完璧な猛獣として、そのどちらにも息づいているのではないか」。アレクサンドル・デュマは、アメリカの原野を舞台にしたジェームズ・フェニモア・クーパーの小説への称賛を込めて、小説に『パリのモヒカン族』という題名を与えた。遊歩者たる探偵が、舞いこんだ紙切れによって犯罪がらみの冒険に巻き込まれてゆくという話。ややマイナーな小説家ポール・フェヴァルは、アメリカ先住民の登場人物がパリに登場し、辻馬車のなかで四人の敵の頭皮を剝ぐというありそうもない話を書いた。ベンヤミンによればバルザックは「スペンサージャケットを着たモヒカン族」および「フロックコートを着たヒューロン族」について書いている。十九世紀のやや後年になると不審人物や軽犯罪者が「アパッチ」と別称された。こうした言葉づかいはさまざまの人物像を部族に、ひとりひとりの住人を探検家に、そして街路を原野に変え、この街に異邦の香りを漂わせるものだった。そうした探検家のなかにジョルジュ・サンドがいた。

パリの路上では、わたしは氷の上の舟のようだった。華奢な靴は二日で壊れ、厚底の靴では転び、ドレスの裾をもちあげることさえままならなかった。泥だらけで、疲れきって、鼻水をたらして、そうやって靴や服が……おそるべき速度で駄目になっていくのを見ているのだった。

サンドの男装は社会的な価値観への挑戦といわれることが多いが、彼女自身は実用上の理由をあげている。新しい衣服が与えてくれた自由に、彼女は有頂天だった。

ブーツがどれだけ嬉しいものだったか、書ききれない。……踵に打った金具のおかげでようやく道路にしっかり立てたのだから。駆け足でパリ中を行ったり来たりして、世界のどこへでも行けそうな気分だった。それにわたしの服は水にも強かった。どんな天気でも外をぶらぶらして、好きな時間に帰り、どんな劇場の平土間にも通った。

けれども、そこはブルトンヌが足を踏み入れた中世の原野とは違っていた。ボードレールには娼婦、乞食、犯罪者、美貌の外国人といった繰り返し登場する人びとがいる。しかしボードレールは彼らと言葉を交わすことはなく、その生きざまは彼の憶測のうちに留まっている。ウィンドー・ショッピングと人間観察は行為としてほとんど区別がつかなくなっていた。つまり買うことはあるかもしれないが、知ろうとはしない。「旺盛な詩人の手にかかれば多数と単独は区別なく入れ替え可能になる」とボードレールは書いていた。

自らの孤独に棲まうことができない者は、ひしめく群集のなかで独りになることもできない。詩人は彼自身にも他人にもなることができるという類い稀な特権を享受している……肉体を求めてさまようあれらの霊魂のように、彼はどんな者の人格にも好きに入りこむことができる。ただ彼にとってのみ、すべてが空席なのだ。

ボードレールの都市は、また別の意味で原野に似ている。すなわち孤独だ。

古きパリを森のように切り開いたオスマン男爵が試みたのは、ナポレオン三世の抱いた壮麗な、そして御し易い、近代都市のヴィジョンの実現だった。一八六〇年代以降になると、オスマンが混沌とした中世以来の街路網を破壊して大通りを導入したのは革命への対抗策だった、軍の進入を可能にし市民による防御を不可能にする意図なのだ、という見解がよく聞かれた。実際一七八九年、一八三〇年、一八四八年のいずれの蜂起でも市民は狭い街路にバリケードを築いていた。しかしこのことはオスマンの意図をごく一部しか説明しない。新造の大通りは人と商取引の流れや時々の軍隊の移動を大幅に増大させたのみならず、新たに上下水道が埋設され、それまでの悪臭や疾病の改善に寄与した。またブローニュの森も英国式の一大公園へと改修された。政治的な意味では、これらはパリの住人を締め付けるというよりはたらしこむプロジェクトであったように思える。都市開発の文脈では、この事業によって低所得者層が中心部から周縁や郊外へ移ることとなり、その影響は今日まで続いている（中産階級が郊外に脱出し、低所得者層が中心部に残された戦後のアメリカ都市の大半とは逆に。ただしマンハッタンとサンフランシスコを除く）。十九世紀都市の〈原野〉を文明化するための手立てはさらにさまざまだった。街灯・家屋の住所表示・歩道・街路名表示の設置、街路名や地図や案内本といった最新情報の提供、治安対策の強化が実施され、娼婦に対しては登録もしくは訴追が、あるいはその両方が行なわれた。

オスマンへの真の不満は二つの側面があったように思われる。ひとつは古い市街の多くを取り壊したことで、内面と建築との繊細な関係性を、つまり歩く者の心の地図や、記憶と連想との地理的なむすびつきを消し去ってしまったことだ。ボードレールはその不服を、ルーヴル宮のそばのオスマンによる建設現場を歩くことについて書いた詩で表明している。

パリは変わる！　けれどわたしの憂鬱のうちには
いかなる変化もなかった！　新しい宮殿、足場、石の山々
古い街々——そのすべてがわたしには寓意となり
愛しい記憶は岩よりも重い。

ボードレールらしく、この詩は「追放された我が魂の森のなかで」とむすばれる。またエドモンとジュールのゴンクール兄弟は、一八六〇年十一月十八日の日記にこう書いている。

わたしのパリ、わたしの生まれたパリ、あの一八三〇年から一八四八年までの風俗をもったパリは消え去りつつある、物質面だけではなく、精神面でも。……まるでただ通りすぎ

ている旅行者のような印象だ。来たるものにも、そこにあるものにも、曲がり角も見通しの面白みもない、あれらのまっすぐな大通りに対してもわたしは異邦人なのだ。

第二の不満は、幅員が大きくまっすぐな並木道によって、原野を整形式庭園に変えてしまったことだ。新しい大通りは、ルイ十四世にヴェルサイユの広大な庭園を設計したアンドレ・ル・ノートルがはじめた、二世紀前の計画を引き継ぐものだった。ル・ノートルはチュイルリー庭園および、そこから後にナポレオンが凱旋門を据えるエトワル広場まで延びる庭園のようなシャンゼリゼ大通りの設計も行なっている。これらのル・ノートルの設計は市壁の外側、すなわち都市の経済活動の埒外にあったが、街は拡大する過程でこれらを飲み込んでいった。いわば、一六六〇年代にただ娯楽に供するためにル・ノートルが設けた大通りは、一八六〇年代にオスマンによって娯楽と産業のための発展を遂げたのだ（その以前より、長い軸線を用いた構成は多くの模作を生んでいた。ワシントンDCはその帝国主義的な幾何学から派生した街のひとつだ）。ル・ノートルに引けをとらない審美家だったオスマンは、土地の起伏を均すなど、皇帝の苛立ちを買いつつも通りを完全な直線にすることにこだわり、今日までパリの姿を決定づけている長大なヴィスタを切り開いた。英国式庭園が一世を風靡し多くの庭園が〈自然〉に、すなわち不規則・非対称で直線を排除し、曲りくねった線で構成されるようになっていたことからすれば、フランスの整形式庭園でパリの荒野を切り開くというのは大きなアイロニーだった。

じめじめとして、親密で、息苦しいほどに狭く、密やかで、ほっそりとした曲線を描いてゆく、蛇の鱗のような丸石を敷いた街路。それにとって代わったのは、儀礼的で、光と空気と経済と理性に満たされた公の空間だった。かつての街が森になぞらえられることがそれほどに多かったとすれば、その理由は、街が多くの生命の互いに無関係な振舞いがつくりあげた有機的な集積体であって、誰かのマスタープランを実現したものではなかったためではないだろうか。デザインされたのではなく、育ったのだ。いかなる地図によっても、その曲がりくねる有機的なかたちが描き明かされることはなかった。この変化を憎む者は多かった。

散歩を楽しむ者に必要なのは、マドレーヌからエトワルまで最短距離で歩くことだろうか？　彼らは歩く距離をもっと延ばしたいと思うからこそ、同じ路地を三度も四度も歩いたりするのだ。

と、アドルフ・ティエールは書いている。原野を歩くことは大胆さと知識と力の必要な、荒くれ者や探偵や男装した女性向けの愉しみだったが、庭園の散歩はそれよりもはるかに優しい。オスマンの大通りはこの街をかつてなく大規模に遊歩道へ改造し、都市民をかつてない規模で散策者に変えた。やがて華が咲くように通りが店舗で賑い、大百貨店が誕生するようになると、パサージュは衰退への長い道を歩みはじめる。そして一八七一年のパリ・コミューンでは、街の革命家の手によるバリケードは大通りに築かれたのだった。

はじめてベンヤミンの関心をパサージュへ向け、歩行を文化的な行為として考えるという試みに誘ったのはボードレールではなく、ベンヤミンの同時代人たち、ベルリン出身で同郷の友人フランツ・ヘッセルと、シュルレアリスト作家ルイ・アラゴンだった。アラゴンが一九二六年に書いた『パリの農夫』にはひどく興奮したとみえる。

夜、寝床では数語しか読む進めることができなかった。心臓がばくばくとして本を置かざるを得なくなるのだ……「パサージュ論」の最初のメモは、実のところこのときのものだ。そしてベルリン時代が来るのだが、そこではヘッセルとの友情の大きな部分が「パサージュ論」の頻繁な対話によって育まれた。

ベルリンについてのエッセイのなかで、ベンヤミンはヘッセルがベルリンへの導き手のひとりで、ヘッセル自身もベルリンを歩くことについて書いていたと語っている（そして彼はマルセル・プルーストの『失われた時を求めて』の翻訳でベンヤミンと協働している。記憶、歩くこと、偶然の出会い、パリのサロンといったものを扱ったこの小説は、ベンヤミンが取り組んだフランス文学の二つの領域の間にぴったりと嵌りこんでいる）。十九世紀の遊歩者像にもともあてはまっていたのは実に彼ら二十世紀の作家や芸術家だった。

アラゴンの『パリの農夫』は、アンドレ・ブルトン『ナジャ』、フィリップ・スーポー『パリ最後の夜々』とともに一九二〇年代後半に世に出た三冊のシュルレアリスム書の一角を占める。いずれも一人称で語られるパリをさまよう男の物語で、特定の地名や場所の描写を含み、主人公の向かう先として娼婦が登場する。シュルレアリスムが重視したのは夢や、無意識的な、あるいは自意識によらない心の動きによる自由連想や、目を見張るような組み合わせ、偶然や一致の驚き、つまり日常生活に潜むポエティックな可能性だった。そしてこれらの追求の理想的な方法となったのは街をさまよい歩くことだった。ブルトンはこう書いている。

アラゴンが我々の日常的なパリ散策で発揮した才覚はいまでも覚えている。彼と歩いていると、そのロマンチックで魅惑的な独創性によってどんなにつまらぬ場所も驚くほどに変貌してしまうのだ。彼の才気は衰えることを知らず、曲がり角や店先の陳列棚がたったひとつでもあればまた新たに湧き出してくるのだった。

オスマンによって謎を奪われたパリは、詩人の霊感の源となることによってそれを取り戻した。『ナジャ』と『パリ最後の夜々』は、偶然に遭遇した謎めいた若い女を捜すことを軸にしていて、物語はこの追跡劇によって紡ぎ出される。この種の出会いは街歩き文学のお決まりで、ブルトンヌは足の綺麗な女の跡を尾け、ホイットマンはマンハッタンの男を目で追い、ネルヴァルとボードレールは通りすがりの女の面影に生涯の愛を垣間みるという詩を書いている。

ブルトンは「最悪の結末を予期しつつもこの見知らぬ女と言葉を交わした」。探偵のように女につきまうスーポーの匿名の語り手は彼女とその仲間が生きる闇の領域に触れてゆくが、野心と狂気と殺意で汚れたその世界も、彼女の魅惑を解き明かすこともなければ消し去ることもない。アラゴンの著作は三冊のうちもっとも型破りなもので物語と呼べるものは存在せず、ベンヤミンの『一方通行路』のように地理にもとづいて構成されている。パリのいくつかの場所がその対象で、ひとつめはパサージュ・ド・ロペラだ。アラゴンがこれを書いたとき、このパサージュはすでに取り壊しの候補に挙がっていた（他ならぬオスマン通りの拡張にともなって取り壊された）。『パリの農夫』には、実際に足を運ぶとき、そして想像力のなかでさまよい歩くときに、この街がいかに豊かな対象となるかが描かれている。

アラゴンは街そのものを主題としたが、ブルトンとスーポーが追い求めたのはナジャとジョルジェットという街の化身たる女たちだった。スーポーの主人公は、ポンヌフの近くのホテルで客をとり、ふたたび通りに戻ってくるジョルジェットをひそかに探っている。

ジョルジェットはふたたび、夜の迷路をくぐり抜けてパリをさまよう足取りを取り戻した。悲嘆と孤独と苦しみを打ち払いながら彼女は歩きつづけた。そのとき、彼女の微妙な力がいままでになく明らかだった。それは夜の形を変える力だ。数十万のうちのひとりに過ぎない彼女の力によって、パリの夜は謎めいた領土となる。花と鳥ときらめきと星々にみたされた、壮大で目を見張る国、空の果てに打ち上げられた希望となるのだ。……その夜、わたしたちの追跡のなかで、より正確にいえばジョルジェットの跡をつけているうちに、わたしは初めてパリを見た。それは確かに違う街だった。霧の上に自らを掲げ、地球のように回転しているその姿はいつもより女性的だった。そしてジョルジェット自身がひとつの街となった。

いまいちど、さらに惑乱を深めて、パリは原野に、閨房に、歩行によって繙かれる書物になる。名前も職もなく、ついには完璧な遊歩者の姿をした主人公は、ブルトンヌが務めとした夜の探索を遂行する。ひとりの女の追跡という形をとって。ふたりは起こったばかりのある殺人事件を目撃し、女はその犯罪に巻き込まれてゆく。主人公は犯罪と美的体験を刑事のように追い、ジョルジェットはそのいずれをも体現している。

ややあって、ジョルジェットは主人公に、自分の生業は自分と弟の生活のために選んだものだという。「わたしみたいに、街の通りと、そこにいる人を残らず知っていれば物事はとても簡単になるの。そうは見えなくても、みんな何かを捜しているのよ」。ナジャのように、彼女は街路を棲み家のようにする遊歩者だ。『パリ最後の夜々』は小説だが、『ナジャ』はブルトンが経験した実在の女性との出会いを下敷きにしている。ブルトンはノンフィクション性を強調するために、人物・場所・ドローイング・手紙の写真を本文中に含めている(ただし、ナジャという仮名の人物を除いて)。ある逢引で、ナジャは彼をシテ島の西の端にあるドフィーヌ広場に誘う。「そこに来てしまうと、いつも、そこではないどこかへ行きたいという欲望が自分から失われてゆくのを感じるのだ。優しく、しつこく、終いに潰されてしまいそうな抱擁から自由になるためには、自分と闘わねばならない」。

三十年後に書いた『ポン・ヌフ』でブルトンは、ある批評家の言葉を借りれば、有名な、パリ中心部の地勢の詳細な〈解釈〉を提示した。それはシテ島の地理的・建築的な並びとそれが位置するセーヌ河の湾曲部分が仰向けに横たわった女体の形をなしていて、そのヴァギナが「やや曲線をおびた三角形をしており、二つの緑地の隙間によって二等分された」ドフィーヌ広場に位置しているように見える、というものだった。

ブルトンはホテルでナジャと一夜を過ごし、スーポーの語り手は性交の相手としてジョルジェットを買う。しかしこれらの物語において、エロティシズムはベッドのなかでの身体の親密性に焦点を結ぶのではなく、街のいたるところへ拡散され、彼らは性交ではなく夜の歩行によってその濃密な大気に身を浸してゆく。追われている女たちがいちばん自然体で、魅力的で、街路にくつろいでいる。あたかも、街娼《ストリートウォーカー》という生業がついに真に街路《ストリート》を歩く《ウォーク》ことになったかのようだ（それまでのあまりに多くのヒロインがそうであったような、街路の犠牲者でもなければ難民でもなく）。ナジャとジョルジェットは、シュルレアリスムにおける女性の表象の通例として、〈女〉として具現化されるという桎梏——貶められつつ賛美され、詩神であるとともに娼婦である、都市の化身となること——によって、ひとりひとりの女として在ることからは遠ざかっている。それがもっともはっきりと現われるのは彼女たちの魅惑的な街歩きだ。語り手を神話のセイレーンのような彼女たちの追跡に誘うこの足取りは、同時にパリへのオマージュとパリの周遊ツアーでもある。ひとりの市民が自分の住む街に抱く愛情とひとりの男が通りすがった者に抱く情欲が、ひとつの高まる熱情へ融けあっている。そしてこの熱情は街路における足取りのなかで成就する。歩くことは性行為となる。ベンヤミンもまた、都市が女体となる、歩くことが性交となるというこの変容に同じて、迷宮としてのパリというモチーフについて述べた一節を次のように結んでいる。

わたしがそのもっとも内奥の場所、ミノタウルスの部屋に入り込んだということも否定すべきではないだろう。ただひとつの違いは、この神話の怪物には三つの頭部があって、それらがラルプ通りの小さな売春宿の住人たちだったということだ。残されていた最後の力をそこへ呼び招かれ……わたしは足を踏み入れた。

パリは中心に売春宿のある迷宮だ。完遂することではなく到着することに意味が託されたこの迷宮においては、足という解剖学的部位が肝要なのだ。

ジューナ・バーンズが一九三六年に書いた『夜の森』には、ここまでの書物の締め括りのような響きがある。これもまた魔法にかけられた狂女の愛欲がパリの魅惑、そして夜と絡まりあってゆく物語だ。このバーンズによるレズビアン小説の名篇のヒロイン、ロビン・ヴォート

は恋人のノラ・フラッドを捨て、「我を忘れ困惑しながら」街路を歩き、

ノラとカフェとの隔たりを計る既知の尺度となった、あの夜の生活の方へ歩を向けた。このように歩いているときのロビンの瞑想は、やがて行きつく先で見出されるはずの快楽の一部となっていた。……ロビンが耽る瞑想は、それ自体ひとつの動きを形づくっていた。

その夜、異性装趣味で大通りの公衆便所に通うアイルランド人の医者がノラに向けて長い独白をする。バーンズがこのオコナー医師をサン＝シュルピス広場に近いセルヴァンドーニ街に住まわせたのは偶然ではないだろう。デュマが『三銃士』のひとりの居所とし、ユゴーが『レ・ミゼラブル』の主人公ジャン・ヴァルジャンを滞在させたのも、この小さな通りだった。『夜の森』の時代にパリに堆積する文学の密度はそれほどに濃く、どこへ目を向けても、何世紀にもわたる文学の主人公たちが間断なく押し寄せるように行き交っているのが目にみえた。ヒロインでいっぱいの地下鉄、小説の主人公で賑う散歩道、群れて騒ぎを起こす脇役たち。パリの作家は登場人物に住所を与えるのが常だった。あたかも読者がみなパリを熟知していて、人物に生命を吹き込む手掛かりは居所だけで十分、街にはいたるところに歴史と物語そのものが住んでいるのだ、というかのように。

ヴァルター・ベンヤミンは自らを「苦労してワニの顎をこじあけて、そこに生活を設えた男」と述べたことがある。ベンヤミンは一生の大部分において、お気に入りの文学作品のマイナーな登場人物のような彷徨の生活を実現できた。パリをあとにするのが遅すぎたということからすれば、その死はフランス文学に招かれたものといえるかもしれない。第三帝国の影を感じながら暮らす最期の年月に備えるには、少年向けの冒険譚や探検家の日誌の方が相応しかったことだろう。一九三九年九月に戦争が勃発するとベンヤミンはほかの在仏ドイツ人とともに検挙され、一〇〇マイル以上南のヌヴェルの収容所まで歩かされた。心臓に不調を抱え、パリの路上でも数分ごとに立ち止まるほどだったベンヤミンはむくみと苦痛に悩まされ、この行進の途上で何度も倒れたが、三ヶ月にわたる抑留生活でわずかの煙草を報酬に哲学の講義を行なううちに体調は回復した。国際ペンクラブのはたらきで解放されるとパリに戻り、パサージュ論に取り組み、ビザの獲得を試み、刺すような熱を湛えた詩的な「歴史哲学テーゼ」を執筆した。ナチがフランスを占領すると幾人かとともに南へ脱出し、ピレネーの険しい道を越えてスペインのポルトボウに至った。持ち運んでいた重い書類鞄には、彼の言によれば自分の命よりも大事な草稿が入っていた。ブドウ畑の急峻な道では同行者の支えを借りて歩くほどに困憊していた。「誰にも道がわからなかった」と歩みを共にしたフラウ・ガーランドは書いている。「四つん這いになって登らねばならない箇所もあった」。スペイン当局はフランスの出国ビザを要求し、ベンヤミンの友人がようやく手に入れたアメリカ合衆国への入国ビザを認めなかった。置かれた状況と山を歩いて戻らねばならないという見込みに絶望したベンヤミンは過量のモルヒネを飲み、一九四〇年九月二十六日にスペインで死んだ。ハンナ・アーレントによれば「国境警備員はこの自死に感銘を受けたとみえて、同行者らにはポルトガルへの入国を認めた」。書類鞄は消えた。

一九六〇年代には自らもパリの住人だったアーレントは、同じエッセイに次のように書いている。

> パリはよそ者が安らぐことのできる場所だ。自分の部屋のように街に住むことができるからだ。たとえばアパートの一室で、睡眠や飲食や労働に供するのではなくそのなかに住まうことで寛ぎをつくりだすように、人は目指すところも意図もなく歩きまわることによって街に住む。街路に並ぶ無数のカフェはその滞留の保障であり、その傍らには街の生命が、すなわち歩行者の流れが過ぎてゆく。今日に至るまで、パリは大都市のなかで唯一、徒歩で労なく歩き通せる街である。そしてパリは、ほかのいかなる都市にも増して街路をゆく人びとから活気を得ている。それゆえ現代の自動車交通は、単なる技術的な理由を越えて、その存亡に関わっている。

わたしが逃げ出すようにパリにやってきた一九七〇年代の末には、下品で非礼な男がままいたことを大目に見れば、まだこの街は歩行者の楽園といって差し支えなかった。若く貧しかったわたしはどこへでも何時間かけてでも徒歩で出かけ、美術館をはしごして歩きつづけた（十八歳未満は無料なのだ）。いまにして思えば、わたしがそこに住んでいるうちにもパリは消え去りつつあった。右岸に出現した巨大な空間はレ・アル市場の偉容が取り除かれた跡だったが、男性特権の謎を秘めた迷宮のような渦巻状の壁に囲われた男性用公衆便所もまた除かれる途上にあったとは気づいていなかった。カルチエ・ラタンの曲がりくねった古い通りに交通信号が設置されていったことにも気づいていなかった。ファストフードの照明つき看板が昔のままの壁を台無しにしていったことも。オルセー河岸の廃屋が真新しい美術館に化けようとしていたことも。チュイルリー公園とリュクサンブール公園に据えられていた、ねじれた肘掛けで（件の公衆便所とよく似たテイストの）穴だらけの丸い座面をした金属の椅子が、同じ緑色だけれど四角ばっていてそれほど美しくない椅子に変えられていったことにも気がつかなかった。フランス革命の時代やオスマンの大改造、もしくはその他の多くの機会にパリの住人が経験したほどの変貌ではまったくないとはいえ、これらの小さな変化の一覧だけでさえ、失われた街を心に抱く者の群れにわたしを加えるには十分だ。ひょっとすると、パリは想像力のなかにのみ息づく事物にみたされた、常にいつでも失われた街かもしれないと思う。最近戻ったときにいちばんわたしを狼狽させたのはアーレントが予見した変化、すなわち車両による通りの支配だった。車はパリの街路を昔日の不潔で危険な状態へ、ルソーが馬車に轢かれ、通りを歩くことが離れ業とみなされた時代へ戻してしまった。自動車の神聖視の埋め合わせとして、一部の通りと河岸では日曜日に車を締め出して以前のような散策ができるようにしている。庭園や大通りの広い歩道では、そうした散策は変わらずに続いている（そう書いているあいだにも空間を取り戻そうとする努力は続けられている。とくに、この数十年間というもの渋滞の渦になっていたコンコルド広場の一帯に関する動きが目覚しい）。

パリが手放さなかった栄誉のひとつは、歩行の理論を牽引する人びとを擁してきたことだろう。一九五〇年代にはギー・ドゥボール、一九七〇年代にはミシェル・ド・セルトー、そして一九九〇年代にはジャン＝クリストフ・バイイがいる。ドゥボールが論じたのは都市の建築や空間の布置が帯びる政治的・文化的含意だった。彼が設立に関わり主要な論考を執筆したアンテルナシオナル・シチュアシオニストはそれらの意味を解読し介入してゆくことを使命のひとつとしていた。ドゥボールが一九五五年に提唱した〈心理地理学《サイコジオグラフィ》〉は、「意図的に構成されたものであるか否かを問わず、地理環境が個々人の感情と振舞いに及ぼす固有の影響と正確な法則の探究を自らに課す」学問だった。ドゥボールはこれを提唱した文書を含め、さまざまなところで自動車の神格化を批判した。心理地理学の理解にもっとも適しているのは徒歩だからだ。彼が地図に表わした微細な対象には、「わずか数メートルの空間で不意に変化する通りの雰囲気、心的環境の違いによる都市の明瞭な分節、目的をもたない散策が自動的にたどるもっとも抵抗の少ない経路（土地の起伏とは関係がない）」といったものがあった。それは「心理地理学的地図の導入」、あるいは、「無作為への従属ではなく、習慣的な影響力（通常は観光《ツーリズム》とカテゴライズされる、スポーツやクレジットでの買い物と等しく嫌悪を催させる大衆的麻薬）への不服従の完遂を表現する彷徨を浮き上がらせる」ための「変性への誘い」を提示するものだった。ドゥボールはさらに「漂流の理論」なる論争的な文章を発表した。

多様な環境を短時間のうちに通過する技術である……漂流においては、ひとりもしくは複数の人間がある一定の時間、移動や行為に対する通常の動機、関係性、労働および余暇の活動を放棄し、その土地とそこで発見される出会いの誘引に身を任せる。

ドゥボールが遊歩《フラヌリー》をまったく独特のラディカルで新規な理念のように捉えているのは、彼の権威主義的な不服従の指南と似てどこか滑稽でもある。しかし、都市の歩行をいま以上に意識的な実験に変えようとする彼のアイデアは真剣なものだった。シチュアシオニスムを研究したグリール・マーカスは次のように書いている。

重要なことは既知の一様相としての未知に遭遇することだった。退屈極まる場所での驚きや、経験の顔に浮かぶ無垢に遭遇すること。考えることなく通りを歩き、心を自由に遊ばせ、脚に潜む記憶に従って縦横に動きまわり、自らの思いの地図に身を寄せてゆけば、現実の街並みは想像の都市に変わるのだ。

シチュアシオニストたちによる文化的手段と革命という目的の接続は影響力をもった。一九六八年にパリで勃発した学生蜂起においてあちこちの壁に彼らのスローガンが書かれたのは、そのもっとも端的な現れだった。

ド・セルトーとバイイははるかに穏当ではあるが、彼らが抱く未来像もドゥボール同様明るいものではない。ド・セルトーは『日常生活の実践』のひとつの章を都市の歩行に割いている。都市は歩くためにつくられたものであり、歩行者は「都市を実践する者」であると彼はいう。都市はひとつの言語であり可能性の貯蔵庫であって、歩くことはその言語を発話し、可能性から選択を行なうことである。まさに言語が語りうることを局限するように建築は歩行を局限するが、歩く者は異なる道筋を創案する。なぜなら「横断や漂流といった歩行という特権の即興的発露は、空間的な要素を変貌させ、あるいはまったく放擲してしまうから」。さらにド・セルトーは、「通行人と歩いて行き違うことから生じる一連の転進や迂回は、〈言い回し〉や〈文体のあや〉に相当する」ともいう。ド・セルトーのメタファーは身のすくむような可能性も示唆する。仮に都市が歩行者によって語られる言語であるとすれば、歩行を過去のものとした都市は単に沈黙するだけではなく、死語となる危機に瀕する。仮に形式的な文法が生き延びたとしても、口語表現や言葉遊びや悪態は消え去ってしまうだろう。バイイはこの自動車にあえぐパリに暮らし、その衰微を報告している。ある解釈者の言葉を借りれば、バイイは次のように述べている。

〔都市の社会的・想像的な機能は〕低劣な建築や空疎な計画の横行によって危機に瀕しており、これには都市の言語の基本単位である街路と〈言語《パロール》の流れ〉、すなわち街路に生気を与えるおわりのない物語への無関心も加担している。街路と都市を生かしつづけることはそれらの文法を理解し、糧となる新しい発話を生成することにかかっている。そして、バイイはこのプロセスの主たる手段は歩くことであるといい、それを〈両脚の生成文法〉と呼ぶ。

バイイはパリを物語の集積として、街路の歩行者がつくり上げるそれ自体の記憶として語っている。歩行が損なわれてゆけば、この集積体は読まれぬものに、あるいは読まれ得ぬものになってゆくだろう。

第十三章

市民たちの街角——さわぎ、行進、革命

ぐるりと振り返ってみてはじめて、視界の端に天使のような奇妙なものが背後から見え隠れしていたのは、彼に生えた翼のせいだということがわかった。少なくとも彼は天使と思しき格好をしていて、それどころかそのほかにさまざまな異星人やおめかし娘やディスコ・キングや二本足の怪獣たちが、みなカストロ通りに向かって流れていた。毎年のハロウィンで見られる光景だ。その前夜、わたしはマーケット通りの下まで自転車で行って、クリティカル・マスに参加した。道路上に自転車の居場所が保証されていないことへの抗議であり、そのスペースを実際に占有してしまう祝祭でもある、そんな集団走行イベントだ。一九九二年にこの地ではじまって以来、数百の自転車乗りが通りを埋めて走ることが毎月最終金曜日の恒例行事となっている（自転車乗りは世界中でクリティカル・マスを開催している。ジュネーヴ、シドニー、エルサレム、フィラデルフィア……）。さらに気高い自転車乗りは「自動車でなく自転車を《ワン・レス・カー》」と書かれたTシャツを着て、さらには「自転車もいらない《ワン・レス・バイク》」を着た三人組のランナーもいて、間近に迫ったハロウィンのお祭りのために、仮面や仮装で参加している者もあった。

カストロ通りのハロウィンも、少なくとももともとの起源としてはこれと同じく祝祭と政治

的なアピールとが混ざりあったイベントだ。というのは、同性愛者のアイデンティティを主張することはそれ自体が大胆な政治的メッセージであり、お祭りのように声を上げることは、セクシュアリティが秘められるべきものとされ、同性愛が不道徳とされてきた長い歴史に異を唱えることであるから。疎外の時代にはコミュニティの存在がそれ自体謀反とみなされたように、退屈な時代には悦びがそれ自体、反体制的なものであった。いまではカストロ通りのハロウィン・パーティーには多くの異性愛者も集まるようになった。このイベントでは誰もが寛容さに護られながらおかまっぽさと明け透けな好奇心を発揮しているようにみえる。イベント自体は閉鎖した数ブロック分の通りに二、三千人が集まるというだけのものだ。何かを売るでもなく、参加料金がかかるわけでもなく、参加者の全員が演者になり観客となる。その日、ハロウィンの夜を迎える前には数百名の人びとがカストロ通りから裁判所まで行進し、ワイオミングで殺された若いゲイ男性を悼み、抗議のアピールを行なった。これはサンフランシスコおよびカストロ通りという大量消費文化の殿堂にして政治参加の盛んなエリアにおいてはきわめてありふれたデモンストレーションだ。

　十一月二日にはミッション地区の二十四番通りで死者の日が祝われた。恒例のようにアステカ族に扮した踊り手が、腰巻と足鈴と一メートル以上もある羽飾りを身につけて裸足でぐるぐる回ったり足を踏みならしたりしながら、パレードを先導した。長い棒で祭壇を掲げた参加者がそれに続く。祭壇には一方にグアダルーペの聖母、もう一方にアステカの神が据えられている。祭壇の後ろには薄紙で飾りつけた大きな十字架を運ぶ人びと、さらに顔に髑髏のペイントをして、ロウソクを運ぶ人びとが歩く。総勢で千人くらいだろうか。もっと巨大な行列《パレード》とは違ってほぼ主役たちだけで構成されていて、見物人は自宅の窓から眺めている者がいくらかいる程度だ。むしろ行進といった方が相応しいかもしれない。というのは行列《パレード》は観る者を巻き込んだパフォーマンスであって、行進《プロセッション》は参加者の旅路であるから。肩を寄せて通りを歩くことには、ハロウィンに集まるのとはまったく違った感覚があった。この死者の祭りには心情のこもったメランコリックな雰囲気があり、かすかではあるけれど充実した連帯感が漂っていた。同じ目的と場所を共有して同じ方向へ移動してゆく、というただそれだけのことがそうした雰囲気を生んでいたのだろう。身体を整列させることが、わたしたちの心まで揃わせていたかのようだった。二十五番通りとミッション通りの交差点で、また別の行進が進入してきた。ある死刑囚に迫る処刑に対する抗議を声高く叫ぶものだった。あたかも処刑人であるかのように抗議の声を浴びるのは快いといえないが、死にまつわる現実を思い出させるという点では意味あるものだった。パン屋は遅くまで店を開けて人形《ひとがた》に焼かれた甘い死者のパンを売っていた。キリスト教とメキシコ土着の伝統が見事に混ざりあい、サンフランシスコの多様な文化によって見直され変容を遂げた、そんな祝祭だった。ハロウィンと同じように、死者の日もまた生死の間《あわい》を祝福する閾《いき》の祭りだ。すべてが可能となり、自己の同一性が融解する時間。この二つの祭日は帰属を異にする街の人びとが出会い、見知らぬ者の間を分かつ線が消失する、そうした閾をつくりだしていた。

ドイツが生んだ偉大な芸術家ヨーゼフ・ボイスは、金言あるいはマニフェストのように「誰もが芸術家である」という言葉を発していた。わたしは、誰もが芸術をつくるべきだ、という意味だと考えていたが、ボイスはもっと基本的な可能性を語っていたのではないかといまでは思う。つまり、誰もが観客ではなく参加者になることができる、誰もが意味の消費者ではなくその生産者になることができる、ということだ（これはパンク的なＤＩＹカルチャーの〈ドゥ・イット・ユアセルフ〉＝汝自身でなせ、という信条を支えるものと同じだ）。誰もがそれぞれの生と共同体の生をつくりだすことに参画できる、ということ。これは民主主義のもっとも高邁な理想にほかならない。そしてごくふつうの人びとが言葉を発することができ、壁に隔てられることもなく、権力者に介入されることもない場所である街頭は、民主主義のもっとも大事な舞台だ。媒体《メディア》と調停《メディエイト》とが同じ語根をもつのは偶然ではない。現実の公共空間における直接の政治的行為は、他人同士が無媒介の交流を行なおうとするときの唯一の手段ではないだろうか。そしてこの手段は、文字通りのニュースとなることを通じて、メディアの向こう側の観者に手を伸ばす。行進と街頭のお祭り騒ぎは民主主義の示威行動として好ましい部類に含まれる。もっとも自己中心的で快楽主義的な表現であっても、人びとに大胆さを失わせず、公然とした政治的利用のために街路を開けた場所に保つという役目を果たすのだ。行列、デモ、抗議、蜂起、都市革命。これらはすべて、日用のためではなく、表現あるいは政治的な理由によって公衆が公共空間を移動することに関わっている。その意味において、これらは歩行の文化史の一部なのだ。

　自分のコミットメントを表明する巡礼の言語。帰属集団の強さや持続力の現れとして、前後に歩調を刻むストライキのピケライン〔スト破りを防ぐための監視線〕。他人との境界線を後退させる祝祭。公共の場の行進にはこうしたものが融け込み、歩くことは何かをはっきりと申し述べることになる。行進は集会の場所を目指すものが多い。しかし通常の集会は、参加者を数名の発話者に耳を傾ける聴衆に変えてしまう。わたし自身も街頭を集団で歩くことにいたく感動を覚える一方、到着したあとのイベントにひどく退屈するという経験を何度もしている。ほとんどの行列や行進は何かを記念して行なわれる。別の時代の出来事を記念するために都市の空間を移動する行為は、時間と空間、記憶と可能性、都市と市民といったものをひとつの生きた全体に、歴史が生産される晴れがましい空間に綯《な》い合わせる。過去が未来の築かれる土台となるのであって、過去を受け容れない者は決して未来をつくることはない。どんなに無害と思われるパレードにも、行動を貫く理念がある。たとえば聖パトリックの祝日のパレードはニューヨークでは二百年の歴史をもち、宗教的信念、民族の誇り、そしてかつて辺縁に身を寄せていた共同体の強さが示される。もっと華々しく祝われるサンフランシスコの春節や、アメリカ中で開催されるゲイ・プライドの巨大なパレードもその点は変わるものではない。軍事パレードが力の誇示であり、部族の誇りや市民への威嚇の誘い水であったということも常に同じだ。北アイルランドのオレンジ党員〔北アイルランドのプロテスタント組織〕による過去のプロテスタントの勝利を祝福する行進は、カトリック信仰の土地を象徴的に侵略することだった。他方のカトリック信者は、大規模な政治的行進と化した虐殺犠牲者の葬儀によって応えた。

ふつうの日には、わたしたちはひとりずつで、あるいはひとりふたりの道連れと歩道を歩く。

通りは輸送や商活動のために使われている。ふつうではない日、歴史や宗教上の出来事を記念する祭日、あるいは自らの手で歴史をつくりだそうとする日には、わたしたちは皆で歩みを共にし、街路のすべてにその日の意味を響かせようとする。歩くことは祈りにも、性的な結びつきにも、土地と交わることにも、瞑想にもなりうる。そしてデモや蜂起においては言葉を発することとなり、都市をゆく市民の足取りは多くの歴史を記してきた。こうした歩行は政治的・文化的な信念の身体による表明であり、公における表現の形式としてもっとも普遍的なもののひとつだ。これを、共通の動きによって共通の到達点を目指す、行軍《マーチング》と呼ぶこともあり得たかもしれない。しかし兵士たちの密接行進の足取りは、彼らが絶対的な権威のもとで交換可能な単位となっていることを示すものだ。わたしたちの行進参加者はそんな風に個々のアイデンティティを手放すことはない。むしろわたしたちが示すのは互いに違う存在であることをやめずに共通の地盤に立つ可能性であり、人びとが公の存在となることにほかならない。身体の運動が発話の一形式となるとき、言葉と実践の区別、表象と行為の差は曖昧なものとなる。つまり行進はそれ自体が閾となる可能性を孕み、表象と象徴の圏域へ、そしてときに歴史の圏域へ向かういまひとつの歩行の形式となることができるのだ。

自分の街を象徴と実践の両方のテリトリーとして熟知している市民。徒歩で集合することができ、その街を歩くことに慣れ親しんでいる者。反乱を起こすことができるのは彼らだけだ。合衆国憲法の修正第一条に、民主主義の要諦として報道・言論・宗教の自由と並んで「市民が平穏に集会する」ことが記されていることを記憶する者は少ない。そのほかの権利は容易に認識できるとしても、都市計画や自動車依存などがもたらす集会の機会の喪失を把握することは難しく、市民権の問題として捉えられることはほとんどない。しかし公共空間が除かれてしまえば、究極的には公なるものも同じ途をたどる。個人は市民ではなくなり、同じ市民たちと共通の経験や行動をすることができなくなる。市民という地位は他人と何かを共有する感覚に基いているのであり、これは民主主義が他者への信頼の上に築かれることと同じ理路による。公共空間はわたしたちが他者と分かちあう空間であり、分け隔ての存在しない領域なのだ。この種の共同体のイベントは公という抽象をリアルで手に触れる存在にする。ロサンゼルスは一九六五年のワッツ暴動、一九九二年のロドニー・キング事件後の騒擾という凄まじい暴動の経験をもつが、一方で抗議運動の歴史を実質的にもっていない。あまりに拡散していて中心性を欠くために、行為の舞台となる象徴的な空間をもたないばかりか、公的存在として参入すべき歩行者のスケールも存在しない（例外はわずかな残滓のような空間と、新設の歩行者専用のショッピング街だけだ）。他方でサンフランシスコは「西海岸のパリ」というかつての呼称に違わぬはたらきを続けている。すなわち、街の中心で行なわれる種々のパレード、行列、抗議、デモ、行進、およびそのほかの公における、恒常的かつ多様な活動を生み出しつづけた。とはいえサンフランシスコはパリとは違って首都ではなく、国の全体、あるいは政府を揺さぶる地位にあるとはいえない。

大いなる歩行者の街パリは偉大な革命の街でもある。これらはしばしばまるで無関係であるかのように言及されている事柄だが、そこには本質的な連関がある。歴史家エリック・ホブスボウムが「暴動と反乱に理想的な都市」について考察した結論によれば、そこには次のような要件がある。

人口が密集しており、それほどひろくない範囲に収まっていなければならない。基本的に、いまでも徒歩による横断が可能でなければならないのだ。……そのことによって、反乱に適した都市の中心部では諸権力――富裕層、貴族、政体もしくは地方政府――と貧民層が可能な限り混ざり合っている状態になることだろう。

あらゆる革命都市は古風な街だ。そこでは意味と歴史と記憶を吸い込んだ石やコンクリートによって、あらゆる行為が過去と反響しながら未来をつくりだしてゆく、そんなひとつの劇場がつくり上げられている。そして事物の中心にはいまなお力の所在を見出すことができる。住人たちが基本的な地理を把握し、自信をもって移動することのできる歩行者の街。そのすべてがあてはまるパリは一七八九年、一八三〇年、一八四八年、一八七一年、そして一九六八年に大規模な革命や暴動を経験し、近年も無数の抗議行動やストライキの舞台となっている。

ホブスボウムはオスマンによるパリ改造について次のように書いている。

一方で都市の改造は、反乱の可能性に対してまた別の意図しない影響をもたらしたはずだ。というのは新設の幅広い通りは群集による示威行動や行進といった、大衆運動で大きな地位を占めてゆく要素に理想的な場所を与えたからだ。舞台としてのこれらの大通りとそうした行為が整ってゆくにつれ、それらはより効果的に周辺の居住環境から隔離されるようになり、集会は暴動ではなく儀式的な行進へより容易に変化するようになった。

パリにおいては、儀礼的で象徴性を帯びた公共空間を埋め尽くすことは、そこにいる人びとに革命の可能性をとりわけ身近なものにしている。つまり、いってみればフランス人にとってパレードはそれらしく行進すれば行軍となるものであり、政府は転覆したと信じれば転覆するものなのだ。彼らにはそれほどに表象と現実が互いに浸透しあう首都があり、彼らの想像力も同じように公に浸透し、公共の物事や大衆の夢に結びついているからだ。「欲望を現実とみなすのだ、欲望の現実性を信じるゆえに」。一九六八年五月の学生蜂起の際、ソルボンヌの壁に書きつけられた言葉だ。この蜂起は国民の、国の姿へ向けられた想像力という、反乱にとって決定的な意味をもつ領域を手中に収め、それに加えカルチェ・ラタンとフランス全土におけるストライキ現場においてヨーロッパ最強の政府を転覆する寸前にまで至った。「コロンビア大学の騒擾とソルボンヌのそれの違いは、マンハッタンでは以前と変わらぬ生活が営まれていた一方、パリでは社会のあらゆる部門がわずか数日のうちに戦場と化したことだ」と、カルチェ・ラタンの街頭にいたメイヴィス・ギャランは書いている。「生活は突如として、よりよいものへ変わりうる。それが共同の幻想だった。それはいまでも崇高な欲望として心を打つ」。

フランス革命がどのようにはじまったか、知らぬ者はいないだろう。一七八九年七月十一日、ルイ十六世が人望のあった財務長官ジャック・ネッケルを解任すると、すでに動揺していた首都は混乱を深める。パリ市民の念頭には武力による反乱があったとみえて、六千名が自発的にアンヴァリッドを急襲し、備蓄されていた小銃を手にいれる。そしてセーヌ河を渡ってバスティーユを占拠し、さらに軍備品を確保した。その帰結は、いまでも毎年七月十四日の「バスティーユ記念日」にパレードやお祭りで祝われる。まさに人びとの生き方が突然に、そして長期的にみればよりよい方向へ変化した。中世由来の要塞化された監獄の解放は幾世紀にもわたる専制を象徴的におわらせるものだったが、この革命を本当の意味で開始したのは、その三ヶ月後に行なわれた市場で働く女性たちの行進だった。革命の理念的な源は自由と公正という理想のうちに胚胎され、これらの理念の浸透にはトマス・ペインやルソー、ヴォルテールといった啓蒙主義の哲学者らも一翼を担った。他方、この革命には身体的な起源も存在していた。一七八八年夏の雹《ひょう》をともなう嵐によってフランス全土の農作物は大きな打撃を受け、翌年にはその影響が人びとにも感じられるものとなった。パンの価格は上昇して品薄となり、ごくふつうの人びとが一塊のパンを得るために朝四時からパン屋に並ぶようになった。貧しい者は飢えを感じはじめていた。身体的な契機は身体的な帰結にいたる。すなわち理念の革命にとどまらず、パリの街路と広場を舞台に身体が飢え、行進し、乱舞し、暴れ、断首される革命となった。革命は常に身体によって実現された政治であり、政治における平時の言論が行動に代わられる瞬間だ。イギリスとフランスはそれ以前にも収税をめぐる暴動を経験していたが、食物への飢えと理念への渇望の結合は未曾有といってよかった。

バスティーユの陥落に続く騒擾の日々、市場や魚売りの女性たちは集団での行進をしばしば行なうようになった。彼女たちはおそらく、その時期にも行なわれていた宗教行列において、願望を共有することと集団の強さを感得していた。すくなくともある人が、その「市場の女、洗濯女、小売商人、方々の勤め人が八月と九月に毎日のように行なっている、新造された〔パリの守護聖人を祀った〕サント＝ジュヌヴィエーヴ聖堂で神への感謝を捧げるためにサン＝ジャック通りを練り歩く行進が、統制が行き届き、壮麗であり、大規模に行われていること」に警戒心を抱くほどだった。サイモン・シャーマの指摘によれば、聖ルイの祭日である八月二十五日には市場の女性がヴェルサイユへ赴き、王妃に花束を贈る伝統があった。行進という形式を身につけた彼女たちがその伝統に別の内容を託したともみえる。つまり教会と国家に敬意を表する行進を行なっていた彼女たちは、要求のための行進にいつでも出発することができたのだ。

一七八九年十月五日の朝、ひとりの娘が太鼓を手にレ・アルの中央市場に向かう。おなじころ、暴動の舞台となっていたサンタントワン街では別の女性が地元の聖職者に教会の鐘を鳴らすよう求めていた。群集を集めたのは太鼓と鐘だった。女性たちは数千という数に膨れあがり、バスティーユの英雄スタニスラス＝マリ・メヤールに自分たちの先導を託した。彼はあとに続く者に自制を求めつづけねばならなかった。集まったのはほとんどが貧しい働き手の女性、すなわち魚売り、市場の売り子、洗濯女、門番だったが、群集のなかには富裕層の女性や、〈アマゾンヌ〉とも称されたテロワーニュ・ド・メリクールのような著名な女性革命家も参加していた。（同時代の記録には娼婦と女装した男性を大きく扱うものがある。おそらく「品行方正な」女性はこのような反乱を起こすことはできないと信じられていたためだろう。）女性たちは、まだ王の庭園であったチュイルリーをまっすぐに突っ切ってゆくことを主張した。守衛が先導の女性に向かって剣を抜いた際にはメヤールが駆けつけたが、「交差するように掲げられた剣を女はほうきで一撃し、武器を捨てさせた」。彼女たちは「パンを、そしてヴェルサイユへ！」と叫びながら進んだ。その日のうちにアメリカ独立革命の英雄ラファイエット侯爵が二万の国民衛兵を率いて後に続くが、その旗色は曖昧だった。

夕刻、一行はヴェルサイユの国民議会に合流して新体制に食糧不足への対処を求め、数名の女性が王へ直訴も行なった。人びとは夜半前に王宮の門前に到着し、早朝に内部へ入った。仲間の女性を守衛に撃たれた群集がふたりの守衛を斬首するという流血の入城劇を経て、人びとは憎しみの的である王妃マリー・アントワネットを捜して王宮になだれこんだ。この日のうちに、疲弊と歓喜と勝利に酔う群集とともに、王室一家は身を縮こまらせてパリへ帰還することを強いられた。ラファイエットが六万人と推計する長い行列の先頭には月桂樹の枝を携えた女性が囲む王室一家の馬車が進み、国民衛兵に警護された小麦や小麦粉の馬車が続いた。ある歴史家によれば行列の後ろにはさらに大勢の女性たちが続き、「槍やマスケット銃の銃身が光るなかで彼女たちは枝を掲げた。その光景を『歩く森』と呼んだ者もあった。雨は降り止まず、道中はくるぶしまで漬かるような泥道になっていた。それでも一行はみな満足した顔をして、陽気でさえあった」。行き交う人があれば「パン屋のお通りだ、パン屋の奥方のお通りだ、ついでにパン屋の坊やのお通りだ」などと囃す声が上がった。パリに帰還した王はヴェルサイユに存在していた王とは変わり果てた存在だった。彼はフランス王としての絶対的な権勢を失い、立憲君主となり、囚人となり、革命が内紛と流血に突き進むなかで数年とまたずに断頭台の露と消えるだろう。

しばしば、歴史はすべて暗がりでの交渉と陽のもとでの戦争によって、すなわち対話と戦火、政客と戦士によって構成されているかのように語られる。国民議会の誕生とバスティーユ襲撃という革命初期の出来事もその典型をはずれるものではない。ただしそのなかで、市場の女たちはありふれた市民のありふれた行為によって歴史を動かしてみせた。行列をなす何千という女性たちはまもなく訪れる陰惨な日々をまだ知ることもなく、ヴェルサイユへ向かって歩みながら、あらゆる権威の下で身を低くして過ごした過去を乗り越えていった。世のなかが自分たちとともに立ち上がり、恐れるものはなく、兵士もまた自分たちの後に続く。そんな一日を彼女たちは生きたのだ。歴史の揺動に砕かれる穀物ではなく、むしろ挽き臼のようにして。あらゆる大規模な行進と同じく、退くことを嫌い、暴力への沸騰の可能性を秘めた集団の力がそこには現出していた。しかし、ごく一部を除いて、彼女たちはただ行進することによって革命の先鞭をつけることに成功した。現実世界へ向けたマスケット銃はとともに、象徴性の世界へ向けた月桂樹の枝を携えていた。

こうした相互にからみあう宗教的祝祭と広場での大規模な集会、および大人数による行進は、フランス革命が勃発から二百周年を迎えた年にふたたび出現した。この変革の年の幕を開けたのは、北京の天安門広場で学生の民主化運動を文字通り粉砕する政府軍の戦車だった。しかしヨーロッパの共産党政権はおしなべて暴力による制圧への欲求も自信も失っていた。ガンジーが非暴力主義をひろめる以前に比べれば暴力というもの自体もはるかに扱いが難しくなり、人権思想はますます堅固に確立され、世界の出来事はメディアによって可視化されるようになった。西洋においてはアメリカの公民権運動がその実効性を証明したように、平和主義と非暴力直接行動という戦術が市民的な抵抗運動の共通言語となった。ホブスボウムが指摘するように、街の一角における暴動は大通りにおける行進にほとんどとって代わられたのだ。ひろく東欧でも、反乱の担い手となった者たちは非暴力を彼らのイデオロギーの一部としていることをはっきりと示していた。ポーランドの革命では非暴力の変革がその期待通りに進展した。政治的な外圧と内部交渉をともないつつもゆっくりと進行し、一九八九年六月四日の自由選挙でその頂点を迎えたのだ。そしてミハイル・ゴルバチョフによるソヴィエト連邦解体という英断は、その恩恵をあらゆる革命にもたらした。その一方で歴史を街路でつくり上げたハンガリーと東ドイツとチェコスロヴァキアでは、さまざまな古都が蝟集する大衆を見事に遇してみせた。

ティモシー・ガートン・アッシュのルポルタージュによれば、ハンガリーの革命の端緒となったのは一九五六年の動乱の失敗によって処刑されたナジ・イムレの、三十一年後の改葬式だった。その六月十六日には二十万人が集って行進したが、これはそれまでならばただちに実力で介入されていたような出来事だった。反体制派は自らの声と歴史を手に取り戻した昂揚から勢いを増し、十月二十三日には新生のハンガリー共和国〔第三共和国〕が成立するに至った。そして東ドイツがこれに続く。東ドイツでは弾圧が先行し、帰宅中の学生や労働者が東ベルリンで発生した衝突の付近にいたという理由で逮捕されていた。つまり日常的な歩行の自由も犯罪扱いになっていた（夜間の外出禁止や集会の禁止と並び、動乱時や抑圧的な体制下でよく用いられる）。一方でライプツィヒの聖ニコライ教会は以前から月曜の夕方に「平和への祈り」を行なっており、あわせて恒例となっていたカール・マルクス広場での集会の人数は徐々に増えていた。十月二日には一万五千人から二万人が広場に集まり、自発的なデモとしては一九五三年以来最大の規模となった。十月三十日には五十万人近くが行進した。「それ以降、主導権は人びとにあり、党は後手に回った」とアッシュは書いている。十一月四日に百万人が旗や横断幕やプラカードを掲げて東ドイツのアレクサンダー広場に集まり、十一月九日にベルリンの壁は崩壊した。当時現地にいた友人によれば、人びとが集っていたところに「壁が開放された」という誤報が流れ、群集の規模に圧倒された国境警備隊が手を出せずにいる間にそれが現実になったという。十分な数の群集がそこに集まってはたらきかけたことで達成された出来事だったのだ。これもまた、人びとが自らの両脚で刻んだ歴史だった。

一連の出来事の最後を飾ったチェコスロバキアの「ビロード革命」は驚嘆すべきものだった（その後、クリスマスにかけてルーマニアで生じた流血はまた別の出来事に属する）。弾圧によって潰えた一九六八年の「プラハの春」の抵抗運動の渦中、プラハの中心ヴァーツラフ広場で焼身自殺した学生の二十年忌記念行事がこの魔法の年〔一九六九年〕の一月に行なわれた。このとき逮捕された参加者のなかに、劇作家ヴァーツラフ・ハヴェルがいた。一九八九年の十一月十七日には第二次世界大戦の占領期にナチに殺害されたチェコ学生の記念行進が、一九六九年一月をはるかに越える規模で行なわれた。プラハ大学から行進し、計画された行程を日暮れごろに終えたあとも、人びとはロウソクや花を手に、反体制のスローガンや歌を唄いながら街を練り歩いた。過去を記念する行事が、このときも現状の変革を訴えるものへ変わっていた。ヴァーツラフ広場では警官が群集を囲み、手当たり次第に警棒で殴打をはじめ、人びとは一斉に横道へ逃げた。その場から逃げ出せた者や手近な建物に難を逃れた者もあったが、多くの負傷者が出た。学生がひとり、抵抗に倒れた犠牲者に名を連ねた、という偽の情報が流れると、国中が怒りに包まれた。その後は自発的なデモ行進やストライキや集会がヴァーツラフ広場で行なわれた。広場といっても長さ一キロメートルにわたって市の中心部に延びる大通りであり、そこへ何十万という人びとが集った。そのころラテルナ・マギカ劇場では釈放されたハヴェルが反体制派を集め、街路の呼び掛けを現実の変革へ結びつけようと試みていた（チェコの反体制派は「市民フォーラム」、スロバキアの姉妹組織は「暴力に反対する公衆」と呼ばれていた）。

チェコスロバキアの人びとには次第に街頭の生活が生まれた。毎日のようにヴァーツラフ広場に集って隣接するナロードニ通りを歩き、ほかの参加者から情報を聞いたり、ポスターや看板を見たり制作したり、そこかしこに花とロウソクの祭壇をつくったりした。公衆が意味を決定する空間という意味において、通りを公共空間として取り戻していったのだ。あるジャーナリストは次のように報告している。

プラハは催眠術か魔法にでもかかったようだ。この街はずっとヨーロッパ有数の美しい街だったが、ここ二十年というもの、ゴシックやバロックの建物には重苦しい影が覆いかぶさっていた。それがいま消滅した。群集はみな落ち着いていて、自信にあふれ、秩序正しい。人びとは毎日仕事のおわる四時に集まり、ヴァーツラフ広場を静かに、ゆっくりと、決然と埋めつくしてゆく。……壁やショーウィンドウには隙間もないほどにポスターが貼られ、街角には色彩があふれている。集会がおわると、人びとは国歌を歌う。

その四日後、この国でもっとも著名なふたりの反体制活動家、ハヴェルと、一九六八年の英雄アレクサンデル・ドゥプチェクが広場を臨むバルコニーに立った。二十一年間におよぶ沈黙を強いられたドゥプチェクが公衆に姿を見せるのはこのときが初めてだった。「街の通りは物事を解決するための場所ではない、と政府はいっている。だが通りこそ、かつてそのための場所となり、いまもなおそうなのだ。街路に上がる声は必ず聞き届けられる」と、このとき彼はいった。

ひとりの学生を記念することからはじまったこの革命が最高潮に達したのは聖人の祝祭だった。その少し前に、聖君ヴァーツラフ一世の曾孫であるボヘミアの聖アグネスが列聖されており、改革派を支持するプラハ枢機卿はドゥプチェクが姿を現わした数日後に雪のなかで野外ミサを行ない、数十万人を集めた。ハンガリーの人びとと同じように、チェコスロバキアの人びとは過去の英雄と殉難者を讃えることによって自由な未来を押し開いた。そして十二月十日には新体制が発足した。ビロード革命の間、現地に滞在していた若いアメリカ人地理学者マイケル・ククラルはこう書いている。「十一月二十七日を境に連日の大規模な街頭デモ行進はおわり、革命の様相はがらりと変わった。明くる朝に目を覚ましても大きな毒虫になっていたわけではなかったけれど、この十日間の湧き出すような勢いと高揚に満ちた経験はもう二度とないのだと思うと、ぼくは哀しみのようなものを感じた」。

天安門広場、アレクサンダー広場、カール・マルクス広場、ヴァーツラフ広場。一九八九年は広場の年だった。そうした場所に集うことの力を再認識した人びとの年でもあった。天安門広場は、公共空間における行進や抗議や占拠行動がいつでも期待通りの結果をもたらすわけではない、という戒めとなった。しかしさらに多くの闘争がビロード革命でも流血の鎮圧事件でもないその中間のどこかに場所を占め、一九八〇年代は大規模な政治運動に彩られた十年間となった。カザフスタン、イギリス、ドイツ、アメリカにおける巨大な規模の反核運動。合衆国の中央アメリカ介入に対する夥しい数の抗議デモ。アパルトヘイト政権打倒のために、大学当局に南アフリカに利益をもたらす投資をやめるよう働きかけた世界中の学生たち。十年間を通じて規模を増してゆくクィア・パレードと、そのおわりごろの激しい反エイズ運動。そして、フィリピンやそのほかの国々で街路をわがものとしたさまざまな民主化運動。

その少し前にも、広場を舞台にした体制への異議申し立てがあった。一九七六年に強権的な軍事政権が樹立されたアルゼンチンでは、政府の関与によって「行方不明」となった子どもの消息を母親たちが役所や警察署で問い合わせていた。彼女たちの連帯からはじまったのが「マジョ広場の母たち」の運動だった。マルグリット・グスマン・ブヴァールによれば、「軍事政権の「汚い戦争」〔軍事政権による労働組合員、左派政治活動家、学生等の弾圧〕の特徴はその秘密性にあった。……アルゼンチンの誘拐は反発を呼ばぬように日常の水面下で進行し、悲惨な実態は被害者の家族でさえよくわからないままだった」。母親たちの多くは教育もほとんど受けず政治に関わる経験もない主婦だったが、隠された事態を明らかにせねばならないと感じると、自らの危険をかえりみずに追求をはじめた。一九七七年四月三十日、十四人の母がブエノスアイレスの中心にあるマジョ広場に立った。この場所は一八一〇年にアルゼンチンの独立が宣言され、フアン・ペロン〔一九四六年以降、三度にわたり大統領を務めた〕が大衆へ向けて演説した場所であり、国の中心といえる場所だった。立ち止まるのは違法な集会に相当すると警察官に叱責された母親たちは、広場の中心に立つオベリスクの周りを歩きだしたのだった。

そのとき、その場所で起きた出来事は「母たち」との最初の闘争における政権の敗北であり、彼女たちのアイデンティティの発見だったと、あるフランス人は書いている。彼女たちに名を与え、広く知られた毎週金曜日の行進の舞台となったのはこの広場だった。

その後、人びとは彼女たちの歩みを、ただ歩いているというのではなく行進と呼ぶようになった。目的なしにただぐるぐると歩き回っているのではなく、目標に向けて進んでいるように思われたからだ。金曜日が巡るたびに広場を行進する「母たち」の数は増え、警察の目にも止まるようになった。やがてバンに乗った警察官がやってきて、「母たち」の名前を控え、解散を求めるようになった。

ブヴァールはそう書いている。犬や警棒による妨害や逮捕や尋問にも屈せず母親たちはその場に戻り、この素朴な追憶の所作を止めようとはしなかった。そして何年もの年月を経て慣わしとなり、歴史となり、広場の名は世界中に知られていった。彼女たちは息子や娘の写真をデモ行進のプラカードのように掲げ、あるいは首から下げ、行方のわからなくなった子どもの名前と、それが起こった日付を刺繡した白いスカーフを身につけていた（後には、日付の代わりに「彼らを生きて返せ」という文句が刺繡されるようになった）。

「歩いていると子どもたちのすぐ側にいるように感じる、と母親たちはいう」と、彼女たちとともに歩いた詩人マージョリー・アゴシンは書いている。「この広場では忘却することは許されず、記憶がまさにその意味を回復してゆくのだ」。長年にわたって、国家のトラウマを背負って歩きつづけるこの女性たちは体制へのもっとも公然とした抗議となっていた。一九八〇年には全国の母親たちを結ぶネットワークがつくり上げられ、一九八一年からは世界人権デーを記念した二十四時間の行進がはじめられ、毎年の恒例となった（各地の宗教的な行列にも参加するようになった）。「すでに『母たち』は孤独に歩いているのではなかった。広場には、圧制に抗って行進する一群の中年女性という不可思議な現象を報じようと、海外からのジャーナリストが集まるようになっていた」。軍事政権は一九八三年に倒れ、新しく選出された大統領の就任式には「母たち」の席が設けられた。しかし毎週の行進を止めることはなく、彼女たちはマジョ広場のオベリスクを反時計回りに歩きつづけ、それまで参加を恐れていた何千という人びともそこに加わるようになった。いまだに毎週木曜日にはオベリスクの中心に反時計回りに歩く姿がある。

抗議行動の有効性を検討するには、直接あるいはメディアを介した世論への影響力をみるもの、抗議の宛先となる政府への影響力をみるものなど、いくつもの観点がある。けれども抗議のなかで文字通り公共空間に立つ公衆となり、観衆ではなく影響力の主体となっている抗議者自身への影響が省みられることはあまりない。わたしは、湾岸戦争の最初の数週間にこうした公共的な生を経験した。これはサンフランシスコで恒例となっている多くの行進やパレードのイベントとは異なる、強烈な体験だった。一九九一年一月に全国で展開された巨大な抗議行動についてはあまり語られることがない。人びとはフィラデルフィアの独立記念館を飲み込み、ホワイトハウスから隣接するラファイエット公園を埋めつくし、ワシントンの合衆国議事堂やテキサス州議会議事堂を占拠し、ブルックリンブリッジを封鎖し、シアトルの街をポスターとデモ一色に染め、南部一帯に原油関連の抗議を展開した。そうして恐怖心と敬虔な愛国心が発露するなかで、サンフランシスコでは数週間にわたって抗議行動が続けられた。わたしたちにも「マジョ広場の母たち」のような、あるいはプラハの群集のような強靭な精神が備わっていたというのではない。しかし、わたしたちもまたその一瞬をパブリックな存在として生きていたのは確かだった。展開の速度、大規模な情報統制、ハイテク兵器の重視、極小化された地上戦といった戦争の遂行方針はすべて、情報と合衆国側の犠牲者を局限し、本国での反対の声を封じ込めるために運用されていた。つまり、戦争への抗議や世論の圧力が強かったゆえに、戦争自体（およびあとに続くさまざまな小規模戦争）がそれに対抗する先制攻撃のようなものとなっていた。

それでもわたしたちが街頭へ繰り出すようになると、街の空間そのものも変化していった。人びとは最初の空爆が行なわれる以前から自発的に集まって行進するようになり、捨てられたクリスマスツリーを火にくべて暖を採り、組織的な行動や集会をはじめ、街中にポスターを貼っていった。行動への参加を呼びかけ、戦争の意義を辛辣に批判するポスターが貼られると、あたかも壁自体が沈黙を破って声をあげているようにみえた。サンフランシスコに限らず、デモ行進の多くは自然と橋やハイウェイといった交通の大動脈や、連邦政府ビルや証券取引所といった権力の象徴を目指し、機能停止させた。二月になっても抗議行動はほとんど毎日続いた。ビジネスや自動車が支配していた都心の空間は、そうして言論の自由をもっとも端的に体現しながら街路を進む歩行者のものへ変わり、街は変貌していった。街路はもはや住宅や学校やオフィスや店舗の前室ではなく、巨大な円形劇場となっていた。いまにして思えば、アメリカ都市の街路が、たまに警官に妨害されることはあったとしても自動車や他人の攻撃から安全な、完璧な歩行者空間となる稀有な機会だった、単純にそのことを理由に抗議やデモ行進に参加した人もあったかもしれない。道路の真ん中から見上げると、空はひろく、店舗のショーウィンドウはのっぺりと沈んで見えた。

戦争がはじまる前の土曜日の晩、わたしは車を乗り捨てて、バーから、カフェから、家々から吸い出されるように集まってくる人びとに加わって賑やかな行進を歩いた。開戦の前日には、数千人の参加者とともに統制のとれたデモ行進に参加した。戦争がはじまった日の午後はさらに数千人が加わり、夕闇のなか、怖気を抱えながら連邦政府ビルまで歩いた。その翌朝は活動家のグループに加わり、ハイウェイパトロールが警棒を振るってひとりの男性の脚を折るまでハイウェイ一〇一号線を封鎖しつづけた。戦争の期間はこのグループと行動をともにすることが多かった。さらにその日の午前中には、金融街と商業地区まで、二十人か三十人くらいで再び街を歩いた。開戦した後の週末には、横断幕やプラカードや人形を掲げ、掛け声を上げて戦争に抗議する二十万人の人びととともに歩いた。その何週かのあいだ、わたしの生活はひとつの連続した行進が変貌した街のなかを進んでいるようなものだった。街路はわたしたちのものだった。そしてわたしたちが抱える恐れはすべて、わたしたちではないものへ向けられるものだった。核兵器を使用するという噂や、イスラエルが紛争に引き込まれるという話が、まるですぐにでも世界に戦火が広がってしまうかのように囁かれていた。遥か遠い土地で起こっていることへの恐れと、自分たちの内側や周りから湧きおこる抗議の強烈さは、感じたことのない桁外れの感覚だった。あの闘いほどに強烈なものは、これまでいちばん情熱を注いだ恋愛ともっとも深い喪の嘆き以外に感じたことがない（そしてその戦争でも多くの死者がでた。ただし有毒物質などによる戦争後遺症が明らかになるまで、アメリカ人の犠牲者は比較的少なかった）。

戦争がはじまった日の午後、わたしは警察の取り締まりを受けて、手錠をかけられて数時間バスのなかに座っているという経験もした。バスは抗議の中心近くに停まっていて、窓から外を見つつ、逮捕されたジャーナリストが持っていた短波ラジオが伝える戦争のニュースを警官と一緒に聞くという奇妙な休戦状態を過ごした。イスラエルへ向けてミサイルが発射され、テルアビブの住人はみなガスマスクをして密閉した部屋に避難している、とラジオは語っていた。これは強烈なイメージだった。周りの世界を見ることもできず、互いの顔も見ることができず、忌しいガスマスク越しに会話することもままならない、市民がそのように生きざるをえない戦争。大して情報のない、検閲ずみの映像を繰り返すテレビの前で声もなく座っていたアメリカ人の多くもまた、大して恵まれていたわけではない。わたしたちは街頭に出ることで、その戦争の意味を消費することを拒絶していた。そして自ら、政府やメディアの内部ではなく、わたしたちの街路と心のなかにその意味をつくりだそうとしていたのだ。

人びとが信条を共有する他人とともに街のなかを移動するときには、ある種の大衆的な一体化という稀で魔術的な可能性が顕在化する。おそらく教会や軍隊やスポーツのチームも同じなのだが、教会はそれほど切迫した状況に応えることはなく、軍隊やチームプレイはそこまで高貴な理想に衝き動かされているわけではないだろう。そのとき、いわば水溜りのような小さな個々人のアイデンティティは巨大な洪水に襲われたようになる。洪水はそれ自体が集合的な欲動と憤怒のかたまりとなって水溜りをすくい去り、もはや人は恐れも自己を省みることも忘れて、荒れ狂ううねりに運ばれてゆく。同じ夢を抱く者を見出すとき。理想が、あるいは憤りが恐怖を克服するとき。自分たちをも驚かすような強さを自らに感じるとき。それは人びとが英雄となる瞬間だ。恐怖によってもたじろがないほどの理想に衝き動かされた人びと、わたしたちに語りかけ、善きものに力を注ぐ存在が英雄でないなら、英雄とは何だろうか。この感覚をいつももっている人間は狂信者か、あるいはすくなくとも傍迷惑な人物だろう。とはいえまったく感じたことのない人間は冷笑と疎外に陥ることだろう。だれもが夢想家となり、英雄となる瞬間があのときだった。

革命や蜂起の歴史には、他人同士の寛大さや信頼のエピソード、あるいは桁外れの勇気や日常の些事の超越がもたらした出来事が数多く眠っている。ヴィクトル・ユゴーは革命を描いた小説『九十三年』にこう書いている。

人びとは公然と生きた。戸外に卓をひろげて食事し、女たちは教会前の階段に座って「ラ・マルセイエーズ」を歌いながら包帯をつくった。モンソー公園やリュクサンブール公園は練兵場となった。……すべてが恐ろしかったが、誰も恐れてはいなかった。……誰にも余分な時間などないようにみえた。世のなかのすべてが急いでいた。

スペイン内戦がはじまったころ、ジョージ・オーウェルはバルセロナの変貌について書いている。

革命を呼びかけるポスターがいたるところに貼られ、壁を燃えるように鮮やかな赤と青に染めていた。そのなかにわずかに残っている広告物は泥の落書きのようにみえた。街の中心となっているランブラス通りには群集があちこちへ絶え間なく流れ、拡声器が革命歌を一日中がなりたて、夜更けまでそれが続いていた。……なによりもそこには革命と未来への確信があった。不意に自由と平等の時代に突入したのだという感触があった。

通りの行進というお定まりの行動を中心として、他人同士が声高に語りあい、壁にも言葉があふれ、街路や広場に群集が集うこと、そして垣間みえる自由がもたらす酔うような空気。すなわち想像力がすでに解き放たれているということが示すのは、人びとが公然と生き、その生自体が公的な争点に通じている、シチュアシオニストの言葉を使えばおそらくそんな反乱の心理地理学があるということだ。「革命的な瞬間は、個々の生が再生された社会との一体化を祝う祝祭である」。シチュアシオニスト、ラウル・ヴァネーゲムはそう書いている。

しかし、いつまでも英雄である者はいない。あらゆる革命は沈静化するが、それは敗北ではない。革命は、新しい可能性を垣間みせ、旧来の秩序の暗がりを照らしてその見え方を変えてしまう一瞬の稲光だ。人びとは絶対的な自由のために立ち上がるが、その自由は革命の高みにおける彼らの希望と行動にのみ見出されるだろう。ときに独裁者の打倒を果たしたとしても別の独裁者が生まれ、別の手法によって人びとを脅し、あるいは奴隷のように使役しはじめる。ようやく誰もが選挙権を勝ち獲り、理想には遠いにせよ十分な食糧と正義を獲得したとしても、やがて街の通りはいつも通りの交通を取り戻し、ポスターの色は褪せ、革命家たちは主婦や学生やごみ収集人の生活に帰ってゆく。心は再び私的な領域となる。バスティーユ襲撃から一周年の日は建国の記念日として、国中がダンスや施設の開放やパレードに喜びをあふれさせる祭日となった。その高揚は、祝祭そのものというより、パリのあらゆる階層の人びとが祝祭の準備のために自らシャン・ド・マルスの広場に赴いたことに表われていた。さらに一年後の一七九一年七月十二日、ヴォルテールを記念する軍事パレードが開催されたとき、歴史の苛烈さと喜びを生きた人びとは再び傍観者に戻っていた。

「抵抗こそ喜びの秘密」。バーミンガム・ストリートの真ん中で〈リクレイム・ザ・ストリーツ〉（RTS）のメンバーからもらったパンフレットにはそうあった。彼らのストリート・パーティーでのことだ。一九九五年五月にロンドンで設立された〈リクレイム・ザ・ストリーツ〉は、空間の私有化とグローバル経済が人びとに疎外や地域文化からの隔たりをもたらしているとすれば、人びとの交流を促し誰でも参加できるお祭りのために公共空間を取り戻すことがそうした潮流への抵抗になりうると考えている。彼らの反逆、というより陽気でオープンな道の真ん中を舞台にした反乱は、すでに目的達成の手段ではなくそれ自体が勝利の宴だった。そう考えると、革命と祝祭の違いはさらに小さくなったようだ。孤立の支配する平板な世界では、祝祭は本来的に革命的なものとなる。設立から三年後にバーミンガムで行なわれたRTSのパーティーは、同じ週末に開かれた先進八カ国首脳会議（G8）にあわせて開催された。G8は、経済大国の首脳たちが市民や貧しい国々の意向を仰ぐことなく世界の成行きを決めてゆくであろうとされた会合だった。慈善団体クリスチャン・エイドの呼び掛けで集まった数十万の人びとが第三世界の負債免除を訴えて人間の鎖で市街を囲む一方、〈リクレイム・ザ・ストリーツ〉は要求はせず、しかし望むものを手中にしていた。

ラッパとともに歩行者の「突撃」がはじまり、数千名の「グローバル・ストリート・パーティー」参加者がバスターミナルからバーミンガムの目抜き通りへ押し寄せるのは壮観な眺めだった。「舗道の下は草原」という六八年のパリ五月革命をもじった幅六〇フィートの横断幕や、「自動車を止めろ／街を解放せよ」という横断幕が掲げられ、信号機はゆさゆさと揺さぶられた。しかしいったん人びとが路上に落ち着くと変革への気高い意気込みは後退したとみえ、もっぱらゴミゴミとした若者が踊り、交流し、蒸すような暑さに衣服を脱ぎ捨てるごくふつうのパーティーになってしまった。違法な妨害行為だったことを除けば、カストロ通りのハロウィンとそれほど違わないといってもいい。歩き、行進しているときには到着後の人混みとは異なる共同の精神があった。後にRTSの活動家から聞いたところでは、このパーティーは必ずしも大成功ではなかったという。リヴァプールでストライキ中の港湾労働者と開催した三日間のストリート・パーティーや、ロンドン近郊の新造ハイウェイ上で行なったレイヴ・スタイルの抗議行動（スカートに削岩機の操作手を隠した巨大な人形の仮装が参加し、陸橋の舗装に穴を開けて木を植えた）や、RTSから派生した〈革命的歩行者戦線〉がアルファロメオの宣伝イベントで仕掛けたものや、トラファルガー広場を占拠したパーティーとは比べるべくもないとのことだった。もしかしたら、同じ日に各地（アンカラ、ベルリン、ボゴタ、ダブリン、イスタンブル、マドリッド、プラハ、シアトル、トリノ、バンクーバー、ザグレブ）で行なわれたストリート・パーティーは〈リクレイム・ザ・ストリーツ〉のパンフレットの美辞を裏切らないものだったかもしれない。とはいえ〈リクレイム・ザ・ストリーツ〉は当初の目的を達成したとはいえないまでも、あらゆる街頭活動の新たな目標を据えた。いってみれば、いまやあらゆるパレードや行進やお祭りが疎外の克服という可能性をもち、都市や公共の空間と生活を取り戻す行為として考えうるものになったのだ。すなわち、ともに歩くことが何かの途上ではなく、すでに達成されていることを意味する、そうした歩行の機会として考えることができるようになったのだ。

第十四章

夜歩く——女、性、公共空間

十九歳のキャロライン・ワイバーグがひとりの船員と「散歩に」出かけてゆく。場所はイギリスのチャタム、一八七〇年のことだ。散歩はすでに男女の交際における確立された文化となって久しかった。お金はかからず、恋人たちは公園や広場や大通、あるいは裏道でも半ばプライベートな空間で愛をささやくことができた（田舎によくある「恋人たちの小径《ラヴァーズ・レーン》」などには、もっといろいろできるような人目のない空間がある）。連れ立って行進することが集団の団結を強めるように、歩調をあわせるように歩くというこの繊細な行為もまた、ふたりの人間を感情的にも身体的にも同調させてゆくのかもしれない。そして夕べの街路を、この世界を連れ立ってともに歩いてゆくことをとおして、はじめて彼らはふたりであると感じるのかもしれない。一緒にそぞろ歩くという、何もしないことにきわめて近い所作によって彼らは互いの存在に浸りあう。会話を続けることも、会話を遮って注意を執拗に引くようなことも、なにも必要とはされてない。イギリスでは〈一緒に出歩く〉という言葉はかなり直接的に性的な含意をもつ一方で、持続的な関係を築いているという意味で用いられることも多かった。これは現代の米語でいう〈ステディになる〉に近い。ジェイムス・ジョイスの中編『死者たち』のなかで、妻には若いころ求婚者がいたことを発見してしまった夫が、そのいまは亡き少年を愛しているのかと問いかけると、取り乱した妻は「あの人と出歩いていたわ」と答えている。

十九歳のキャロライン・ワイバーグが水兵と歩いているのを見ている者がいた。ある夜遅く、警察の監察官はそのことを理由に彼女をベッドから引き摺り出して連行した。当時施行されていた伝染病法によって、兵営のある街の警察は、娼婦の疑いのある者を誰でも逮捕する権限を有していた。女性はただ歩くだけでもその時間や場所によっては嫌疑を受けることになり、法はそうした疑いをかけられた者やそのような告発を受けた者を逮捕するよう促していた。逮捕された女性は医学検査を拒否すると何ヶ月間も収監される可能性があった。苦痛と屈辱をともなう医学検査には、同時に刑罰としての役割もあった。そして性病の感染が確認された場合は医療刑務所へ拘禁された。無実が証明されるまで有罪とみなされ、彼女たちは無傷で逃れることはできなかったのだ。ワイバーグは自身と母親の生活を建物の玄関口や地下室の清掃の仕事によって賄っていたが、収入が長期にわたって途絶えることを危惧した母親は、三ヶ月の拘留ではなく甘んじて検査を受けるよう説得した。彼女が拒むと、警察官は四日間にわたって彼女をベッドに縛りつけた。五日目に検査を受けることに同意するが、拘束服を着せられて処置室へ連れていかれ、両脚を開いた状態に縛られて検査台に押さえつけられた。助手が肘で胸を押さえようとすると、彼女は思わず抵抗した。もがいた彼女は足首が固定されたまま検査台から転落し、ひどい怪我を負った。検査器具が彼女の処女を奪い脚の間を血が伝うと、医務官は笑った。「どうやら本当だったみたいだな」と彼はいった。「おまえは悪い娘じゃなかった」。

水兵の方は名前を確認されることもなく、逮捕も検査もされず、いかなる点でも法的に問われることはなかった。男性はたいてい女性よりも気楽に街を歩くことができた。一方、女性に対しては、外を出歩くというもっとも素朴な自由を試みることにさえ処罰と脅迫が加えられるのが常だった。なぜならば、こうした女性のセクシュアリティの統制を課題とする社会では、女性が出歩くこと、さらには彼女たちの存在自体が、いかなるときも避けがたく性的なものであると解されたからだ。本書がたどってきた歩行の歴史において、逍遥学派の哲学者にせよ、遊歩者にせよ、あるいは登山家にせよその主役はいつでも男性だった。なぜ女性は戸外の歩行者とならなかったのか。いよいよその問いに目を向けねばならない。

「女に生まれたのはわたしの恐るべき悲劇」と、十九歳のシルヴィア・プラスは日記に記した。

まさにそう、道路工事の作業員や船乗りや兵隊、そういったバーの常連たちとつきあいたい、その場にとけ込んで、無名になって、話を聞いたり口を挟んだりしたい、そういう焦がれるようなわたしの願いは、わたしが女だ、いつでも暴行の危険に曝されている女性なのだということで全部駄目になってしまう。男性たちや彼らの生活への好奇心は、たいてい彼らを誘惑したがっているか、関係をもちたがっているのだと誤解されてしまう。だから神さま。わたしはみんなと話をしたいのです。わたしができるいちばん深い話を。空の下で眠りについてみたいのです。西部に旅に行きたいのです。夜、気ままに歩いてみたいのです。

プラスが男性に抱いた関心は、まさに彼らを知ろうとすることができないという理由に由来していたように思える。彼らに与えられている大きな自由のために、ようやく自立したばかりの若い女性にとって、男たちの生活はさらに興味をそそるものとなったのだ。散歩に出ること、すなわち世界に出てゆき、愉楽のために歩くことには三つの前提条件がある。自由な時間をもっていること、行く場所があること、そして疾病や社会的な拘束に妨げられることのない身体であることだ。自由な時間にはさまざまな要素があるだろうが、公共空間のほとんどは、ほぼ常に女性にとって等しく安全かつ快適な場所とはなってこなかった。男女がともに支持していた法的な処置や社会的な慣行、性的なハラスメントに隠れた脅威、およびレイプそれ自体。それらのすべてが、女性が望むときに望む場所を歩く能力を挫いてきた。（女性の衣服と身体を拘束する数々の装身具は、社会的慣行の一部として、法や恐怖と同じくらい効果的に女性の立場を低下させた。ハイヒール、きつくて壊れやすい靴、コルセットやガードル、丈の長いスカートやタイトなスカート、傷つきやすい布地、視界を遮るヴェールなど。）

女性が公共空間に居ることには、おどろくべき頻度で彼女たちの陰部への字義通りもしくは言語上の侵害をともなうようになっている。英語にも女性の歩行を性的な文脈におく語彙やフレーズがふんだんにあり、娼婦を指す語には、通りを歩く者〔ストリートウォーカー〕、路上の女〔ウーマン・オブ・ザ・ストリート〕、街の女〔ウーマン・オブ・ザ・タウン〕、およびパブリック・ウーマンなどがある（同じ語彙が使われていても、パブリック・マン、都会慣れした男〔マン・アバウト・タウン〕」、やくざ者〔マン・オブ・ザ・ストリート〕などは当然のように女性の場合とはまったく異なる意味になる〕。性的な慣行を破った女性はぶらぶらしている〔ストローリング〕、ほっつき歩いている〔ローミング〕、ふらふらしている〔ワンダリング〕、はぐれている〔ストレイング〕などと言われた。これらの語法にはすべて、女性の移動は必ず性的な意味を帯びるということ、あるいはそのセクシュアリティは移動をともなうときに法を逸脱する傾向をもっているということが含意されている。仮に女性のグループが――レズリー・スティーヴンの友人男性たちのように――「日曜遠足会《サンデー・トランプス》」と自称したならば、それは遠足の意味ではなく日曜日に下品な行状に及ぶという意味で捉えられたことだろう〔徒歩旅行や放浪を意味する「トランプ」にはあばずれという意味もある〕。女性の歩行がしばしば移動手段ではなくパフォーマンスと受け取られることもいうまでもない。そこには女は見るためではなく見られるために歩き、自身の経験ではなく男性の視線のために歩くのだ、つまり何であれ関心を惹きたがっているのだ、という含みがある。女の歩き方を語る言説には、「ペチコートの下で足を／小ネズミのように出したり入れたり」する十七世紀の娘からモンロー・ウォークまで、歩き方をエロティックな評価に結びつけるもの、さらに正しい歩き方の指南も含めて枚挙に暇がない。それに比べると、歩く場所について書かれたものは少ない。

移動の自由の足枷となったカテゴリー区分はほかにもあった。それでも、人種・階級・宗教・民族・性指向といった条件による制約は限定的で、女性であることと違って揺らぎの余地を残していた。それに比べ女性に課されてきた制約は、いずれのジェンダーについてもそれぞれの自己規定に対して千年単位にわたって根本的な影響を与えている。この事実は生物学的にも心理学的にも説明が可能だが、おそらく決定的な要因は社会・政治的な状況だ。どこまで遡ることができるだろうか試してみよう。中アッシリア時代（前十七世紀—前十一世紀〔日本語でいう「中アッシリア時代」は前十四世紀から〕）、女性は二つのカテゴリーに区分された。夫のある者と未亡人は「通りに出る」際に頭部を人目に曝してならないと法に定められ、娼婦と奴隷階級の少女は逆に頭を隠してはならないとされた。法に背いてヴェールを着用した者は鞭で五十回打たれるか、もしくは融けた松脂を頭からかけられた。これに関して歴史家ゲルダ・ラーナーは次のように述べている。

> 家庭の女性、つまりひとりの男性に性的に仕えその庇護を受ける者は、ヴェールによって「尊重すべき《リスペクタブル》（＝方正である）」存在であると示される。ひとりの男性の庇護下になく性的な統制を受けていない女性は「公衆の女《パブリック・ウーマン》（＝売春婦）」であり、したがってヴェールを着用させない。……この種の視覚的な差別化は歴史において繰り返されている。「いかがわしい女」をなにか目につく印をつけた特定の地域や建物に住まわせたり、当局への登録を義務付けて身分証を携帯させたり、といった取り決めが無数に存在する。

無論のこと「方正な」女性も統制を免れていたというわけではないが、それは法よりもむしろ社会的な制約によるものだった。その意図がその後の世界でひろく実現されていったようにも思えるこの法の登場には、多くの重要な点が指摘できる。女性のセクシュアリティを私的ではなく公的なものにしたということ。性的な接近可能性と可視性とを等号で結んだこと。女性を他人の手の届かぬ対象とするために、当人の道徳や意思ではなく物質的な障壁を必要としたこと。女性を性的な行状にもとづいて誰もが認識できる二つの範疇に分離したこと。その一方で、男性の性は私的な領域に留めることを許容し、いずれの範疇の女性に対しても等しく接近可能としたこと。方正な範疇への帰属には私的生活への埋没という犠牲をともない、空間的・性的な自由を有する範疇への帰属には社会的評価における代価が求められた。いずれにせよ、この法は女性が公的な存在として尊重されることを事実上不可能にし、それ以来、女性のセクシュアリティは公の関心事となった。

ホメロスの描くオデュッセウスは世界中を旅しながらさまざまな相手と関係をもつ。オデュッセウスの妻ペネロペイアは忠実に留守を守り、公然と拒否する根拠を欠きながらも訪れる求婚者を拒みつづける。行き先の遠近を問わず旅行はおよそ男性の特権で、女性は目的地か、報賞か、家庭を守る者となるのが通例だった。紀元前五世紀のギリシアでは、この役割の違いは内部と外部、すなわち私圏と公共圏の別に対応するようになっている。リチャード・セネットによれば、アテネの女性は「生理上の弱点があるとされることを理由に家庭にとじ込められていた」。セネットは、ペリクレスが葬儀の演説の締め括りにアテネの女性に向けた「女性の最大の栄誉は、賞賛であれ非難であれ、いずれにせよ男性の話題に上らないこと」という言葉と、クセノフォンが既婚女性たちに語った「あなた方の務めは家のなかにいることなのです」

を紹介している。古代ギリシアの女性は、名高い公共空間からも街の社会生活からもはるかに遠いところで生きていた。現代に至るまで、西洋世界のほとんどで女性が相対的に家庭に縛られているという状況に変化はない。今日でもその種の法律を有する国はあるが、そのほかに慣習や他人の目を恐れるという事情にも由来している。こうした女性の統制については、相続やアイデンティティに関して父系が重視される文化においては、女性のセクシュアリティの制御が父権の確立手段となってきたという理論がよく語られている。（こうした話題が時代遅れか無意味に思える者は、第三章で触れた解剖学・進化学者オーウェン・ラヴジョイの主張だけは思いだしてみるべきだろう。彼は、わたしたちがヒトになるはるか以前から女系の一夫一婦制と定住が重要だったと述べて、この社会秩序を自然の摂理から説明しようと試みている。）それ以外にも多くの要素が関わって一方のジェンダーの支配的地位が確立された。そして、その特権の一部として、しばしば混沌としていて脅威を生み、服従をよしとしないある種の野生としての女性のセクシュアリティを、男性文化に従属するものとして制御し規定するということが行なわれるようになった。

建築史家マーク・ウィギンスは次のように書いている。

ギリシアの思想では、男性が自らの男性性の徴とする内的な自制能力が、女性には備わっていないとされた。この自制は単に種々の境界をはっきりと保つという意味に過ぎないが、そうした内面的な境界は……女性には維持できない。なぜなら女性の不安定なセクシュアリテイはそこから際限なくあふれだし、攪乱してしまうからだ。さらに、それ以上に女性は他者の、すなわち男性の境界を際限なく攪乱する。……こうした意味では、建築の役割はセクシュアリティを、正確にいえば女性のセクシュアリティ、少女の純潔、既婚女性の貞節をあからさまにコントロールすることなのである。……住宅は子どもたちを周囲の環境から保護するものだが、その主要な役割は女性をほかの男性から隔離し、遺伝上の父の権限を護ることにある。

女性のセクシュアリティはそのようにして、公私いずれの空間の規制によってもコントロールされる。女性を〈私有《プライベート》〉の、つまりひとりの男にのみ接近がゆるされ、他人には触れることのできない性として維持することを目的として、その全生活が家庭という私的空間に局限されることとなる。家はある意味で石造のヴェールとして機能しているのだ。

娼婦たちはほかのいかなる女性よりも厳格な規制のもとにおかれてきた。そのさまは、まるで彼女たちが身を躱《かわ》してきた社会的な軛が、法に姿を変えて彼女たちを追い回しているようだ。(いうまでもなく、娼婦の客は法的にも社会的にも規制を受けることもなかった。以前の章で採り上げたベンヤミンやブルトンを考えてみればよい。彼らが娼婦との関係を書くとき、文化人の社会的地位や夫に値する男性という立場を失う心配は不要だった。)ヨーロッパの多くの国では十九世紀のあいだを通じて、売春が許される状況を限定することによってその規制が試みられた。そしてこの施策は、しばしば女性が出歩くことのできる状況を限定することにつながっていった。十九世紀において女性は都会生活の暗所に向きあうにはあまりにかよわく純粋な存在とみられることが多く、公明な目的もなしに出歩くことは評判を落とすことにつながった。そのため、女性たちは買い物という行為によって自分が売り物ではないと示し、自分たちの振舞いを正当化した。商店は安心してぶらつくことのできる半公共的な空間を提供していた。なぜ女性は遊歩者《フラヌール》になることができなかったのか、という問いに対するひとつの答えとして、彼女たちは商品として、あるいは消費者として都市の商活動から十分に身を引き離すことができなかったからだ、ということがある。店仕舞いの時間を過ぎれば、彼女たちが街をさまよう猶予もお終いになるのだ（このことは、夕方以降しか自由な時間を持てない働く女性にとって非常に難儀なことだった）。ドイツでは風紀取締班が夜ひとりでいる女性を訴追した。ベルリンのある医者によれば、「通りをぶらつく若い男の考えていることは、世間的にまともな女は夜ひとりでいるところを人に見られるようなことをするわけはない、ということだけである」。皆に見られる存在であること、そして自立した存在であることは、その時代にはなお性的な不道徳性と等価に捉えられていた。これは三千年前とまったく同じで、女性のセクシュアリティがいまだに地理的・時間的な居場所による規定を被るものとされていたということだ。ドロシー・ワーズワースとフィクションにおける彼女の姉妹のようなエリザベス・ベネットが、田舎歩きに出ていったことでひどく叱責されたことを考えてみればよい。あるいはイーディス・

ウォートンの『歓楽の家』のヒロイン。ニューヨーク暮らしのヒロインの社会的地位は、小説の冒頭、一杯のお茶のために男の家にひとりで入ったことで危険に曝され、さらに夜、ほかの男の家から出てくるところを見られたことで回復し難く崩壊するのだ（法が「いかがわしい女性」を統制する一方で、「品行方正な女」はしばしば互いに目を光らせていた）。

一八七〇年代までのフランス、ベルギー、ドイツ、イタリアでは、娼婦が客引きできる時間帯が制限されていた。フランスの売春規制はとりわけシニカルで、営業は認可制とされ、警察には許認可および無許可営業の禁止という両面から女性を統制する権限があった。どんな女性も性産業の行なわれる時間と場所で客引きをするだけで逮捕される可能性があり、一方、登録された娼婦はそれとは違う時間や場所に現れるだけで逮捕される可能性があった。女性はいわば昼行性と夜行性に分断されていたのだ。ある娼婦は「レ・アルで朝の九時に買い物をしたために連行され、露店の店主に話しかけたこと、および免許に指定された地区から逸脱したという廉で告発された」。この時代、風紀警察は理由の有無にかかわらず労働者階級の女性を逮捕するようになっていて、ノルマのために通行人の女性をまとめて検挙することもあった。はじめ、男性は娯楽のようにして女性の逮捕を見物していたが一八七六年には警察の取り締りが度を過ぎるようになり、居合わせた者が止めに入って逆に逮捕されることも起きている。連行された若く、多くの場合貧しい未婚の女性や少女が無実と判明することはほとんどなく、多くはサン・ラザール刑務所に投獄された。高い塀のなかの暮らしは寒さと栄養失調に苛まれ、不衛生、過労、私語も禁じられる悲惨なものだった。釈放されるのは彼女たちが娼婦として登録することに同意した場合だった。認可された売春宿から逃げ出した女性にはそこへ戻るか、あるいはサン・ラザールに送られるかという選択が迫られた。そのようにして女性は売春業をやめさせられるのではなく、むしろそこへ追い込まれていた。逮捕されたことに向き合うよりも自殺を選ぶ者も多かった。娼婦の人権擁護に大きな足跡を残したジョゼフィン・バトラーは、一八七〇年にサン・ラザールを訪問している。「刑務所の大勢の者がどんな犯罪をおかしたのかと尋ねると、禁止されていた通りを禁止されていた時間に歩いていたというのだった！」

上流階級出身で教養があり、進歩的な環境で育ったバトラーは一八六〇年代にイギリスで施行された伝染病予防法に対する有力な反対者となった。敬虔なキリスト教徒だった彼女がこれらの法律に反対したのは、国が売春業を統制することによって逆にそれが暗黙に許された生業となること、およびそうした法律はダブルスタンダードなものだったという理由からだった。女性は、売春に関するごくわずかな嫌疑によって収監や「外科的レイプ」ともいわれる検査によって罰される可能性があり、性病が発見されれば監禁のような状態で治療を受けることになった。一方で男性は咎められることもなく同じ病気を拡散し続けていた（近年でもエイズと売春の絡みで同じような施策が検討の俎上にあがり、実施に至ることもある）。法律は軍の保健対策として起案されたもので、兵士は一般大衆より高い割合で性病を罹患していたという事情があった。国にとって女性よりも男性の健康や自由や人権の方が大きな価値があるという手前勝手な認識が背景にあったようだ。キャロライン・ワイバーグより酷いケースも数多くあり、少なくともひとりの女性（三人の子を持つ寡婦だった）が取り調べを苦に自殺している。家の外で歩くことは性的な行動の証左とみなされるようになり、女性の場合はそうした行動が罪とされたのだ。合衆国は法律面ではそこまで酷くなかったが、似たような状況になる場合もあった。一八九五年に、リジー・シャウアーという名の労働者階級の若いニューヨーカーが娼婦として逮捕されている。理由は、暗くなってからひとりで出歩き、ふたりの男に道を尋ねたためだった。彼女はロウワーイーストサイドの叔父の家に向かっていたが、その時間と行為は客引きのサインと解釈され、彼女は医学検査によって「よい娘」と判明してようやく釈放された。彼女が処女ではなかった場合は、性的な嫌疑と夜道の一人歩きの組み合わせによって有罪とされた可能性が十分ある。

古くからある国家が売春を取り締まる根拠のひとつに、悪習から品行方正な女性を護るという理屈があった。逆に国家から女性を護るという難題に挑んだバトラーはまさに品行に何ひとつ問題のない身だったが、売春宿が差し向けた人びとから中傷され追いかけられる破目になった。袋叩きにされたり、泥や糞便をかけられ、髪や衣服をぼろぼろにされたこともあった。追われているときにたまたま出会った娼婦に助けられ、迷路のような裏道や倉庫街を抜けて安全な場所まで逃がれたこともあった。いうまでもなく、バトラーが政治的な言説という公共圏に進出し、男性による性のコントロールに異議を申し立てたことはそれ自体侵犯だった。ある下院議員は彼女を「娼婦以下の存在」と非難した。彼女が没する一九〇六年ごろには議論に参画する女性の数ははるかに増えていたが、彼女たちもまた同様の扱いを受けた。婦人参政権運動は合衆国でもイギリスでもおだやかで実りのない活動を数十年続けたあとに、二十世紀の初めには闘いの様相を呈するようになっていた。いまでは見慣れたものとなったが、制度に排斥された人びとが公にとりうる政治活動の形態である行進やデモンストレーションや集会といった手段を大々的に用いた運動だった。それを迎えたのは、イギリスでは警察、合衆国では兵士などの群集による異常な暴力だった。労働運動家や自分の宗教的な立場を守ろうとする人びとが暴力を受けることはそれまでにもあったが、婦人参政権運動には独特の展開があった。イギリスでは黴の生えたような古い法律によって公共の場での女性の集会が犯罪扱いになり、市民の請願権を保証する現行法が制約されてしまった。合衆国でもイギリスでも、そうして公に集い発言する権利を行使して逮捕された女性たちは、ハンガーストライキを行なって自分たちが政治犯であるという意志を表明した。そしていずれの政府も収監者への強制摂食を実施した。女性を拘束し、鼻腔から胃まで管を通して食物を圧入するその過酷な処置は、新たな型式の制度的レイプにほかならなかった。街頭を歩むことによって公共の領域に参入しようとした女性はまたしても国家によって閉じ込められ、身体の内部という私空間を犯されることになったのだ。

しかし女性は参政権を勝ち取った。公共空間と性をめぐる議論は、最近の数十年間では女性と体制ではなく女性と男性の間で交わされるものになった。フェミニズムの主要な主張は屋内での交渉事に向けられ、住宅、職場、学校、さらに政治機構の変革を達成した。社会的もしくは政治的な目的のために、あるいは実用や文化のために公共空間にアクセスすることは、都会でも田舎でも日常生活を構成する重要な要素なのだが、女性に対しては暴力やハラスメントへの恐れによって制限されている。この主題についてのある専門家の言葉を引けば、女性が日常で経験するハランスメントは、女性はすっかりくつろぐことがない、ということを裏書きする。そして性的な存在という自分たちの立場を意識させ自分が男性の手の届くところにいるのだと思い出させる。それはわたしたちが平等な存在だと思ってはいけないということのリマインダーであり、ともに公共圏を参画しつつ自らの権利で好きな時に好きな場所に行き、安全を感じながら自分たちの望むものを追求しているのではないのだという事実を突き付ける。

金銭目当ての犯罪の対象となったり、報道で犯罪に触れて都会や見知らぬ住人に不安を抱いたり、若者や貧者や無秩序な場所を恐れたりすることは男性も女性も変わりはない。しかし性的な背景をもつ暴力で第一に狙われるのは女性であり、都会のみならず郊外や田舎でもあらゆる年代、あらゆる経済的な立場の男性がその暴力の担い手になる。そして、女性が日常生活の一部として公共空間で遭遇する非礼な言動、攻撃的な交渉、発言、視線、脅迫といったものにはそうした暴力への可能性が潜んでいる。レイプへの恐怖は多くの女性を自分の場所に、すなわち屋内に押し止める。怯えながら自らのセクシュアリティを防護するという自己の意志よりもむしろ物質的なバリアにふたたび依存するのだ。ある調査によれば、アメリカ人女性の三分の二は夜間に近所を出歩くことに不安を感じている。また別の調査によれば、イギリス人女性の半数は日が暮れたあと、ひとりで外出することが不安で、四〇パーセントはレイプの被害者となることを「とても憂慮して」いる。

この自由の欠如にわたしがはじめて打ちのめされたのは、キャロライン・ワイバーグやシルヴィア・プラスと同じように十九歳のころだった。郊外住宅地のはずれで過ごした幼少期のころは、子どもがまだそれほど厳重な視線に守られていたわけではなく、わたしは町や野山で自由に遊んでいた。十七歳のときにパリに脱出すると、声をかけてきたり、通りでいきなり手を握ってきたりするような男が大勢いたが、わたしには恐ろしいというよりは鬱陶しく思えた。そして十九歳でサンフランシスコの低所得者の多い界隈に引っ越した。それまで住んでいたゲイの多いエリアに比べると通りは物寂しく、昼間感じていた危険が夜にしばしば現実のものになってしまうということを肌で知った。もちろん、界隈の貧しさや夜の闇だけがわたしに恐怖を感じさせたのではない。たとえば、ある午後フィッシャーマンズワーフのあたりで見なりのよい男性につきまとわれ、胸の悪くなるような性的な誘い文句を延々と聞かされたことがあった。ついて来るな、と向き直って罵ると男はわたしの言葉に心底驚いた顔をして、おまえにそんな言い方をする権利はないといい、わたしを殺すと脅した。似たような経験のなかで、この一件はただその脅しの重みによって記憶に刻まれている。自分には戸外で人生や自由や幸福を追求することが本当の意味では許されていない、ということの発見にわたしは人生でもっとも打ちのめされた。世界にはわたしの性別のみを理由にわたしを嫌い、傷つけようとする他人が大勢いて、性はあまりに容易が暴力へ転化してしまい、そういったことを個人的な問題ではなく社会的な問題だと考えている者はほとんどいないという発見でもあった。夜には出歩かず、体の線を隠すような服を着て髪は隠すか短く切る、つまり男のような格好をすること。高級な界隈に引っ越すこと。タクシーを使うか車を手に入れること。複数で移動すること。エスコートしてくれる男性を確保すること。そうしたわたしが受けた忠告は、すべて古代ギリシアの壁やアッシリアのヴェールを現代版にしたもので、わたしと男性の振舞いをコントロールして自分の自由を確保することは社会ではなくわたし自身に課された責務だといっている。自分の町に親しみ上手に社会に適応している多くの女性は、無意識に控え目で群れをつくるような生活をしているのだということもわかった。ひとりで歩くという願望は、彼女たちの心からすでに失われているのだ。しかしわたしにはまだそれがある。

常に身辺にある危険と、まれに遭遇する現実の恐怖はわたしを変えた。同じ場所に住みつづけながらも街の危険のなかをくぐり抜ける術を知るようになり、年齢が増すうちに狙われることは減っていった。いまでは通りで経験する人びととの出会いはほとんど例外なくおだやかな出来事となり、ときには気持ちがいい。思うに、若い女性が不愉快な出来事の矢面に立ってしまうのは、彼女たちの美しさのゆえではなく、自分たちの権利や限界をよく知らないからではないだろうか（そうした自覚の危うさはある種の純真と小心の証として美しさの要素にもなりうるのではあるが）。ハラスメントを受けていた若い時代のことは、それが日常的なことではなくなってもいまだに人の生活が抱える限界を教えてくれる教育として心に残っている。カナダのティーンエイジャーを調査した社会学者ジューン・ラーキンは、公の場所で性的な嫌がらせを経験した者はそれほど重大ではない事件を看過するようになったという発見をしている。

その理由は「街で遭遇する些細な出来事をすべて記録していたら、時間がいくらあっても足りないから」とその被験者のひとりは語っている。ほとんどの女性と同じように、多くの捕食者と遭遇しながらわたしは自分を獲物として考えることを学んでいった。二十代のころに比べれば、日常の感覚に恐怖が占めている割合は激減した。

女性の権利のための運動は、しばしば人種問題の運動から派生している。ニューヨーク、セネカ・フォールズで開催された最初の大規模な女性大会は奴隷制廃止論者エリザベス・キャディ・スタントンとルクレティア・モットが組織したものだが、これは奴隷制反対運動のなかにおいてまで彼女たちを苦しめた差別に対する怒りを端緒とするものだった。ロンドンの奴隷制反対世界大会に参加した折に、男性主体の主催者は女性代表者にひとつも席を与えようとしなかったのだ。「スタントンとモットは、制限下におかれた自分たちの状況と奴隷のそれが似ているということを見出した」と、歴史家は指摘している。ジョゼフィン・バトラーとイギリスの婦人参政権運動の指導者エメリン・パンカーストも同じように奴隷制反対論者の家庭の出身であり、また近年においては、もっとも独創的で重要な仕事をしているフェミニストの一角は、人種とジェンダーの両方に問いを投げかける黒人女性たち、ベル・フックス、ミシェル・ウォレス、ジューン・ジョーダンによって占められている。

ニューヨークで活動したゲイの詩人に言及した際、ハーレム出身のジェームズ・ボールドウィンについては触れなかった。ホイットマンやギンズバーグと違い、マンハッタンはボールドウィンが心おきなく溶け込める解放の地ではなかったからだ。逆に、彼にとっては絶え間なく自らが何者なのか意識させられる場所だった。アップタウン〔五十九丁目より北のエリア。住宅街が多く、ハーレムも含まれる〕から出てくるな、とニューヨーク公共図書館のあたりで罵ってきた警官、子どものころ、五番街のアップタウンで同業にならないかと街の暗部に誘ってきたポン引き、あるいはまるで小さな町のように彼の一挙手一投足を見張っている自宅界隈の住人たち。ボールドウィンはゲイで黒人だったが、彼が書くのは黒人として街を歩くことであり、ゲイとして街を歩くことではなかった。パリに居を移すまで、彼が街を歩くときには人種という足枷がついてまわった。現代の黒人へ向けられている視線は一世紀前に労働者階級の女性に向けられた視線に似ている。すなわち公共の場ではほとんど犯罪者と同一視され、実際に移動の自由が法的に制約される場合がある。アフリカ系アメリカ人のエドワード・ローソンが「街頭を浮浪あるいは徘徊する者は、保安官に求められた際に信頼に足る身分証明を提示し、あるいはその場に滞在する目的を説明することが求められる」と定めたカリフォルニア州法を違憲と訴え、最高裁で勝訴したのは一九八三年のことだった。『ニューヨーク・タイムズ』によれば、ローソンは「出歩くことが多く、しばしば深夜の住宅街で誰何された」。そして歩行に刑事罰を結びつける州法のもと、身分証明の拒否によって十五回逮捕されていた。彼は小綺麗なドレッドヘアをしたスポーツマンという感じの人物で、当時わたしが通っていたナイトクラブに踊りに来ていたのを覚えている。

ただし、公共空間における人種差別は性差別に比べればよほど気がつきやすく、問題として指摘されることもはるかに多い。一九八〇年代の後半にふたりの黒人の若者が「不都合な時間と場所」に存在したために命を落とすという事件があった。マイケル・グリフィスはハワードビーチで白人男性の暴徒集団に追われ、危害から逃がれるために道路に進入して自動車に轢殺された。ユセフ・ホーキンズは同じくクイーンズの白人居住エリアであるベンソンハーストで、黒人であるために殴打され殺害された。この二件を受けて大きな世論が起こった。このふたりの若者が街を歩いていたとき彼らの公民権は護られていなかった、ということを人びとは理解していた。クイーンズにおけるグリフィスとホーキンズの死からそれほど経っていないある夜、セントラル・パークを訪れたマンハッタンのアップタウン出身の少年のグループが、ジョギングする白人女性に目をとめる。彼女は輪姦され、ナイフで斬られ、石や鋼管で殴打され、頭蓋骨を骨折、多量の血液を失った。死こそ免れたものの、彼女は脳のダメージと身体障害を負って生きることとなった。

この「セントラル・パーク・ジョガー事件」が議論された文脈はおどろくほど異なっていた。二男性の殺害事件に関しては、街を歩くという基本的な自由が被害者に保証されていなかったことを糾弾する声が大きく、誰もが人種を動機とする犯罪と認識していた。一方、セントラル・パークの事件を仔細に検討したヘレン・ベネディクトによれば、

この事件では発生以来ずっと、白人寄りのメディアも黒人寄りのメディアも、若者がこう

した凶悪な犯罪に手を染めた原因に関心を向け、裁判がはじまる段階に至ってもそれは変わらなかった。……彼らが答えを求めたのは人種、ドラッグ、社会階層、あるいは特定の民族や社会集団の居住する界隈における〈暴力の文化〉といったものだ。

犯罪の原因として指摘された事柄は、「事態の解釈としてははなはだ不十分なものだった。……なぜならマスメディアはあらゆる強姦事件に共通する目にも明らかな原因を決して見ようとしなかったからだ。それは社会が女性に対してとっている態度なのだ」。そうベネディクトは指摘している。ジェンダーではなく人種に関わる犯罪として扱ったために――加害者はヒスパニックと黒人だった〔本書の原書刊行後の二〇〇二年にある人物が犯行を自白し、ハーレム出身の黒人とヒスパニックの五少年に対する有罪判決は取り下げられている。容疑者の見立てはそもそも捜査において誤っており、裁判でも是正されなかった。〕――女性への暴力という論点はまったく醸成されなかった。そしてこの事件を公民権に関わる問題として、つまり女性が街を歩く権利が侵害されていると指摘する者はほぼゼロだった（さらに有色人種の女性が犯罪報道に登場することは稀だ――いうまでもなく、男性がもつ社会的地位も白人女性という人目を惹く被害者像も欠いているために）。ベンソンハーストおよびセントラル・パークの事件から十年後にテキサス州で発生した黒人男性のリンチ事件では、憎悪犯罪および有色人種の公民権侵害として大きな非難が起こり、ワイオミングで発生した若いゲイ男性の惨い殺人事件にも同じ反響があった。ゲイやレズビアンもまた「立場をわきまえさせる」タイプの暴力や、慣習にそぐわない者への懲罰としてふるわれる暴力の被害者となりやすい。しかし同じ殺人であっても性差を動機とする事件は個別の事件として扱われるのみで、社会の改善や国を挙げた反省を求める声は挙がらない。日々の紙面を飾り、年間に何千人もの女性の命を奪っているにもかかわらず。

地理的には人種とジェンダーの事情は異っている。人種は単一の集団で特定の界隈を占める傾向があるが、性差による区分はミクロなスケールに展開されている。有色人種の人びとの多くは白人の多いアメリカの田舎は居心地が悪いと感じており、控え目にいって、白人女性が安全に過ごせる地域であってもそれは変わらない（この国では、白人至上主義は風光明媚な地域で生まれるか、あるいはそういった地方に向かう傾向があるように思える）。アフリカ系アメリカ人のジャーナリストで作家のイヴリン・C・ホワイトは初めてオレゴン州の田舎へ向かったとき、「林業の人びととマッケンジー川の辺りを訪れたとき、あるいは野外の訪問先に向かったときはいつも」南部におけるリンチの記憶が想起されて「心臓が止まりそうな恐怖で言葉も出ず、身動きもできなかった」と書いている〔オレゴン州自体は西海岸北部に位置し、リベラルな気風で知られる〕。イギリスでは、写真家のイングリッド・ポラード〔ギアナ出身で、幼いころイギリスに渡っている〕が湖水地方を舞台にしたアイロニカルなセルフポートレイトのシリーズを制作している。はっきりとワーズワース的体験を求めつつ、彼女はかえって居心地の悪い不安を感じている。ポラードは自然へのロマンチシズムは自分のような有色人種の人びとには縁がない、といっているようだ。しかし孤立した状況で感じる不安は白人女性の多くも同じであり、彼女たちもまたそうした状況で脳裏をよぎる個人的な体験を抱えている。偉大なクライマーで登山家のグウェン・モファットは若いころ、単独のクライミングのためにスコットランド西部の景勝地スカイ島を訪れた。ある夜に酔った隣人が寝室に押し入ろうとする事件があり、彼女は電報を打って別の男性に同行を依頼した。彼女は手記にこう記している。

もっと年齢が上で大人になっていれば、自分ひとりで人生とわたりあえたのかもしれない。でもわたしのような生活は、あらゆるタイプの要求や詮索に身をさらすことにほかならなかった。ふつうの、たいていの男性は自分のような生き方を誘惑と受け止めてしまう。拒絶された彼らの憤慨はわかるのだが、とても受け止められるものではない。

女性は、巡礼やウォーキング・クラブやパレードや行進の際、あるいはもろもろの革命において熱心な参画者となってきた。その理由のひとつには、あらかじめ方針のある活動ならば女性の存在に性的な関心が向けられにくいということがある。また、公共の場にいる女性の安全のためには、複数の同伴者をともなっていることが最善の保証となってきたためもある。パブリックな争点を中心におく革命においては私的なものごとは棚上げになるので、女性はそこで大きな自由を手に入れることができるのだ(そしてエマ・ゴールドマンのように、自由への闘いの前線のひとつとしてセクシュアリティを捉えていた革命家もあった)。一方で、歩くことはそれ自体が巨大な精神的、文化的、政治的な反響を抱えたものだ。瞑想や祈りなどの宗教的探求において歩くことが占めるものは大きい。また逍遥するアリストテレスからニューヨークやパリの放浪詩人に至るまで、歩くことは思惟と創作の方法となってきた。作家や芸術家や政治思想家そのほかの人びとに、歩くことは仕事を触発する出会いと体験をもたらし、同時にその構想を育てる空間ともなってきた。仮に偉大な知性を備えた男性たちの大半が世界を思い通りに移動することができなかったとしたら、そこから何が産み出されることになったのかは知る由もない。思い描くことができるだろうか、屋内にひきこもったアリストテレスやフルスカートを身につけたジョン・ミューアを。女性が日中出歩くことができるようになった時代においても、彼女たちにとって夜は――メランコリーと詩に満ちた酔うような街の夜の祝祭は――禁じられた領域だった、彼女たちが「夜の女」にならない限りにおいては。歩くことが文化的に重要な行為で、世界における存在様式として不可欠であるとするならば、足の赴くままに好きなだけ歩き出てゆくということができなかった者は、単に運動や余暇の愉しみを奪われているのみだけではなく、その人間性の重大な部分を否定されてきたといえるだろう。

ジェーン・オースティンからシルヴィア・プラスまで女性たちが芸術で扱ってきたのは、それ以外のもっと幅の狭い主題だった。なかにはひろい世界に飛び出していった者もあった。思い浮かぶのはピース・ピルグリム（中世の世界へ）、ジョルジュ・サンド（男性の装いへ）、エマ・ゴールドマン、ジョセフィン・バトラー、グウェン・モファットといった面々だ。しかし、沈黙を強いられた者はそれよりはるかに多い。有名なヴァージニア・ウルフの『自分だけの部屋』は字義通りに女性が家に仕事場をもつことの訴えと捉えられることも多いが、実のところは経済や教育に加えて公共空間への自由なアクセスも芸術創造の条件だと指摘している。ウルフは、シェイクスピアに劣らぬ才能をもつ妹ジュデス・シェイクスピアという人物が仮に存在したとして、はたして「彼女は酒場で夕食をとることが、あるいは夜中に街をうろつくことができただろうか」と問いかける。

サラ・シュルマンの小説に、ウルフのエッセイのように女性の自由をとりまく状況に関わるものがある。『女の子と夢とあらゆるもの』というケルアックの『路上』から引かれたタイトルをもつこの小説は、若いレズビアンの作家リラ・フュチュランスキーがケルアックの信条の有効性を検討することがひとつのモチーフとなっている。「ケルアックが行きずりに関係した女たちではなくて、ケルアック自身に自己投影することが肝要なのだった」と、フュチュランスキーは考える。なぜなら、オデュッセウスと同じようにケルアックもまた風景のように静止した女たちの間を旅してゆく男なのだから。そしてケルアックが一九五〇年代のアメリカを探索したように、彼女は一九八〇年代半ばのマンハッタンのロワー・イーストサイドの魅力を探求してゆく。「大好きなこと」のひとつは、「行くあてもなく、ただ足の向かう先へ何時間も街を歩くこと」だった。しかし小説が進むにつれて、彼女の世界は開かれてゆくのではなくむしろ親密なものへ変わってゆく。恋に落ちたことによって、公共空間で自由に生きるという可能性は後景に退くのだ。

小説のおわり近く、彼女は恋人とワシントンスクエア公園に夕方の散歩に出かける。そして帰宅して自宅の集合住宅の前でアイスクリームを食べているとき、男たちの声が聞こえてくる。

「あのゲイ解放運動ってやつ。あいつらは好き放題できると思ってやがる」。彼女たちは太古から変わらぬ恋人たちのように連れ立って出歩いていた。しかし九十年前にロワー・イーストサイドをひとりで歩いたリジー・シャウアーが逮捕されたのと同じように、公共空間へ出てゆくことは自らの私的な生と身体を損なう恐れをともなうのだった。


リラは階段を上がろうとは思わなかった。住んでいる場所を彼らにわからせたくなかったのだ。ふたりがゆっくり歩きはじめると、男たちは後を尾けてきた。

「おいそこの女。あそこの具合はいいんだろうな。ふたりであそこを舐めあうんだろ？おれのムスコを見せてやろうか、忘れられないぜ……」

リラにとって、この種のことは日常生活の必要とはいえないながらもごくありふれた一コマだった。彼女は次第におとなしくやり過ごすことを学び、黙ったりごまかしたりして危害を避けるようになった。……リラは、いつも街歩きを自然な贅沢として楽しんでいる人のように街を歩いた。自分は安全なのだ、という彼女が歩きながら抱いていた空想は、それまでどうにか彼女の安全を保証してきた。けれど、煙草を買いに出かけたその夜、リラは不安を抱えて歩いていた。定まらない心がたどりついた先には、自分が安全ではないという単純な事実があった。いつでも肉体的な危害を受ける可能性がある。そしておそらくそうなるだろう、という確かな感触がそのときによぎったのだ。彼女は七四年型シボレーのトランクに腰をかけて、この世界が自分のものではないと認めざるをえなかった。

たとえ自宅の近所であったとしても。

第4部 道の果てる先に

Past the End of the Road

第十五章

シーシュポスの有酸素運動——精神の郊外化について

歩く自由も、行く場所がなければそれほど有用とはいえない。歩行の黄金時代といえるものは十八世紀のおわりごろにはじまっていて、わたしが恐れている通りであれば数十年前に期限を迎えてしまったように思う。対象となる者によって黄金の度合いが異なった不完全な時代ではあるが、そのなかでつくりだされた歩くための空間、あるいは歩くことに愉しみとしての価値を見出したという点で、それはやはり目覚ましい時代だった。北米やヨーロッパの人びとが飲み物や食事を共にするのと同じように散歩をデート替わりにしていた二十世紀のとば口のあたり、その頂点はそのころに訪れた。歩くことはある種の秘跡であると同時にお決まりのレクリエーションとなり、ウォーキング・クラブもまた最盛期を迎える。この時代には十九世紀の都市的発明である歩道や下水によって都市環境が改善される一方、二十世紀的な速度の脅威はまだ先のことで、郊外には国立公園や登山を通じた開発の第一波が及んでいる。ここまで、この本でみてきたのは野山や都市における歩行者の生き様だった。その限りでは歩くことの歴史といえども都会と田舎の歴史であって、おまけとして小さな街や山を加えたものに過ぎない。その意味からすれば、アメリカ人の大多数が郊外《サバーブ》住宅地に暮らしているという、あらゆる国の歴史を考慮しても初めての事態を合衆国国勢調査が明らかにした一九七〇年という年は、この黄金時代の墓標に刻むにふさわしいかもしれない。郊外ではかつての野山や市街にあった麗しい自然や都会的な愉楽は失われ、郊外化の波によって日常生活のスケールや肌理は根本的な変化を被った。その変化はたいていの場合、徒歩移動にとって好ましいものではなかった。そして、この変容は地上の風景だけではなく内面にも及び、それ以来、平均的なアメリカ人が時間や空間や自らの身体を知覚し、評価し、使用するやり方はそれまでとはまったく異なるものとなった。徒歩はいまでも自動車や建物を結ぶ、あるいは屋内における短距離の移動手段ではあるが、文化的な営みや愉しみや旅として歩くこと、あるいは歩きまわることは姿を消しつつあり、それとともに身体と世界と想像力が取り結ぶ古く奥深い関係性も失われつつある。生態学の言葉を使うならば、歩くことを〈指標生物〉と考えるのがいちばんよいのかもしれない。指標生物は生態系の健全性を知るための手掛りで、その危機や減少は系がかかえる問題を早期に警告する。自由な時間、自由で魅力的な空間、あるいは妨げられることのない身体、そうしたさまざまな自由や愉しみにとって、歩くことはひとつの指標生物なのだ。

1　郊外《サバービア》の生活

ケネス・ジャクソンは『雑草のフロンティア――アメリカの郊外化』で中産階級の郊外居住に先立つ段階を提示している。彼はそれを「徒歩都市《ウォーキング・シティ》」と呼び、次のような特徴をもつとする。人口が密集していること。壁などの要素や不連続に外周を隔てる「市域と郊外の明瞭な区分」

を有していること。経済と社会の機能が互いに結びついていること（「工場はほぼ存在しない」、なぜなら「生産は小規模な職人の工房で行なわれるため」）。職住が近接していること。そして、富裕層が都市中心部に住む傾向をもつこと。ジャクソンのいう徒歩都市とわたしの考える歩行の黄金時代、それらの終焉はいずれも郊外に見出される。郊外生活への道のりは断片化の過程にほかならない。

ロンドン市外にはじめて中産階級の住宅が建設されたのは十八世紀のおわりごろであり、敬虔な商人が家庭生活と労働の場を分けられるようにするものだった。おなじく郊外の歴史書『ブルジョワ・ユートピア』を著したロバート・フィッシュマンはそう書いている。そうした上流中産階級の福音派キリスト教徒は都会というもの自体に不信の眼差しを向けていた。カード遊び、舞踏会、劇場、地区の祭り、遊園地、居酒屋といったものはすべて不道徳なものと糾弾されていたのだ。同じ時期に、家庭を世界から隔てられた神聖な空間とする現代的な家庭崇拝もはじまった（そこにはたまたま神殿に幽閉された尼僧のような具合に、妻兼母という存在が付随する）。価値観を共有する富裕商人の家庭が形成した最初の郊外コミュニティは、フィッシュマンの解説を読むかぎり天国のような場所だ。そして家と庭を離れるとやることがほとんどなくなってしまうゆったりとした戸建の住宅が並ぶさまは、天国の多分に漏れず退屈だ。これらの郊外住宅《ヴィラ》はイギリス田園地方の大規模な地所《エステート》のミニチュア版であり、そうしたモデルのような自足した社会への憧れをもっていた。しかしその種の地所にはふつう、生産の場である農場を中心に農場労働者から猟場の管理人、使用人、滞在客、親族までがまるごと住んでいた一方、郊外住宅に住むのは核家族だけで、そこは次第に消費のみが行なわれる場所となっていった。また地所には所有地から離れずに歩きまわることのできる規模があった。郊外住宅はそんなことはない。けれどもそうした郊外住宅地が徐々に田園地帯を侵食し、都会の空気を拡散させてゆく。

郊外の本領は産業革命時代のマンチェスターで明らかになる。産業革命の申し子である郊外は、マンチェスターおよび北ミッドランズ地方を中心として、生活の近代化と断片化をもたらしつつ外へ外へとひろがっていった。工場制工業が確立されて貧困層が賃金労働者へと変化すると、職住に明確な分断が生じる。職人仕事が機械に付き添うだけの熟練の不要な反復動作へと解体されるにつれ、労働そのものも断片化された。初期には、家庭生活が工場に破壊されてしまう、平日長時間の労働に駆り出される人びとの家族が他人同士同然になってしまう、という非難が聞かれた。工場労働者にとって自宅は翌日の労働のための休息場所に過ぎないものとなり、産業社会における彼らの立場は独立した職人だった時代に比べてはるかに貧しく、不健康なものとなった。一八三〇年代に、マンチェスターの工場主たちは最初の大規模な郊外住宅地の建設をはじめる。自分たちが築いた都心を脱出し、おなじ階層の人びととともに家庭生活の充実をはかるためだ。ロンドンの福音派教徒と違って、彼らが逃れようとしたのは誘惑ではなく醜悪さと危険だった。不十分な都市計画のもたらす公害、大気汚染、衛生の悪化、さらには自分たちの従業員の悲惨な生活や不満が目に入ることから逃れようとしたのだ。

「郊外化の決断は二つの重要な帰結をもたらした」とフィッシュマンはいう。

まず、中産階級が脱出し、裏通りの住宅が事業所に転換されて労働者が押し出されたため、都心がからっぽになったことである。……ビジネスアワーを過ぎると、来た人が驚くほどに都心から喧騒と人影が消えた。都心オフィス街の誕生である。一方、かつて市街の外縁部に位置していた工場群は郊外住宅地に囲まれ、いまや遠方となった農村との接点を失った。郊外住宅はそれぞれの土地を壁で囲い、住宅地の並木道も住人とゲスト以外の進入を禁止することが多くなった。ある工場主の郊外住宅を通過する田舎道を、かつてのように自由に歩けるようにしようと試みた労働者グループがあった。……ジョーンズ氏の対応は鉄製の門扉と堀を設けるというものだった。

フィッシュマンが述べているのは、「徒歩都市《ウォーキング・シティ》」の豊穣な都市生活をもたらしていた混成体が、それぞれ不毛な構成要素に分離された世界だ。

労働者たちの反応は日曜日に山野へ脱出することにあらわれた。次第に、彼らは歩き、登り、自転車で走り、存分に呼吸をするための場所として、残された田園風景へのアクセスを求めて闘うようになる（第十章でたどったように）。中産階級はさらに郊外を開発し、そこに住むことによってこれに応えた。私有馬車、後に乗合馬車、さらに鉄道によって男性は仕事場へ、女性は買い物へ出かけた（マンチェスターの乗合馬車の運賃は貧困層に手の届かないものだった）。貧困層と都会から逃れようとする彼らは、歩行者のスケールを置き去りにした。郊外を歩くことは可能だったが、自分たちによく似た家庭がどこまでも均質にひろがるおだやかな住宅地には、歩いて行くような場所はほとんどなかった。自動車の急増によって人びとが仕事・店・公共交通・学校・社会生活からかつてないほど遠方に住むことが可能になった二十世紀アメリカの郊外は、断片化の極点に到達したといえる。フィリップ・ラングドンは、徒歩都市とは正反対の姿をした現代の郊外住宅地について次のように述べている。

事務所と小売店は離れた場所におかれている。住宅地の多くは別々の区画に分割され、……さらに経済的地位に対応して細分されている。現代的な工業がかつてのように騒音と煙を撒き散らすことは稀になっているが、製造業はいかに衛生的で静かであっても居住地域から離され、もしくは完全にコミュニティの外に排斥されている。そして新規開発で採用される街路計画がこうした散逸をさらに促進する。こうして立ちはだかる地理的な分散に活路を見出すために、人びとは鍵を、すなわちマイカーを手にいれねばならない。しかし、この鍵はもっともな理由により十六歳に満たない者には手に入らない。郊外住宅地が想定する住民像の筆頭は彼らのような年齢層だったはずなのだが。そして、この鍵は運転のおぼつかなくなった高齢者からも取り上げられてしまう。

運転免許と自動車を手中にすることは、現代の郊外住宅地に暮らすティーンエイジャーにとって重大な通過儀礼だ。子どもは自動車を手に入れるまで家に残されるか、運転できる両親に依存することを余儀なくされる。ジェーン・ホルツ・ケイは自動車の影響を論じる『アスファルト・ネーション』のなかで、徒歩で暮らすことが可能なヴァーモントの小さな街と、徒歩では生活ができない南カリフォルニアの郊外で暮らす十歳の子どもたちの生活を比較した研究を紹介している。戸外には出かける先も冒険する場所もほとんどないカリフォルニアの子どもたちは四倍ちかい時間をテレビに費していた。ボルチモアの成人を対象とした最近の研究からは、犯罪ニュースをセンセーショナルに流すローカルテレビ局をよく視聴する人ほど不安を強く感じる傾向があるという結論が示されている。家にとどまってテレビを視ることは外出への意欲を減退させていた。本書の冒頭に引用した『ロサンゼルス・タイムズ』の電子百科辞典の広告の文言――「雨の日にも図書館まで歩かなければアクセスできなかった百科事典。お子さまにはそんな苦労をさせたくない。クリック一つで知のすべてをお約束します」――は、徒歩圏に図書館がなく、遠くへ歩いて出かけることをそもそも許されていない子どものためのものだったのかもしれない（幾多の世代にとって、学校へ歩いてゆくことは世界にひとりで出てゆくという成長における大事な最初の一歩だったが、それも同様に一般的とはいえなくなってきている）。テレビ、電話、家庭用コンピュータ、そしてインターネットは郊外住宅地にはじまり、自動車によって加速された日常生活の個人化の完成をもたらす。世界へ出てゆく必要性を減少させ、公共空間や社会状況の悪化に対して、抵抗ではなくむしろそこから引き下がることを可能にするのだ。

これらのアメリカの郊外住宅地は自動車のスケールで構築され、生身の人間の身体では対処できないレベルで拡散している。庭園や歩道やパサージュや山野のトレイルが歩行のためのインフラといえるのとまったく同様に、現代の郊外とハイウェイと駐車場は自動車移動のためのインフラにほかならない。自動車はアメリカ西部においてロサンゼルスの甚大な規模のスプロールを可能にしたが、これは正確には郊外《サバーブ》とはいえない。従属する対象としての都市性《アーバニティ》が不在だからだ。アルバカーキ、フェニックス、ヒューストン、デンバーといった都市には、胃のなかをただよう半分消化されかけたスナック菓子のような、密度を保った都心がかろうじて存在しているが、そのほとんどの領域は公共交通が（仮に存在していても）用をなさず、徒歩移動が不可能なまでに拡散している。これらのスプロール地域は人びとが歩くことを想定しておらず、実際に人が歩くこともほとんどない。その理由はさまざまに指摘できる。たいていの場合、郊外住宅地のスプロールがつくりだす空間は歩く面白みを欠き、分節単位が大きいために時速三マイルの移動では感覚を鈍麻させる繰り返ししか感じられない（時速三〇マイル、時速六〇マイルの移動とは事情が異なる）。郊外住宅地の多くは湾曲する道路とクルドサック（袋小路）を採用しているが、これらは移動距離を劇的に拡大する。ラングドンが例に挙げるカリフォルニア州アーバインの区画設計では、直線距離で四分の一マイルの目的地に到達するためには一マイル以上を徒歩もしくは自動車で移動しなければならない。それに加えて、徒歩移動が一般的でない状況においては、ひとりで歩こうとする者はなにか奇異で異質な振舞いをするという居心地の悪さを感じることになるだろう。

歩くことが無力さと社会的地位の低さを示すものにもなりかねない一方で、最近の都市や郊外住宅地の計画が歩行者に向ける視線はつめたい。自動車でのみ利用可能なショッピングモールを中心市街地の代用にしたり、そもそも都心繁華街の存在しない都市をつくり上げたり、正面玄関ではなく駐車場を出入口とする建物を建設したり。ジョシュアツリー国立公園に近いユッカバレーの街では、あらゆる業態がハイウェイ沿いに数マイルにわたって散在していて、横断歩道と信号はめったにない。たとえば銀行と食料品店はわずか数ブロックの距離だが、ハイウェイのあちら側とこちら側にあるので直接、安全に往復する手段は自動車しかないという具合だ。カリフォルニア州全体では最近だけでも千を越える横断歩道が撤廃された。そのうち百五十超は渋滞に苦しむシリコンバレーのもので、明らかに一九六〇年代初期のロサンゼルスの都市計画思想――「いまなお、自由な交通の唯一にして最大の障害は歩行者である」――によるものだ。西部のスプロール都市の大半は富裕な界隈も貧しい地域もまったく歩道がないものとして建設されており、意思によって歩行の終焉が促されていることを再認識させる。一九八〇年代をほとんど文無しのホームレスとして過ごした作家のラース・エイナーは、愛犬リズベスを連れてテキサスから南カリフォルニア一帯をヒッチハイクしながら生活し、その経験について豊かな文章を残している。最悪の経験のひとつは、ドライバーに街の間違った場所に下ろされてしまったときだという。

まず南ツーソンには歩道がない。この辺りの惨めな一帯では当然かと最初は思っていたが、どうやらツーソンの行政が全力を挙げて歩行者を迫害しているように思えてきた。とくに街の北部では、ハイウェイへの狭い車道以外、ほぼ歩けるような道が見つからない。最初は信じられずに、リズベスといっしょに歩道を探して、ツーソンを分断する谷間の南を何時間もさまよってしまった。

恵まれている場所においても歩行者のための空間は侵食を受けている。一九九七年から翌年にかけての冬、ニューヨーク市長ルドルフ・ジュリアーニは歩行者が交通の妨げになっているとの判断を下した（この街ではまだ多くの人が徒歩で移動し日々の用を足していることからすれば、まったく同断で自動車が交通を妨げているともいえただろう）。市長は信号無視をした者を出頭させるよう警察に命じ、交通量の多い交差点では歩道を囲うフェンスを設置させた。反発したニューヨーカーは柵の前でデモを行ない、その矜持にかけて以前に増して信号を無視するようになった。自動車交通がより高速かつ高密度で流れるサンフランシスコでは歩行者の信号が緑になる時間が短い。ドライバーも荒っぽく威圧的で、歩行者を傷つけることも珍しくない。ここでは交通死亡事故の四一パーセントを自動車による歩行者の死亡事故が占め、負傷する歩行者は毎年千名を越える。アトランタでは年間に八十名が事故死し、千三百名あまりが負傷している。ジュリアーニ時代のニューヨークでは、見ず知らずの他人による殺人の二倍に上る人びとが自動車によって殺されている（一九九七年には前者が百五十、後者が二百八十五）。敏捷に身をかわす術のない者にとっては、街歩きはもはや魅力ある楽しみとはいえない。「あの捉えがたい混成体をつくりだすものごとの密度、社会生活、国際性、自由な表現の組み合わせ」。地理学者リチャード・ウォーカーは都市性をそう規定している。都市性と自動車は多くの点で真逆の関係にある。ドライバーだけの街があるとすれば、それは機能不全の郊外住宅地のようなもので、住人は私的な内部空間を行き来するだけになってしまう。自動車は空間の拡散と私有化を推し進めた。そのなかで商店街はショッピング・モールに、公共の建物はアスファルトの海に浮かぶ島のようになり、インフラの設計は交通工学に堕し、人びとの交流する自由度と頻度ははるかに減少した。街の通りは合衆国憲法修正第一条が保証する言論と集会の自由が適用される公共空間だが、モールはそうではない。公の場に集うという民主的で解放的な機会も、集う空間のない場所には存在しない。あるいは、それが意図されていたのかもしれない。フィッシュマンがいうように、郊外はもともと避難場所だった。最初は道徳的な罪から逃れるため、そして都会の不快さとそこに暮らす貧困層の怒りから逃れるためのものだったのだ。戦後のアメリカでは、〈白人の脱出《ホワイト・フライト》〉の波によって白人中流階級は人種の混ざりあう都会から郊外へ移動した。そして西部の新興スプロール都市およびアメリカ全土の郊外住宅地において、犯罪への恐怖がよりひろい意味での異質なものへの恐怖へと変化し、公共空間と歩行者にゆるされる自由をさらに駆逐している。郊外が締め出したもののひとつは、政治への関わりあいだったのだ。

アメリカ的な郊外住宅地の発展の初期には、町の社会生活の重要な要素となっていた玄関ポーチが、のっぺらぼうの車庫のシャッターに取って代わられるようになった（社会学者ディーン・マッカネルによると、最近の住宅には、古きよき時代の外観であっても奥行が浅く椅子も置けない、見かけだけのポーチを設けたものがあるという）。共同体の空間からの撤退という点では、近年さらにラディカルな展開がみられる。壁にはじまり警備員、保安システム、さらに建築もデザインもテクノロジーもすべてが公共空間の抹消と無効化へ動員されるかつてない時代が到来しているのだ。一世紀半前のマンチェスターの商人と同様、この共有空間からの撤退の動きは、経済格差の悪しき帰結とゲートの外側にひろがる憤懣から富裕層を保護することが意図されている。つまり再分配を通じた公正の実現とは異なる方法による事態の解決にほかならない。隔離に寄与する新しい建築と都市計画はカルヴァン主義的と呼ぶこともできよう。そこに映しだされるのは偶発性ではなく予定説の世界に生きることへの欲望であり、開かれた可能性を世界から剝奪し、市場の与える選択の自由によってそれを代替することへの願望なのだ。マイク・デイヴィスは「武装警備員が巡回し、殺害の警告を掲示する界隈を夕暮れ時に散歩してみれば、〈都市の自由〉という往年の理念が、まったくの時代遅れかどうかはともかく、いかに空疎な概念に過ぎないか即座に理解できる」と、ロサンゼルスの富裕な郊外住宅地について書いている。はるか昔のキェルケゴールの叫びが聞こえるようだ。「ただひとつ、きわめて遺憾にも盗人と選良の意見が違わぬことがある。隠れて生きるということだ」。

歩行に黄金時代があったとすれば、それは自動車の鎧を着る前の、他者と交わることを恐れない世界において開かれた空間を移動してゆくことへの欲望から産みだされたものだった。都市と田舎が安全となってゆく時代には、そうした世界に触れようとする欲望は大きかった。郊外住宅地は都市空間を放棄したが、田舎に回帰したというわけではない。近年みられる第二の波において、高価な待避壕のような界隈がその隔離を増強している。しかしさらに重大なのは、歩行者空間の消失によって、身体と空間の関係性についての知覚が変容したことだ。身体化の状況、すなわち肉体として存在するということの地平に、きわめて奇妙な事態が起こったのだ。

2 日常生活の脱身体化

人びとの生きる空間は劇的に変化してきたが、空間を考えること、経験することもまた劇的に変化している。一九九八年の『ライフ』誌に掲載された最近千年間の重要事を讃える記事を読んでいるとき、奇妙な一節をみつけた。鉄道の写真に添えられていたのは、次のような小文だった。

人類史のほとんどにおいて陸上交通は唯一の推進手段、すなわち足に依存していた。移動する者が自分の両足を使うか、あるいは他の動物の四肢を用いるかに限らず、そこにはいくつもの欠点が存在していた。巡航速度の遅さ。天候の影響への脆弱さ。食料や休息のために停止を余儀なくされること。しかし、一八三〇年九月十五日を境に、足という動力は長い衰微の道をたどることとなった。楽隊の演奏するなか、リヴァプールとマンチェスターのあいだに百万人のイギリス人が集まり、世界初の完全な蒸気機関による鉄道路線の完成を目撃したのである。……開通式で国会議員が事故死するという不運があったものの、リヴァプール・アンド・マンチェスター鉄道はその後世界中で展開される鉄道建設ラッシュの口火を切ったのである。

鉄道もまた工場や郊外住宅地とおなじく、産業革命の一装置だった。工場が機械化によって生産を加速したように、鉄道はまず物資の輸送、次いで人びとの移動を加速した。『ライフ』誌の記事が、生物の条件や気候などの要素を、ときに遭遇する不都合な事態ではなく欠点とみなしているのは興味ぶかい。進歩とは時間と空間、および自然を超越することにあるということだ。それは鉄道によって、あるいは後には自動車、飛行機、電気的な通信手段によって推し進められる。飲食、休息、移動、および天候の影響は、身体存在の経験のうちもっとも基本的なものであり、それを否定的に捉えるのは生物と感覚の世界の断罪にほかならない。「足という動力は長い衰微の道をたどることとなった」という毒のある一文はまさにそれを地で行っている。『ライフ』誌も群集も、轢殺された議員を悼んでいるようにみえない理由はそこにあるのかもしれない。ある意味で、列車が押し潰したのはひとりの肉体ではなかったのだ。人間が肉体として生きる有機的な世界から知覚や希望や行為を切断することによって、列車の影響下にあるすべての肉体がそこで滅殺された。自然からの疎外は、自然からの空間的な離間と理解されることが多い。しかし感じること、呼吸すること、生きること、身体を動かすこともまた自然の基本的な経験となりうるとすれば、新しい技術と空間がもたらす疎外は、肉体と空間のいずれにも及ぶだろう。
ヴォルフガング・シヴェルブシュは名著『鉄道旅行の歴史——十九世紀における時間と空間の工業化』において、鉄道が人びとの知覚に変容をもたらすさまを探っている。それによれば初期の鉄道旅客は、この新技術を、時間と空間を抹消するものとみていた。時空間の超越は、物質世界をまるごと超え出ること、すなわち脱身体化への入口となる。しかし、脱身体化の好都合さには副作用がある。「地表をゆく鉄道の速度と数学的直線性は、旅人と旅される空間の関係を破壊する」とシヴェルブシュはいう。

列車は飛翔体として経験され、その旅は射出されて風景を通過してゆくように経験される。そうして個々人は感覚の制御を失う。……この飛翔体のなかに座る乗客はもはや旅人ではなく、十九世紀によく喩えられたように小包となった。

わたしたちの知覚はそれ以来も加速されつづけているが、当時にすれば列車の速度は目も眩むものだった。それ以前の陸上移動の方法は旅人と環境を親密な関係でむすぶものだったが、十九世紀の精神にとって鉄道の速度は速すぎ、視界を掠めて飛んでゆく樹々や丘陵や町並みと視覚的な関係をむすぶことは不可能だった。此方と彼方の間にひろがる地表ととりむすんでいた空間的・感覚的な関係は希薄なものとなってゆく。その代わりに、二つの地点を隔てるものは時間だけとなり、それも留まることなく節減されてゆく。速度は旅の面白みを増すことはなくむしろ退屈にした、とシヴェルブシュはいう。郊外住宅地のように、旅行中の人びとをある種の空間的な辺獄《リンボ》におき、車中で人びとは読書や睡眠や編み物をするようになり、退屈への不満を口にしはじめる。自動車と飛行機はこの変化を莫大な規模へと拡大した。高度三五〇〇〇フィートをゆくジェット旅客機での映画鑑賞は、空間と時間と経験からの究極的な遮断といえるかもしれない。ポール・ヴィリリオは、「最初の高速交通によってもたらされた、歩行という身体的営みの抹消による感覚運動の喪失にはじまり、我々は感覚遮断にきわめて近い状態を実現した」と書いている。「失われたかつての旅行の興奮は、スクリーンで映画をみせることで埋めあわされている」。

『ライフ』の記者は正しかったのかもしれない。いかなる客観的規準に照らしても身体は過去の遺物とはなっていない。しかしわたしたちの期待や欲求からすれば、それが物理的に輸送される小包のように緩慢で、脆く、当てにならないものだという認識はますます強くなっている（その一方で、徒歩でしか越えられない険しい場所や狭い場所は多く、到達する方法がそれ以外に存在しない僻地が世界中にいくらでもあることはいうまでもない。動力による輸送手段を導入するには、線路や平坦な道路や滑走路といった構築物とエネルギー源が必要となるのだ）。ジョン・ミューア、ウィリアム・ワーズワース、ピース・ピルグリムといった人びとの大陸を横断するに足る身体と、自力では午後の散歩もできない身体は、経験としてまるで異なるものとなっている。ある意味で、自動車は義肢になったというべきかもしれない。通常の義肢は負傷や欠損を被った手足のためのものだが、このエンジン付きの義肢は理念上損なわれた人間の身体、つまり人間のスケールを喪失した世界が立ち上がるなかで損なわれてしまった身体のためのものなのだ。映画『エイリアン』シリーズの一作に、シガニー・ウィーバーが自分の動作を拡張するパワーローダー〔なかに入り込んで運転する巨大なロボットのようなもの〕を操る場面がある。より大きく、猛々しく、強靭な姿となって怪物に闘いを挑む彼女の姿は奇抜で未来的なものに思える。しかしそれは、身体と機械的な義肢の関係が極端に明らさまで、後者が前者の拡張だということが明瞭に目に見えるために過ぎない。初めて手にされた木の棒や即席の運搬手段以来、道具は事実として身体の強さと技能と到達距離に飛躍的な拡張をもたらした。わたしたちが生きるのは、自分の手足によって一トンもの金属塊をいかなる陸上動物より高速に動かせる世界だ。途方もない距離を隔てて会話を交わし、人差し指をわずかに動かすだけで物体に穴が開く、そういう世界なのだ。

いまや拡張されていない身体の方が稀になり、身体は筋肉と感覚器官の両面から萎縮しつつある。一世紀半前に鉄道が退屈なほど高速となって以来、知覚もわたしたちの期待も加速された。人びとは機械の速度に寄り添うようになり、身体の速度や能力に不満や疎外感を感じるようになっている。世界はもはやわたしたちの身体ではなくわたしたちの機械のスケールで動くようになり、多くの人びとは機械による迅速な移動を必要としている——少なくともそう考えている。大方の「時間の節約」の技術と同じく、輸送の機械化が、得てして余暇を産みださずに別の期待を生じさせることはいうまでもない。現代アメリカ人が手にする時間は三十年前よりも圧倒的に少なくなった。言い方を変えれば、工場の生産速度が上がっても労働時間が減らないのと同じく、輸送速度の上昇は人びとを移動時間から解放することはなく、むしろさらに拡散した空間に縛りつけるようになった（たとえば、カリフォルニア人の多くは毎日の自動車通勤に三時間から四時間を費している）。歩行の衰退の本質にあるのは歩く場所の喪失だが、そこには時間の喪失もある。あの物思いを誘うかたちのない時間、そこに充溢する思惟や求愛や白日夢や眼差しを喪失すること。わたしたちの生は、高速化してゆく機械に歩調を合わせてきたのだ。

郊外住宅地のひろがりは、徒歩を移動手段として用をなさないものにした。しかし、仮に有用な場合でも歩くことはますます稀になっている。その背景にはアメリカ人の精神的な郊外化がある。いわば、歩くことは人びとの頭のなかからすでに消失している。ジャクソンの基準でいえば十分に〈徒歩都市〉であるサンフランシスコにおいても、近距離移動には郊外化した意識が浸透している。すくなくとも、わたしの経験からはそう思われる。日常的に目にするのは、歩いた方が早く着くであろう距離を自動車やバスで移動する住人たちだ。この街の公共交通が危機的な状況にあった時、ある通勤者が路面電車より歩いた方が早い、というのを耳にした。歩くことと比べるのも忌々しい、という口調だったのだが、彼は明らかに都心の近場を移動中で、毎日三十分もかからずに歩けるような距離だった。また、徒歩は新聞報道が決して奨励しない交通手段のひとつだ（自転車についても指摘できることはあるが、この本では触れない）。

ある時、サーファー兼自転車乗りで、世界中を旅行している友人のマリアを彼女の自宅から十六番街のバーまで半マイルほど歩かせてみた。思ったよりも近いという発見に、こちらが驚くほど彼女は嬉しそうだった。そのときまで、徒歩圏にあるという発想が頭に浮かぶことがなかったのだ。去年のクリスマスシーズンのバークリーでは、人気のアウトドア用品店の駐車場が満車になり、大勢のドライバーがエンジンをかけたまま空きを待っていた。周辺には停められそうな場所がいくらでもあったのだが、買い物客は明らかにアウトドア用品を買うために二ブロックほど歩くことを躊躇していたのだ（以来、最近のドライバーは駐車場の遠い位置まで歩くより近い場所が空くのを待つ傾向があると気づくようになった）。誰しも、ためらわずに歩く範囲の目安をもっているようだが、それは縮小傾向にあると思われる。都市計画家は、近所と呼べる範囲や買い物をする範囲を約四分の一マイルとしている。この基準は五分で歩ける距離だが、車から建物まで五〇ヤードもないのでは、と思われる場合も珍しくない。

もちろん、あのアウトドア用品店の外でエンジンをかけ放しにしていた人びとが、ハイキングブーツとか、トレーニング用の衣類とか、クライミング用のロープとか、歩くという特別な機会のための装備を買いに来ていた可能性は否定できない。多くのアメリカ人にとって身体は実用的な存在ではなくなったが、身体の娯楽性はまだ失われていない。とすれば、仕事や買い物や社交の距離といった日常の空間を放棄する一方、新しい娯楽の場所をつくりだしているということになる。それはたいてい車で行くモールや公園やジムといったものだ。公園は、遊園地から自然保護区にいたるまで久しく身体的な娯楽を提供する場だった。一方で、ここ二十年間恐ろしい速度で増えているジムにはなにか根底的に新しいものがある。歩行が指標生物ならば、ジムはいわば身体運動のための野生生物保護区だ。保護区は他所で絶滅に瀕している生物種を保護する。ならばジム（および自宅に据えられた運動器具）は、身体運動の原生地が放棄されたあとの世界において身体を生き長らえさせる場所にほかならない。

3　踏み車《トレッドミル》

工場は製造業を、郊外住宅地は家庭生活を合理化し単離する。ジムのそれはエクササイズにとどまらない。いまでは個々の筋群、脈拍数、もっとも非効率的なカロリーの使い方である〈脂肪燃焼《バーン》・ゾーン〉〔効率的に脂肪を燃やす脈拍の範囲のこと〕までもが合理化され、単離されている。どういうわけか、これらの歴史はいずれも産業革命時代のイギリスに遡る。一八二三年のジェームズ・ハーディーの小著には「トレッドミル〔踏み車〕は一八一八年にイプスウィッチのウィリアム・キュービット氏によって発明され、ロンドン近郊ブリクストンの刑務所に設置された」とある。当初のそれは大きな車輪に踏板をつけたもので、囚人が定められた時間踏み回しつづけるものだった。目的は囚人の精神の矯正だったが、すでに運動のための機械でもあり、囚人の動きを穀物の製粉などの動力として使用することもあった。しかし、その主眼は生産に貢献することではなく運動にあった。「その機械を恐怖させ、囚人たちの頑強な精神をもしばしば打ち砕くのは、厳格さではなくて変わることのない単調さである」と、アメリカの刑務所で運用されるトレッドミルを視察したハーディーは書いている。しかし、彼はこう付けくわえる。「さまざまな刑務所で診察にあたる医療従事者の意見は、囚人の全般的な健康状態はいかなる意味でも損なわれていないということで一致している。それどころかこの労働はこの点に関してかなりの利益をもたらしている」。ハーディーが勤務するニューヨークのイーストリバーに面したベルヴュー刑務所には男性八十一名と女性百一名の浮浪者、男性百九名と女性三十七名の服役囚、さらに女性十四名の〈狂人〉が収容されていた。浮浪すなわち明らかな金銭も目的もなくぶらつくことは当時犯罪とされ、現代でも稀に罪に問われる。その懲罰として、トレッドミルはまさにうってつけだった。

ギリシア神話の神々がシーシュポスに岩を山に押し上げるという罰を課して以来、反復的な労働は懲罰とされてきた（ロバート・グレイヴスによればシーシュポスは「略奪で生活し、疑いを知らぬ旅人を殺すこともしばしばだった」）。

頂上へようやく着くというところまで来ると、慎みなど知らぬ大石の重みが彼を押し戻し、再び谷底をうつまで落ちてゆく。シーシュポスは四肢に汗をしたたらせ、困憊しながらもふたたび手をかけて同じ行程をはじめねばならない。

シーシュポスの罰が世界で最初の重量挙げなのか、世界で最初のトレッドミルだったのかはにわかに判じ難いものがあるが、実際的な成果のない反復的な身体の運動というものを古代の人びとがどう捉えていたかよくわかる。人類史のほとんどの期間を通じて、第一世界を除けば現在においても、どちらかといえば食糧は不足し、肉体を使う活動の機会はあまりに多い。「エクササイズ」に意味があるのは、この二つが逆の関係になった境遇にある者のみだ。肉体の鍛錬は古代ギリシア人にとって教養の一部分ではあったが、そこには現代人のワークアウトやシーシュポス的な懲罰では失われてしまった社会的・文化的な次元があった。エクササイズとしての歩行は久しく上流階級のものだったが、イギリス、オーストリア、ドイツを筆頭に産業時代の労働者がハイキングに熱を入れたことは、それが単なる血流の増大とカロリー消費の方法ではないということを示唆している。エドゥアルド・ガレアーノの「疎外」という題目の短いエッセイを読んだことがある。ドミニカ共和国の僻村に住む漁師が、ボート漕ぎマシンの広告を目にして当惑するというものだ。「屋内？　屋内でこれを使うのか？　水なし？　水のないところで漕ぐ？　魚も太陽も空もなしに？」と漁師は驚愕し、その広告を見せた滞在中の外国人に向かって、仕事の作業はすべて好きだが漕ぐことだけは嫌いだと告げる。マシンがエクササイズのためのものだというと、「なるほど。それでエクササイズとは一体何か？」と返す。よくいわれるように、日焼けがステータス・シンボルになったのは低所得者層の多くが農場から屋内の工場へ移り、褐色の肌が労働時間ではなく余暇のゆとりを意味するようになったためだ。筋肉がステータス・シンボルになったとすれば、それは多くの仕事がもはや肉体の強さを求めていないということを意味している。日焼けと同じく、それは過ぎ去ったものに見出された美学なのだ。

ジムという屋内空間は姿を消しつつある屋外空間の埋め合わせであり、損なわれつつある身体の一時しのぎでもある。ジムは筋肉や健全《フィットネス》さを生産するための工場であり、多くは工場のような外観を呈している。殺風景で工業的な空間に金属のマシンが光り、孤独な人影が個々の反復的なタスクに没頭する（工場的な美学もまた、筋肉と同じく郷愁の対象なのかもしれない）。産業革命は労働を制度化し断片化した。ジムは娯楽という目的のもとに、まさに同じことを、しばしば同じ場所において実行している。ジムの一部は実際に生まれかわったかつての工業用地に建てられている。マンハッタンのチェルシー・ピアは二十世紀最初の十年間に大洋航路の大型定期船のために建設されたものだった。移民と選民の旅のために働く港湾労働者、沖仲仕、事務職員がはたらく場所だった。いまそこには屋内トラックからウェイトマシン、プール、クライミングジムまで備えたスポーツ・センターが建ち、四階建てのゴルフレンジまである。もはや帰着と出立の場所ではなく、それら自体がすでに目的地なのだ。エレベーターがそれぞれの区画へゴルファーを送り届けるこの施設においては、ゴルフコースの光景とともにゴルフのあらゆる身振りが消失している。歩き、運び、凝視し、身を置き、身を移し、意思を伝え、ボールを追い、あるいは捜す——。強打されたボールが空中に描く弧、残されているのはそれだけだ。孤独で動きのない人影が縦に四層並び、同じ動作を繰り返す。打たれるボールが発する鋭い音。地面に落ちる鈍い音。ミニチュアの装甲車が緑の人工芝を敷き詰めた戦場へ分けいり、拾い上げたボールを供給マシンへ流し込んでゆく。一打打つたび、打者の足下にはまたひとつボールが出てくる。産業地区をクライミング・ジムに改修することに長けているのはイギリスだ。ロンドンの旧変電所、グロスターのセヴァーン川沿いの「倉庫《ザ・ウェアハウス》」、シェフィールドのピーク地方側にある「精錬所《ザ・フォージ》」、バーミンガムの都心の旧工場、さらに測量士の友人によれば「六階建ての旧紡績工場がリーズ近郊に」あるとのこと（ブリストルの教会の転用はいうに及ばず）。マンチェスターとリーズの織物業、シェフィールドの鉄鋼業、かつて「世界の工房」と呼ばれたバーミンガムの無数の製造業、そのいくつかは産業革命が生誕した場所だった。産業革命時代の建築が残る古い街に限られるが、合衆国にも産業建築にクライミング・ジムを開設した例はある。生産の移動とともに頭脳労働へ比重が傾斜してゆく第一世界においては、人びとは娯楽のために、かつて工場労働者が余暇に向かった郊外へ、あるいは少なくとも戸外へという外への流れを逆進する。（クライミング・ジムの弁明として書いておけば、スキルの向上や悪天候時の健康維持に役立つには違いない。ジムは単に運動の機会を増やすものでしかなく山の代わりにはならない、という者もいるが、そうでない者は自然の岩の恐さや見事さを余計で不必要なものとしか思っていない。あるいはそもそも、そうしたものを知らない。）

　産業革命では身体が機械に適応せねばならず、苦痛や負傷や体の歪みなどの過酷な影響をもたらした。それに対して、トレーニング・マシンは身体にあわせるようにしてつくられる。歴史は一度目は悲劇として、二度目は笑劇として繰り返すとはマルクスの言だが、肉体労働は一度目は生産労働として、二度目は余暇の消費活動として再来する。行為から生産性が失なわれたことだけではなく、腕力にはもはや材木を動かしたりポンプを動かして水を吸い上げたりといった使途がないことにも、この変容の意味深さがあらわれている。つまりこの消費産業の世界においては、筋肉を酷使するためには、ジムの会員権と、トレーニング用具と、特殊な装置と、トレーナーやインストラクターと、付随するもろもろの出費が要求されうる、ということだ。その成果である筋肉が実用的な使途に供されることもないだろう。エクササイズにおいて「効果的」というのはカロリーの消費効率が最大となる状態を意味し、労働者が目指すものとはまさに正反対である。さらに、業務のための運動が身体によって世界を造形することに関わる一方、エクササイズのための運動は身体によって身体を造形《シェイプ》することを主眼とする。そうした奇妙さをいわんがためにジムの利用者を貶めようというのではない(わたしもそのひとりとなることがある)。肉体労働が消えた世界において、ジムがもっとも手軽かつ効果的な代替のひとつであることは間違いない。しかしその半公共的な身体演技にはやはりどこか当惑を誘うものがある。ウェイトマシンで運動しながら、「ボートを漕いでいる動き」とか、「ポンプで水を汲んでいる」とか、「荷を持ち上げている」などと、つとめてイメージしていたことがある。汲み上げるべき水も持ち上げるべきバケツもないのだから、農場の日常作業が空疎な身振りとして反復されているわけだ。わたしには田畑や農場の生活への郷愁はない。けれども、そうした身振りを別の目的のために再現して繰り返す、ということのおかしみを頭から振り払うことはできなかった。機械が水を汲み、わたしたちは水汲みの動作をしに別の機械に向かう。目的は水ではなく、自分の体のため。その体は、名目上は機械技術によって自由になったもの。この変転はいったい何を意味しているのだろう。わたしたちの筋肉が自分たちの生きる世界との関係を失ったとき、つまり水を扱う機械と、筋肉を扱う機械が無関係に働きはじめたとき、何か失われたものはあるだろうか。

かつて使役動物の地位にあった身体は現在愛玩動物の地位におかれている。往時の馬のような実際的な輸送手段とはなっていない代わりに、犬の散歩のような運動を課されている。つまり、実用ではなく娯楽のための存在となった身体は、労働《ワーク》ではなく運動《ワークアウト》している。バーベルは持ち動かすために有形物を抽象化し定量化したものに過ぎず、かつてのタマネギの袋やビールの樽はいまや金属塊となった。ウェイト・マシンは重力に抗する運動をさまざまに純化し方向づけ、健康と美容と息抜きを提供する。ジムの装置のうちでも倒錯を極めるのはトレッドミル〔ルームランナー〕（および傾斜を強めた〈ステアマスター〉という機種）だ。倒錯というのは、わたしには農場の労務を擬似的に再現することまでは理解できるが（実地に田園生活をするのは簡単ではないことが多いから）、歩行の再現は空間自体の消失の証左にほかならないからだ。いい方を変えれば、錘が代替しているのは労働の対象物だが、トレッドミルとステアマスターが代替するのは歩行されるべき地表なのだ。実際であれ模倣であれ肉体労働が退屈で反復的になりがちであるからといって、世界のなかを動いてゆくという複雑な経験がそうならざるをえない、ということにはならない。夕方のマンハッタンを歩くと、ガラス張りになったビルの二階部分にたくさんのトレッドミルが並び、みんなガラスを破って飛び出したがっているように見えたものだった。その体をどこにもいかないように押しとどめているのはシーシュポス的な機械仕掛けだけ。もっとも、みんなに見えているのはガラスに映った自分の姿だけで、目前にあるガラス一枚隔てた奈落には気づいてもいなかったかもしれない。

この前、美しく晴れた冬の午後のこと、自宅用のエクササイズ・マシンの店に行く途中にサンフランシスコ大学のジムを通りがかった。同じようにガラス窓に向かってトレッドミルを使っている人びとがいて、多くは新聞を読んでいた（ここから三ブロックの距離にあるゴールデン・ゲート・パークでは人びとはランニングやサイクリングをし、観光客と東欧出身の人びとが歩いていた）。若く筋骨たくましい店員が教えてくれたところによると、人びとが自宅用のトレッドミルを買うのは、仕事のあとで暗くなって外出に不安があるときも運動できるからだという。あるいは、汗をかいて運動しているのを近所の人に見られずにすむとか、子どもから目を離さないでいいとか、貴重な時間をより有効に使えるということ、そして衝撃の少ない運動なのでランニングで怪我をした人に適しているということもあるらしい。シカゴに住む友人のひとりは外があまりに寒いときにトレッドミルを使うというし、膝の後ろを傷めた友人は、足踏みにあわせて踏板が上下する衝撃のないマシンを使っている（彼女の負傷はランニングではなく、体格よりも大柄すぎる自動車を運転していたため）。そして三番目の友人にはフロリダの素敵な――彼女曰く足にやさしい砂地ばかりの――ビーチから二マイルという距離に住む父親がいるのだが、彼はビーチに歩きに行くことはなく、自宅のトレッドミルを使っているとのことだ。

トレッドミルは郊外住宅地と自動車都市の自然な帰結だ。どこにも行くあてのない場所で、あるいはどこにも行く欲望が湧かない場所、どこにも行かないための道具。そして自動車と郊外住宅地に適応した精神に、野外よりも居心地のよい屋内人工環境を差し出す。精神と身体と地表面の移りかわりがひとつに融けあった扉の外《アウトドア》の歩行よりも、定量化可能で明瞭に規定された活動という点で、より快適なのだ。トレッドミルもまた、世界から引きこもることを促す多くの装置のひとつなのだろうと思う。そうした便宜が世界を住みよくすることや、何にせよ世界との関わりに対する嫌気を誘うのは恐ろしいことだ。正確な数値によって速度や移動「距離」や心拍数までもが算出され、定型的な作業から予測や予見のできないものを取り除くという意味で、これもまたカルヴァン的な技術と呼ばれうるだろう。顔見知りにも他人にも遭遇することはなく、曲がり角の向こうに啓示が潜んでいることもない。トレッドミルの上では、歩行はもはや瞑想や恋愛や探索ではない。下肢の交互運動以上のものではない。

一八二〇年代の刑務所の踏み車《トレッドミル》と異なり、現代のトレッドミルは動力の生産ではなく消費を行なう。最近のトレッドミルには二馬力の原動機が内蔵されている。かつて、人は歩くことなく世界へ出てゆくために馬車に二頭の馬を結わえた。いまならば彼女は、世界へ出てゆくことなく歩くために二馬力のモーターを電源につなぐだろう。その家はどこか視界の外で、発電と変電と配電を司る電気インフラの総体へとつながっている。電力ケーブルのネットワーク、発電所へ燃料を供給する炭鉱や油井、あるいは河川に据えられた水力発電所、その計器や労働者たち。その総体が世界の風景と環境を変容させてゆく。そしてトレッドミルをつくる工場が世界のまた別のどこかで稼動している（合衆国で工場労働を経験する者は少数になった一方で）。そうして、トレッドミルはただ歩くことよりもはるかに高度な経済と環境の結合を必要としつつ、はるかに乏しい経験の結合を産む。多くのトレッドミル利用者は読み物などをして気を紛らわせている。『プリヴェンション』誌〔健康雑誌〕はトレッドミルをしながらテレビを見ることを勧め、春が来たときに外で歩くためには日々のエクササイズをどう応用すればいいのか、という指南を掲載している（すなわち、主たる経験は歩くことではなくルームランナーなのだ）。『ニューヨーク・タイムズ』紙には、人びとがトレッドミルの講習会に参加しはじめているという記事があった。すでに人気を博しているフィットネスバイクの講習会と同じく、長距離ルームランナーの孤独を慰撫するためのものだ。工場労働者の境遇に似て、トレッドミルを使っている時間は退屈だ――囚人をも矯正する単調さ。プリコー社製の〈カーディオロジック・トレッドミル〉の立派なパンフレットには、この機種は「さまざまな距離と時間と傾斜の」「五つのコース・プログラム」を備え、「負荷の調整によって貴方の心拍を減量に最適な範囲に保つ〝インタラクティブ・ウェイト・ロス〟コース」があり、さらに「カスタム・コースでは八マイルまでのコースを簡単に作成・保存することができ、十分の一マイル刻みという細かさで設定することができます」。いちばん驚いたのはこのカスタム・コースだった。ユーザーは変化に富む地表面を歩くようなコースを作成することができる。違うのは、地面が六フィートほどの板に乗った循環するゴムベルトということだけ。はるか昔、鉄道によって空間の経験が綻びはじめ、旅路は距離ではなく時間によって語られるようになった（現代のロサンゼルス住民は、ビヴァリーヒルズはハリウッドから二十分、というはずだ。何マイルという代わりに）。計時と運動と機械的な動作による移動の計測を可能にするトレッドミルがこの変容を完遂する。風景として、地勢として、光景として、経験としての空間は消失する。

第十六章 歩行の造形

　ここまでたどってきた日常生活の脱身体化は、自動車の普及と郊外化のなかでマジョリティが経験したことだった。しかし少なくとも十八世紀の後期以降、歩くことはときとしてメインストリームへのレジスタンスだった。その存在が際立つのは時代と歩調が齟齬を来たしてゆくときだった。このことは、本書で扱ってきた歩行の歴史の大部分が第一世界のもの、すなわち産業革命を経た世界の歴史となっていることの理由でもある。歩くことが経験の連続性の一部をなすのでなく、意識的に選択されるものとなった時代ということだ。さまざまな意味で、歩行の文化は産業革命がもたらす速度と疎外に対抗するものだった。産業化以後に、あるいは近代以後の空間・時間・身体性の喪失に抗って歩きつづける者がいれば、それは対抗文化《カウンターカルチャー》あるいは副次文化《サブカルチャー》ということになるだろう。この種の文化の大半は過去の実践——哲学者の逍遥、歩行による詩作、巡礼や仏教の行《ぎょう》——に学び、あるいはハイキングや遊歩《フラヌリー》といった前例に依拠している。ところが、一九六〇年代には芸術としての歩行という、歩行の新しい領域が開かれた。

　いうまでもなく芸術家は歩いた。十九世紀、写真技術の発展と戸外での絵画制作が一般的になると、歩くことはイメージの制作者の重要な手法となった。ただし、彼らはひとたび望む光景に遭遇すると歩きまわることをやめる。何よりその光景を彼らのつくるイメージに永遠に留めるためだ。歩行者の姿を描いた素晴しい絵画は枚挙に暇がない。山岳をさまよう隠者を描いた中国の版画から、たとえばトマス・ゲインズバラの『朝の散歩』、あるいは傘を差した人びとがパリの石畳を行き交うギュスタヴ・カイユボットの『パリの通り、雨』など。しかしながら『朝の散歩』に描かれた上流階級の若い夫婦の精一杯の歩みは凍りついているかのようだ。思いあたる作品のなかでは十九世紀の浮世絵作家・広重による『東海道五十三次』だけが、立ち止まることではない歩みそのものを感じさせる。これは十字架の道行きと同じようにシリーズによって、江戸から京都までの三一二マイルの旅路を再現するものだ。浮世絵が示しているように大半は徒歩だった。道が歩く者のためにあり、映画が木版画であった時代のロード・ムービー。

道に似て、言葉を一挙に捉えることはできない。聞かれるにせよ、読まれるにせよ、言葉は時とともに開かれてゆく。この語りという時間的要素によって、書くことと歩くことは互いに似たものとなっていた。それは芸術と歩行のあいだには生じなかった関係だったが、ヴィジュアル・アートという大きな傘の下ですべてが変革されあらゆることが可能となった一九六〇年代に、それが変わる。どんな革命にも無数の先祖がいる。この革命の始祖のひとりは抽象表現主義の画家——少なくとも彼の「子どもたち」のひとりはそう呼んでいる——ジャクソン・ポロックだ。その「子ども」のひとり、自身もパフォーマンスや多分野にわたる重要な作家であるアラン・カプローは、ポロックの重点は美的対象としての絵画から「日記体の身振り」としてのそれに移行した、と一九五八年に書いている。一義的なのは身振りで、絵画は副次的なもの、いまやその主題となった身振りの形見に過ぎないのだと。この年長の画家が果たしたものの帰結を検討するカプローの分析は熱を帯び、予言的でさえある。

ポロックによるこの伝統の半ば破壊というべきものは、芸術が、我々が過去の姿として知っているものよりも積極的に儀式や魔術や生活に関わりあっていた地点への回帰でもあるだろう。……ポロックは、身体、衣服、居室、あるいは必要とあらば広大な四十二番街まで、日常生活の空間や事物にかかずらって眩惑さえ強いられる、そんな地点に我々を置き去りにした。我々はそれ以外の諸感覚へ訴えることの可能性で満足せずに、見えるもの、音、動き、人びと、匂い、触れることとそれぞれが有する内実を利用せねばならない。

カプローが素描する可能性に応えようとする芸術家にとって、芸術はモノをつくるための技術に立脚した分野ではなく、何ものの拘束も受けずに理念と行為と物質世界がとりもつ関係性を探る活動となる。画廊と美術館、それらのために作成されるオブジェという制度が崩壊の瀬戸際にあったときに、新たな活動の場と、芸術創造における新しい直接性を探し求めていたのがこのコンセプチュアルで脱物質化された芸術だった。芸術家がカンバスへ向かう画家というあり方をはるかに凌駕する身振りの可能性を拡げようとするとき、彼らの範となりうるのは科学者、シャーマン、刑事、あるいは哲学者であり、芸術品はそうした探究の物証か、鑑賞者の探究を助ける小道具でしかなくなるのかもしれない。芸術家の身体自体もまたパフォーマンスの媒体となった。美術史家クリスティン・スタイルズは、「芸術としての身体に重点をおいたこれらの芸術家は、制作された作品ではなくプロセスの役割を拡大し、事物の表象性から行為の演示性へと関心を移していった」という。現在からみると、こうした芸術家の営みはもっとも単純な物質・形態・身振りへ立ち戻り、身振りのひとつずつ、物体のひとつずつによって世界を再創造する試みだったようにも思われる。そして、そうした身振りのうち、平凡ながら並外れた可能性を秘めていたのが歩行だった。

三十年以上にわたって先鋭的な美術批評を展開しているルーシー・リパードは、芸術としての歩行の系譜をパフォーマンス・アートではなく彫刻に求めている。彼女はカール・アンドレによる一九六六年の彫刻作品「レヴァー」と、一九六八年の「ジョイント」に注目する。前者は部屋をまたがるように連続してレンガを並べたもので、鑑賞には観る者の移動が必要となる。後者は束ねられた干し草を草地に並べたもので、さらに大きなひろがりをもつ。アンドレは当時、「彫刻作品は道であるというのがわたしの考え」と書いている。

道は特定の地点で姿を現わしたり、どこか特定の地点から明らかになるということはない。道は現れつつ消えてゆく。……わたしたちには一本の道をみる単一の視点はなく、動く視点、道に沿って移動する視点があるのみなのだ。

アンドレのミニマルな彫刻作品は、巻物のように、時間の推移と鑑賞者の身振りへの応答として姿を現す。すなわち形態がみずからのうちに移動を含み込んでいる。

視点の複数性という東洋的な理念に加えて、風景に暗黙に示された運動と風景への直接的な介入をとり入れることで、アンドレは非物質化された彫刻のひとつのサブジャンルの地平を拓いた。すなわち、歩行だ。これは見かけほど単純なものではなかった。

と、リパードは結論している。

すでに道のようなものをつくっていた芸術家もいた。キャロリー・シュニーマンは一九六〇年の夏に、イリノイの自宅の裏庭に友人たちが歩くための迷路を制作している。材料は倒れたニワウルシの木など、竜巻で生じた瓦礫だった。その後、彼女はニューヨークへ移り、パフォーマンス・アートの盛り上りのなかで指折りのラディカルな存在となっていった。カプロー自身も、一九六〇年代初期には鑑賞者やパフォーマーが動きながら参加してゆく場の制作を行なっている。アンドレが「ジョイント」を制作した同じ年には、パトリシア・ジョハンソンが「スティーヴン・ロング」を制作した。リパードの解説を引けば次のようなものだった。

淡いグラデーション状に着色された長さ一六〇〇フィートの木製の小道がニューヨーク州バスカークの廃線跡に沿って配置された。鑑賞に要する距離と時間をとり入れることにより、伝統的な印象主義を越えた色彩と光を獲得することが意図されていた。

アメリカ西部ではさらに長大な線を描く者もあったが、もはや歩くことと必ずしも関係ないものとなっていた。マイケル・ハイザーはその名の通りオートバイで砂漠に描く「モーターサイクル・ドローイング」を制作し、ワルター・デ・マリアは同じように巨大なランド・アートをブルドーザーを用いてネバダの荒野に制作した。その描線は飛行機から全体を観るか、地上から時間をかけながら部分的に観るというものだった。それに比べればロバート・スミッソンの「スパイラル・ジェッティ」は人間的といってよいスケールだった。これはグレートソルト湖に渦巻状に突き出た長さ一五〇〇フィートの道で、岩石と土で造られており、平坦ではないが歩くことはできた。アメリカの西部という場所は、先住民はすでに何千年も歩いていたとはいえ、歩行者の手におえるスケールと思われないことが多かった。そこに造られたアース・アートと呼ばれるこれらの作品は、西部の征服にはじまり、鉄道、ダム、運河、鉱山といった大規模開発の歴史の反響とみなされるものが多い。

他方、決して歩行者のスケールを捨て去ることのなかったイギリスには、征服されるのを待つ風景も残されておらず、芸術家の手付きも柔らかにならざるをえない。現代の芸術家のなかで、芸術の媒体《メディウム》としての歩行を探求している筆頭はイギリス人リチャード・ロングだ。初期の「歩行による線」（一九六七年）には、すでにその後の展開の多くが胚胎されている。遠くの樹々まで、草地をまっすぐに伸びる小道を中央に捉えた白黒写真。タイトルが示すように、ロングはこの線を自身の足で描いた。これは慣習的な芸術に比べて野心的で、同時に慎しい。つまり、そのスケールおよび世界に直接痕跡を刻むという点は野心的であり、ありふれた身振りを用いて、居丈高ではない文字通り地に足のついた作品である点において慎しいものだった。このころ登場した多くの芸術家と同じように、ロングの作品もまた多義的だった。果たして、「歩行による線」は線という痕跡を残すパフォーマンスだったのか。その線こそが写真によってドキュメントされた彫刻作品だったのか。あるいは、その写真自体が作品なのか。それともそのすべてなのか。

歩行はロングの媒体となった。その後のロングの作品展示は、歩行の記録を示すドキュメント類、地面に残る歩行の痕跡の写真、および戸外の活動に関連して屋内で制作された立体によって構成された。歩行は写真にテキストや地図を添えて表現されることもあれば、テキストのみによる場合もあった。歩行の経路を描き込んだ地図が示すのは、歩行自体が壮大なスケールのドローイングであり、歩行と大地の関係は地図とペンの関係に等しいということだ。彼が歩くのは直線、円、四角形、螺旋であることが多かった。ロングが戸外に制作した立体作品も、岩石や棒切れなどを並べ変えて（場所を移すことはしない）線や円を描くものだった。基本要素に還元された幾何学形態はあらゆるもの、時間の円環性と直線性、有限性と無限性、道《ロード》と常道《ルーティン》を連想させつつ何も語らない。木切れや石や泥によってギャラリーの床に線、円や迷路を展開する作品も制作されたが、ロングにとって制作の中心が戸外の歩行であることは変わらなかった。これらのアプローチを融合した初期の大作に「線、シルバリーヒルを麓から頂上までまっすぐ歩く距離」がある。ロングは靴を泥にひたし、直線ではなく渦巻を描くようにして、ギャラリーの床の上でタイトルに示された距離を歩いた。泥で描かれた小道は他所で実践された歩行の経路を示しつつ、屋内に新しい道をつくる。それは歩行の物証であり、同時に歩行への誘いでもあった。そこには実際の歩行と場所（シルバリーヒルは南イングランドに残る古代の塚で、宗教上の意味があったと考えられている）という経験の具体性と、その歩行を語る言葉と計測の抽象性の関係性への問いがあった。経験を特定の地名や距離に還元することはできない。しかし、想像力を喚起するにはその乏しい情報で十分に足りる。「空間と自由を表現する歩行と、その知は誰の想像力のなかにも生きることができる。そこもまたひとつ別の空間なのだ」と、ロングは後年に書いている。

ロングの作品はどこか紀行文のようでもある。けれども、彼の短い文章と人気のない図像は彼が感じたことや食べたものといった細々としたことをわたしたちに伝えるのではなく、旅路のほとんどを観る者の想像力に委ねる。多義性の解釈や見えないものの想起など、作品に関わる多くの過程を鑑賞者に託すのはこうした現代美術の特徴のひとつだった。わたしたちに差し出されるのは何らかの歩行ではなく、その表象ですらない。ただ何らかの歩行の構想と、場所のヒントとなるもの（地図）、もしくは見えてくる光景のひとつ（写真）のみだ。強調されるのは幾何学、長さ、数、経過時間といった形態的な側面、定量化可能な側面だ。たとえば、四角い渦巻きを描くロングの作品には「千マイル千時間の時計まわりの歩行、イングランドにおいて、一九七四年夏」というキャプションが添えられている。国名と年のほかに、その歩行について何も見せず、説明することもない。そこにあるのは時間と空間の相互関係、計測可能なものとそうでないものについての戯れだ。しかし、一九七四年という人びとがだんだん複雑で窮屈で冷めた生を送るようになりつつあった時代に、骨身を削りながらもおそらくは充足感を感じつつ大地と向きあい、地理学と身体と時間をひとつに結ぼうとする、そうした時間と空間を見出した人物がいたということを知るだけでも十分だろう。さらに、「サーン・アッバスの巨人を中心とする直径六マイルの円内のすべての道路、小道、線路上の六日間の歩行」というテキストを付された地図がある。そこには中心に据えた巨人からひろがってゆく血管のような、放射状の歩行経路が示されている。挿入されたもうひとつの付図には、この巨人の姿が示されている。棍棒を持ち、勃起した男性器を露わにドーセット地方の丘陵地の斜面に横たわる身長一八〇フィートの地上絵として。

ロングは遠い過去との紐帯が損なわれていない場所を好む。そのため、建物や人間といった現代や近過去の痕跡が作品に現れることは少ない。彼の作品は田野を歩くというイギリスの伝統を、そのもっとも面妖で魅惑的な側面に光をあてつつ、新たな視線のもとで再検討に付すものだ。ロングはオーストラリア、ヒマラヤ、ボリビアのアンデス地方でも作品を制作している。これらの場所がすべてイギリス的な経験に回収されると考えるのは植民地主義か、少なくとも高慢な観光趣味の誹りを免れないだろう。そこで改めて喚起されるのは、田野を歩くことが固有の文化的実践だということを忘れる危険だ。それ自体は丁寧で穏当だとしても、その価値観を他所に押しつけることは異なる。文芸における田舎歩きのモチーフが陳腐さや感傷や自伝的なお喋りに嵌まり込んでしまう一方、ロングの芸術は素気なく、ほとんど沈黙している。そして何かを造形する行為として歩行を重視する点でまったく新しく、文化の継承というよりは創造的な再検討となっている。彼の作品はときとして息を呑むほどに美しい。素朴な身振りにともなって歩く者と地表が関係を結び、道と歩行者が互いに互いを測り進み、ほとんど跡形を残さない巨大な描線となり、芸術となる、そのようなことが可能なのだという、深く洗練された説得力をもっている。ロングの同世代の友人ハミッシュ・フルトンも、歩行を自らの芸術にとり入れた。テキストを添えた写真からなる彼の作品群は、一見するとロングのものと区別が難しい。しかし歩行の精神的・情緒的な側面に重点をおいたフルトンは場として聖地や巡礼の道を選ぶことが多く、ギャラリーに立体作品をつくることもなければ、地面に痕跡を残すこともなかった。

また別種の歩く芸術家もあった。歩行をパフォーマンス芸術にとり入れた最初の芸術家は、おそらく、オランダ領スリナム出身のほとんど無名のスタンリー・ブラウンだろう。一九六〇年に彼は道行く他人に声をかけて街のさまざまな場所への道順を描くように依頼し、それを遭遇のヴァナキュラー・アートとして、あるいは単にひとまとまりのドローイングとして展示した。後には「アムステルダムのすべての靴屋」と題し、鑑賞者に街歩きを指示するコンセプチュアルな展覧会を開催した。あるいは、世界のさまざまな都市の方角を指す標識をギャラリーに設置し、鑑賞者にたとえばハルツーム〔スーダンの首都〕やオタワに向けた最初の数歩を踏み出すよう求めた。あるいは、一九七二年のある一日を、自分の歩いた歩数を数えることに費した。そのほかにも、都市を歩くという日常世界の探究を行なっている。ドイツのパフォーマンス・アーティストおよび彫刻家として巨大な存在感をもつヨーゼフ・ボイスは単純な行為に奥深い意味を託す作品をしばしば発表しており、政治的なパレードの後をただ掃き清めるものや、気にいった沼を歩いて渡るといったパフォーマンスを行なっている。一九七一年に行なわれたこの「ボグ・アクション」を記録した写真には、歩くボイスの姿が水面から出た頭だけになっているもの、あるいはトレードマークの中折れ帽だけ見えているものがある。

ニューヨークのパフォーマンス・アーティスト、ヴィト・アコンチは一九六九年に二十三日間をかけた「フォローイング・ピース」を実施した。通りすがりの人物を選んで建物に入るまで尾けてゆくというもので、当時の多くのコンセプチュアル・アートと同様に恣意的なルールとランダムな出来事の交錯を図るものだった。後に、インタラクションや出会いから作品を立ち上げるフランスの写真家ソフィ・カルがアコンチのパフォーマンスを再構成した二つのプロジェクトを実施し、写真とテキストに記録した。「ヴェネツィア組曲」は、彼女がパリのパーティーで会った男をひそかに尾けてヴェネツィアまで行き、探偵のように尾け回した挙句、気づいた男と対峙するまでを記録したものだ。後に、彼女は母親に探偵を雇わせ、パリを舞台にした同じプロジェクトを自分に対して実行している。作品には、探偵の手による彼女の写真が依頼して撮らせた肖像写真のように収められている。これらの作品は、街路をゆく他人同士の接近と断絶から生じる猜疑心や好奇心や監視といった、都会が孕む可能性を探究するものだった。パレスチナ出身のイギリス人芸術家モナ・ハトゥームは一九八五年から翌年にかけて、街路を舞台とするパフォーマンスを行なった。シェフィールドの路上に「失業中」という単語を刷り込んだ足跡をつけてまわるというもので、不況にあえぐこの街の通行人が抱える胸中の悲哀を可視化する試みのようでもあった。彼女はさらに、ロンドン近郊の労働者の街ブリクストンで別の二つの歩行によるパフォーマンスを行なっている。

歩行を用いたパフォーマンスのうち、もっとも劇的で野心的、かつ過激なものはマリナ・アブラモヴィッチとウライが一九八八年に行なった「グレート・ウォール・ウォーク」だろう。片やユーゴスラヴィア、片や東ドイツという社会主義時代の東側を出自とするラディカルなパフォーマンス・アーティストで、一九七六年の「リレーショナル・ワークス」と称する一連のパフォーマンス以降、二人組で活動している。その関心は、彼ら自身ばかりでなく鑑賞者も含めた身体と精神の境界線を危険、痛み、侵犯、倦怠といったものによって試すことに向けられ、男女のジェンダーを理想的な統一体へと象徴的に統合することにも関心をもってきた。シャーマニズム、錬金術、チベット仏教などの秘教的な伝統の影響が徐々に強くなっていることが見てとれる。彼らの作品は、ゲイリー・スナイダーが中国の伝統として述べる「立つ、寝る、座る、歩くという〈四つの尊厳〉」を想起させる。「それらは、我々が完全に我々自身として、根底的な様相において自らの身体に充足して在るための術という意味で〈尊厳〉なのである」。またヴィパッサナーと呼ばれる仏教の瞑想がこれら四つの姿勢を重視していることも連想される。最初の作品「空間における関係」は、逆方向の壁からふたりが速足で歩き寄ってきて衝突することを繰り返すというものだった。一九七七年の「測り知れないもの」は、美術館の玄関に彼らが裸かつ不動で立っており、やってきた人びとに対して、ふたりの間をすり抜ける際にどちらに顔を向けるか決断するよう促すものだった。一九八〇年代の「静止エネルギー」は、互いに向き合い、マリナが弓を、ウライが弦に番えた矢を握り、その先をマリナの心臓に向けているというものだった。彼らの静止した緊張状態によって、安定化された危険をはらみつつ時間が引き伸ばされる。これを発表した同じ年には、オーストラリアの内陸《アウトバック》に赴いてアボリジニとの交流を試みている。相手にされなかった彼らは数ヶ月間灼熱の砂漠にとどまり、座して動かないという実践により「静止すること、沈黙すること、注視すること」を砂漠から学ぼうとした。その後は、地元の人びとが以前よりも接しやすく思えたという。この経験からは「夜の海を渡る」というパフォーマンスが生まれ、シドニー、トロント、ベルリンをはじめとする各地で展開された。これは一日二十四時間の沈黙と断食を続けながら、連続する数日間に一日あたり数時間ずつ美術館や公共の場所に静止して座っているというものだった。ふたりはひとつの過酷なコミットメントを示す生きた彫刻作品として、テーブルを挟んで向き合って座った。「チベットに行ったときやアボリジニに会いに行った際、スーフィ教の儀式にも触れていました。これらの文化は、精神的な跳躍のために肉体を極限まで追いつめます。死や痛みの恐怖を取り除き、わたしたちの肉体的な限界を取り除くためです」と、アブラモヴィッチは後に語っている。「パフォーマンスは別の空間と次元へのジャンプを可能にする形式でした」。「グレート・ウォール・ウォーク」の構想は彼女とウライとのコラボレーションの頂点を示すものだった。二人が長さ四〇〇〇キロメートルの万里の長城の両端から互いに向かって歩き、出会い、結婚するのだ。しかし何年もの期間を経てようやく中国政府の官僚的な障害を乗り越える見通しのついたとき、ふたりの関係はすでに大きく変わっており、歩みは彼らの関係とコラボレーションに終止符を打つものに変わっていた。一九八八年、ふたりは二四〇〇マイルの彼方から互いに向かって歩き、その中央で抱擁を交わし、別々の道へと歩みを進めた。

万里の長城は、騎馬民族の襲撃を阻止するために築かれた。境界を封じることによって自己や自民族の領域を定め、守るという欲望の象徴として世界有数のものだ。〈鉄のカーテン〉の向こう側で生まれ育ったふたりにとって、南北を隔てていた壁が東西を結ぶ道になるという変容は皮肉と象徴的な意味に満ちている。いずれにせよ壁は分かち、道はつなぐ。彼らのパフォーマンスを、東洋と西洋、男性と女性、隔離の建築と接続の建築を象徴的に出会わせるものと解釈することもできるだろう。また、彼らの活動を仔細に追っている批評家トマス・マケヴィリーによれば、ふたりは長城が「風水の達人によって何千年もかけて配置されたものであり、長城を正確に辿れば大地を結びあわせる大蛇の線に触れることができる」と信じていた。プロジェクトを記録する本には以下のように記されている。

一九八八年三月三十日、マリナ・アブラモヴィッチとウライは長城の両端から歩行を開始した。マリナは東の海に近い地点、ウライは西のゴビ砂漠のなかから出発した。六月二十七日、笛が吹き鳴らされるなか、陝西省神木付近の山間で彼らは出会った。そこは仏教と儒教と道教の寺院が建ちならぶ一帯だった。

マケヴィリーは、彼らにとって最後となったこのパフォーマンスは、最初のもの、すなわち衝突するまでの歩行を繰り返すものの展開でもあったと指摘している。

それぞれがわずかな言葉と喚起力に富む写真を寄せたその本には、彼らの経験がいかなるものだったか読む者に感じさせる一節がある。写真とテキストからなるリチャード・ロングの作品において、慎重な取捨選択を経て複雑な経験が断片的に喚起されるのとよく似ている。ふたりのテキストに挟まれておかれたマケヴィリーのエッセイには、この歩行プロジェクトの別の側面が明かされている。それは旅路のあらゆる局面に立ちはだかる官僚的な手続きとのおわりなき交渉だった。トルストイの描く公爵家の娘マリヤが巡礼への出立に憧れたように、アブラモヴィッチとウライは当初、曇りなくすっきりとした空間を同じような精神状態でひとり歩いてゆくつもりで出発したようだった。しかし、マケヴィリーが描き出すのは、毎晩彼らを宿に届けるミニバン、アドバイザー、通訳、そして役人たちが、政府の要求通りに動くように、そして立ち寄る地域ごとに十分な時間と金銭を使わせるために進行を遅らせようと介入してくる様子や、ダンス・ホールでウライが巻き込まれた諍いや、スケジュールと規則と地理条件がウライの歩みを細切れに分断してゆくさまだ（一方のアブラモヴィッチは「一センチ残らずこの壁を歩く」と宣言し、毎朝、前夜の終着点を確認して出発するようにしていた）。長城は崩壊している箇所も多く、歩くのと同じくらいよじ登る必要もあり、上に立てば風が凄まじかった。マケヴィリーの見方では、この歩行はパフォーマンスとしては別種のものへと変質していった。

すなわち、計画に含まれていない無数の攪乱や介入をくぐり抜けながら公式目標の達成を図る、いわば記録の達成を目指すものとなっていた。もっとも、それまで長い期間にわたって集中力を傾注してきたふたりは、長城のうえではそうした夾雑物を意識の埒外にシャットアウトすることができたのかもしれない。彼らのテキストとイメージに表われているのは歩行のエッセンスのみで、ただその基本的で単純な所作が周囲の砂漠の悠久と思わせる広大さによって強調されているだけなのだ。ロングの作品と同じく、観る者の手に届けられるのはある種の手応えだ。すなわち、いまなお身体と大地の出会いという原初的で純粋な出来事があり得るということ。場所によっては寄り集まって圧倒的になってしまう人間の存在感も、人気のない場所の広大さと比べればまだ小さなものだということ。「自分が正しいペースだと感じるまでに、それほど長い日数がかかったのは初めてのことだった」とウライは書いている。「歩行のリズミカルな動きのなかに、精神と肉体の調和を感じとることができるまでに」。

その後にアブラモヴィッチが制作をはじめた立体作品は、彼女のパフォーマンスが端緒をつくる単純な所作に鑑賞者が参加してゆくものだった。晶洞（内部に空洞のあいた鉱物）や水晶の塊や磨いた石を木製の椅子や台座に据え、傍らに座ったり下に立ったりできるようにする。これは瞑想のための家具であり、石がもつと彼女が信じる根源的な力と出会うための設えだった。立体作品でもっとも感嘆したのは、一九九五年にアイルランド現代美術館の個展で発表されたアメジストで作られた靴だった。ダブリンの都心から長い距離を歩くと、かつての軍病院の格調ある建物を改修した美術館にたどりつく。そこまでの徒歩の道のりと、この建物の歴史がその靴のための準備のようにわたしには思えた。靴は、巨大でごつごつとした鉱物の内側を刳りぬいて磨いたもので、透明感のある紫色をしていて、ヨーロッパの農民が使っていた木靴をおとぎ話の世界に放り込んだかのようだった。鑑賞者は足を入れて目をつぶるよう促される。そのようにすると、わたしはまるで自分の足が大地そのものに抱かれているように感じた。履いたまま歩くことも可能だったが、容易ではなかった。目を閉じると不思議な色彩が見え、軍病院の建物、ダブリン、アイルランド、ヨーロッパ、そのすべてがこの靴を定点として回転しているようだった。この靴はどこかへ旅するための靴ではなく、すでにたどりついているのかもしれないと知るための靴なのだ。後日、それが歩行の瞑想のために制作されたものであり、一歩一歩への意識を高めるためのものだという文章を読んだ。作品の題名は「旅立ちのための靴」とあった。

カプローによる一九五八年の予言は、こうして歩く芸術家たちによって成就された。彼らは、日常のものごとから日常性の意味を発見するだろう。それを並外れたものに変えようと試みることはなく、ただ真の意味を宣する。しかし、そのことを通じて彼らは並外れたものを創案してゆく。

芸術としての歩行は、わたしたちの振舞いのもっとも素朴な様相への注意を呼び覚ます。田舎を歩くときに身体と大地が互いに測りあっているさまや、街を歩くことが予期せぬ社会との出会いを誘いだすさまへの注意を。そしてはるかに複雑な、思考と身体の豊穣な関係の可能性に至るまで。すなわち、ある者の振舞いがどのように他の者の想像力の導きとなるのか、あらゆる身振りが瞬間的に視えざる彫刻作品のように想起される内面の心の働き、歩行が世界の地図をつくり、世界へ分けいり、世界と出会うことによって世界が改変されてゆくその推移、そして、わたしたちの身振りのひとつひとつがおかれた文化を反映したものであると同時に、その文化そのものを再創造してゆく、そのありさまに至るまで。

第十七章　ラスベガス——巡りあう道

　ピーク地方へ出かけてゆく、というのも悪くない気がしていた。歩行の歴史が刻まれた場所をめぐる最後の旅について考えていて、そこならばすべてがあると思えたのだ。思い描いていたのは、チャットワースの堂々たるエステートの生垣迷路からはじめて、周囲の整形式庭園を逍遥して〈有能なる《ケイパビリティ》〉ブラウンの手になる風景式庭園へ向かうという足取りだ。そこから、ピークのもっと手付かずの領域に踏み込んでゆく。自由通行権をめぐる大きな闘争の現場となったキンダー・スカウト高原の方へ。有名な「クライミングにおける、労働者階級による革命」があった砂岩の岸壁を過ぎ、隣接するマンチェスターと形成途上の郊外住宅地に足を向ける。あるいは、産業化時代の廃墟や金属精錬所の跡地につくられたクライミング・ジムのある、シェフィールドの街へ。あるいは逆に、工業都市を起点として田園地帯へ向かい、さらに庭園へ、そして迷路へという道もありえたかもしれない。けれども、こうしたピクチャレスクな計画は首をもたげてきたある疑いとともに断念された。イギリスではまだ歩くということが可能だ、ということの証明にはなるとしても、そんなことにはまるで意味がないのではないか。イギリスの産業地帯の荒れた風景でさえ、それが意味するものは見栄えのしない北部ヨーロッパの過去の姿だ。わたしが考察したいと思っていたのは歩行なるものの過去ではなく、その予後なのだ。そのようなわけで、ある十二月の朝にパットのバンからわたしが足を踏み出したのは、ラスベガス中心部のフレモント・ストリートだった。パットはそのまま、クライミングのためにレッドロックスに向かって行った。

東から西へ緯線のようにまっすぐベガスを横切る通りを端まで来ると、一三マイルにわたって続くレッドロックスの断崖が視界に現れる。ドームや柱のような形の赤々とした砂岩の向こうには、灰色をした一万フィートのスプリング・レンジの峰々が見える。荒涼として来歴ももたないこの新興都市に何らかの賛辞が与えられるときでも、この立地はもっとも言及されることが少ないもののひとつだ。三方の山並みと壮麗な砂漠の陽光に囲まれた驚嘆すべき立地にありながら、ラスベガスは決して自然を讃えることがなかった。「草地」を意味する〈ラス・ベガス〉という言葉は、この南パイユート族のオアシスに先着したのがイギリス系白人ではなくスペイン人だったことを示している。けれどもこのオアシスは二十世紀を迎えるまで街にならなかった。それは一九〇五年、ロサンゼルスとソルトレイクシティを結ぶ鉄道がここに駅を置くと決めて以来のことだ。オアシスが枯れて以降、ラスベガスは長らく流れ者と旅行者の街となっていた。ネバダ州でひろく産出する鉱物資源がこの街にはなく、ようやく発展をはじめるのは一九三一年に州内でギャンブルが合法化されたあとのことで、三十マイル南東のコロラド川ではフーバー・ダムが建設の最中だった。一九五一年には南西六十マイルにネバダ核実験場がおかれ、その敷地内では以来数十年間にわたって千発以上の核兵器が炸裂している（一九六三年までほとんどの実験は地上で行なわれた。立ち並ぶカジノの看板の遠方にキノコ雲が上がる様子を捉えた、驚くべき写真が残っている）。河川、原子力、そして戦争を支配し、さらに世界へ手を伸ばそうとする野心のもたらした二つの巨大なモニュメント。それらに挟まれるようにしてラスベガスがある。けれども、モハーヴェ砂漠の只中に存在するこの街の姿を決定づけたのは、もっと小さな、しかし広く普及した発明だったかもしれない。エアー・コンディショニングだ。近年、アメリカ人が夏を過すために南や西へ向けて大挙して移動するようになったことにはこの発明も大いに関係している。例外といわれることが多いラスベガスは、その実、合衆国や世界で建設された新しい場所の極みであり、その象徴なのだ。

ラスベガスの中心部は鉄道駅の周囲に建設された。列車を下りた訪問者は、カジノやホテルがコンパクトに集まった、〈輝ける谷《グリッター・ガルチ》〉と呼ばれる、中心街のフレモント・ストリート周辺へ歩いて向かうという想定だった。アメリカ人旅行者における鉄道の地位を自動車が奪うと、焦点となる場所も移った。一九四一年にはじめて出現したカジノとホテルの複合施設は、ロサンゼルスへ向かう〈ハイウェイ91〉沿いに建設された。それが今日ラスベガス・ストリップと呼ばれている通りだ。遠い昔、毎年の行事になっていた反核集会のためにネバダ実験場へ向かう車内で居眠りしていたときのこと。車がラスベガス・ストリップの信号で停まり、ふと目を覚ましたわたしの視界には百花のごとく咲き乱れるネオンと、踊りはじける文字の列が飛び込んできた。砂漠の闇を抜けたあとの、その天上とも地獄とも思えた光景の衝撃をいまでも忘れることができない。一九五〇年代、人文地理学者J・B・ジャクソンは道路沿いに出現した商店群という当時の新しい現象を、それまでとは違う、よそ者と運転者のための世界であると述べている。

この建築のもつ意味は、つまるところこの異世界が何なのか、貴方が夢見ていたものなのか、あるいはそうでないのかということにかかっている。我が国のハイウェイ沿いに現れた、この新しい他律的な建築の真のバイタリティを理解する端緒はそこにある。それが創りだすのはわたしたちの余暇のための夢のような場所だが、一世代前にとっての夢とはまったく別ものなのだ。これは創造であるとともに、同時に新しい大衆の好みの反映なのである。

この嗜好はまったく新しいものだったとジャクソンはいう。それまでのヨーロッパ中心的な互いの真似事による娯楽や趣味を否定し、自動車と、自動車の乗り手が抱く斬新で未来的で南国指向のファンタジーに応えるものだったと。「流線型のファサード、派手派手しい入口、奇抜な色彩がかもしだす雰囲気。色と光と動きが一体となった陽気な自己主張は、古いものや伝統的な世界に真っ向からぶつかっている」。一九七二年に発表された著名な建築マニフェスト『ラスベガスの教え』は、こうした自動車時代のアメリカが産んだヴァナキュラー建築を讃えるものだった。

しかし近年、ラスベガス・ストリップではまったく予期されなかった現象が起きている。孤島で増えすぎた外来生物の大群が環境を破壊したあげく、飢餓に陥ってゆくのに似て、ラスベガス・ストリップはあまりに多くの自動車を吸い寄せた結果、八車線すべてが恒常的な渋滞に陥るようになってしまった。ひしめく豪壮なネオンサインは、もともとそれなりの速度の自動車から見ることを想定して設置され、ぱっとしない建物に貼り付いた巨大な看板はどこの道路沿いの繁華街でもみられる光景になった。それがこの数年間のうちに、繁華街のなかの繁華街というべきラスベガス・ストリップは歩行者の新しい前哨基地へと変節したのだ。かつてラスベガス・ストリップに散在していたカジノは、いまや一群となって大通りに幻想と誘惑の世界をつくりだしている。観光客は車をどこかのカジノの巨大な駐車場に停めてしまえば、飽きることなく何日でもラスベガス・ストリップを散策できるようになった。実際に何百万人という観光客がそれを実行する。その数は年間三千万人あまり、繁忙期の週末は二十万人を越える。八月、日没後も気温が摂氏三十七度を越える日でも、ラスベガス・ストリップを行き来する人びとの流れは途切れていなかった。ゆっくりとした流れではあるが、自動車の流れも大して変わらないように見えた。時代にさきがけてネオンの看板ではなく建築によるファンタジーを前面に押し出した一九六六年開店の〈シーザー・パレス〉、そして初めてファサードに歩行者向けのアトラクションを組みいれた一九八九年の〈ミラージュ〉以来、カジノの建築にもラディカルな変革が進んでいる。わたしはこう考えた。仮に、歩くということが居住性も現実味ももっとも希薄なこの街で不意に息を吹き返したならば、そこには何か未来の片鱗があるのではないか。ラスベガス・ストリップを自分で歩いてみれば、その未来がどんなものか見えてくるのではないか。

おとぎ話のような新しいラスベガス・ストリップの華やぎに対して、一時代前を思わせるフレモント・ストリートの設えは見劣りが否定できなかった。サイバーなアーケードとして通りのデザインが刷新されたのはそのためだ。中心部の街区では自動車の進入が禁止され、歩行者が自由に歩き回れるようになった。通りは舗装も一新され、頭上には半円筒状の屋根が架けられた。夜にはこの屋根の下でレーザー・ショーが繰りひろげられる。かつて青空がみえていたところが、巨大なテレビ・スクリーンに変わったというわけだ。それでも、昼間になれば時代に半ば取り残された界隈であることに変わりはなく、わたしはそれほど時間をかけることなく一回りして、ラスベガス大通りから南へ足を向けた。この大通りの先がラスベガス・ストリップと呼ばれる界隈になる。ラスベガス・ストリップまでのラスベガス大通りは、モーテルやみすぼらしいアパート、土産物店、ポルノショップ、質屋の冴えない店舗が並び、ギャンブルと観光とエンターテインメント産業の裏側を露わにした、惨めさの漂う一帯となっている。バス停には茶色の毛布にくるまったホームレスと思しき黒人の男がいて、歩いて通るわたしを目で追いかけていた。通りの向こうに目をやると、小さな結婚式用チャペルから出てきたアジア系のカップルに目がとまった。ダーク・スーツ姿の男と、純白のドレスに身をつつんだ女。巨大なウェディング・ケーキから落ちてきた砂糖菓子の人形かと思うほどに、ふたりの姿は完璧過ぎて人間味がない。それぞれのビジネスはバラバラだ。チャペルは別にセックス・ショップに脅かされてはいないし、廃墟や周囲の更地がカジノに影響していることもない。ラスベガスの二つの表の顔に挟まれて中だるみしたこの区間では、歩道をわたしのように歩いている人影もまばらだった。

さらに進んで、火災で閉館したホテル〈エル・ランチョ〉の跡地まで来る。初期のカジノは砂漠や西部へのロマンに訴えたものが多い。ラスベガス・ストリップには〈デューンズ〔砂丘〕〉、〈サンズ〔砂〕〉、〈サハラ〉、〈デザート・イン〉、フレモント・ストリートには〈パイオニア・クラブ〉、〈ゴールデン・ナゲット〔金塊〕〉、〈ホテル・アパッチ〉があった。時代が下るとカジノは地元のプライドをあっさり捨てて、モハーヴェ砂漠から遠ければなおよしとばかりに、手当たり次第に世界中の場所のイメージを借りてくるようになる。〈サンズ〉は、いままさに運河まで備えた〈ヴェネティアン〉にとって代わられようとしている。あとになって、わたしのこの徒歩移動は土地の経験の連続性を見出そうとする試みだったということに気がついた。通常ならば歩くことがもたらしてくれるであろう空間的な連続性を。しかし、この土地を分断するかのように去来する光とファンタジーはわたしの目論見を打ち砕いた。それだけではない。二十世紀初頭にわずか五名だったラスベガスの人口は一九四〇年に八千五百名となる。そして一面の灌木と糸蘭のなかにカジノが島のように点在していた一九八〇年代には約五十万、現在では百二十五万の住民を擁し、合衆国でももっとも成長の速い都市となった。魅惑あふれるラスベガス・ストリップの周囲には、トレーラーハウス用の駐車場、ゴルフコース、ゲーテッド・コミュニティ、さらに全てを覆わんばかりの分譲地からなるスプロールが莫大な規模で展開されている。自動車型郊外住宅地の極致というべき土地の中心が歩行者のオアシスになったというのは、ベガスが抱え込む幾多のアイロニーのひとつといえるだろう。わたしは、この二つをつなげるためにラスベガス・ストリップから砂漠まで歩いてみたいと思った。持っていた地図は古いものだったので、地図をつくっている地元の会社に連絡して道順のアドバイスを尋ねた。街の拡大があまりに速いので、彼らは毎月新しい地図を刊行しているのだという。示された経路はラスベガス・ストリップの南から街の外縁へ最短距離で向かうものだったが、パットと車で通ってみると、一帯はひとりで歩くには不安があることがわかった。倉庫、軽工業地区、埃をかぶったような界隈、壁をめぐらせた打ち捨てられたような家々が混在していて、通るのは時折の自動車か、薄汚ないホームレスだけ。わたしは歩行者のオアシスから離れないことにして、砂漠のボードに置かれたチェスの駒のように大きなカジノを頭のなかで動かしてみた。十年遡ると、ファンタジーを売りにしたカジノの群が消える。二十年前には、カジノがぱらぱらと点在していて、歩く人影はほとんどない。五十年前。砦のように孤立した建物が数軒見えるだけ。一世紀前。見渡す限りひろがる白々とした地表についた小さな染みのように、酒場の村がぽつんと建っている。

〈スターダスト〉正面のくたびれたパヴィリオンの足元で、フランス人の老カップルに〈ミラージュ〉への道を尋ねられた。古き自動車時代のアメリカの、きらきらと華やいだ御伽《おとぎ》の国から、郷愁にみちた新時代の御伽の国へ。ラスベガス・ストリップの心臓部へ向かう彼らを見送った後、わたしも同じく南へ向かった。ちらほらとしていた歩行者は、南へ進むにつれて少しずつ人の群れとなっていった。気がつくと、ウェディング・チャペルから出てくるのを目にした新郎と新婦が大通りのそう遠くないところを歩いていた。新婦はウェディングドレスのうえに刺し子の上品なジャケットを羽織り、尖ったヒールを履いている。観光客は世界の裕福な国々からここへやってくる（そして働いているのはそれほど裕福とはいえないところ、とくに中央アメリカの出身者が多い）。世界有数の訪問者を誇る街でありながら、実際の街の姿に気がつく人がほとんどいない、これもベガスのアイロニーのひとつだ。たとえばバルセロナやカトマンズならば、旅行者はありのままに暮らす土地の人びとに触れることになる。しかしベガスで目に触れる地元の人びとの大半は従業員とエンターテイナーだ。観光客の求める「ここではない何処か」のためにつくられた街に彼らは住んでいる。観光は歩行に残された最後の拠点のひとつだ。常にアマチュアの領分にあり、特別なスキルや装備を要求することなく、余暇を食い物にして目と好奇心に栄養を与えるもの。好奇心を満足させるためにはお人好しの振りをして、なににでも積極的になり、探求し、見つめ、見つめられることを厭ってはならない。以前に比べて、現代人は自宅を離れさえすれば容易にそうした心境になることができ、またそうなることを望んでいるように思える。異なる時間と空間の感覚にただ身を浸すこと。ゆったりとした場所であればどこでも得ることのできる五感への刺激。他所に身をおくことの愉楽とされているのは、おおかたそんな素朴なものではないだろうか。

〈フロンティア〉は、わたしが初めて足を踏み入れたカジノだった。六年と半年の間、このカジノに遊びにきた者は戸外で展開されるフロア・ショーの目撃者となった。メイド、バーのホステス、給仕の見習いといった労働者たちが、組合潰しを図る新オーナーに対抗して二十四時間のピケを張っていたのだった。草木の萎れる夏の暑さにも冬の嵐にも怯むことなく、彼らは日夜を通してプラカードを手に立ち、訴えた。この年月の間〈フロンティア〉のストライキ参加者のあいだには百一人の赤ん坊が産まれ、十七人の死亡者が出たが、ピケラインを越える者はいなかった。この出来事は、一九九〇年代を代表する大規模な労働争議として全国の労働運動家を勇気づけるものなった。一九九二年には、AFL-CIO（アメリカ労働総同盟産業別組合会議）が関連したイベントとしてデザート・ソリダリティ・マーチを企画した。労組の活動家やストライキ参加者が〈フロンティア〉からロサンゼルスの裁判所まで砂漠を三〇〇マイル歩き、苦難への闘志と献身を示してみせた。ラスベガスの映画作家エイミー・ウィリアムズは、この〈フロンティア〉ストライキに関するドキュメンタリーのラッシュをみせてくれた際、労働組合は家族と連帯というアメリカの宗教のようなものだといった。彼らには「ひとりが傷つくことはみなが傷つくこと」という信条がある。そしてデザート・ソリダリティ・マーチはその巡礼の形だったのだ、と。エイミーの映像のなかでは、まったく歩き慣れているようには見えない人びとが、いまはなき〈ルート66〉に沿って散り散りの列をなし、夜には足に包帯を巻き、明くる日に起き上がってまた歩んでゆく。組合の代表はバイカーのような髭面をしたホーマーという名の大工で、彼は巡礼で起きた奇蹟を証言している。暴風雨のさなかでも彼らの周りには日溜まりがあって濡れることがなかったのだと、まるで紅海が割れるさまを目の当たりにしたイスラエルの民のような興奮の面持ちで語っている。最終的には、労組潰しを画策した一族は〈フロンティア〉の売却を余儀無くされ、一九九七年一月三十一日に新しいオーナーによって組合の職場復帰が合意された。信ずる道を歩く高揚の六年間を過ごした人びとは、ふたたび飲み物づくりやベッドメイクの仕事へ戻っていった。この闘争に比べれば〈フロンティア〉の内部に大した見ものはない。目のちかちかする絨毯、じゃらじゃら音をたてるスロットマシン、ぴかぴか明滅する照明、鏡ばりのインテリア。それらがつくりだす目映い、ありきたりの世界。従業員はきびきびと動きまわり、あらゆるカジノに共通のぼんやりとした薄明のなかで、客がゆるやかにひしめいている。これは迷わせることを目的にした現代の迷路だ。窓のない大空間には、不規則な曲がり角や視界を遮るスロットマシンの群れがならび、その他にもショッピングモールや百貨店と同じような目を引く仕掛けが施されている。客をできるだけ長く誘惑に曝し、巧妙に隠された出口を発見してしまう前に財布を開かせようというのだ。多くのカジノには空港の動くスロープのような人を運ぶ装置があるが、すべて内向きに動いている。出口は、自力で見つけ出さなければならない。

さまよい歩くことと賭け事には共通点がある。いずれも、結末よりも期待のなかに快楽が潜んでいて、充足よりも欲望を頼りにする。一歩ずつ歩みを進めることで、あるいは卓に手札を置くことで偶然を心に迎えいれる。しかしカジノにとっては、ギャンブルは高度な予測が可能な科学の対象となった。そして彼らはラスベガス警察とともに、ラスベガス・ストリップを歩くことの配当率をも制御しようと試みている。ラスベガス・ストリップは「大通り《ブルヴァール》」の名に恥じない大路であり、風雨を遮るものも周囲から隔てるものもなく、合衆国憲法修正第一条が謳うもろもろの自由が実践される公共の空間だ。しかしその自由を取り除いて、ラスベガス・ストリップを遊園地かショッピングモールにしようという大掛かりな動きが進行している。そこでわたしたちがなることを許されるのは消費者であり公民ではない。〈フロンティア〉に隣接する〈ファッション・ショー・ショッピング・センター〉はチラシ配りの人びとのたまり場となっていて、ラスベガス・ストリップ特有のサブカルチャーの一端を見せている。エイミー・ウィリアムズによれば、多くは中央アメリカ出身の不法滞在者で、配られるチラシは性産業がらみがもっとも多い（ラスベガスの性産業は巨大だが、集客の大半は街頭の客引きではなく広告物による。ラスベガス・ストリップ沿いに林立するニューススタンドには、新聞類がほとんど見当たらない代わりに棚を埋めるようにパンフレットやカードやチラシが並び、そこにはカラー写真を使った「プライベートダンサー」やら「エスコートサービス」やらの広告が大量に載っている）。そういった女性たちの存在自体が視界から隠されていることからわかるように、こうした広告の露出も非難の対象となり、郡は「行楽地区」における「敷地外の勧誘行為」を軽犯罪とする条例を定めている。ACLU（アメリカ自由人権協会）のネバダ支部長ゲイリー・ペックがわたしに語ったのは「ほとんど明からさまな矛盾」だった。「セックス、アルコール、ギャンブルと、ラスベガスが市場としてはほぼ何でもありの一方、公共の空間や、看板や空港の広告、物乞いや言論の自由については、ほとんど強迫的に徹底して管理しようとするのです」。チラシの規制に対するACLUの闘いは合衆国控訴裁判所まで争われ、その他にも続々と争点が持ち上がっている。わたしがラスベガスを訪れたこの年にも、嘆願署名を集めていた人物が妨害を受けたり、牧師を含めた五名のグループが電飾アーケード街、フレモント・ストリート・エクスペリエンスで改宗を説いたとして逮捕されるという事件がすでにあった。罪状は「歩道の通行阻害」だったが、たしかに歩行者天国となっている現在のアーケード下が大きな歩道であるとはいえ、通行の障害となるには十人どころでは足りないはずだった。

カジノと郡はまさに歩道の民営化を試みている、とペックはいう。彼らはさらなる影響力を獲得して、修正第一条に立脚した諸活動、すなわち宗教やセックスや政治や経済について語ること、あるいは旅行者が享受すべき快適な体験に波風を立てる行為を行なう者を訴追あるいは排斥することを望んでいる、というのだ（類似の民営化の動きとして、沿道の企業相手に対価一ドルで歩道を貸与することを検討しているツーソンの例がある。目的は企業によるホームレス排除を容易にするため）。ペックは憂慮する。もし彼らが歴史ある「都市の自由」を歩道レベルから奪い取ることに成功してしまえば、それを先例として全国の由緒ある公共空間がモールに変わり、街はどこもテーマパークになってしまうのではないか。マイケル・ソーキンによれば、「テーマパークはその巧妙で調整済みの快楽を、すなわち人目を欺くべく技巧を凝らされたあのさまざまの形式を、民主的な都市領域の代替物として提示する。しかも、問題を抱える都市から貧困や犯罪や堕落や労働といった苦痛の種を取り除いてみせることで、それを実に魅力的にやってのける」。〈ミラージュ〉は、すでに芝生に小さな立て札を設置している。「この歩道はミラージュ・カジノ・ホテルの私有地であり、歩行者通行の便益のための地役権が認められています。挙動不審者および歩行者の通行を妨げる者は不法進入により逮捕の対象となります」。さらに、ラスベガス・ストリップのあちこちに設置された標識には「行楽地区につき公共歩道の妨害的用法を禁ずる」との文言がある。これらの表示は、歩行者の移動の自由を護るためのものではない。歩行者に許される行為と、見ることを許される景観を制限するためにあるのだ。

フレモント・ストリートから四マイルほど来たころには暑さでくたびれていた。気温の高い日で、空気は排気ガスでどんよりとよどんでいる。ラスベガス・ストリップでは距離感がつかみにくい。大きな交差点は互いに一マイルも離れているのだが、二、三十階建てのタワーホテルのついた新しいカジノの建物はスケール感が希薄なので、実際より近くにあるようにみえる。〈トレジャーアイランド〉は、北部からやってきた新手のテーマパーク的なカジノの最初期のもので、もっとも浮世離れした部類に入る。その名称も、ほかのもののように場所や時代から引かれたものではなく、南洋の海賊を描いた少年文学から採られている。ヤシの木と海賊船を浮かべた海の向こう側には擬岩の壁面と趣向を凝らした建物の正面がみえ、ディズニーランドのアトラクション「パイレーツ・オブ・カリビアン」をホテル付きのリゾートにしたような感じでもある。しかし、歩いて楽しむスペクタクルを一九八九年に発明していたのは、その隣りの〈ミラージュ〉の方だ。こちらには夜になると十五分ごとに噴火を繰り返す火山があって、集まった人びとを喜ばせている。〈トレジャーアイランド〉が一九九三年に開業すると、人びとは火山よりも海賊船の沈没をクライマックスにした賑々しい戦いの方に足を止めるようになった。が、この戦いの上演は一日数回のみだ。

かつて『ラスベガスの教え』の著者たち〔ロバート・ヴェンチューリ、デニス・スコット・ブラウン、スティーブン・アイズナー〕は、不満を込めて、「美化委員会は、植木で看板を隠し、巨大な泉で湿度を上げ、ラスベガス・ストリップを西部のシャンゼリゼに変えるよう勧告しつづけるだろう」と書いた。泉水は現実のものとなった。〈ミラージュ〉と〈トレジャーアイランド〉の正面には広大な水面がひろがるが、それも〈ベッラージオ〉の八エーカー〔約三万平方メートル〕の湖に比べれば水たまりに等しい。〈ベッラージオ〉の湖は〈シーザーパレス〉からフラミンゴ・ロードをわたった、かつての〈デューンズ〉の場所にある。これら四つのカジノが目抜き通りの周囲につくりだしているのは、整形式庭園と遊園地が交雑したようなまったく新奇で驚くほど前時代的なものだ。ポンペイを埋めたヴェスヴィオ山の噴火のごとく、〈ミラージュ〉の火山は建築と観客の変革によって、往時のラスベガスをきっぱりと葬り去った。水場がいたるところにつくられ、街並みや通行人を眺めることが娯楽となったという点でいえば、もはや本当に西部のシャンゼリゼだといってよい。ラスベガス・ストリップは、ネオンきらめく自らのアメリカ風未来絵巻をヨーロッパ風に置き換えつつある。ただしそれは大衆文化バージョンのヨーロッパであり、ベスト盤的な建築が建ちならび、ハーフパンツにTシャツ姿の洒落者が大通りを闊歩するヨーロッパなのだ。巨大なスケールで砂漠のなかに配置されたイタリアや古代ローマ風の神殿や橋は、イギリス式庭園にかつて置かれていたそのミニチュア版より常軌を逸しているといえるだろうか。ネバダの大通りに現れた火山は、ヴェルリッツの十八世紀庭園の人工火山より殊更に奇妙だといえるだろうか。〈シーザーズ・パレス〉で用いられている濃緑のイトスギや噴水やこれ見よがしの古代風彫刻が思わせるのは整形式庭園の道具立てだが、それ自体、ローマ時代の伝統をイタリアが受け継いだものが、さらにフランスやオランダやイギリスへひろがったものだ。正面に泉水を設けた〈ベッラージオ〉は、富と権力と自然の克服をスケールに込めたヴェルサイユを連想させる。これらの場所は、目を楽しませるものとして歩行の文化が発展した土地を突然変異的に反復している。ヴォクソールやラニラやチボリといった歴史上の遊園は、歩くことや眺めることといった形のない愉楽が緻密に組み立てられたショーと融け合う場所だった（音楽の演奏や芝居やパントマイムの上演のためにステージは、ダンスや飲食や休息の場所と同じくらい遊園地の重要な要素だった）。ラスベガスはその後継者となったのだ。ラスベガスの興業主ならば、大通りとの出会いを経て庭園が返り咲くのだ、とでもいうかもしれない。それとともに、歩行者の楽しみがやってくるのだと。

歩きまわる主体と様態を統制することに傾注されている労力は、歩行にはいまだに馴致されざる部分があることを示唆している。歩行は、すくなくとも完全な空間の私有化や群集の統制といった理想像にとって不穏分子であるうえに、歩行がもたらすエンターテインメントではいかなる浪費も消費も生じない。歩きまわることはギャンブル産業の意図されざる副産物であるかもしれないが（いずれにしてもカジノ店のファサードが公共心から建設されたものとはいえない）、ラスベガス・ストリップはいまや歩くための場所となっている。何にしろ、パリのシャンゼリゼもいまや観光客と外国人の天下であって、彼らが散策し、買い物し、飲食し、眺めを楽しむ場所なのだ。フランミンゴ・ロードとラスベガス・ストリップの交差点には歩車分離のために陸橋が導入され、周囲を見渡す絶好の場所となっている。ただし、陸橋の出入口はカジノの建物内部にしかない。ということは、ここでは身なりのよい人びとだけが安全に道路を横断でき、大衆は自動車との対決に賭けるか、あるいは遠大な迂回を強いられるという日がくるのかもしれない。ラスベガス・ストリップがシャンゼリゼの生まれ変わりといえない点はほかにもある。ここにはル・ノートルが実現した完全な直線性がなく、通りは湾曲し、場所によっては膨らんでいる。直線性がもたらす遠方へ延びる視界もない。しかし横断する道はいたるところにあって、フラミンゴロードを横断して〈ベッラージオ〉と〈シーザーズ〉を結ぶ陸橋は、西方の砂漠とレッドロックス方面への最良の眺望ポイントとなっている。ほかの陸橋では、ラスベガス・ストリップを横断して〈ベッラージオ〉と〈バリーズ〉を結ぶ通路上から見えたのは、パリ！　カジノ〈パリス〉が建設中ということはすっかり忘れていたのだが、モハーヴェの土埃のなかから蜃気楼の街のように、遊歩者の亡霊のように立ち上がっているのはまさしくエッフェル塔だった。スケールは実物の半分、出来ているのもまだ半分ほどだったが、すでに寸詰まりのルーヴルに凱旋門が突っ込んだようなものの上に大胆に脚を踏ん張っていて、地理を度外視した有名建築の詰め合わせのようになっていた。

ラスベガスの再発明はもちろん庭園だけではない。都市もそうだ。〈ベッラージオ〉の少し先には〈ニューヨーク・ニューヨーク〉があり、やや手前には東京へのオマージュにあふれる〈インペリアル・パレス〉がある。〈シーザーズ〉の向かいは一昔前のサンフランシスコを模した〈バーバリーコースト〉だ。一九九六年開業の〈ニューヨーク・ニューヨーク〉は〈パリス〉とおなじく有名物件の寄せ集めで、内部にはマンハッタンのいろいろな地区を模した、風変りな迷路のような小さな街があって街路名の標識や店舗（書店への突入を試みたのは愚かだった。土産物店と食べもの屋だけがホンモノだと判明した）、建物三階の窓から突き出した空調機器、果てはグラフィティまで備えている。ただし、現実の都会生活の多様さや豊かさ、あるいは危険や未知の可能性が除かれていることはいうまでもない。自由を求める群集ではなくギャンブル客を迎える自由の女神像を正面に据える〈ニューヨーク・ニューヨーク〉は、通り抜けるためにつくられた街の土産物なのだ。ポケットサイズでもなければ持ち運びもできない目的地自体が、実際は込み入った場所について快適で安心できるわずかな側面だけを思い出させるという意味で、土産物の機能を果たしている。〈ニューヨーク・ニューヨーク〉で遅めの昼食にして、一・五リットルほどの水を飲みほした。丸一日の徒歩移動の、砂漠のような乾きのせいで身体から蒸発してしまったものを満たさなければならなかった。

大通りに戻ると、香港出身の若い女性に自由の女神像を背景に写真を撮ってほしいと頼まれた。お次は通りの向かいにある巨大なＭＧＭのライオンと一緒にとのことで、写り込む彼女はどちらでも恍惚とした表情をしていた。周囲を流れてゆくのは太った人、痩せた人、ぶかぶかのハーフパンツをはいた人、スマートなドレス姿の人、数えるほどの子どもたち、数え切れないほどの高齢者たち。カメラを彼女に返し、人びとの流れにのって南へ足を向け、この〈賭け事の道行き〉の終着点〈ルクソール〉を目指す。〈ルクソール〉のピラミッド型とスフィンクスが表現するのは古代エジプトだが、そのガラスの表面が象徴するのはテクノロジーであり、夜にはレーザー光線が乱れとぶ。入口には、あの見覚えのある新婚夫婦がいた。エジプト彫刻の模造品のひとつを背景に、彼女は上着とハンドバッグを傍らにおき、彼が向けるカメラにポーズをとっている。彼らはなぜハネムーンの最初の時間をラスベガス・ストリップ散策に充てることにしたのだろう。彼らはいかなる過去を抱えて、ネバダ砂漠の気候とギャンブル経済の洗礼を経たこの地球規模のファンタジーと出会っているのだろうか。ラスベガスの観光客だというだけの理由で、わたしは右や左を流れてゆく人びとに彼らなりの人生があるとは思っていなかったのだ。このイギリス人夫婦が次の休暇を湖水地方で過ごすことはない。あのフランス人の老夫婦は、パリの住人でもなければ、ベトナムの僧侶ティク・ナット・ハンが歩きの瞑想を説いた〔南仏の〕プラムヴィレッジの近くに住んでいるということもない。あのアフリカ系アメリカ人たちは、子ども時代にセルマで行進していない。あの車椅子の物乞いはニューオーリンズで車にはねられたわけではない。あの新郎新婦は富士山を登るような日本人登山家でもなければ、中国の隠者の子孫でもなければ、自宅にトレッドミルを所有する南カリフォルニアの重役でもない。このヘリコプター・ツアーのクーポンを配っているグアテマラ人は、自分の教会にある十字架の道行きを歩いたこともなければ、故郷の街の広場をそぞろ歩きしたこともない。あの仕事に向かうバーテンダーは、ＡＦＬ-ＣＩＯの砂漠の行進に参加したことはない。わたしはいったい何者のつもりでそんなことを考えていたのだろう。歩行の歴史は人類史と同じほどに茫洋としている。そのひろがりをわずかに感じさせるということに、広大な砂漠の真ん中にできあがった荒廃した郊外地帯の、そのまた中心にできあがったこの歩行者のオアシスがもつ最大の魅力がある。それは張りぼてのローマや東京ではなく、イタリア人や日本人の旅行者の姿のうちにあるのだ。

ラスベガスは、人びとのうちにある場所や都市や庭園や原野への乾きがいまだに充たされていないということを示唆している。いまだにわたしたちは、空の下で建築や見世物や売り物を眺めてまわりたいのだ。全体としては世界でもっとも歩行者に冷淡な都市のひとつであるという事実は、そこに直面せざるを得ない問題があることを示している。けれども、さまざまなアトラクションによってつくりだされた歩行者のオアシスは、歩くことが生きながらえる空間を回復させる可能性を示唆しているだろう。空間の私有化によって歩行や演説やデモが違法行為となりつつある事実は、合衆国が向かう先にある紛争を予告している。半世紀前のイギリスの散策者による通行権をめぐる闘争とおなじくらいに深刻な闘いが、今度は田園地帯ではなく都市空間をめぐって展開されるだろう。また、現実空間の模造品を歓迎する傾向も恐ろしい。こうした模造空間は市民的自由を制約するのが常であり、目にするもの、出会うもの、経験することもまた局限するからだ。詩人や文明批評家や社会改革家や都市の写真家は、そうしたものに生みだされたのではなかっただろうか。

しかし、状況は悪化すると同時に良くなってもいる。ラスベガスはメイン・カルチャーの特異点ではなく、その強化版なのだ。歩行はときおり主流に再合流しつつ、その流れの外で生きつづけるだろう。自動車交通によって幹線沿いの商業地と郊外住宅地が発展していた第二次世界大戦後の十年間にも、大陸の一端ではマーティン・ルーサー・キングがガンジーに学び、キリスト教の巡礼を政治的に強力なものとして再発明しようとしていたし、大陸の逆側の端ではゲイリー・スナイダーが道教の教えと歩行の瞑想を学び、精神性と環境保護運動の関係を再考していた。現在、歩くための空間には保護の手が差し延べられ、ときには拡大が図られている。その担い手はシアトルの〈フィート・ファースト〉、アトランタの〈ＰＥＤＳ〉、〈フィリー・ウォークス〉〈フィラデルフィア〉、〈ウォーク・オースティン〉など、合衆国の各地で生まれている徒歩振興活動のグループであり、あるいはイギリスを本拠とする先鋭的な〈リクレイム・ザ・ストリーツ〉や、老舗の〈ランブラーズ・アソシエーション〉をはじめとする歩行と通行権のために闘うイギリスの叛徒たちであり、アムステルダムやケンブリッジやマサチューセッツで実現されている歩行者のための都市のリデザインもある。スペインでは徒歩によるサンティアゴ・デ・コンポステラ巡礼が復興し、ニューメキシコのチマヨ巡礼の人気は衰えず、クライミングや登山愛好者は増加し、芸術家は歩行を素材とし、作家は歩行によって書き、歩行の瞑想や山岳の巡行が仏教とともに知られるようになり、迷宮や迷路へは世俗と宗教の両面から関心がふたたび注がれている……。そうして、歩行の伝統は生かしつづけられている。

「まったくの迷路だ」、とカジノに付属したモール〈シーザーズ・フォーラム〉でわたしを見つけたパットは漏らした。〈フォーラム〉はベガスにおける歴史の再創造というアーチの鍵石であり、その珠玉といえる。このアーケードはヴァルター・ベンヤミンの書いたパリのパサージュとまったく同じ意味におけるパサージュだ。ベンヤミンは、一八五二年のガイドブックを引用しながら「頭上から光の入るこうしたパサージュの両側には相当に優雅な店が並んでいて、この種のパサージュをひとつの街、あるいは縮小されたひとつの世界にしている」と書いていた。そして「このパサージュは、二十分くらいで日中から夕刻へ、そしてまた日中へと変化する巧妙に隠された照明を装備したこの場所は、ベンヤミンが想像し得た以上にその言葉に忠実なものになった。その曲りくねる「街路」は、方向感覚を失わせながらさまざまな誘惑に導いてゆく。この服、香水、玩具、雑貨が満載された店の数々。裏側に巨大な熱帯魚の水槽を備えた噴水。この噴水は、ドーム状の「空」を照らすレーザー光線とともに雷雨が訪れると、艶かしい男女の神々が定期的に息を吹き返すという有名なものだ。わずか六ヶ月前、わたしはパリのパサージュを歩いていた。そこは美しくも死んだ場所で、店も半分ほどは閉店しており、モザイクに飾られた通路を歩く者はほとんどおらず、まるで水の枯れた河床のようだった。しかし、〈シーザーズ・フォーラム〉の群集は絶えることがない（ミラノの著名なガッレリアを模した〈ベッラージオ〉のアーケードも同じだ）。『ウォール・ストリート・ジャーナル』によれば、これは世界でもっとも経済的な成功を収めているモールのひとつで、さらにローマの丘陵を模した増築が検討されており、そこには馬が引く馬車が登場するとのことだ。パサージュとモールとのあいだには決して大きな隔たりはない。遊歩者はモールにたむろする若者よりは思慮深いと期待されているが、浅薄な御仁も思慮深い買い物客と同じくらいにありふれているだろう。「出ましょう」とパットに言い、わたしたちは飲み物を空にしてレッドロックスへと向かった。

レッドロックスはラスベガス大通りと同じように誰に対しても開かれているが、この場所を売り込む者はいない。儲けの多い自動車産業ではなく、歩くという無償の活動を好き好んで推奨する者はいないのだ（アウトドア用品を売る以外には）。何万人という人びとがラスベガス・ストリップを散策する一方で、それより広いレッドロックス一帯をうろついているのはせいぜい百人程度だが、切り立った頂や岩の壁はどんなカジノよりも雄大で見応えがある。多くの人は車で通り抜けるか距離をおいて写真を撮ろうとして、この場所のゆっくりとした時の流れに屈服することを良しとしない。一日一回だけの夕暮れ。野生の生き物の気儘な生き様。ここには、考えを組み立てる手がかりとなりそうな人間の痕跡は、わずかな山道と、岩に残されたクライミング用のボルトと、ゴミと、標識以外に残されていない（あとは、しっかりと受け継がれている自然崇拝の伝統がある）。出来事はここではほとんど起こらない。季節、天候、光、それに身体と精神のはたらきがあるだけだ。

物思いが生まれるのは、想像力のなかの草原のような場所だ。イマジネーションの内にある、いまだに耕作の手が入っていない、開拓もされていない、すぐに役立てられることのない、そういう部分。環境保護論者はよく、あれこれの蝶とか草地とか分水嶺に跨がる森林が、まったく商品価値を産まない場合でも、大きな枠組みのなかでは不可欠な役割をもっているのだと唱える。おなじことが想像力の草原についてもいえる。そこで過ごす時間は、何かを生産する時間ではない。けれども、それがなければ心は痩せ衰え、活力を失い、飼い馴らされてゆく。その対象が自然であろうと公共空間であろうと、自由な空間のための闘いには、そこで過ごす自由な時間への闘いをともなっていなければならない。さもなければ個々人の想像力は、消費者の欲するものを垂れ流すチェーンストアと、実録犯罪の刺激と、有名人の悲劇の奔流に押し流されてしまうだろう。その想像力の草原をアスファルトで覆ってしまうのか、あるいはひろがるままにまかせておくのか、ラスベガスはまだ決断していない。

その夜はレッドロックスの付近の非公式のキャンプ場で野営することにしていた。星空の下、あちこちで小さな火を囲む人影がみえ、ラスベガスの灯が丘陵越しに輝いていた。明くる朝にわたしたちはポールと落ち合った。ガイドのポールはよく車でユタからここまでクライミングに来ていて、彼がパットをクラミングに誘ったのだった。ポールは先頭に立って、起伏に富んだ曲がりくねる長いトレイルを進む。細い小川と涸れ谷を横切り、以前来たときの見覚えがあるネズとヤドリギの立派な群落、小さな葉をつけたデザートオーク、糸蘭、マンザニータを過ぎ、ときおり玉サボテンをみながら進んでゆく。小石の多い土壌と、乾燥と、どこか日本庭園のように点在する巨大な岩のために、どの植物もひょろひょろとしてまばらに散らばっている。半年前の落下事故でまだ足を引き摺っているパットはしんがりをつとめ、わたしはポールと道すがら話していた。音楽のこと、クライミングのこと、集中力のこと、自転車のこと、解剖学のこと、猿のこと。ラスベガスを見ようと、昨日レッドロックスを眺めていたときくらい頻繁に振り返るわたしに、彼は「前を見て」とそのたびにいった。でも街にかかる驚くほど濃いスモッグから目が離せなかった。そこは、数えるばかりの尖塔がぼんやりと見えるほかは褐色をしたドームのようだった。街から砂漠はくっきりと見えるけれど、その逆は見えない。この状況ほどに的確なアレゴリーは経験したことがない。未来から過去を振り返ることはできるけれど、この太古の場所から波乱と謎と煙霧につつまれた未来を見通すことはできない、とでもいうかのようだった。

ポールはトレイルを逸れて藪に入り、急峻で幅の狭いジュニパー・キャニオンへわたしたちを導いていった。苦労して岩棚に体をひっぱり上げながら進むと、岩肌は少しずつ大きく見事になり、ときには赤とベージュの薄い縞模様になり、ときにはコインほどの大きさのピンク色の模様を散らし、斜面の麓まで続いていた。「〈オリーブ・オイル〉。これは〈ローズ・タワー〉の南側面の明瞭なクラックシステム〔連続するクラック〕を七〇〇フィート登るルートである」と、わたしはぼろぼろになったパットの『アメリカ山岳会クライマーズ・ガイド』のこのエリアの巻を読み上げた。わたしは体を休めて、ふたりが最初の数百フィートを楽々と登ってゆくのを見送り、野ネズミを眺めていた。〈ミラージュ〉のホワイトタイガーやイルカよりは地味だが、勝負にならないほど生き生きとしている。そのあとわたしは引き返して、パイン・クリークの澄んだ急流に沿ったトレイルをゆっくり歩き、平坦な一帯を散策して午後を過ごした。また別の峡谷を探索して戻ると、丘陵に伸びる影は長く、街の灯は厚みと輝きを増していた。あたかも大気が蜜になったようだった。その蜜が帰りくる夜に変わるのだった。

歩くことは、人類の文化という星空に輝くひとつの星座となってきた。この星座には身体、想像力、ひろく開かれた世界という三つの星がある。別々に浮かぶ星々をひとつの星座にするのはそのあいだに引かれた線、すなわち文化的な意味を負って歩く、という行為によって引かれる線だ。星座とは自然の現象ではなく、そこに重ねられた文化だ。そして星々をつなぐ線は、過去に人びとがたどりその想像力が踏み均してきた道に似ている。この歩行と呼ばれる星座には歴史がある。すべての詩人、哲学者、謀叛人たちが歩み、赤信号を渡る人、娼婦、巡礼者、観光客、ハイカー、登山家が踏みしめた歴史だ。そこに前途があるか否か。それは、この星々をつなぐ道に続く者があるか否かにかかっている。

訳者あとがき

本書はRebecca Solnit, *Wanderlust: A History of Walking*, Penguin Books, 2001の全訳である。

歩行という素朴で遠大なテーマをめぐって書かれた本書を読みすすまれた読者は、おそらく、レベッカ・ソルニット自身もまた歩くことによって書き、考える者のひとりだと気づかれているだろう。ソルニットは常に自身の経験や運動へ立ち戻り、考察と体験を往還しながら思考を進めてゆく。本書はいわばその両脚と思考の運動の軌跡であり、スリリングなフィールドワークの記録といってもよいかもしれない。人類学、宗教、哲学、文学、芸術、社会、政治、レジャー、エコロジー、フェミニズム、アメリカ、都市……と多岐にわたる領野を渉猟しながらも、ソルニットは殊更にそれらの横断や接続を試みることはない。あたかも、移ろう風景のような遠近さまざまの歴史に視線を向けてゆくソルニットの足取りこそが、歩行という行為の淵源にある人間の本来的な一体性の証のようにも思われてくる。

著作家、あるいは大学等に所属しない独立研究者として知られるレベッカ・ソルニットは、人間をとりまくさまざまな状況にひろく関心を向け、書物や雑誌、オンラインメディアなどさまざまな媒体を通じて旺盛な発言を行なってきた。これまでの二十を数える著作の主な関心の対象は、環境あるいは場所と人間の関係、芸術、移動、女性のあり方、社会変革といった事柄であり、手の届く対象をきっかけとして歴史や政治性の奥行へ手を伸ばし、軽やかながらもラディカルな、幾重もの厚みをもった思考を織り上げてきた。本書にも語られるネバダ核実験場での反核マーチを端緒にさまざまな実際的なアクティヴィティに関わってきたことも、その独特のバックグラウンドとなっている。

本邦の読者にレベッカ・ソルニットの名が知られるようになったのは二〇一〇年に訳書が刊行された『災害ユートピア　なぜそのとき特別な共同体が立ち上がるのか』（高月園子訳、亜紀書房）ではないだろうか。二〇〇五年のハリケーン・カトリーナがもたらした災害をきっかけとして書かれた災害社会論が、直後に東日本大震災を経験するという運命的なタイミングで翻訳刊行され、幅広く読まれた。比較的最近では、自身の素朴な体験をきっかけに「教えたがりの男性」を論じた*Men Explain Things To Me*（2014）が、「マンスプレイニング」という新語とともに話題となった（この言葉自体はソルニットの造語ではないようだが）。

著作のうちで本書の関心に近いと思われるものを挙げてみれば、たとえば本書に先立つ*A Book of Migrations: Some Passages in Ireland*（1997）は、ソルニットが母方のルーツであるアイルランドの旅を契機として、その歴史・文学・風景をアメリカ西部との関わりを含めて大きなスケールで描いたものだった。また*A Field Guide to Getting Lost*（2005）は地図・記憶・映画・絵画などをあつかいながら、人が「迷う」「失われる」ことについて考察する魅惑的な読み物だ。さらにサンフランシスコ、ニューオーリンズ、ニューヨークといった都市をとりあげ、地図作家や芸術家と協働しながら新しい多相的な都市のアトラス（地図帳）をつくりだしてゆくシリーズもある。幼いころから暮らす西海岸や西部へも深い関心を寄せ、*River of Shadows: Eadweard Muybridge and the Technological Wild West*（2004）では、運動の撮影に挑んだ写真技術者エドワード・マイブリッジの生涯を手がかりに、テクノロジーの歴史が西部の風景を変えてゆく様子を描き、全米批評家協会賞などの高い評価を受けた。

ソルニットの思考の運動には、常に肉体の運動がともなう。本書の道のりには、おそらくその主題のゆえに、彼女自身の運動が入れ子のように現れてくる。どこまでも広がってゆくように思える本書の中核には、常に彼女自身の感覚と経験が確かに感じられる。それはおそらくソルニットにとって自然な方法なのだが、この本はそうでなければ書かれ得ないものだったということは、本書を通読された読者には首肯していただけるのではないかと思う。その意味で、この著作はソルニットのひとつの代表作といってよいのではないだろうか。

歩くことが社会生活の根幹にあった歩行の黄金時代は、ソルニットが危惧するように、アメリカ都市を典型とする産業化社会においてひとたび過去のものとなったのかもしれない。しかし彼女がサンフランシスコやラスベガスでみたように、われわれの日常的な街歩きや、変化してゆく社会と歩行が織りなす新しい関係性は驚きと可能性を失っていない。原題の「ワンダラスト」は、「さまようことへの渇望」を意味する。ソルニットが歩いてみせた人類史の風景にはおそらく、知られざる小径や未踏の山々がまだ控えている。ここまでの道行きに随伴していただいた読者には、ぜひ、本書に書かれていない風景を目指してそれぞれに一歩を踏み出していただきたい。

なお、原著の欄外には歩行にまつわる膨大なテキストの引用が配されている。時代や洋の東西を問わず、あらゆる場所に歩行への言及を見出すソルニットの渉猟ぶりは圧巻なのだが、割愛せざるを得なかった。引用文献や術語に関しては、既訳も参照しつつ、本書の文脈を優先して訳出した。先覚に感謝するとともに、至らぬ点に関しては訳者の責と明記しておく。原著巻末の註はやや形式を変更し、本文中では最小限の訳注を〔 〕内に記した。

ところで本書の訳に取り組んでいるあいだ、折に触れて、文章や作品を通じてのみ知る存在でありながら、そういえばあの人も歩く人だった、と思いあたる作家や写真家や詩人や研究者が、ふと脳裏をよぎることが幾度となくあった。そのたびに、確かに歩くことは私たちの歴史的経験の一部であり、私たちの生きる文化なのだと肌で知る感覚があった。

本書の翻訳は、まさにそうした旅に歩きながら考え、書くひとりである管啓次郎さんに薦めていただいた。訳者として尽きぬ発見のある書物と出会ったことは僥倖だった。管さんに深謝したい。担当していただいた左右社の東辻浩太郎さんには、長い間にわたって細かなところまで目を配り、最後まで助言と励ましを与えていただいた。一重に御礼を申し上げる。

二〇一七年梅雨　　東辻賢治郎

S・アイゼナワー著／石井和紘・伊藤公文訳『ラスベガス』鹿島出版会, 1978年〕.
「頭上から光の入る…」［486頁］Benjamin, *Baudelaire*, p. 37.〈オリーブ・オイル〉などの岩の名前［489頁］はJoanne Urioste, *The American Alpine Club Climber's Guide: The Red Rocks of Southern Nevada* (New York: American Alpine Club, 1984), p.131より.

ロングの言葉[454頁]はRichard Long, "Five Six Pick Up Sticks, Seven Eight Lay Them Straight," in R. H. Fuchs, *Richard Long* (New York: Solomon R. Guggenheim Museum/Thames and Hudson, 1986), p. 236より．採り上げたロングの作品はすべて同書に収録されている．

スタンリー・ブラウンの作品[456頁]についてはLippard, *Six Years: The Dematerialization of the Art Object* (New York: Praeger Publishers, 1973)で扱われていおり, Antje Von Graevenitz, "'We Walk on the Planet Earth': The Artist as a Pedestrian: The Work of Stanley Brouwn," *Dutch Art and Architecture*, June 1977にも長文記事がある．*Six Years*はアコンチの「フォローイング・ピース」も採り上げている．

アブラモヴィッチとウライのパフォーマンスおよびアブラモヴィッチの彫刻作品[458頁]についてはThomas McEvilley, "Abramović/Ulay/Abramović," *Artforum International*, September 1983および*The Lovers*, catalog/book on the Great Wall Walk (Amsterdam: Stedelijk Museum, 1989)に収録のMcEvilleyの論考，さらに*Marina Abramović: objects peformance video sound* (Oxford: Museum of Modern Art, 1995)を参照のこと．〈四つの尊厳〉[同頁]についてはGary Snyder, "Blue Mountains Constantly Walking," in *The Practice of the Wild* (San Francisco: North Point Press, 1990), p. 99 を参照．

「静止すること，沈黙すること，注視すること」[459頁]：McEvilley, "Abramović/Ulay/Abramović," p. 54.「チベットに行ったときに…」[同頁]：*Marina Abramović*, p. 63.「風水の達人によって…」[460頁]：同書, p. 50.「一九八八年三月三十日…」[同頁]：*The Lovers*, p. 175. アブラモヴィッチとウライの言葉[461-462頁]：同書, p. 103, 31より．カプローの引用[463頁]は Kaprow, *Essays on the Blurring of Art and Life*, p. 9 より．

第十七章

「この建築のもつ意味は…」[468頁]：J. B. Jackson, "Other-directed Houses," in *Landscapes: Selected Writings of J. B. Jackson*, ed. Ervin H. Jube (University of Mas sachusetts Press, 1970), p. 63.「流線型のファサード…」[同頁]：同書, p. 62. ラスベガスを訪れる観光客の数[469頁]は，ラスベガス・コンベンション・センターで出会ったある研究者が電話で教えてくれたもの（1998年12月29日）．〈フロンティア〉の争議[473頁]についてはSara Mosle, "How the Maids Fought Back," *New Yorker*, February 26 and March 4, 1996, p. 148-56を参照．勧誘行為の禁止措置[476頁]については以下を参照：*Las Vegas Review-Journal*, "Petitioners Claim Rights Violated," May 27, 1998; "Clark County Charts Its Strategy to Resurrect Handbill Ordinance," August 18, 1998; "Lawyers to Appeal Handbill Law Ruling," August 26, 1998; "Police Told to Mind Bill of Rights," October 20, 1998.

「テーマパークは…」[477頁]：Sorkin, *Variations on a Theme Park*, p. xv.「美化委員会は…」[479頁]：Robert Venturi, Denise Scott Brown, and Stephen lzenour, *Learning from Las Vegas: The Forgotten Symbolism of Architectural Form*, rev. ed. (Boston: MIT, 1977), p. xii〔R・ヴェンチューリ，D・スコット・ブラウン，

た歩行者の側に問題があったと述べ，対策は歩行者の規制強化だと主張している．「いまなお，自由な交通の…」［426頁］：Rudofsky, *Streets for People*, p. 106.「まず南ツーソンには…」［427頁］：Lars Eigner, *Travels with Lizbeth: Three Years on the Road and on the Streets* (New York: Fawcett Columbine, 1993), p. 18.

自動車による歩行者の死亡事故［427頁］について：Betsy Thaggard, "Making the Streets a Safer Place," *Tube Times*, newsletter of the San Francisco Bicycle Coalition, December 1998-January, 1999, p. 5. ジュリアーニ時代のニューヨーク［同頁］について：*San Francisco Chronicle*と*Tube Times*, 3が〈ライト・オブ・ウェイ〉キャンペーンを紹介している．これはTime's Up!が組織した，NYCで歩行者や自転車乗りが事故で死亡した場所にペンキで徴を残してゆく活動である．

「あの捉えがたい混成体…」［428頁］：Richard Walker, "Landscape and City Life: Four Ecologies of Residence in the San Francisco Bay Area," *Ecumene* 2 (1995): p. 35.「武装警官が巡回し…」［429頁］Mike Davis, "Fortress Los Angeles," in *Variations on a Theme Park*, ed. Michael Sorkin (New York: Hill and Wang, 1992), p. 174.「ただひとつ，きわめて遺憾にも…」［同頁］：*Søren Kierkegaard's Journals and Papers*, ed. And trans. Howard V. Hong and Edna H. Hong (Bloomington: Indiana University Press, 1978), 5:415 (1847).

「人類史のほとんどにおいて…」［430頁］：*Life* magazine, special millennium issue (1998). シヴェルブシュの引用［432頁］はSchivelbusch, *Railway Journey*, p. 53 より．ヴィリリオの引用［433頁］はPaul Virilio, *The Art of the Motor*, trans. Julie Rose (Minneapolis: University of Minnesota Press, 1995), p. 85〔ポール・ヴィリリオ著／土屋進訳『情報エネルギー化社会』新評論，2002年〕.

トレッドミルおよびこれを用いた矯正［437頁］について：James Hardie, *The History of the Tread-Mill, containing an account of its origin, construction, operation, effects as it respects the health and morals of the convicts, with their treatment and diet ...* (New York: Samuel Marks, 1824), p. 16, 18. ロバート・グレイブスの引用［438頁］は Robert Graves, *The Greek Myths*, vol. 1 (Harmondsworth, England: Penguin Books, 1957), p. 168より．ドミニカ共和国の猟師が当惑した，という話［439頁］は Eduardo Galeano, *The Book of Embraces*, trans. Cedric Belfrage (New York, London: W. W. Norton, 1989), p. 162-63より．

第十六章

アラン・カプローの引用［449頁］は以下より：Allan Kaprow, "The Legacy of Jackson Pollock," in *Essays on the Blurring of Art and Life*, ed. Jeff Kelley (Berkeley: University of California Press, 1993), p. 7. クリスティン・スタイルズの引用［450頁］は以下より：Peter Selz and Kristine Stiles, *Theories and Documents of Contemporary Art: A Sourcebook* (Berkeley: University of California Press, 1996), p. 679.「彫刻作品は道である…」［同頁］と続くアンドレおよびリパードの引用は Lucy R. Lippard, *Overlay: Contemporary Art and the Art of Prehistory* (New York: Pantheon, 1993), p. 125より．「淡いグラデーション状に…」［451頁］は同書, p. 132.

lan, 1987), p. 77参照. レイプ被害への不安については Eileen Green, Sandra Hebron, and Diane Woodward, *Women's Leisure, What Leisure* (Houndmills, England: MacMillan, 1990)を参照. 同書には次のように述べている:「女性の余暇活動におけるもっとも強い制約は, 夜間に外で一人になることへの恐怖である. 多くの女性は暗くなってから, あるいは夜遅くに公共交通機関を使うことに不安があり, 交通機関を使おうにもバス停まで歩いて待たねばならないため躊躇する. 第二次イギリス犯罪調査によれば, 聞き取りを受けた女性の半数は同伴者がある場合にのみ夜間に外出すると述べ, 四割の女性はレイプ被害を『極めて憂慮』している」(p. 89).

「街で遭遇する些細な…」[407頁]:Larkin, "Sexual Terrorism," p. 120.「スタントンとモットは…」[同頁]Stevens, *Jailed for Freedom*, p. 13. エドワード・ローソンの事件[408頁]については Kolender, *Chief of Police of San Diego*, et al., v. Lawson, 461 U.S. 352, 103 S. Ct. 1855, 75 L. Ed. 2nd 903 (1983)の梗概より.「この事件では…」[409頁]:Helen Benedict, *Virgin or Vamp: How the Press Covers Sex Crimes* (New York and London: Oxford University Press, 1992), p. 208. イヴリン・C・ホワイトの引用[411頁]はEvelyn C. White, "Black Women and the Wilderness," in *Literature and the Environment: A Reader On Nature and Culture*, ed. Lorraine Anderson, Scott Slovic, John O'Grady (New York: Addison Wesley, 1999), p. 319より.「もっと年齢が上で…」[412頁]:Moffat, *Space Below My Feet*, p. 92.

「彼女は酒場で…」[414頁]: Virginia Woolf, *A Room of One's Own* (New York: Harcourt Brace Jovanovich, 1929), p. 50〔ヴァージニア・ウルフ著/川本静子訳『自分だけの部屋』みすず書房, 2013年など〕.「ケルアックが行きずりに…」: Sarah Schulman, *Girls, Visions and Everything* (Seattle: Seal Press, 1986), p. 17, 97.「あのゲイ解放運動…」「リラは…」[415頁]:同書, p. 157, 159.

第十五章

「徒歩都市」[419頁]について:Kenneth Jackson, *Crabgrass Frontier: The Suburbanization of the United States* (New York: Oxford University Press, 1985), p. 14-15. 続く中産階級の郊外居住については Robert Fishman, *Bourgeois Utopias: The Rise and Fall of Suburbia* (New York: Basic Books, 1987), 特にロンドンの福音派商人を扱う1章とマンチェスターの郊外を論じている3章を参照している.「郊外化の決断は…」[421頁]と続く引用:同書, pp. 81-82.「事務所と小売店は…」[423頁]: Philip Langdon, *A Better Place to Live: Reshaping the American Suburb* (Amherst: University of Massachusetts Press, 1994), p. xi.

十歳の子どもの比較研究[424頁]:Jane Holtz Kay, *Asphalt Nation: How the Automobile Took Over America and How We Can Take It Back* (New York: Crown Publishers, 1997), p. 25. 1000を越える横断歩道が撤廃された件[426頁]についてはGary Richards, "Crossings Disappear in Drive for Safety: Traffic Engineers Say Pedestrians Are in Danger Between the Lines," *San Jose Mercury News*, November 27, 1998より. 記事のなかで, 交通関係のエンジニアは自動車との死亡事故の約半数は落命し

Mind of the Traveler: From Gilgamesh to Global Tourism (New York: Basic Books, 1991), pp. 115-16参照. 同書には次の指摘がある:「このダブル・スタンダードが空間に内部性（女性）と外部性（男性）という構造をつくりだす. それぞれ性的な制約と自由に対応する領域である. 女性の貞操は包摂と排他の技術であり, 男性間における仲間意識や権利や関係, さらには男系の正統性を支える. 定住という条件において女性が場所と同一視されるのは〈自然〉なこと, すなわち再生産に必要となる安定と庇護が男性によって与えられる結果と見なされてきた. そのために, 空間のジェンダー化, すなわち男性の外部化と女性の内部化, いってみれば精子の過剰さと卵子の希少さという背反構造は人間の移動性に投影され, ヒトの本性の一部として考えられるようになっている. しかし, 女性の不動性は歴史の産物である. …移動がジェンダーに関わるアクティビティとなっているのは, こうした領域化の帰結にほかならない」.

女性の2カテゴリーおよび「家庭の女性…」[395頁]: Gerda Lerner, *The Creation of Patriarchy* (Oxford: Oxford University Press, 1986), p.134, 135-39〔ゲルダ・ラーナー著／奥田暁子訳『男性支配の起源と歴史』三一書房, 1996年〕. リチャード・セネットの議論[396頁]はSennett, *Flesh and Stone*, p. 34, 68, 73より.「ギリシアの思想では…」[397頁]: Mark Wiggins, "Untitled: The Housing of Gender," in *Sexuality and Space*, ed. Beatriz Colomina (Princeton: Princeton University Press, 1992), p. 335.

「通りをぶらつく…」[399頁]: Joachim Schlor, *Nights in the Big City* (London: Reaktion Books, 1998), p. 139.「レ・アルで朝の九時に…」[400頁]: Petrie, *A Singular Iniquity*, p. 160.「刑務所の大勢の者が…」[401頁]: 同書, p. 182. 同頁, 自殺に追い込まれたのは南イングランド, オールダーショットのPercyという名の女性. Petrie, *A Singular Iniquity*の序文および pp. 149-54, さらにPaul McHugh, *Prostitution and Victorian Social Reform* (New York: St. Martin's Press, 1980), pp. 149-51を参照のこと. リジー・シャウアー[402頁]についてはGlenna Matthews, *The Rise of Public Woman: Woman's Power and Woman's Place in the United States, 1630-1970* (New York, Oxford: Oxford University Press, 1992), p. 3を参照. 収監者への強制摂食について[403頁], イギリスの婦人参政権運動に関して Midge Mackenzie, *Shoulder to Shoulder* (New York: Knopf, 1975), さらにDoris Stevens, *Jailed for Freedom: American Women Win the Vote* (1920; new edition, edited by Carol O'Hare, Troutdale, Oregon: New Sage Press, 1995)を参照した. なおジューナ・バーンズは記事を書くために志願してこの処置を受けている.

「女性はすっかり…」[404頁]: June Larkin, "Sexual Terrorism on the Street," in *Sexual Harassment: Contemporary Feminist Perspectives*, ed. Alison M. Thomas and Celia Kitzinger (Buckingham: Open University Press, 1997), p. 117に掲載されたB. Houston, "What's Wrong with Sexual Harassment"より. 3分の2のアメリカ人女性が夜歩きに不安を覚えていること[同頁]についてはJalna Hanmer and Mary Maynard, eds., *Women, Violence and Social Control* (Houndmills, England: MacMil-

イモン・シャーマ著／栩木泰訳『フランス革命の主役たち』中央公論社, 1994年〕, Christopher Hibbert, *The Days of the French Revolution* (New York: Morrow Quill Paperbacks, 1981)も用いた.「市場の女…」［371頁］: Rude, *Crowd in the French Revolution*, p. 66.「交差するように…」［372頁］: Roessler, *Out of the Shadows*, p. 18.「槍やマスケット銃の…」［同頁］: Hibbert, *Days*, p. 104.

東ドイツの情勢［375頁］についてはTimothy Garton Ash, *The Magic Lantern: The Revolutions off 1989 Witnessed in Warsaw, Budapest, Berlin and Prague* (New York: Random House, 1990)およびJohn Borneman, *After the Wall: East Meets West in the New Berlin* (New York: Basic Books, 1991) に拠った. 騒動の近辺にいたせいで逮捕された件についてはBorneman, *After the Wall*, pp. 23-24参照.「デモ参加者が『暴力反対』を15回叫んだために6か月収監された例がある」とも.「それ以降, 主導権は人びとにあり…」［375頁］: Ash, *Magic Lantern*, p. 83.

「プラハは催眠術か…」［377頁］: Michael Kukral, *Prague 1989: A Study in Humanistic Geography* (Boulder, Colo.: Eastern European Monographs, 1997), p. 110.「街の通りは…」［同頁］: *Time*, December 4, 1989, p. 21に掲載されたアレクサンゴル・ドゥプチェクの発言.「十一月二十七日を境に…」［378頁］: Kukral, *Prague 1989*, p. 95.

「軍事政権の…」［379頁］: Marguerite Guzman Bouvard, *Revolutioniting Motherhood: The Mothers of the Plaza de Mayo* (Wilmington, Del.: Scholarly Resources, 1994), p. 30.「その後, 人びとは…」［380頁］同書, p. 70.「歩いていると…」［同頁］: Marjorie Agosin, *Circles of Madness: Mothers of the Plaza de Mayo* (Freedonia: White Pine Press, 1992), p. 43.

「人びとは公然と…」［386頁］: Victor Hugo, *1793*, trans. Frank Lee Benedict (New York: Carroll and Graf, 1988), p. 116〔ヴィクトル・ユーゴー著／榊原晃三訳『九十三年』潮出版社, 2000年〕.「革命を呼びかける…」［同頁］: George Orwell, *Homage to Catalonia* (Boston: Beacon Press, 1952), p. 5〔ジョージ・オーウェル著／都築忠七訳『カタロニア賛歌』岩波書店, 1992年など〕.「革命的な瞬間は…」［387頁］: Earth First! Britain発行のニューズレター*Do or Die*, no. 6 (1997), p. 4に引かれたシチュアシオニスト, ラウル・ヴァネーゲムの言葉.

第十四章

ジョイス『死者たち』［390頁］はJames Joyce, "The Dead," *Dubliners* (New York: Dover, 1991), p. 149より〔『ダブリン市民』に所収〕. この作品における"walk"の用法の指摘はAnne Wallace, *Walking, Literature and English Culture*による. Oxford English Dictionaryも優れた解説を設けている.「どうやら本当…」［391頁］: Glen Petrie, *A Singular Iniquity: The Campaigns of Josephine Butler* (New York: Viking, 1971), p. 105. 同書はキャロライン・ワインバーグの件についてさまざまな解説がある.

シルヴィア・プラスの引用［392頁］はCarol Brooks Gardner, *Passing By: Gender and Public Harassmennt* (Berkeley: University of California Press, 1995), p. 26に引かれたもの. ジェンダーと移動（旅）についてはEric J. Leed, *The*

ジューナ・バーンズの引用[353頁]はDjuna Barnes, *Nightwood* (New York: New Directions, 1946), pp. 59-60より〔河本仲聖訳『夜の森』集英社, 1991年〕.「苦労してワニの顎を …」[354頁]：Grunwald, *Prophets without Honor*, p. 245 より. フラウ・ガーランドの言葉も同書による. ハンナ・アーレントの引用は Hannah Arendt, introduction, in *Illuminations: Essays and Reflections* (New York: Schocken Books, 1969), p. 18, 21 より.

「意図的に構成された…」[357頁]：Guy DeBord, "Introduction to a Critique of Urban Geography," in *Situationist International Anthology*, ed. and trans. Ken Knabb (Berkeley: Bureau of Public Secrets, 1981), p. 5.「重要なことは…」[358頁]：Greil Marcus, "Heading for the Hills," *East Bay Express*, February 19, 1999. マーカスは *Lipstick Traces* (Cambridge, Mass.: Harvard University Press, 1990)で シチュアシオニストについて詳しく論じている. ド・セルトーの議論[359頁]についてはMichel de Certeau, *The Practice of Everyday Life* (Berkeley: University of California Press, 1984), p. 93, 100を参照〔ミシェル・ド・セルトー著／山田登世子訳『日常的実践のポイエティーク』国文社, 1987年〕. バイイの議論はJean-Christophe Bailly in Sheringham, "City Space, Mental Space, Poetic Space," *Parisian Fields*, p. 111より.

第十三章

この章の内容は, 著者が1998年に*Harvard Design Magazine*に発表した"The Right of the People Peaceably to Assemble in Unusual Clothing: Notes on the Streets of San Francisco,"および*Camerawork Quarterly*, summer 1995に発表した"Voices of the Streets,"さらに*War After War* (San Francisco: City Lights Books, 1991)に書いた湾岸戦争時の反戦運動に関するエッセイと重なる部分がある.

ホブスボウムの考察[368頁]について：Eric Hobsbawm, "Cities and Insurrections," in *Revolutionaries* (New York: Pantheon, 1973), p. 222. またElizabeth Wilsonによる*The Sphinx in the City*およびPriscilla Parker Fergusonの*Paris as Revolution*はいずれも社会空間と都市における革命の可能性の関連を指摘している.「一方で都市の改造は…」[369頁]：Hobsbawm, "Cities and Insurrections," p. 224.「欲望を現実と…」[同頁]：Angelo Quattrocchi and Tom Nairn, *The Beginning of the End* (London: Verso, 1998), p. 26.「コロンビア大学の…」[同頁]：Mavis Gallant, *Paris Notebooks: Essays and Reviews* (New York: Random House, 1988), p. 3.

パリの女性らが行なった行進[371頁]については多くの異なる見解が存在する. 本書では事態の推移や詳細についてShirley Elson Roessler, *Out of the Shadows: Women and Politics in the French Revolution, 1789-95* (New York: Peter Land, 1996)に依拠しているが, Michelet, *History of the French Revolution* (Wynnewood, Pa.: Livingston, 1972)〔ジュール・ミシュレ著／桑原武夫訳『フランス革命史』中央公論新社, 2006年〕とGeorges Rude, *Crowd in the French Revolution* (Oxford: Oxford University Press, 1972)〔ジョージ・リューデ著／前川貞次郎訳『フランス革命と群衆』ミネルヴァ書房, 1996年〕さらにSimon Schama, *Citizens* (New York: Knopf, 1989)〔サ

…」：同書, p. 42.
「パリの路上では…」［341頁］および続く引用箇所：George Sand, *My Life*, trans. Dan Hofstadter (New York: Harper Colophon, 1979), pp. 203-4〔ジョルジュ・サンド著／加藤節子訳『我が生涯の記』2005年〕.「旺盛な詩人の手にかかれば…」［342頁］：Baudelaire, "Crowds," in *Paris Spleen*, trans. Louis Varese (New York: New Directions, 1947), p. 20〔『パリの憂鬱』所収〕.

オスマンの事業［343頁］については David Pinkney, *Napoleon III and the Rebuilding of Paris* (Princeton: Princeton University Press, 1958)から多くの知見を得た. また Wolfgang Schivelbusch, *The Railway Journey: The Industrialization of Time and Space in the Nineteenth Century* (Berkeley: University of California Press, 1986)も参照した〔ヴォルフガング・シヴェルブッシュ著／加藤二郎訳『鉄道旅行の歴史—19世紀における空間と時間の工業化』法政大学出版会, 2011年〕. シヴェルブッシュが強調するところによれば,〈直線の大王〉オスマンの街路デザインは実用一辺倒だった.「街路や大通りが行軍に最適化された設計であることは明らかだったが, この機能は商業活動に重心を移した新体制のボナパルティズム的な付随物にすぎなかった」.

「パリは変わる…」［344頁］：Charles Baudelaire, "Le Cygne," *The Flowers of Evil*. David M. Dodgeが著者のために訳してくれたもの〔『悪の華』所収の「白鳥」〕.「わたしのパリ…」：Jules and Edmond Goncourt, *The Goncourt Journals*, ed. and trans. Lewis Galantière (New York: Doubleday, Doran, 1937), p. 93.「散歩を楽しむ者に…」［346頁］：Schivelbusch, *Railway Journey*, p. 185 n.「夜, 寝床では…」［347頁］：以下の引用から：Susan Buck Morse, *The Dialectics of Seeing: Walter Benjamin and the Arcades Project* (Cambridge, Mass.: MIT Press, 1991), p. 33.「アラゴンが我々の…」［348頁］：Louis Aragon, *Paris Peasant*, trans. Simon Watson Taylor (Cambridge, Mass.: Exact Change, 1994), p. viiiに引かれたアンドレ・ブルトンの言葉〔ルイ・アラゴン著／佐藤朔訳『パリの農夫』思潮社, 1988年〕.「最悪の結末を…」［349頁］：Andre Breton, *Nadja*, trans. Richard Howard (New York: Grove Press, 1960), p. 64〔アンドレ・ブルトン著／巖谷國士訳『ナジャ』岩波書店, 2003年〕.

「ジョルジェットはふたたび…」および「わたしみたいに…」［349-350頁］：Philippe Soupault, *Last Nights of Paris*, trans. William Carlos Williams (Cambridge, Mass.: Exact Change, 1992), pp. 45-46, 64.「そこへ来てしまうと…」［351頁］：同書., p. 80. パリの地理の〈解釈〉［同頁］について：Michael Sheringham, "City Space, Mental Space, Poetic Space: Paris in Breton, Benjamin and Réda," in *Parisian Fields*, ed. Michael Sheringham (London: Reaktion Books, 1996), p. 89. この街についての身体のメタファーはさらに古くから存在するが, 性的な含意のあるものではなかった. 十九世紀にしばしば公園は都市の「肺」と呼ばれている. Richard Sennett, *Flesh and Stone: The Body and the City in Western Civilization* (London and Boston: Faber and Faber, 1994) によれば, オスマンによる上下水道や街路などの都市インフラは健康に欠かせない身体の循環機能として語られた.

[334頁]および後続の引用は Walter Benjamin, *Charles Baudelaire: A Lyric Poet in the Era of High Capitalism*, trans. Harry Zohn (London: Verso, 1973), p. 36 より〔邦訳は「ボードレールにおける第二帝政期のパリ」として浅井健二郎ほか訳『パリ論／ボードレール論集成』筑摩書房 2015年などに所収〕.

遊歩者の非実在性[336頁]については, Rob Shields, "Fancy Footwork: Walter Benjamin's Notes on the Flâneur," in *The Flâneur*, ed. Keith Tester (London: Routledge, 1994) に以下の指摘がある:「現実では, 十九世紀の旅人や紀行作家はひとつの都市伝説としてのみ遊歩者に言及していると考えざるをえない. 遊歩者が生息しているのはバルザックやウージェーヌ・シューやアレクサンドル・デュマの小説なのである」. ジェラール・ド・ネルヴァルがオマール海老を連れて散歩していたという有名な話[336頁]は Richard Holmes, *Footsteps: Adventures of a Romantic Biographer* (New York: Vintage Books, 1985), p. 213を参照.

「通りは狭く…」[337頁]: Victor Hugo, *Les Misérables*, trans. Charles E. Wilbour (New York: Modern Library, 1992), bk. 12, Corinth, chap. I, pp. 939-40〔ヴィクトル・ユゴー『レ・ミゼラブル』〕. Girouard, *Cities and People*, pp. 200-201は以下のように述べている:「訪問者は口を揃えてこうした街路のありさまを記している. 歩道がないために, 歩行者は常に速い往来に巻き込まれ, 轢かれたり泥をかぶったりする危険にさらされていた. アーサー・ヤングが1787年に書いたところによれば,『歩くことはロンドンでは不快でも汚れることもなく, 御婦人方も日々勤しんでいることだが, ここでは男性にさえ骨の折れることで, 着飾った婦人にはもはや不可能だ』. またロシアからの旅行者カラムジンによれば,『世界中を旅したあの著名なトゥルヌフォール氏は, 長すぎる旅のせいで, 街路ではレイヨウの如く機敏に動かねばならないことを忘れてしまい, パリに帰った後で小型馬車に轢かれて亡くなってしまった』という. こうした状況ではウィンドー・ショッピングなどが流行るはずはない」. フランシス・トロロープの引用[同頁]は以下より: Frances Trollope, *Paris and the Parisians in 1835* (New York: Harper and Brothers, 1836), p. 370.

「パリには人びとが…」[338頁]: Muhammed Saffar, *Disorienting Encounters: Travels of a Moroccan Scholar in France, 1845-46*, trans. and ed. Susan Gilson Miller (Berkeley: University of California Press, 1991), pp. 136-37.「一緒に長々と…」[同頁]: 1861年5月6日, 母宛てのボードレールの手紙. Claude Pichois, *Bauddaire* (New York: Viking, 1989), p. 21所収.「いつでもサン=ルイ島の…」[340頁]: Nicholas-Edme Restif de la Bretonne, *Les Nuits de Paris or the Nocturnal Spectator* (A Sdection), trans. Linda Asher and Ellen Fertig, introduction by Jacques Barzun (New York: Random House, 1964), p. 176. 都市を処女林と呼ぶことについて[341頁]: Susan Buck-Morss, "The Flâneur, the Sandwichman and the Whore: The Politics of Loitering," *New German Critique* 39 (1986): p. 119には「遊歩者の登場する大衆文学はパリを〈処女林〉(V. 551)と呼ぶこともあったが, そこを一人歩きしている女は処女とは思われていなかった」とある.「大通りで…」[同頁]: Benjamin, *Baudelaire*, p. 39.「スペンサージャケットを着た

Donald M. Allen (New York: Grove Press, 1960), p. 182, 186およびAllen Ginsberg, *Kaddish and Other Poems, 1958-1960* (San Francisco: City Lights Books, 1961), p. 7より〔それぞれ邦訳は「吠える」および「カディッシュ」, アレン・ギンズバーグ著／諏訪優訳『ギンズバーグ詩集』思潮社, 1991年など〕. ラリー・リヴァーズの回想[319頁]はBrad Gooch, *City Poet: The Life and Times of Frank O'Hara* (New York: Alfred A. Knopf, 1993), p. 217より. 以降のオハラの詩"Meditations in an Emergency", "Walking to Work"および"F. (Missive and Walk)"は以下を参照した：Frank O'Hara, *The Selected Poems* (New York: Vintage Books, 1974). ヴォイナロヴィッチの詩[323頁以降]はDavid Wojnarowicz, *Close to the Knives: A Memoir of Disintegration* (New York: Vintage Books, 1991)より.

第十二章

「あるときは風景…」[329頁]：Walter Benjamin, "On Some Motifs in Baudelaire," in *Reflections: Essays, Aphorisms, Autobiographical Writings* (New York: Schocken Books, 1978), p. 156〔「ボードレールにおけるいくつかのモティーフについて」. 浅井健二郎訳『ベンヤミン・コレクション〈1〉近代の意味』筑摩書房, 1995年などに所収〕. 同頁「ある街で…」および次頁「それはパリでなければ…」: Walter Benjamin, "A Berlin Chronicle," in *Reflections*, p. 8, 9〔「ベルリン年代記」. 小寺昭次郎編『ヴァルター・ベンヤミン著作集12』晶文社 1971年に所収〕. ベンヤミンとアルペンストックや山について[330頁]は, 1913年9月13日, 1914年7月6, 7日, 1918年11月8日, および1921年7月20日の手紙を参照. またMonme Brodersen, *Walter Benjamin: A Biography* (London: Verso, 1996) には以下の記述がある：「やがて雑に塗られたアルプスの背景画が持って来られた. 私は無帽で, 唇にひねくれた笑みを浮かべ, 右手には杖を握り締めていた」(p. 12)「少年の日常のこれまたありきたりの出来事といえば, 一家揃って長い旅行に出かけることだった. 向かう先は北海やバルト海地方, ボヘミアとシレジアの間のリーゼンゲビルゲ山地, シュヴァルツヴァルト地方のフロイデンシュタット, そしてスイスだ」(p. 13).

「頭をまっすぐ…」[331頁]Gershom Sholemの 言. Frederic V. Grunfeld, *Prophets without Honor: A Background to Freud, Kafka, Einstein and Their World* (New York: McGraw Hill, 1979), p. 233 より. 古スカンジナヴィア語説[332頁]は以下を参照：Priscilla Park Ferguson, "The Flaneur: Urbanization and Its Discontents," in *From Exile to Vagrancy: Home and Its Dislocations in 19th Century France*, ed. Suzanne Nash (Albany: State University of New York, 1993), p. 60, n. 1. おなじ著者による *Paris as Revolution* (Berkeley: University of California Press, 1994) も参照.「十九世紀の辞典…」[同頁]：Elizabeth Wilson, "The Invisible Flaneur," *New Left Review* 191 (1992): pp. 93-94.「群集こそ…」[333頁]：Charles Baudelaire, "The Painter of Modern Life," *Selected Writings on Art and Artists* (Cambridge: University of Cambridge Press, 1972), p. 399〔邦訳「現代生活の画家」. シャルル・ボードレール著／阿部良雄訳『ボードレール批評 2』筑摩書房 1992年所収〕.「遊歩者は, 舗道の…」

Poor, vol. 4 (1861-62; reprint, New York: Dover Books, 1968), p. 211. この文献は警察裁判所判事コフーン氏による「遠大な調査」を参照しているとのこと.「ヘイマーケットとリージェント・ストリートをまわる娼婦」[同頁]: 同, p. 213. 同書217ページには「彼女ら〔娼婦〕は3時から5時の間にバーリントン・アーケードに姿をみせる. 高級娼婦に人気の場所である. 彼女らは事情によく通じており, うまく交渉がすすむとなじみの帽子屋にするりと入りこむ. そこには彼女らの脚に馴染んだ二階への階段があるのだ. すでに述べたように公園も, 逢瀬や待ち合わせの場所として人気が高い」とある.

「売春からみえる街の風景は…」[302頁]: Richard Symanski, *The Immoral Landscape: Female Prostitution in Western Societies* (Toronto: Butterworths, 1981), pp. 175-76.「娼館で仕事を…」[同頁]: Dolores French with Linda Lee, *Working: My Life as a Prostitute* (New York: E. P. Dutton, 1988), p. 43.

「近代都市がもっていた…」[303頁]: Raymond Williams, *The Country and the City* (New York: Oxford University Press, 1973), p. 233.「そのころ貧しさゆえに…」[304頁]および続くド・クインシーの引用は De Quincey, *Confessions of an English Opium Eater* (New York: Signet Books, 1966), pp. 42-43より〔邦訳ド・クインシー著／野島秀勝訳『阿片服用者の告白』岩波書店, 2007年〕. チェスタトンの引用[305頁]はG. K. Chesterton, *Charles Dickens, a Critical Study* (New York: Dodd, Mead, 1906), p. 47, 44より.「速歩きも遠出も…」[306頁]: Ned Lukacher, *Primal Scenes: Literature, Philosophy, Psychoanalysis* (Ithaca: Cornell University Press, 1986), p. 288に収録のディケンズからジョン・フォースターに宛てた手紙. 同頁以降の『逍遥の旅人』に収録のエッセイは以下を参照した: Charles Dickens, *The Uncommercial Traveller and Reprinted Pieces Etc.* (Oxford and New York: Oxford University Press, 1958).

パティ・スミスのインタビュー[311頁]は1997年10月3日にナショナル・パブリック・ラジオ（NPR）の「*Fresh Air*」に出演した際のもの.「山だの登山だの…」[同頁]: 1924年8月19日, V. サックヴィル=ウェスト宛てのウルフの手紙. *The Letters of Virginia Woolf*, vol. 3, *A Change of Perspective*, ed. Nigel Nicholson (London: Hogarth Press, 1975-80), p. 126.「われわれの個人的…」から「他人の…」まで[311-312頁]は Virginia Woolf, "Street Haunting: A London Adventure," in *The Death of the Moth and Other Essays* (Harmondsworth, England: Penguin Books, 1961)より.

ニューヨークにおける移動の3分の2が徒歩[314頁]というのはTony Hiss, editorial, *New York Times*, January 30, 1998による.「概して, 北アメリカにおける…」[同頁]: Rudofsky, *Streets for People*, p. 19. ホイットマンの詩[315頁以降]はWalt Whitman, "Recorders Ages Hence," *Leaves of Grass* (New York: Bantam Books, 1983)より〔ウォルト・ホイットマン著／酒本雅之訳『草の葉』岩波書店, 1998年など〕.

「実りの大地」という呼称[316頁]については以下を参照: Ken Gonzales-Day, "The Fruited Plain: A History of Queer Space," *Art Issues*, September/October 1997, p. 17.

ギンズバーグの引用[318頁]は Allen Ginsberg, "Howl," in *The New American Poetry*, ed.

Levy, *920 O'Farrell Street* (Berkeley: Heyday Books, 1997), pp. 185-86. マーケット・ストリートでケルアックがみたヴィジョン[286頁]については1961年5月の手紙で触れられており,「それ〔=『路上』〕は本当のところカソリック信者の二人組が神を探す物語だった.僕らはそれを,サンフランシスコのマーケット・ストリートで見上げた空に見つけた(あの2つのヴィジョンだ)」とある. *Atlantic Monthly*, November 1998, p. 68に収録. 人通りのある通りが安全に保たれること[291頁]についてはJane Jacobs, *The Death and Life of Great American Cities* (New York: Vintage Books, 1961), 特に「歩道の使い道:治安」の章を参照〔ジェイン・ジェイコブズ著/山形浩生訳『アメリカ大都市の死と生』鹿島出版会, 2010年〕.「都市の特質は…」[同頁]: Peter Jukes, *A Shout in the Street: An Excursion into the Modern City* (Berkeley: University of California Press, 1991), p. 184に引用されたモレッティの言葉より. 富裕層のための都市空間の性格[292頁]については以下を参照: *Cities and People* (New Haven and London: Yale University Press, 1985), pp. 166-68, 237-38.

「昼下がりの…」[293頁]: Ray Rosenzweig and Elizabeth Blackmar, *The Park and the People: A History of Central Park* (Ithica: Cornell University Press, 1992), p. 27, 223. ルドフスキーの引用[295頁]はBernard Rudofsky, *Streets for People: A Primer for Americans* (New York: Van Nostrand Reinhold, 1982)の, 自著『建築家なしの建築』を引いたエピグラフより〔バーナード・ルドフスキー著/平良敬一・岡野一宇訳『人間のための街路』鹿島出版会, 1973年〕.「古代のイタリアの街…」[296頁]: Edwin Denby, *Dancers, Buildings and People in the Streets*, introduction by Frank O'Hara (New York: Horizon Press, 1965), p. 183.「深刻な気分になると…」[298頁]: 以下に読めるアディソンの言葉より. Joseph Addison and Richard Steele, *The Spectator. Vol. 1* (London: J. M. Dent and Sons, 1907), p. 96, from *Spectator*. no. 26 (March 30, 1711).「昼間せわしい…」[299頁]: John Gay, "Trivia; or, the Art of Walking the Streets of London," book 3, line 126, in *The Abbey Classics: Poems by John Gay* (London: Chapman and Dodd, n.d.), p. 88.「歩く者みな…」[同頁]: 同書, II, pp. 275-82, 78. 同頁のワーズワースの言葉は『序曲』*Prelude*, ブレイクの言葉は有名な「ロンドン」の冒頭より. *William Blake*, ed. J. Bronowski (Harmondsworth, England: Penguin Books, 1958), p. 52. 若いころのサミュエル・ジョンソンの歩き方[300頁]については,Richard Holmes, *Dr. Johnson and Mr. Savage* (New York: Vintage Books, 1993), p. 44に, 以下のようなサー・ジョン・ホーキンズの文章が引かれている:「サヴェジと夜を徹してそういった話をしたものだ, とジョンソンは語っていた. 夜, むさくるしい居場所を手に入れる金さえないときには, 居心地がよくて暖かで, 悩みも忘れるワインのある屋根の下ではなく, ウェストミンスター・セント・ジェームズのような界隈をぐるぐる歩いたのだ, と」.「今夜は…」[300頁]: James Boswell, *Boswell's London Journal*, ed. Frederick A. Pottle (New York: Signet, 1956), p. 235.

ロンドンの娼婦の数[301頁]について: Henry Mayhew, *London Labour and the London*

1992).「一九一九年以降…」[264頁]: Masur, *Prophets of Yesterday*, p. 368.

イギリス人「千八百万人」が郊外へ向かうという件[265頁]はShoard, *This Land Is Our Land*, p. 264 より.「一千万人」が歩行をレジャーにしているということは*Country Walking*誌編集長リン・マクスウェルとの会話(1998年5月)で知った.「ほとんどスピリチュアル…」[同頁]: ローリー・スミスと筆者との会話(1998年5月)より. 土地への進入と階級闘争の関係については以下を参照: "Information on trespassing, poaching, and gamekeepers in various parts of Shoard", *This Land Is Our Land*.〈旧歩道保護協会〉について[268頁]: Tom Stephenson, *Forbidden Land: The Struggle for Access to Mountain and Moorland, ed. Ann Holt* (Manchester and New York: Manchester University Press, 19), p. 59.〈森林散策クラブ〉について: Hill, *Freedom to Roam*, p. 21. ヨーロッパ諸国と比較した際のイギリスの通行権について[269頁]: Steve Platt, "Land Wars," *New Statesman and Society* 23 (May 10, 1991) および Shoard, *This Land Is Our Land*, p. 451.「大地は…」[271頁]: Ann Holt, "Hindsight on Kinder," *Rambling Today*, spring 1995, p. 17に引かれたJames Bryceの発言より. また Raphael Samuel, *Theatres of Memory* (London, Verso, 1994), p. 294には「1865年に設立された〈コモンズ・オープンスペース・歩道協会〉(ナショナルトラストの遠い祖先にあたる)はある種のリベラル運動体であり, 地主や開発業者の侵害行為に対する村民や庶民の声を擁護していた」とある.「玉に瑕といえるのは…」[同頁]: Crichton Porteous, *Derbyshire* (London: Robert Hale Limited, 1950), p. 33.「分別ある…」[272頁]Leslie Stephen, "In Praise," p.32.「十九世紀最後の…」: Hill, *Freedom to Roam*, p. 24.「ハイキングは, 非公式…」[273頁]: Raphael Samuels, *Theatres of Memory*, p. 297. なおこの文章は以下のように続く:「そして"散策の自由"は左翼運動の関心事だった. 20世紀初頭には〈クラリオンリーグ〉という4万人の若者が参加する組織によって大衆的な基盤が築かれ, 村の緑地で開かれる毎日曜日の集会で社会主義的なメッセージが伝えられるようになった. 戦間期には, ボーイスカウトやガールスカウトのイギリス版であるガールガイドから男女の区分と軍隊的要素を除き, 平和主義と神秘主義的自然思想を採り入れたような〈ウッドクラフトフォーク〉がこれを引き継ぎ, 1930年にはユースホステル協会が創設された. この流れはさらに休日や祝祭日に山野の散策に出かける膨大な数のハイカーたちによって引き継がれた. ハイキングは, ダンスホールに行くかわりの知的活動として, 労働者階級の自由人たちにとりわけ人気だった」.「都市の住人は…」[275頁]: Benny Rothman, *The 1932 Kinder Scout Trespass: A Personal View of the Kinder Scout Mass Trespass* (Altrincham, England: Willow Publishing, 1982), p. 12.

第十一章

この章で触れる, エドウィン・デンビの著作とウォルト・ホイットマンの詩の手がかりとなったのは以下のエッセイだった: Philip Lopate, "The Pen on Foot: The Literature of Walking Around," *Parnassus*, vol. 18, no.2 and 19, no 1, 1993.

「土曜の夜には…」[284頁]: Harriet Lane

吉訳『終わりなき山河』思潮社, 2002年〕. 山やその精神性, 登山についてスナイダーが書いたものには以下がある. "Blue Mountains Constantly Walking," in *The Practice of the Wild* (San Francisco: North Point Press, 1990)〔原成吉訳『野生の実践』山と渓谷社, 2000年〕, *Earth House Hold* (New York: New Directions, 1969)〔片桐ユズル訳『地球の家を保つには―エコロジーと精神革命』社会思想社, 1975年〕. 比較的最近のものではJohn O'Gradyによるインタビューが以下に掲載されている：*Western American Literature*, fall 1998.「わたしは風景のなかを…」［242頁］：Snyder, *Mountains and Rivers*, p. 156.「岩, 空気, …」：ケルアックの*Dharma Bums*より. 以下を参照した：David Robertson, *Real Matter* (Salt Lake City: University of Utah Press, 1997), p. 100.「この一文は…」［同頁］：同書, p. 100, 108.「わたしは, 空間を…」［244頁］：前掲のO'Grady によるスナイダーのインタビュー, p. 289より.「三十一年ぶりにシエラの…」［同頁］：Gary Snyder, *No Nature: New and Selected Poems* (New York: Pantheon Books, 1992), p. 362〔金関寿夫・加藤幸子訳『ノー・ネイチャー』思潮社, 2011年〕.

第十章

「適切に行なわれたならば…」［247頁］：William Colby, *Sierra Club Bulletin*, 1990. 野外活動クラブの急増［248頁］についてはClark, *Picture History of Mountaineering*, p. 12が以下の通りに書いている：「1857年の英国山岳会につづいて, 1863年にはスイス山岳会とサヴォワ観光協会が創設された. 同じ年の暮れにはイタリア山岳会, 1865年にはピレネー探検を目的としたラモン協会が設立された. オーストリアとドイツの山岳会は1869年, フランス山岳会は1874年に設立された. アメリカでは, はやくも1863年にウィリアムズタウン山岳会が設立され, ホワイトマウンテン山岳会, アパラチア山岳会がそれぞれ1873年と1876年に設立されている」. なお婦人山岳会（Ladies' Alpine Club）は1907年に創設された.

「ダナ山の険しい…」［251頁］：Ella M. Sexton, *Sierra Club Bulletin* 4 (1901): p. 17.「コルビーさんは稲妻のように…」［252頁］：1908年7月5日および18日の手紙. Bancroft Library所蔵のSierra Club filesにある, ネルソン・ハケットへの聞き取り記録末尾に収録.「我々にとってなによりも…」［257頁］：Michael Cohen, *The Pathless Way: John Muir and the American Wilderness* (Madison: University of Wisconsin, 1984), p. 331.

〈自然の友〉設立［258頁］に関してはマンフレッド・ピルズからEメールで教示頂いた（1998年10月）.「主たること…」［262頁］：Walter Laqueur, *Young Germany: A History of the German Youth Movement* (New Brunswick and London: Transaction Books, 1984), p. 33〔ウォルター・ラカー著／西村稔訳『ドイツ青年運動―ワンダーフォーゲルからナチズムへ』人文書院, 1985年〕. 以下も参照した：Gerhard Masur, *Prophets of Yesterday: Studies in European Culture, 1890-1914* (New York: Macmillan, 1961); Werner Heisenberg, *Physics and Beyond: Encounters and Conversations* (New York: Harper and Row, 1971); and David C. Cassidy, *Uncertainty: The Life and Science of Werner Heisenberg* (New York: W. H. Freeman,

(Princeton: Princeton University Press, 1973), p. 290〔ヘンリー・ソロー著／今泉吉晴訳『ウォールデン 森の生活』小学館, 2004年など〕.「岩を登ることは…」［227頁］: Charles Edward Montague, "In Hanging Garden Gully" (from his book *Fiery Particles*, 1924). 以下に抜粋あり: *Challenge: An Anthology of the Literature of Mountaineering*, ed. William Robert Irwin (New York: Columbia University Press, 1950), p. 333. マロリーの発言［228頁］はMurray Sayle, "The Vulgarity of Success," *London Review of Books*, May 7, 1998, p. 8より. チョモランマ［229頁］についてはBernbaum, *Sacred Mountains*, p. 7.「西洋社会では…」: 同書p. 236.

「そして行動を…」［231頁］: Gwen Moffat, *The Space Below My Feet* (Cambridge: Riverside Press, 1961), p. 66. グウェン・モファットは「もっとも時間をかけた踏破」［同頁］について以下の通り書いている（同書p. 101）:「6月末にクイリン丘陵を縦走した. 主稜は7, 8マイルほどの間に3,000フィート級のピークが16峰続き, 踏破にかかる平均時間は10から13時間. スノードニアの14峰と同じく, 24時間かける者や短時間の記録に挑む者もいる. 記録嫌いの私たちは違うやり方をした. 2日分の食糧を持って行き, 日光浴や眺望をたっぷりと味わい, 尾根で幕営した. つまりクイリン縦走の最長時間記録に挑んだのである.」

「明晰な知性と…」［232頁］: Eric Shipton, *Mountain Conquest* (New York: American Heritage, 1965), p. 17. 初期のモンブラン登頂について［234頁］: Ronald W. Clark, *A Picture History of Mountaineering* (London: Hulton Press, 1956), p. 31.「肉体と同じように…」および「そうした企ては…」［同頁］: D'Angeville, *My Ascent*, p. xx-xxi.

「半世紀にわたって」［238頁］: Smoke Blanchard, *Walking Up and Down in the World*, Memories of a Mountain Rambler (San Francisco: Sierra Club Books, 1985), p. xv. 李白の詩［239頁］については以下を参照した: Arthur Cooper, trans., *Li Po and Tu Fu* (Harmondsworth, England: Penguin Books, 1973), p. 105. 詩の引用は*Cold Mountain: 100 Poems by the Tang Poet Han-Shan*, trans. Burton Watson (New York: Columbia University Press, 1972), poem 82, p. 100より.「六世紀以前に…」［240頁］: Bernbaum, *Sacred Mountains*, p. 58.「修験道のあらゆる…」: H. Byron Earhart, *A Religious Study of the Mount Haguro Sect of Shugendo, An Example of Japanese Mountain Religion* (Tokyo: Sophia University, 1970), p. 31〔H・バイロン・エアハート著／鈴木正崇訳『羽黒修験道』弘文堂, 1985年〕. 修験道については以下も参照: Allan G. Grapard, "Flying Mountains and Walkers of Emptiness: Toward a Definition of Sacred Space in Japanese Religions," *History of Religion* 21, no. 3 (1982).「強力というものに…」［241頁］: Basho, *The Narrow Road to the Deep North and Other Travel Sketches*, trans. and ed. Nobuyuki Yuasa (Harmondsworth, England: Penguin Books, 1966), p. 125〔芭蕉『奥の細道』〕. 芭蕉は東北地方の修験道の中心地として有名な羽黒山に登った後, 月山に登っている.

「十三のとき…」［241頁］: Gary Snyder, *Mountains and Rivers without End* (Washington, D.C.: Counterpoint Press, 1996), p. 153〔ゲイリー・スナイダー著／山里勝巳・原成

「レーガンは理解した…」［206頁］：Michael Korda, "Prompting the President," *New Yorker*, October 6, 1997, p. 92.
「しかし，なぜ徒歩…」［210頁］：Charles F. Lummis, *A Tramp Across the Continent* (Omaha: University of Nebraska Press, 1982), p. 3.
「けれど，一日に…」［215頁］：Robyn Davidson, *Tracks* (New York: Pantheon Books, 1980), pp. 191-92.「然るべく発展を…」［216頁］：Alan Booth, *The Roads to Sata: A Two-Thousand-Mile Walk Through Japan* (New York: Viking, 1986), p. 27〔邦訳アラン・ブース／柴田京子訳『ニッポン縦断日記』東京書籍，1988年〕.「世界一周の…」［217頁］：Ffyona Campbell, *The Whole Story: A Walk Around the World* (London: Orion Books, 1996), preface.

第九章

「ただ純粋に…」［222頁］：Kenneth Clark, *Landscape into Art* (Boston: Beacon Press, 1961), p. 7〔邦訳ケネス・クラーク著／佐々木英也訳『風景画論』岩崎芸術社，1998年／筑摩書房，2007年〕.「頂上には…」［223頁］：Clarence King, *Mountaineering in the Sierra Nevada* (NewYork: W. W. Norton, 1935), p. 287.

キリスト教ヨーロッパが唯一，山岳を忌むべき存在と捉えていたことについて［224頁］：18世紀以前のヨーロッパ人が山に対して特異な態度をもっていたことは，フランシス・ファーカーによる山岳文学概説およびEdwin Bernbaum, *Sacred Mountains of the World* (Berkeley: University of California Press, 1997)が所見を同じくしている.〈さまよえるユダヤ人〉についてはエドワード・ウィンパーも語っている. 以下を参照, Ronald W. Clark, *Six Great Mountaineers* (London, Hamish Hamilton, 1956), p. 14〔ロナルド・W・クラーク著／杉田博訳『大登山家の歴像』書肆田高，1983年〕. イギリスの作家が山について用いた語彙については以下より. Keith Thomas, *Man and the Natural World: Changing Attitudes in England* (Harmondsworth, England: Penguin Books, 1984), pp. 258-59〔邦訳キース・トマス著／山内昶訳『人間と自然界—近代イギリスにおける自然観の変遷』法政大学出版局，1989年〕.

始皇帝の山登り［224頁］についてはBernbaum, *Sacred Mountains*, p. 31より.「『巡礼を行う』という…」［同頁］：Gretel Ehrlich, *Questions of Heaven: The Chinese Journeys of an American Buddhist* (Boston: Beacon Press, 1997), p. 15.「敬虔なるモーセが…」［225頁］：*Egeria: Diary of a Pilgrimage*, trans. George E. Gingras (New York: Newman Press, 1970), pp. 49-51〔太田強正訳『エゲリア巡礼記』サンパウロ，2002年〕.「見上げるものは…」［225頁］：Henriette d'Angeville, *My Ascent of Mont Blanc*, trans. Jennifer Barnes (London: HarperCollins, 1991), xvにDervla Murphyが寄せた序文に引かれている. アメリカ人女性初のエベレスト登頂を果たしたステーシー・アリソンも同じことを述べている：「もう登る場所はなかった. そのとき私は世界の頂にいたのだから」(www.everest.mountainzone.comより). ちなみに女性初の登頂は日本人，田部井淳子だった.「狭い裂け目を…」［226頁］：Dante, *The Divine Comedy, Purgatorio*, canto 4〔ダンテ『神曲』第四歌〕.「旅人にとって…」［同頁］：Henry David Thoreau, *Walden*

Makings of a Music," in *Preoccupations* (New York: Farrar, Straus and Giroux, 1980), p. 66, 68より〔シェイマス・ヒーニー著／室井光広・佐藤亨訳『プリオキュペイションズ』国文社, 2000年〕.「地所の領主が…」［188頁］: Davies, *Wordsworth*, p. 324. Wallace, *Walking, Literature and English Culture*, p. 117も参照.「食卓の端にいた…」［同頁］: 1887年10月7日付の*Manchester Guardian*紙に掲載された書簡. Howard Hill, *Freedom to Roam: The Struggle for Access to Britain's Moors and Mountains* (Ashbourne, England: Moorland Publishing, 1980), p. 40に引かれている. 散歩の際にはコールリッジが, 食事の際の議論にはジョン・ウォレスが同席していることからすると, これは同じ出来事を別様に語ったものとも思われる. その後も, ワーズワースは観光客をウィンダミアに運ぶ鉄道の建設に反対し「労働者は近場で休日を過ごせばよい」などと述べている. 観光産業の影響という点では, この冷淡な批判は当たっていた部分もある. 後年のシエラ・クラブも, 綱領から「自然を皆にアクセス可能にする」という条を取り下げた. 観光インフラが発達し人々があらゆる場所に入り込むようになると, 愛ゆえに景観は破壊されてしまうということがわかったからだ.

「ひと月のうちに…」［191頁］: Earle Vonard Weller, ed., *Autobiography of John Keats, Compiled from his Letters and Essays* (Stanford: Stanford University Press, 1933), p. 105.「この四ヶ月の…」［192頁］: Marples, *Shank's Pony*, p. 68より.

第八章

『ダーバヴィル家のテス』の引用はThomas Hardy, *Tess of the d'Urbervilles* (New York: Bantam Books, 1971)より〔トマス・ハーディ著／井手弘之訳『ダーバヴィル家のテス』集英社ギャラリー『世界の文学2 イギリス』集英社, 1990年など〕.「北緯の五十度の…」［194頁］: Aldous Huxley, "Wordsworth in the Tropics," in *Collected Essays* (New York: Bantam Books, 1960), p. 1. ウィリアム・ヘイズリット「旅に出ること」［195頁］: William Hazlitt, "On Going a Journey," in *The Lore of the Wanderer*, ed. Geoffrey Goodchild (New York: E. P. Dutton, 1920). レスリー・スティーヴン「徒歩礼賛」［197頁］: Leslie Stephen, "In Praise of Walking," in Finlay, *Pleasures of Walking*.「徒歩旅行は…」［198頁］: Robert Louis Stevenson, "Walking Tours," in Goodchild, *Lore of the Wanderer*, p. 10-11.

「わたしにはふたり…」［199頁］: G. M. Trevelyan, "Walking," in Finlay, *Pleasures of Walking*, p. 57.「友人と田舎で…」［同頁］: Max Beerbohm, "Going Out on a Walk," in Finlay, 前掲書, p. 39.「わたしは自然のために…」［200頁］および, 続くソローの引用はThoreau, "Walking", pp, 93-98より.「もっとも良いのは…」［202頁］: Bruce Chatwin, "It's a Nomad Nomad World," in *Anatomy of Restlessness: Selected Writings, 1969-1989* (NewYork: Viking, 1996), p. 103.「男よりも…」［203頁］: Thoreau, "Walking," p. 97.

「歩くことは…」［205頁］: Mort Malkin, "Walk for Peace," *Fellowship*, July/August 1997, p. 12. この雑誌は仏教徒平和協会（Buddhist Peace Fellowship）の機関誌である. Malkinには*Walk—The Pleasure Exercise and Walking—The Weight Loss Exercise*という著作もある.

W. Davies, 1808), 2: p. 119.「現実の風景のなかで…」: Richard Payne Knight, "The Landscape: A Didactic Poem," in *The Genius of the Place*, p. 344. 同頁のトマス・グレイの湖水地方の旅はグレイの"Journal in the Lakes"にある. 以下に収録: *The Works of Thomas Gray in Prose and Verse*, vol. 1, ed. Edmund Gosse (New York: Macmillan, 1902).

「彼女たちは田舎好きな…」[159頁]というドロシー・ワーズワースの手紙は1792年10月16日のもの.『高慢と偏見』からの引用[161-166頁]はJane Austen, *Pride and Prejudice* (Oxford: Oxford University Press/Avenal Books, 1985), p. 30〔ジェーン・オースティン著/富田彬訳『高慢と偏見』岩波書店, 1994年など〕.「午前, ナイト氏の…」[168頁]はドロシー・ワーズワースの日記, 1800年7月27日より. 以下に収録: *Home at Grasmere: Extracts from the Journal of Dorothy Wordsworth and from the Poems of William Wordsworth*, ed. Colette Clark (Harmondsworth, England: Penguin Books, 1978), p. 53-54.

第七章

本章中のワーズワース「序曲」は William Wordsworth, *The Prelude: The Four Texts (1798, 1799, 1805, 1850)*, ed. Jonathan Wordsworth (Harmondsworth, England: Penguin Books, 1995) より, すべて1805年版から引用した. たびたび参照しているケネス・ジョンストンのワーズワース伝はKenneth Johnston, *The Hidden Wordsworth: Poet, Lover, Rebel, Spy* (New York: Norton, 1998).

「脚に一家言ある女性に…」[169頁]: Thomas De Quincey, *Recollections of the Lakes and the Lake Poets*, ed. David Wright (Harmondsworth, England, Penguin Books, 1970), p. 53-54.「彼は自分と…」[172頁]: Hazlitt, "The Lake School," in *William Hazlitt: Selected Writings* (Harmondsworth, England: Penguin Books, 1970), p. 218.「思うに中国と…」[177頁]: Thomas De Quincey, "Walking Stewart—Edward Irving—William Wordsworth," in *Literary Reminiscences*, vol. 3 of *The Collected Works of Thomas De Quincey* (Boston: Houghton, Osgood and Co., 1880), p. 597.「来夏のあいだ…」: de Selincourt, *Letters*, p. 153.「この動乱の時代…」[178頁]: Basil Willey, *The Eighteenth-Century Background* (Boston: Beacon Press, 1961), p. 205〔バジル・ウィリー著/三田博雄・松本啓・森松健介訳『十八世紀の自然思想』みすず書房, 1975年〕.「すでにお気づきかも…」[179頁]: 1794年5月23日付け, 友人宛の手紙. de Selincourt, *Letters*, p.119.

「この詩の主題は…」[同頁]: Wordsworth, preface to the second edition of *Lyrical Ballads*, in *Anthology of Romanticism*, ed. Ernest Bernbaum (New York: Ronald Press, 1948), p. 300-301.「彼らの周りには…」[183頁]: Hazlitt, "The Lake School," p. 217.「あの旦那は…」[185頁]: *Wordsworth Among the Peasantry of Westmorland*に収められた地元住民の言葉. 引用はDavies, *Wordsworth*, p. 322より.「頭をちょっと…」[同頁]: Andrew J. Bennett, "'Devious Feet', Wordsworth and the Scandal of Narrative Form," *LELH* 59 (1992): p. 147.

「ただいま彼は…」[186頁]: 1804年5月, ボーモン夫人宛のドロシーの手紙. Davies, *Wordsworth*, p. 166より. シェイマス・ヒーニーの言葉[187頁]はSeamus Heaney, "The

Private & Public (New York: Vendome Press, 1992), p. 35.「砂利道のウォークと…」[143頁]：Agnes Burton, *The Journeys of Celia Fiennes*, ed. Christopher Morris (London: Cresset Press, 1949), p. 90-91に引かれたもの.「散歩の際に日差しや…」[144頁]：Lasdun, 前掲書, p. 66.「おお輝かしい自然よ！」[145頁]：John Dixon Hunt and Peter Willis, *The Genius of the Place: The English Landscape Garden, 1620-1840* (New York: Harper, 1975), p. 122に引かれたシャフツベリの言葉. なおThacker, *The Wildness Pleases*の解説も参照のこと. ウォルポールの「詩と絵画と庭づくり…」はHunt and Willis, 前掲書, p. 11より.「探索が必要であり…」[147頁]：John Dixon Hunt, *The Figure in the Landscape: Poetry, Painting and Gardening during the Eighteenth Century* (Baltimore: Johns Hopkins University Press, 1976), p. 143.「フランスの整形式庭園は…」[同頁]：Carolyn Bermingham, *Landscape and Ideology: The English Rustic Tradition, 1740-1860* (Berkeley: University of California Press, 1986), p. 12.

「当時の人間本位の…」[149頁]：Christopher Hussey, *English Gardens and Landscapes*, 1700-1750 (London: Country Life, 1967), p. 101.「彼の嗜好は芝生の…」：*Stowe Landscape Gardens* (Great Britain: National Trust, 1997), p. 45.「おおわたしを…」: James Thomson, *The Seasons* (Edinburgh and New York: T. Nelson and Sons, 1860), p. 139. Kenneth Johnstonは*The Hidden Wordsworth: Poet, Lover, Rebel, Spy* (New York: Norton, 1998)で『四季』をこの世紀で最も成功した詩と呼んでいる. その影響についてはAndrew Wilton, *Turner and the Sublime* (Chicago: University of Chicago Press, 1981)に読める.「百人百様の…」[150頁]：*Stowe Landscape Gardens*, p. 66に引用された1739年のポープの手紙.「あるいは二輪馬車で…」[同頁]：1770年7月7日付けジョージ・モンタギュー宛のウォルポールの手紙. *Selected Letters of Horace Walpole* (London: J. M. Dent and Sons, 1926), p. 93より.「作庭は, それが…」[151頁]：Hunt and Willis, 前掲書, p. 32に引用されたジョシュア・レイノルズの言葉.「垣根を飛び越え…」：同書p. 13に引用されたウォルポールの言葉.「ここ六十年の間…」[153頁]: Wordsworth, *Guide to the Lakes*, ed. Ernest de Selincourt (Oxford: Oxford University Press, 1977), p. 69.

「この公園は凡庸ではあるが…」[153頁]：*Travels of Carl Philipp Moritz*, p. 44.「ロンドンの人びとは北京の…」[154頁]：Oliver Goldsmith, *The Citizen of the World*, vol. 2. 以下を参照した：*Collected Works*, ed. Arthur Friedman (Oxford: Clarendon Press, 1966), p. 293.「彼女なら, 古くて…」[155頁],「たしかに…」[156頁], 以下のオースティンからの引用は：Jane Austen, *Sense and Sensibility* (New York: Washington Square Press, 1961)〔ジェーン・オースティン著／中野康司訳『分別と多感』筑摩書房, 2007年など〕.

「十八世紀後期の…」[156頁]：John Barrell, *The Idea of Landscape and the Sense of Place* (New York: Cambridge University Press, 1972), p. 4-5.「スコットランドの景観に…」[157頁]：William Gilpin, *Observations on Several Parts of Great Britain, particularly the Highlands of Scotland, relative chiefly to picturesque beauty, made in the year 1776* (London: T. Cadell and

の滝について「エリザベス女王の廷臣に雇われた巨大な庭師が作ったようなものといえばいいのか，仮にその庭師がスペンサーの助言を受けていたとすれば」と述べている．つまり，ワーズワースがイギリスの文学および庭園の伝統という枠組みで想像力を働かせていることは指摘に値するだろう．なお特にことわらない限り，ワーズワース兄妹の書簡は同書を参照した．

ワーズワースと仲間たちが徒歩の旅を変えたという指摘[134頁]は，たとえばMarion Shoard, *This Land Is Our Land: The Struggle for Britain's Countryside*, 2d. ed. (London: Gaia Books, 1997), p. 79がある．同じページに引用したクリストファー・モーリーの著作は健康のために歩くことを勧める本で，実際的なことにくわえて歩行にまつわるエッセイ集としても読むことができる．Christopher Morley, "The Art of Walking" (1917), in Aaron Sussman and Ruth Goode, *The Magic of Walking* (New York: Simon and Schuster, 1967)を参照した．カール・モリッツに触れている三書[135頁]は以下のとおり：Morris Marples, *Shank's Pony: A Study of Walking* (London: J. M. Dent and Sons, 1959); Robin Jarvis, *Romantic Writing and Pedestrian Travel* (Houndmills, Basingstoke, Hampshire: Macmillan Press, 1997); Anne Wallace, *Walking: Literature and English Culture* (Oxford: Oxford University Press, 1993). いずれも歩行と旅行を同じように扱っており，本書の立場とは必ずしも一致していない．同頁のモリッツ自身の言葉は以下から引いた：Carl Moritz, *Travels of Carl Philipp Moritz in England in 1782: A Reprint of the English Translation of 1795*, with an introduction by E. Matheson (1795; reprint, London: Humphrey Milford, 1924), p. 37.

「兄と…」というドロシーの言葉[136頁]は以下に引かれたもの：Hunter Davies, *William Wordsworth: A Biography* (New York: Anthenenum, 1980), p. 70.「おばさまの手紙で…」は1794年4月21日，叔母のクラカンソープ夫人に宛てた手紙．

自然嗜好を18世紀の産物とすることについては以下を参照のこと：Christopher Thacker, *The Wildness Pleases: The Origins of Romanticism* (New York: St. Martin's Press 1983), p. 1-2. 同書の著者サッカーは以下のように述べる．「アリストテレスはあらゆる詩は『行為する人の模倣』であるといった．ここでいう詩には彫刻から劇作まで，あるいは叙事詩や歴史の叙述，さらに絵画や音楽まで，あらゆる型式の芸術が含まれる．……アリストテレスが詩の領分と定める範囲には，我々が詩に好適な対象だと考えている主題の多くは含まれていない．とりわけ18世紀末のロマン主義の開花から200年を経てほとんど自明と思われるようになった〈自然〉の描写もそうである」．サッカーは数多くの風景画家の名を挙げて，その主題がアリストテレスの理解の埒外にあった，少なくとも重要視されていなかったと述べ，そのことは「18世紀の西欧で生じた」知覚の変容以前には，あらゆる教養ある観察者においても同じだった，としている．

「十六世紀の医者は…」[140頁]：Mark Girouard, *Life in the English Country House: A Social and Architectural History* (New Haven: Yale University Press, 1978), p. 100. 次の頁エリザベス女王がウィンザー城に遊歩道を設けた件：Susan Lasdun, *The English Park: Royal,*

Words (Santa Fe: Ocean Tree Books, 1991). またヴェルナー・ヘルツォークの引用：Werner Herzog, *On Walking in Ice* (New York: Tanam Press, 1980)〔ヴェルナー・ヘルツォーク／藤川芳朗訳『氷上旅日記 ミュンヘン―パリを歩いて』白水社, 1993年〕. ほかに引用した文献は以下の通り. ノエル大尉の証言[79頁]：John Noel, *The Story of Everest* (New York: Blue Ribbon Books, 1927), p. 108. トルストイ『戦争と平和』[87頁]：Leo Tolstoy, *War and Peace*, trans. Ann Dunnigan (New York: Signet Classics, 1965), bk. 2, pt. 3, ch. 26, p. 589. ナンシー・フレイ[88頁]：Nancy Louise Frey, *Pilgrim Stories: On and Off the Road to Santiago* (Berkeley: University of California Press, 1998), p. 72. ターナー夫妻[85, 88-89頁]：Victor Turner and Edith Turner, *Image and Pilgrimage in Christian Culture: Anthropological Perspectives* (New York: Columbia University Press, 1978).「チャールズ・ビラップス師はじめ…」[101頁]：Stephen B. Oates, *Let the Trumpet Sound: A Life of Martin Luther King, Jr.* (New York: Harper and Row, 1982), p. 236.

マーチ・オブ・ダイムズについては筆者がトニー・チョッパに聞きとりをした（1998年4月, 電話にて）. また, グレッグによれば「何処へ行こうと汝は汝自身なり」[90頁]という言葉が最初に登場したのはCarl Franz, *People's Guide to Mexico*とのこと.

第五章

参照しているW・H・マシューズの著作はW. H. Matthews, *Mazes and Labyrinths: Their History and Development* (1922; reprint, New York: Dover, 1970)である.

ローレン・アートレスの言葉[118頁]はグレース大聖堂で配布されていた資料（Lauren Artless, 刊行年記載なし）に記載されていたもの.「庭園の小径は…」[126-127頁]はCharles W. Moore, William J. Mitchell, and William Turnbull, *The Poetics of Gardens* (Cambridge, Mass.: MIT Press, 1988), p. 35より引用した.

ジョン・フィンレイの言葉[127頁]はJohn Finlay, ed., *The Pleasures of Walking* (1934; reprint, New York: Vanguard Press, 1976), p. 8より. ルーシー・リパードの言葉[128頁]はLucy Lippard, *The Lure of the Local: Senses of Place in a Multicentered Society* (New York: New Press, 1996), p. 4.

フランセス・イエイツの引用[128-129頁]はFrances Yates, *The Art of Memory* (London: Pimlico, 1992)を参照している〔フランセス・A・イエイツ著, 玉泉八州男監訳, 青木信義ほか訳『記憶術』水声社, 1993年〕.

第六章

ドロシー・ワーズワースの印象[132頁]はThomas De Quincey, *Recollections of the Lakes and the Lake Poets* (Harmondsworth, England: Penguin Books, 1970), p. 132, 188に触れられている. 同頁「身を切るように寒く…」というウィリアム・ワーズワースの書簡は, 1799年12月24日のサミュエル・テイラー・コールリッジ宛のものでLetters of William and Dorothy Wordsworth: The Early Years, 1787-1805, ed. Ernest de Selincourt (Oxford: Clarendon Press, 1967), p. 273-80より. この手紙でワーズワースは先に訪れた滝の様子について書かれた「テイラーの遠征」という文献に触れ, またそ

がヒトへの発展段階に重要な役割を果たしたと考えた最初期の研究者のひとりとなった．アドリエンヌ・ジールマン〔ツィルマン〕の見解　はAdrienne Zihlman, in "The Paleolithic Glass Ceiling," in *Women in Human Evolution*, ed. Lori D. Hager (London and New York: Routledge, 1997), p. 99による．この著作およびDean Falk, *Braindance* (New York: Henry Holt, 1992)から得たジールマンとディーン・フォークによるラヴジョイの解釈と，人類進化をめぐるポリティクスの理解はほかの文献にあたる際にも非常に有用だった．

ラヴジョイとジョハンソンの会話は以下から：Donald Johanson and Maitland Edey, *Lucy: The Beginnings of Humankind* (New York: Simon and Schuster, 1981), p. 163〔ドナルド・C・ジョハンソン，マイトランド・A・エディ／渡辺毅訳『ルーシー──謎の女性と人類の進化』どうぶつ社, 1986年〕．また以下も参照した：C. Owen Lovejoy with Kingsbury C. Heiple and Albert H. Burstein, "The Gait of Australopithicus," *American Journal of Physical Anthropology* 38 (1973): p. 757-80.

このほかラヴジョイの主張は以下を参照：C. Owen Lovejoy, "The Origin of Man," *Science* 211(1981): p. 341-50, "Evolution of Human Walking," *Scientific American*, November 1988. 本章の末尾近くの本人への電話インタビューは筆者が1998年6月23日に行なった．

フォークによるラヴジョイ批判は以下より：Dean Falk, "Brain Evolution in Females, An Answer to Mr. Lovejoy," in Hager, *Women in Human Evolution*, p. 115. スターンとサスマンのコメントは著者が1998年2月4日に行なったインタビューによる．関連して，1991年パリで開催された二足歩行の起源に関するカンファレンス*Origine(s) de la Bipédie chez les Hominidés* (Paris: Editions du CNRS/Cahiers de Paléoanthropologie, 1991)における彼らのコメント，および"The Locomotor Anatomy of Australopithicus afarensis," *American Journal of Physical Anthropology* 60(1983)なども参照した．ヒトの祖先が森で暮らしている情景を掲載した*National Geographic*誌は1997年刊行．

1991年パリのカンファレンスで研究史レビューを行なった3名の人類学者はニコル・I・タトル，ラッセル・H・タトル，デヴィッド・M・ウェッブ．引用した箇所は以下の文献に読める．Nicole I. Tuttle, Russell H. Tuttle, and David M. Webb, "Laetoli Footprint Trails and the Evolution of Hominid Bipedalism" in *Origine(s) de la Bipédie*, p. 189-90. メアリー・リーキーの言葉はMary Leakey, *National Geographic*, April 1979, p. 453から引いた．〈全身冷却〉についてはFalk, "Brain Evolution in Females," p. 128およびFalk, *Braindance*に長文の記述がある．以下も参照のこと：E. Wheeler, "The Influence of Bipedalism on the Energy and Water Budgets of Early Hominids," *Journal of Human Evolution* 21(1991), p. 117-36.

第四章

チマヨについては以下の文献から多くの情報を得ている：Elizabeth Kay, *Chimayó Valley Traditions* (Santa Fe: Ancient City Press, 1987)およびDon J. Usner, *Sabino's Map: Life in Chimayó's Old Plaza* (Santa Fe: Museum of New Mexico Press, 1995).

ピース・ピルグリムの言葉は以下より：*Peace Pilgrim: Her Life and Work in Her Own*

注釈と出典

※著者による巻末の註を改めたもの.〔　〕内は訳者が加えた.

第一章

ヘンリー・ソロー『歩く』の引用はHenry David Thoreau, "Walking," in *The Natural History Essays* (Salt Lake City: Peregrine Smith Books, 1980), p. 99より〔山口晃訳『歩く』ポプラ社, 2013年〕. 筆者にとって, 歩くことへの最初の誘いとなったのは核兵器だった. 以下には初期に書いたものが収録されている. Rebecca Solnit, *Savage Dreams: A Journey into the Landscape Wars of the American West* (San Francisco: Sierra Club Books, 1994; Berkeley: University of California Press, 1999).

第二章

主な哲学者の言葉の出典は以下の通り. ルソー：Jean-Jacques Rousseau, *The Confessions* (Harmondsworth, England: Penguin Books, 1953)〔『告白』〕, "First Discourse", "Second Discourse" ("Discourse on the Arts and Letters"), in *The First and Second Discourses* (New York: St. Martin's Press, 1964)〔『学問芸術論』『人間不平等起源論』〕, *Reveries of the Solitary Walker*, trans. Peter France (Harmondsworth, England: Penguin Books, 1979)〔『孤独な散歩者の夢想』〕, キェルケゴール：*Søren Kierkegaard's Journals and Papers*, ed. and trans. Howard V. Hong and Edna H. Hong (Bloomington: Indiana University Press, 1978), ニーチェ：*Selected Letters of Friedrich Nietzsche*, ed. Oscar Levy, trans. Anthony M. Ludovici (New York: Doubleday, 1921), p. 23, ラッセル：Bertrand Russell, *Portraits from Memory*, quoted in A. J. Ayer, *Wittgenstein* (New York: Random House, 1985), p. 16, フッサール：Edrmund Husserl, *Shorter Works*, ed. Peter McCormick and Frederick A. Elliston (Notre Dame, Ind.: University of Notre Dame Press, Harvester Press, 1981), 解釈については以下を参照した：Edward S. Casey, *The Fate of Place: A Philosophical History* (Berkeley: University of California Press, 1997), p. 238-50.

そのほか, 各事項の出典は以下の通り. ジョン・セルウォル：John Thelwall, *The Peripatetic: or, Sketches of the Heary of Nature and Society* (1793; facsimile reprint, New York: Garland Publishing, 1978), p. 1, 8-9, アリストテレスとその学派：*Aristotle and His School: An Inquiry into the History of the Peripatos* (London: Gerald Duckworth, 1974), p. 38-39, ストア派：Christopher Thacker, *The History of Gardens* (Berkeley: University of California Press, 1985), p. 21, および Bernard Rudofsky, *Streets for People: A Primer for Americans* (New York: Van Nostrand Reinhold, 1982), ジェイムズ・ボズウェル：*The Portable Johnson and Boswell*, ed. Louis Kronenberger (New York: Viking, 1947), p. 417, キェルケゴールの伝記的事項：Walter Lowrie, *A Short Life of Kierkegaard* (Princeton, N.J.: Princeton University Press, 1942), p. 45-46, スーザン・ボルド：Susan Bordo, "Feminism, Postmodernism, and Gender-Scepticism," in *Feminism/Postrmodernism*, ed. Linda J. Nicholson (New York: Routledge, 1990), p. 145.

第三章

ジョン・ネイピアの出典は以下：John Napier, "The Antiquity of Human Walking," *Scientific American*, April 1967. 歩行の歴史をヒト以前まで遡って考察したネイピアは, 歩行

レベッカ・ソルニット Rebecca Solnit

一九六一年生まれ。作家、歴史家、アクティヴィスト。カリフォルニアに育ち、環境問題・人権・反戦などの政治運動に参加。一九八八年より文筆活動を開始する。エドワード・マイブリッジ伝 *River of Shadows*（二〇〇四年、全米批評家協会賞）、旅や移動、美術をめぐるエッセイ『迷うことについて』（原著二〇〇五年）、ハリケーン・カトリーナを取材した *A Paradise Built in Hell*（原著二〇〇九年、邦訳『災害ユートピア』）、世界的なベストセラーとなった『説教したがる男たち』（原著二〇一四年）など環境、芸術、アメリカ史、フェミニズムなど多分野に二十を越す著作に加え、自叙伝『私のいない部屋』（原著二〇二〇年）がある。美術展カタログや雑誌への寄稿も多数。

東辻賢治郎 とうつじ・けんじろう

一九七八年生まれ。翻訳家、建築・都市史研究。関心領域は西欧初期近代の技術史と建築史、地図、紀行文など。

ウォークス
歩くことの精神史

二〇一七年七月三〇日　第一刷発行
二〇二三年九月三〇日　第五刷発行

著者　レベッカ・ソルニット
翻訳　東辻賢治郎
発行者　小柳学
発行所　株式会社左右社
一五一-〇〇五一
東京都渋谷区千駄ヶ谷三-五五-一二ヴィラパルテノン
TEL. 〇三-五七八六-六〇三〇　FAX. 〇三-五七八六-六〇三二
https://www.sayusha.com

装幀　松田行正＋杉本聖士
印刷所　創栄図書印刷株式会社

ISBN978-4-86528-138-5

説教したがる男たち

［ハーン小路恭子訳］

「マンスプレイニング（man＋explainの合成語）」を世に広め、#MeTooへと続く大きなうねりのひとつとなった世界的ベストセラー。ソルニット自身が著者とも気づかず、「今年出た、とても重要な本を知っているかね」と話しかけた失礼な男。よくあるそんなエピソードの背景には、男と女を隔てる世界の深い裂け目がある。女性たちの口をつぐませ、ときに死に追いやる暴力の構造をあばき出し、想像力と言葉を武器に、立ち上がる勇気を与える希望の書。本体二四〇〇円＋税［四刷］

わたしたちが沈黙させられるいくつかの問い

［ハーン小路恭子訳］

SNSでは声を封じるためのあらゆる嫌がらせと脅しがぶつけられ、レイプを始めとする性暴力やドメスティック・バイオレンスは一向に減ることがない。人魚姫は地上で暮らすかわりに声を奪われるお話だし、「STAR WARS」三部作でレイア姫以外の女性が話すシーンはわずか六十三秒間に過ぎない。女性たちを固定観念に閉じ込める物語は、進化をめぐる科学にまで浸透している。男と女をめぐるいびつな権力構造を辛辣に、ときにユーモラスに描き告発する。本体二二〇〇円＋税

迷うことについて

［東辻賢治郎訳］

旧大陸からやってきて、いつしかアメリカ西部のどこかに姿を消した曽祖母。たどり着いた新大陸を十年にもわたってさまよった最初期の入植者カサ・デ・バカの一行。ともに嵐のような十代を過ごし、ドラッグで命を落とした親友。ルネサンス以来絵画に描かれるようになった〈隔たりの青〉。かつて愛した砂漠のような男、父との確執。自身の人生と、アメリカを中心とした歴史と文化史に視線を向けて、迷うことの意味と恵みを探るエッセイの傑作。本体二四〇〇円＋税［二刷］

私のいない部屋

［東辻賢治郎訳］

父のDVから逃れるように家を離れ、サンフランシスコの安アパートに見つけた自分の部屋。女に向けられる好奇や暴力、理不尽の数々を生き延び、四半世紀暮したその部屋でやがてソルニットは作家になった。ゲイの友人たちのファッションとおしゃべりがもつケアの優しさ。バロウズのパーティに潜り込み、美術雑誌に書いた記事。はじめての本をまるごと葬ろうとしてきた編集者——。生々しい痛みと不安とためらい、手放さない希望を描くはじめての自叙伝。本体二四〇〇円＋税